초등 국어과 교육론

– 2022 개정 국어과 교육과정과 교과서 반영 –

저 자

이경화 한국교원대학교 교수
이주섭 제주대학교 교수
임천택 부산교육대학교 교수
이수진 대구교육대학교 교수
전제응 제주대학교 교수
최규홍 진주교육대학교 교수
김상한 한국교원대학교 교수
이경남 광주교육대학교 교수
박혜림 한국교원대학교 교수

한국초등국어교육연구소 기획총서 **10**

초등 국어과 교육론 2022 개정 국어과 교육과정과 교과서 반영

초판 1쇄 발행	2024년 2월 22일
초판 2쇄 발행	2024년 3월 20일

지은이 이경화 · 이주섭 · 임천택 · 이수진 · 전제응 · 최규홍 · 김상한 · 이경남 · 박혜림
펴낸이 박찬익
편집 강지영
책임편집 권효진
펴낸곳 ㈜박이정 | **주소** 경기도 하남시 조정대로45 미사센텀비즈 8층 F827호
전화 031) 792-1195 | **팩스** 02) 928-4683
홈페이지 www.pijbook.com | **이메일** pijbook@naver.com
등록 2014년 8월 22일 제2020-000029호
ISBN 979-11-5848-932-8 (93370)
책값 18,000원

2022 개정 **국어과 교육과정과 교과서** 반영

한국초등국어교육연구소 기획총서 10

초등 국어과 교육론

이경화 · 이주섭 · 임천택 · 이수진 · 전제응
최규홍 · 김상한 · 이경남 · 박혜림 지음

박이정

머리말

 이 책은 장래에 초등학교의 국어 교과를 지도하게 될 예비교사들이 초등국어교육의 핵심적인 내용을 이해하고, 현장 국어교육에 적용할 수 있는 소양을 기를 수 있도록 하는 데 주안점을 두었습니다. 따라서 일차적으로는 교육대학의 초등국어교육 관련 강의에 주로 활용될 수 있겠으나, 국어교육의 주요 내용을 골고루 다루고 있다는 점에서 유·초·중등 교사, 특수 교사, 연구자, 학부모 등 국어교육에 관심이 있는 여러 주체들에게도 유용하리라 생각됩니다.

 이 책에서는 예비교사들이 초등국어교육의 전문가로 성장하는 데 반드시 필요한 내용을 포괄하는 동시에 체계적으로 이해할 수 있도록 총론 성격의 1부와 각론 성격의 2부로 구성하였습니다. 1부에서는 초등국어교육 전반에 대한 조망이 가능하도록 국어과 교육의 성격, 국어 학습자의 언어 발달, 국어과 교육과정, 국어 교과서, 국어과 교수·학습, 국어과 평가 등을 다루었습니다. 특히 교육과정과 교과서 관련 내용은 2022 개정 국어과 교육과정을 중심으로 주요 특징을 파악할 수 있도록 하였습니다. 2부에서는 국어과 교육의 주요 영역을 한글 문해 교육, 듣기·말하기 교육, 읽기 교육, 쓰기 교육, 문법 교육, 문학 교육, 매체 교육으로 나누고 각 영역별 교육의 주요 이론과 특징, 적용을 위한 실제적 방법 등을 골고루 포함하였습니다.

 필자들은 전국 각지의 초등 교원 양성대학에서 국어교육을 가르치는 교수들로서 모두 초등 교사로 재직했던 경험이 있습니다. 초등국어교육에 대한 생생한 현장 경험, 남다른 애정과 사명감, 자기 연구 분야에 대한 전문성은 이 책을 집필하는 데 강력한 추동력이 되었습니다.

이 책에는 초등국어교육 현상에 대한 여러 이론적 논의와 관점이 반영되어 있습니다. 아울러 필자들이 최근까지 대학원 강의나 수업 컨설팅 등을 통해 만났던 많은 교사들의 현장 지식(field knowledge)도 녹아 있습니다. 이 자리를 빌려 국어교육 연구자 제위와 현장에서 고군분투하고 계신 많은 선생님들께 감사드립니다. 끝으로, 국어교육학의 태동과 성장에 큰 힘을 보태주신 박이정 출판사의 박찬익 사장님과 책의 가독성과 심미성을 높이기 위해 애써주신 편집부 선생님들께 감사의 말씀을 드립니다.

차례

제2부 초등 국어과 영역별 교육의 이해와 적용

제1부

초등 국어과 교육의 이해

제1장
초등 국어과 교육의 성격

1. 초등 국어과 교육의 정체성

국어는 대한민국의 공용어로서 사고와 의사소통의 도구이자 문화 창조와 전승의 기반이다. 학습자는 국어를 활용하여 자아를 인식하고 타인과 교류하며 세계를 이해한다. 또한 다양한 국어 활동을 통해 문화를 이해·향유하며 새로운 문화의 발전에 참여한다. 한편으로, 국어는 학습의 중요한 토대이기도 하다. 학교 안과 밖에서 이루어지는 대부분의 학습은 국어를 통해 이루어지므로 국어 능력은 학습의 성패를 결정하는 중요한 요인이 된다. 국어 능력이 부족하면 효과적인 학습이 어렵고 결과적으로 성공적인 삶을 영위하기도 어렵다. 따라서 학습자는 학교생활을 통해 폭넓은 국어 경험을 쌓으며 일상생활과 학습에 필요한 실질적인 국어 능력을 길러야 한다(교육부, 2015: 73).

국어과 교육은 국어를 정확하고 효과적으로 사용하는 국어 능력과 태도를 길러주는 것은 물론 사고력, 인성의 함양, 국어문화 창달에도 이바지하는 핵심 교과이다. 특히 초등학교에서 이루어지는 국어과 교육은 학습자의 국어 능력을 발달시키는 결정적 시기에 이루어지고 모든 학습의 기초가 되므로 더욱 중요하다.

초등국어교육의 위상 확립을 위해서는 그 정체성에 대한 연구가 필요하다. 초등국어교육은 초등교육이라는 보편성과 국어교육이라는 특수성 사이의 변증법적 탐구 양식을 통해 실현되어 드러난다고 볼 수 있다(김병수, 2008: 78). 즉 초등 국어과 교육의 정체성은 국어 능력 신장을 목표로 한다는 것, 초등학생을 대상으로 한다는 것 등에서 나온다.

신헌재 외(2017)의 연구는 초등 국어과 교육의 독자성과 성격을 정립하여 기초적 도구교과로서의 정체성, 사고 교과로서의 정체성, 문예 교과로서의 정체성을 설명하였다. 또한 초등 국어교육이 지니는 특성을 다섯 가지로 제시하였는데 교육 대상자가 발달상 입문기에 있다는 점, 교육 목표 면에서 국어 기초 능력 향상을 지향한다는 점, 교육 내용에 내재된 바 국어 학습의 토대성을 지닌다는 점, 교육 방법이 총체성, 통합성, 개별성을 내포한다는 점, 학습 결과의 실천 지향성을 중시한다는 점이다. 여기서는 이를 재구성하여 초등 국어과 교육의 정체성을 드러내는 초등 국어교육의 특성을 다음과 같이 제시하고자 한다.

첫째, 초등 국어과 교육은 교육 목표 면에서 국어 기초 능력 향상을 지향한다. 국어과 교육의 성격이나 정체성은 초등과 중등의 교육에서 다소 차이를 보인다. 중등은 국어를 통한 고등 사고력과 심미적 안목, 국어 현상과 문화 이해에 더 비중을 두는 반면, 초등은 국어를 정확하고 효과적으로 이해·표현하는 능력을 기르는 기초적 도구교과로서의 성격에 더 비중을 둔다.[1]

초등 국어과 교육의 목표는 학생의 세련된 국어 능력 신장보다는 국어 기초 능력을 기르는 일이다. '기초'라는 말에는 생활과 학습에 필수이고 밑바탕이 된다는 의미를 담고 있다. 이는 초등 국어과 교육의 지향점이 학생의 국어 생활과 국어 학습에 필요한 기초를 마련하는 것임을 의미한다. 국어 생활의 기초는 일상의 사회 생활을 할 때 필요한 의미 구성과 의사소통에 필요한 문식력을 갖추는 것을 의미하고, 국어 학습의 기초는 학교에서 국어과 학습을 해 나가는 데 필요한 국어의 주요 개념의 이해와 국어의 필수 기능을 익히는 것을 가리킨다. 즉, 국어 기초 능력은 일상생활과 국어 학습을 하는 데 요구되는 필수적인 이해와 표현 능력을 의미한다. 초등 국어 교육의 목표는 학생들이 이를 갖출 수 있는 것을 지향한다.

둘째, 초등 국어과 교육은 학생의 인지적 발달 및 학습 측면에서 국어과 교육의 입문적 특성을 갖는다. 이 시기는 국어과 교육의 면에서 볼 때, 학습 입문기에 해당한다. 학습 입문기에는 국어과 학습을 위한 기본적인 준비를 하면서 국어 기초 능력을 갖추게 된다. 기본적인 준비는 한글을 해득하여 글자를 읽고 쓸 수 있는 능력을 습득하는 것이고, 기초 능력 갖추기는 말과

---

[1] 2007 개정 국어과 교육과정(교육부, 2007)의 '성격'에서는 '초등학교에서는 국어를 정확하고 효과적으로 표현하고 이해하는 능력과 국어 활동을 통한 사고력과 상상력을 기르는 데 중점을 둔다. 또한 국어에 대한 관심을 가지고 국어 활동을 즐기고 국어를 존중하는 태도를 강조한다. 중등학교에서는 국어를 정확하고, 비판적이며, 창의적으로 표현하고 이해하는 능력과 국어 활동을 통한 고등 사고력과 심미적 안목을 기르는데 중점을 둔다. 또한 국어 문화에 대한 관심을 높이고 국어를 발전시키려는 태도를 강조한다.'

글의 이해와 표현에 필요한 핵심 개념을 이해하고 관련 필수 기능을 익히는 것을 가리킨다.

이 시기에 익힌 교육 내용들은 평생 국어 학습의 토대가 된다. 국어과 학습의 토대가 되는 대표적인 교육 내용의 예는 한글 해득, 글씨 쓰기, 소리 내어 읽기, 담화 관습 익히기, 언어 예절 익히기, 글 내용 파악하기, 말과 글로 생각 표현하기 등으로, 이들 내용이야말로 앞으로 심화된 국어 능력을 갖추기 위한 토대라고 하겠다. 이 토대성은 학습을 시작하는 데 있어 반드시 익혀야 하는 입문적 특성이요, 다른 학습이나 높은 수준의 국어 학습을 하는 데 필요한 도구적 특성이요, 학생들이 국어과 학습을 잘 할 수 있다는 심리를 갖게 하는 정서적 특성이며, 이 모든 것을 포함한 것이다.

셋째, 초등 국어과 교육은 학습자의 일상생활과 밀접하며 학습 결과의 실천 지향성을 중시한다. 국어 학습의 결과가 학생들의 일상생활 속에서 이뤄질 것을 소중히 여긴다. 이는 학생들이 국어 개념이나 기능을 인지적으로 이해하는 데 그치지 않고 배운 내용을 직접 생활에 활용하기를 바라는 것이다.

초등에서의 듣기·말하기, 읽기, 쓰기, 문법, 문학 등, 국어과 전 영역의 학습 지도는 학생들의 생활과 관련지어 이뤄져야 하며, 배운 것을 실제 생활 속에서 실천 활용할 기회를 줌으로써 학생이 자기 향상을 체득할 수 있다. 그리고 이를 통해 지도 효과를 극대화할 수 있고 국어 생활 향상에도 기여할 수 있다. 초등 국어과 교육은 학생의 삶에 필요한 기초적 국어 능력을 신장시켜야 한다. 기본적 의사소통 능력을 키워주는 초등 국어과 교육은 삶의 질과 직결된 목표를 지닌다.

넷째, 초등 국어과 교육은 문학작품의 수용과 생산 능력을 기른다는 점에서 문예교과로서의 성격을 지닌다. 초등학생의 문학능력은 초등학교에서 이루어지는 문학적 경험으로 길러진다. 초등학생들에게 제공되는 문학경험은 크게 두 가지 방향으로 제공되는데(한명숙, 2005), 하나는 문학을 언어 자료로서 다루는 교육이요, 다른 하나는 학생들에게 독자적인 문학적 경험을 제공하는 교육이다. 문학이 언어 자료로 다루어지는 경우는 언어능력을 기르기 위하여 문학작품이 도구적으로 사용되는 교육을 뜻하며, 독자적인 문학 교육이라 함은 교육과정 문학 영역의 성취기준에 도달하기 위하여 문학작품을 이해하고 감상하게 하는 목적의 문학 교육이다.

초등 국어과 교육에서는 옛이야기나 동화 등의 문학작품 제재를 많이 활용하는데, 이처럼 문학작품이 언어 자료로 다루어지며 학생들의 언어능력을 기르는 도구로 활용되면 학습의 효율성을 높일 수 있고, 동기와 흥미를 제공하는 효과도 거둘 수 있어 유용하다. 그 과정에서 학습자에게 문학경험을 제공하면서 문학 교육이 이루어진다는 점에서 초등국어교육에서의 문학 교육은 또 하나의 방향성을 띠게 된다. 한명숙(2005)에서는 초등문학 교육의 성격으로 '문학에 대하여 알고 이해하기', '문학 작품을 즐기고 문학을 향유하게 하기', '문학에 대한 긍정적인 태도로 문학을 지향하게 하기' 등을 제시하였다.

다섯째, 초등 국어과 교육은 다른 교과의 학습 및 비교과 활동과 연계되는 범교과적 성격을 지닌다. '국어'는 범교과적 내용이나 주제를 담은 담화나 글, 작품을 듣기·말하기, 읽기, 쓰기의 활동 자료로 활용함으로써 미래 사회가 요구하는 융합형 인재를 기르는 데 이바지한다. 그러므로 '국어'의 교수·학습과 평가는 학습자가 다양한 차원의 통합적 활동을 통하여 교과 역량을 기반으로 한 실질적인 국어 능력을 기르도록 하는 데 중점을 두어야 한다(교육부, 2015: 73).

초등 국어과 교육은 '학습 방법에 대한 학습'을 목표로 한다. 문자를 읽고 쓸 수 있는 기초 기능을 넘어서서 학생들에게 사고를 언어로 표현하고, 또 언어를 통해서 사고를 이해하는 고등 정신 기능을 신장시켜주는 것을 뜻하고, 국어 교과에서 기르고자 하는 언어 기능이 지식 자체가 아닌 지식의 활용 기능을 의미하며, 지식을 활용하는 기능은 범교과적으로 모든 학습 활동에서 요구되는 도구적인 지적 기능(노명완 외, 1991)을 가리킨다. 과학과에서 실험 보고서를 작성하거나 사회과에서 토론을 하려면 국어교육에서 길러진 언어 능력들이 필요하다. 따라서 국어 수업과 다른 교과 수업을 융합적으로 운영하는 교사의 역량이 절실하게 요구된다.

2. 초등 국어과 교육의 특성

'국어'는 우리나라 학교교육에서 가장 많은 수업 시수를 차지하는 교과이다. 초등학교에서 국어교육이 담당해야 하는 역할이 중대하기 때문이다. 학교교육에서 초등 국어 교과는 언어(국어)를 가르치는 교과이다. 언어관 즉, 언어의 본질을 무엇으로 보느냐에 따라 도구적 언어관과 형성적 언어관으로 나눌 수 있다(김명순, 2013). 도구적 언어관은 언어가 어떤 것을 이루는 데 쓰이는 도구로 보는 관점이고, 형성적 언어관은 언어가 무엇을 형성해내는 힘이 있다고 보는 관점이다. 학교교과로서 초등국어 교과는 두 가지 언어관을 모두 갖고 있다.

가. 도구적 언어관

인간의 언어는 음성언어이든 문자언어이든 도구성을 지닌다. 인간의 언어는 어떤 것을 이루는 데 쓰이는 도구적 존재이다. 이에 따르면 국어 교과는 도구교과로서, 한글 해득의 도구, 의사소통의 도구, 사고의 도구, 학습의 도구의 성격을 띤다.

(1) 한글 해득의 도구

한글 해득이란 한 마디로 어린이들이 이미 익힌 국어의 음성언어 기능을 바탕으로 음성기호와 문자기호를 대응시켜 문자에 담긴 뜻을 해독하는 일이다. 한글 해득은 기초 문해력을 구성하는 핵심적인 능력으로 대체로 낱말 수준의 읽기, 쓰기 활동을 통해 이루어지는데, 기계적인 읽기, 쓰기뿐만 아니라 그 낱말의 의미를 아는 것을 말한다. 이경화 외(2019)에서는 '시각적으로 제시된 낱말을 말소리로 바꾸어 그 말소리에 해당되는 낱말을 자신의 어휘망(mental lexicon)을 탐색하여 의미와 연결 짓는 능력, 또는 반대로 낱말의 의미나 음성을 문자화하여 기록하는 능력'이라고 정의하였다.

이는 국어교육을 도구교과로 삼는 첫 번째 특징이요, 초등 국어교육이 맡아야 할 가장 기초적인 목표이다. 초등국어교육에서 가장 강조되는 것은 언어의 도구성이다. 이 점이 국어 교과가 지닌 가장 기본적인 성격이며 다른 교과와 국어 교과를 구별하는 두드러진 성격이기도 하다. 특히 한글 해득을 중심으로 하는 기초 도구 교과로서의 특성, 즉 한글 해득이 어떻게 이루어지는지 이해하고 어려움을 겪는 학습자를 지원하는 방법에 대한 연구는 초등국어교육이 깊이 있게 탐구해 내야 할 과제다.

일찍이 놀랍도록 과학적인 한글의 우수성 덕분에 우리나라는 문맹자가 적은 나라로 인정받았다. 그런데 뜻밖에도 최근에 한글 미해득 초등학생들이 많아지고 있다. 2017년에 부산시교육청은 부산 지역 308개 초등학교의 학생을 대상으로 조사한 결과 글을 읽거나 쓰는 데 어려움을 겪는 난독증 의심·추정 학생이 약 700명에 달한다고 밝혔다. 부산에서는 난독증으로 인해 학습에 어려움을 겪는 학생을 지원하는 법적 근거를 마련하였고, 부산 이외에도 많은 지역의 교육청이 난독증 지원을 위한 예산을 확보하려 하고 있다. 난독증 이외에도 다문화 사회로의 변화 등 다양한 요인으로 인해 한글 미해득 학생이 증가하고 있다. 이는 교육계뿐만 아니라 사회 전반적으로 관심을 가져야 할 문제이다. 공교육에서도 한글 교육의 책무성을 강조하며 지속적으로 강화하고 있다.

(2) 의사소통의 도구

언어는 기본적으로 의사소통을 위해 존재한다. 언어의 본질을 의사소통의 도구로 본다면 국어교육의 본질은 의사소통 능력 신장에 있다. 의사소통이란 이해와 표현 능력 즉, 국어사용 능력을 말한다. 따라서 국어 교과는 자신의 생각과 느낌을 단순히 전달하는 차원을 넘어 상황맥락을 고려하여 말하고 쓰는 표현 능력과, 타인의 의도와 목적을 고려하여 수용적으로 혹은 비판적으로 듣고 읽는 이해 능력을 기르는 교과이다. 하나의 언어 기능은 기준에 따라 아래와 같이 두 가지 특성을 띤다.

〈표 1〉 언어 기능의 특성

언어 기능	이해 언어	표현 언어
음성 언어	듣기	말하기
문자 언어	읽기	쓰기

듣기 기능은 음성 언어이면서 이해언어이고, 말하기 기능은 음성 언어이면서 표현 언어이다. 읽기 기능은 문자 언어이면서 이해언어이고, 쓰기 기능은 문자 언어이면서 표현 언어이다. 한편 듣기와 말하기는 음성 언어라는 측면에서 공통점을 지니고 읽기와 쓰기는 문자 언어라는 측면에서 공통점을 지닌다. 듣기와 읽기는 이해 기능이라는 측면에서 공통점을 지니고 말하기와 쓰기는 표현 기능이라는 측면에서 공통점을 지닌다.

따라서 국어교육은 의사소통 맥락 안에서의 언어적 수행이 중요한 교과이다. 국어지식을 아는 것만으로는 의미가 없고 반드시 언어활동으로 실현되어야 한다. 특히 추상적 사고보다는 구체적 조작이나 신체 활동을 즐기는 초등학생의 경우 활동 중심의 국어교육을 지향하는 것이 바람직하다. 즉 의사소통 상황에서 직접 언어를 사용하고 체험해야 할 것이다.

(3) 사고의 도구

언어는 인간의 사고 작용과 밀접하게 관련되어 있다. 언어의 본질을 사고의 도구로 본다면 국어교육의 본질은 사고력 신장에 있다. 언어와 사고의 작용은 끊임없이 계속되며 상호 영향을 주고받는다. 사고 없이 언어 사용이 어렵고 언어 사용에 사고가 반영될 수밖에 없다. 인간은 자신의 생각을 언어로 표현하고 또 언어를 통해 사고력이 향상된다. 따라서 국어 교과는 논리력, 문제해결력, 비판적 사고력, 창의적 사고 등의 고등수준의 사고력을 기르는 교과이다.

국어교육의 주요 관점은 언어와 사고가 어떻게 관련되고 어떻게 서로 작용하는가에 관심을 갖는다. 이것은 사고 교육이 교육의 가장 중요한 관심사고 또 언어가 사고를 가장 잘 드러내 주는 도구나 수단으로 작용하기 때문이라고 보는 데서 비롯된다(노명완 외, 1991). 언어와 사고의 관계에 대한 탐구 중에서도 초등국어교육학은 초등학생의 언어와 사고에 관심을 갖는다. 초등학생 시기의 발달 단계에서 언어와 사고가 어떤 관계 양상을 맺는지를 명확하게 알아낸다면 초등국어교육의 방향 설정과 내용 선정에 유용한 시사점을 얻을 수 있을 것이다.

언어와 사고는 서로 밀접한 관계를 형성하고 있어서 오래 전부터 인간은 언어와 사고의 관계를 밝히고자 노력해 왔는데, 그 과정에서 언어가 사고에 영향을 미친다는 주장과 사고가 언어에 영향을 미친다는 주장이 맞서기도 하였다. 현재의 관점은 언어와 사고의 상관성을 중시하고 있는데, 가령 듣기와 읽기의 과정에서는 외부의 언어 자극이 내적인 사고에 영향을 미치고, 말하기와 쓰기 과정에서는 내적인 사고 작용이 언어적 표현에 영향을 미친다고 보는 관점이 그것이다. 즉, 언어 이해의 과정에서는 언어가 사고에 영향을 미치고, 언어 표현의 과정에서는 사고가 언어에 영향을 미친다는 것이다(신헌재 외, 2017: 29).

(4) 학습의 도구

국어 교과는 범교과 학습능력을 신장하는 교과이다. 국어과가 초등학교 타 교과와의 관계에서 드러나는 위상으로 들 만한 것이 바로 학습의 도구라는 점이다. 학교에서 교과 학습은 대부분 말과 글을 통해 이루어진다. 초등학교에서 10개 교과를 운영하는 데 필수도구인 언어를 주로 다루는 교과가 바로 국어과이다. 학습자가 학교 학습을 잘 하기 위해서는 다른 사람의 생각을 이해하고, 자신의 생각을 글로 표현할 수 있는 국어 능력이 높아야한다. 국어 능력이 부족하면 국어 교과를 비롯한 다른 교과에서도 학습부진을 겪게 되는 것이 바로 이러한 이유이다. 따라서 국어 교과는 국어 교과를 비롯한 다른 교과의 학습의 기초가 되는 교과이다.

전통적으로 학교 교육에서 가장 중시되는 기본 학습 능력을 읽기(Reading), 쓰기(Writing), 셈하기(Arithmetic), 즉 3R로 지칭해 왔다. 3R은 인간이 사회생활을 하려면 반드시 갖추어야 할 최소필수의 기초기능이므로 학교 교육에서 가장 우선시하였다. 국어 교과는 이 중 두 가지인 읽기(Reading), 쓰기(Writing) 능력과 관련 있으므로 그야말로 학습의 도구 교과라고 할 만하다. 학교 교육의 출발점은 읽기와 쓰기부터라고 해도 과언이 아니다. 학교 교육과 관련된 여러 교과의 내용은 교재로 구현되는 경우가 일반적이므로 교재를 능숙하게 읽는 능력을 갖추고 있어야 한다. 학습자가 스스로 학습한 것을 정리하고 재구성하고 표현하기 위해서는 쓰기 능력 또한 필수적이다.

(5) 디지털 환경의 소통 도구

현대 사회는 급격하게 기술이 발달하며 언어 사용의 환경 또한 디지털화되고 있다. 1990년대 이후 의사소통의 도구로서 매체에 대한 관심이 고조되면서 국어 교육에서도 매체언어의 이해와 표현 능력에 관한 연구가 활발해졌다. 매체 문식성(media literacy)은 문자 언어뿐 아니라 시각 언어, 음향, 영상 등 복합적 언어 양식이 작용할 때의 이해와 표현 능력을 지칭할 때 사용된다. 4차 산업 혁명의 시대에 국어교육은 물론 모든 영역에서 매체 문식성이 중요한 역량이 되었다는 것은 재론의 여지가 없다.

디지털 환경의 변화로 인해 인터넷과 같은 하나의 매체 안에 복합적 언어 양식이 작용하는 것이 일반적 현상이 되었고, 최근의 복합적 언어 양식은 정지되어 있는 이미지보다 움직이는 영상물에 더욱 적극적으로 구현된다. 이른바 디지털 원주민인 청소년들은 적극적이고 자발적으로 영상물을 생산하며 문화 콘텐츠를 창조하고 있다. 최근 4차 산업 혁명으로 인한 변화는 미래 사회에 필요한 인간상으로 주도적이고 창의적인 사람, 능동적인 사람을 요구한다. 매체언어에 대한 비판적 이해 능력은 물론 표현하는 능력도 더욱 중요해질 것이다.

최근에는 디지털 세계를 현명하게 살아가기 위한 소양, 즉 디지털 리터러시(digital literacy)

또한 중요한 용어가 되었다. 디지털 리터러시란 미래사회를 잘 살아가기 위해서 반드시 갖춰야 할 역량으로 디지털 콘텐츠, 정보와 데이터 등에 대한 이해와 표현, 디지털 환경에서의 문제해결 능력 등을 말한다. 즉 디지털 환경에서의 소통 도구로서 언어를 이해하고 표현하는 능력 또한 초등국어교육에서 길러져야 한다. 2015 개정 교육과정부터 교과를 넘어서 갖추어야 할 역량 중 하나로 디지털 역량이 제시되고 있으며 국어과 교육과정에서도 그 중요성이 지속적으로 강화되어 2022 개정 국어과 교육과정에는 매체가 별도의 영역으로 독립하기도 하였다.

나. 형성적 언어관

인간의 언어는 무엇을 형성하는 힘을 갖고 있다. 언어가 발휘하는 효과성 면에서 보면, 언어는 바로 개인과 공동체의 세계관을 형성한다. 이에 따르면 국어 교과는 형성교과로서 인격 형성, 심미적 정서 함양, 문화 계승 및 창조 교과의 성격을 띤다.

(1) 인격 형성

언어의 본질을 개인의 가치관 형성으로 본다면, 국어 교과는 인성을 함양하는 교과이다. 언어는 개인의 정신 수양과 인격 도야, 가치관 형성에 영향을 미친다. 개인이 사용하는 언어를 보면 그 사람의 정신세계를 판단할 수 있다. 개인이 어떤 언어를 사용하는지, 언어를 어떤 방식으로 사용하는지를 보면 그 사람의 됨됨이를 알 수 있다.

국어과 교육은 인성 함양을 목표로 한다. 학교 교육의 궁극적인 목표 중 하나는 사람다운 사람 기르기, 즉 인성 교육이라고 할 수 있다. 개인이 어떤 언어를 사용하는지, 언어를 어떤 방식으로 사용하는지는 그 사람의 됨됨이를 보여준다. 국어과 교육은 사고력 측면뿐 아니라 인성 교육 측면에서도 다른 어떤 교과 못지않은 영향력을 가진다.

(2) 심미적 정서 함양

언어의 본질을 개인의 정서 함양으로 본다면, 국어 교과는 개인의 심미적 정서를 풍부하게 하는 교과이다. 국어교육에서 다루는 문학 작품은 인간의 삶, 즉 인간의 사상과 감정을 언어로 표현한 예술이고, 국어교육에 포함된다. 이 문학작품을 통해 인간의 심미적 정서가 더 세련되고 풍부해진다. 학습자는 문학 작품 속에 감추어진 의미를 발견하고 내면화하고, 또 아름다운 문장과 문학 장치를 통해 심리적 경험을 하게 된다. 따라서 국어 교과는 심미적 정서를 갖춘 사람을 기르는 교과이다.

인간이 언어를 사용한다는 말은 문화를 소유한다는 의미이다. 언어가 중심인 국어과 교육은 문화 교과의 성격을 띠게 마련이다. 이런 특성을 잘 살리는 것이 언어 문화가 집약된 문학 교육이다. 문학 교육은 모든 학교급의 국어교육에서 중요하지만 초등 국어과 교육에서 가장 폭넓게 작용한다. 문학 작품은 초등 학습자의 인지적 발달 수준과 흥미에 가장 적합한 언어 자료이다. 학생들은 문학 작품을 읽으며 수많은 지식, 어휘력, 문법적 감각을 얻으며 암묵적으로 언어 기능을 향상시킨다. 또한 초등학교 시절 문학에 몰입해 본 경험은 학생들의 행동 발달이나 그 인격 형성에 지대한 영향을 미친다.

(3) 문화 계승 및 창조

언어의 본질을 언어를 사용하는 사회 또는 국가의 언어문화를 형성하는 것으로 본다면, 국어 교과는 문화 계승 및 창조 교과이다. 언어는 정신적 힘을 발휘하기 때문에 같은 언어를 사용하는 민족, 나라끼리는 비슷한 세계관이 형성된다. 언어를 학습한다는 것은 언어뿐 아니라 그 언어를 사용하는 사회 또는 국가의 문화, 가치관, 관습 등을 함께 배우기 때문이다. 따라서 국어과 교육은 문화의 계승과 창조를 목표로 한다. 그 사회의 문화 수준은 사회 구성원의 문화 수준을 나타낸다. 개개인의 됨됨이를 보여주는 언어는 그 사회의 문화 수준을 결정하는 중요한 척도이다.

초등 국어과 교육은 민족적 자긍심을 길러주기도 한다. 우리 민족에 대한 바른 이해나 민족적 자긍심은 어린 시절의 초등 교육에서 시행되는 것이 바람직하다(황정현 외, 1997: 16). 이를 가장 잘 담을 수 있는 것은 국어교육이다. 초등국어교육은 '국어'라는 대상 자체에 담긴 민족의 정신과 얼을 가르침으로써 '언어'가 아닌 '국어'를 배우는 것으로 인한 민족적 자긍심을 어린 시절부터 길러주게 된다(김병수, 2008: 80).

이는 초등 국어과 교육이 모국어교육으로서 외국어교육과 차별화되는 목표이기도 하다. 문학 작품뿐 아니라 초등 시기에 접하는 담화들은 특히 오랫동안 기억에 남으며 강한 영향력을 지닌다. 학습자가 자연스럽게 국어와 민족에 대한 긍정적 태도를 갖추도록 하는 것도 초등 국어과 교육의 목적이다.

1 초등학교에서 국어 교과가 꼭 수행해야 하는 과업을 중요하다고 생각하는 순서에 따라 세 가지 나열하고 그 까닭도 들어 보시오.

2 초등 국어과 교육에서 도구적 언어관과 형성적 언어관 중 어느 것이 더 중요한지 토론해 봅시다.

제2장
초등 국어 학습자의 언어 발달

1. 듣기·말하기 능력 발달

아동은 갓난아기 때부터 자신의 행동이 다른 사람에게 영향을 미친다는 것을 인식하고, 자신을 돌보는 이와 의도적인 상호작용을 한다. 돌보는 이와 가까이 있으려 하며, 움직임을 따라하고, 원하는 것을 얻기 위해 울음이나 손짓을 사용하기도 한다. 첫 돌 즈음 한 단어 시기가 되면 대상, 사건, 눈에 보이는 관계들을 말하기 위해 단어를 사용한다. 아동이 처음 하는 의미 있는 말은 "멍멍" 같은 단일단어 발화이거나, 성인이 자주 쓰는 "고맙습니다." 나 "저거 뭐야?" 같은 구절을 단일단어처럼 만든 소리로 되어 있다. 한 단어로 자신의 의도를 억양, 몸짓 등을 사용하여 표현하다가 여러 단어를 조합하여 사용하수 있게 된다. 일반적으로 만 2세가 되면 대화 상대방에게 반응을 할 수 있고, 주어진 주제에 대해 두세 번 차례가 오는 짤막한 대화에 끼어들 수 있다. 또한 논의 주제를 소개하거나 바꿀 수도 있다. 이후 학령 전 시기 동안 아동은 많은 대화 기술을 습득한다(Owens, 2007, 이승복 이희란 역).

한편, 아동은 만 2세경부터 음운인식의 신호를 보이기 시작한다. 예를 들어 단어놀이에서 같은 소리로 시작하는 단어를 산출하거나 자발적으로 운율을 맞춘다. 만 4~5세가 되면 모국어의 음운론을 거의 완전히 습득한다. 새로운 소리 연쇄를 반복하기 능력, 알고 있는 단어를 빠르게 회상하거나 산출하기 능력, 음운 인식 등의 과제에서 보다 나은 수행을 보인다. 노래, 자장가운, 단어 게임과 같이 언어의 소리를 조작하는 2차 언어활동(secondary language activities)을 경험하는 것이 음운인식의 발달을 돕는다(Mann, 1991). 학령기가 되면 음운인식은 더 중요해지고 현저하게 발달된다. 이러한 음운론적 기술은 읽기 기술을 예측할 수 있기 때문에 구어와 문해력 사이의 관계를 생각하는 데 있어서 중요하다(Hoff, 2014, 이현진, 권은영 역 2016). 학령기 아동의 화용론과 의미론 발달을 살펴보면 다음과 같다.

〈표 1〉 학령기 아동의 화용론과 의미론 발달(Owens, 2007, 이승복 이희란 역)

나이	화용론	의미론
5	직접 요청을 주로 사용 수정하려고 반복을 함	
6	수정하려고 정교화된 반복을 함 접속 부사인 '그런데, 그래서, (비록) ~이긴 하지만'을 사용	
7	지시 용어를 대부분 이해하고 사용함 시작, 끝, 문제, 해결이 있는 이야기를 할 수 있음	'왼쪽/오른쪽', '앞/뒤'라는 낱말을 사용
8	구체적인 주제를 지속시킴 간접 요청의 비문자적 의미를 깨달음 다른 사람의 의도를 고려하기 시작함	
9	몇 번의 차례 동안 주제를 지속시킴 수정하면서 말이 끊어진 이유를 알아냄 이야기 문법의 모든 요소를 산출함	문장완성적-범례적 변경을 대부분 완성해냄 물리적 용어로 서술되는 심리적 상태((cold (냉정하다), blue(우울하다))를 해석하기 시작하지만, 잘못 해석하기도 함
10		시간 관계에 사용되는 in과 on을 이해함 대부분의 가족 관계 용어를 이해함
11	추상적인 주제를 지속시킴 문장의 20%는 아직 '그리고'로 시작함	추상적 정의를 만들어냄 관습적인 성인 정의의 모든 요소를 지님 물리적 용어로 서술되는 심리적 상태를 이해
12	접속 부사 '그렇지 않으면, 어쨌든, 그러므로, 하지만'을 사용하고, 양태 부사 '정말로, 아마도'를 사용	
13-15		속담을 일부 이해함 시간 관계로 쓰이는 at을 이해
16-18	빈정거림과 이중 의미를 사용 은유를 일부러 사용 상대방의 관점과 지식이 자신과 다름을 앎	대략 80000 단어 의미 이해

학령 전 아동은 능숙한 성인 이야기꾼이나 초중등학생들 같은 기술을 갖고 있지 못하다. 학령 전 어린이는 자기에게 여기(here)인 것이 다른 사람에게도 여기(here)라고 가정하거나 주제가 무언지 말도 없이 대화를 시작하는 일이 많다. 그러다가 7세경 시작과 끝, 문제와 해결이 있는 이야기 말하기가 가능해진다.

학령기 동안, 비중심성(nonegocentrism)과 탈중심화(decentration)의 인지 과정이 늘어나고 조합되어 보다 효율적인 소통을 할 수 있게 된다. 비중심성은 다른 사람의 관점을 취할 수 있는 능력이고, 탈중심화는 말하는 이와 듣는 이가 모두 주어진 주제에 대한 차원과 관점이 여러 가지임을 깨닫는 것이다. 이러한 능력이 발달함에 따라 8세경에는 구체적인 주제를 지속하며 대화하고 다른 사람의 의도를 고려할 수 있게 된다.

학교 교실에서 요구하는 언어 사용방식은 어린이 언어에 커다란 변화를 일으킨다. 교과와 관련된 또는 관념적인 언어가 사회적이거나 대인관계적 언어보다 상대적으로 더 중요해진다. 11세경이 되면 추상적 정의를 만들어내고 추상적 주제를 지속시키며 대화할 수 있는 능력을 갖추게 된다. 상대방의 반응에 대해 설명할 능력을 갖게 되고 단어 의미를 정확히 사용하게 된다.

2. 읽기 능력 발달

읽기는 독자가 특정한 맥락 속에서 텍스트를 읽고 의미를 구성하는 능력이다. 이러한 읽기 능력은 문자 언어를 완전히 습득하기 이전부터 시작되어 문자 언어를 해득하고 여러 가지 텍스트를 접하면서 발달해간다. 입문기 읽기 발달 단계와 학령기 읽기 발달 단계를 〈표 2〉와 〈표 3〉을 통해 살펴보자. 먼저 Sulzby(1994)는 입문기 읽기 발달 단계를 다음과 같이 제시하였다.

<표 2> 입문기 읽기 발달의 단계(Sulzby, 1994)

단계	특징
1단계	• 이야기가 형성되지 않은 그림 읽기 단계(그림 중심 읽기 시기) ① 그림의 명칭을 말하거나 간단하게 해설하는 단계 ② 그림이 표현하고 있는 행동을 말하는 단계
2단계	• 이야기를 형성할 수 있는 그림 읽기 단계 ① 대화체로 이야기를 말하는 단계 ② 독백 형식으로 이야기를 말하는 단계
3단계	• 문자 읽기를 시도하기 단계 ① 문자 읽기와 이야기 말하기가 혼합된 단계 ② 책의 내용과 비슷하게 말하는 단계 ③ 단어나 내용을 암기하여 읽는 단계
4단계	• 글자 중심으로 읽기 단계 ① 글자를 인식하지만 읽을 줄 몰라서 '난 못 읽어요.'와 같은 의사를 표현하는 단계 ② 아는 글자를 찾아서 몇 개의 글자나 단어에 집중하여 읽기를 시도하는 단계 ③ 모르는 글자는 생략하거나 알고 있는 단어로 대체하여 문장과 거의 비슷하게 읽는 단계 ④ 거의 정확하게 읽는 단계

　　Sulzby(1994)에 따르면 입문기 문자 언어 습득은 그림읽기나 구두 언어와 밀접하게 연결되어 이루어진다. 입문기 읽기 발달 단계 중 1단계와 2단계는 그림 읽기 단계로 그림에 나타난 내용을 말로 설명하는 단계로 문자 언어에 입문하기 전 단계이다. 1단계와 2단계는 그림에 대해 설명할 때 이야기의 형성할 수 있는지로 구분된다. 3단계는 본격적으로 문자 읽기를 시도하는 단계로 일부 단어를 암기하여 읽는 단계이다. 4단계는 글자 중심의 읽기 단계로 알고 있는 단어를 활용하는 수준에서부터 모든 글자를 거의 정확하게 읽는 수준을 포함한다.

　　다음으로 천경록(1999)은 학령기 읽기 능력 발달을 다음과 같이 7단계로 구분하였다.

<표 3> 천경록(1999)의 읽기 능력 발달 단계

단계	시기	특징
1. 읽기 맹아기	유치원 시기까지	• 읽기 학습에 선행해야 할 필수적인 준비도를 갖추는 단계
2. 읽기 입문기	초등 저학년 (1, 2학년)	• 문자를 지각하고 글자와 소리 관계를 인식하며 소리내어 읽는 단계 음독 활동이 중심이 됨
3. 기초 기능기	초등 중학년 (3, 4학년)	• 음독에서 묵독으로 넘어가는 과도기로, 읽기를 통한 학습이 시작되는 단계 • 긴 문장을 의미 중심으로 끊어읽기, 유창하게 읽기 등 독해의 기초 기능을 배움
4. 기초 독해기	초등 고학년 (5, 6학년)	• 글을 통한 정보 획득 능력이 급속히 발전하는 시기로, 기초 기능 숙달 단계 • 글의 주제 파악, 행간 읽기를 통해 글쓴이의 숨겨진 뜻을 파악함
5. 고급 독해기	중학 1~2학년 (7, 8학년)	• 추론, 작가의 관점을 파악하고 비판하는 단계
6. 읽기 전략기	중3~고등1년 (9, 10학년)	• 독자와 필자와의 사회적 상호작용을 이해하는 단계 • 초인지 능력 향상
7. 독립 읽기기	고등학교 2학년 이후	• 교양, 학문, 직업 세계의 읽기 단계

초등 학습자에 해당하는 단계는 읽기 입문기, 기초 기능기, 기초 독해기이다. 초등 저학년(1, 2학년)에 해당하는 읽기 입문기에는 음독 중심으로 독서가 일어난다. 해독 기능이 습득되는 것이다. 단어 수준에서는 문자 해독하기를 완성하고, 자동성을 갖추어야 한다. 초등 중학년(3, 4학년)에 해당하는 기초 기능기에서는 앞선 시기에 습득한 해독 기능을 보존하면서 추가적으로 독서에 필요한 '긴 문장을 의미 중심으로 끊어 읽기, 유창하게 읽기' 등과 같은 기초 기능을 학습하고, 의미 중심의 묵독이 정착된다. 초등 고학년(5, 6학년)에 해당하는 기초 독해기에서는 읽기 기능을 심화시켜서 숨겨진 뜻을 파악하는 등 텍스트 이해의 능숙도를 높인다. 학령기 학습자는 읽기의 기초 기능을 숙달하고 인지적, 정서적으로 독서에 몰입을 경험함으로써 독해력의 기초를 다져야 한다.

3. 쓰기 능력 발달

숙련된 필자는 아이디어 생성의 유창성, 작문 규칙 및 관습에 대한 통달, 예상되는 독자를 적절히 고려할 수 있는 능력 등을 갖추어야 한다. 쓰기 능력은 글자 쓰기를 익히고 자신의 생각을 문장으로 표현하는 기초 쓰기 수준에서 쓰기를 둘러싼 다양한 요소를 고려하여 한 편의 글로 의미를 구성하는 수준으로 발달해나간다. 먼저 입문기 쓰기 발달 단계를 살펴보면 다음과 같다.

〈표 4〉 입문기 쓰기 능력 발달

단계	특징
1단계	• 끍적거리기 단계 ① 글자의 형태가 나타나지 않으나 세로선이 나타나는 단계 ② 글자의 형태는 나타나지 않으나 가로선이 나타나는 단계
2단계	• 한두 개의 자형이 우연히 나타나는 단계
3단계	• 자형이 의도적으로 한두 개 나타나는 단계
4단계	• 글자의 형태가 나타나지만 가끔 자모의 방향이 틀린 단계
5단계	• 단어 쓰기 단계 ① 완전한 단어 형태가 나타나지만 가끔 자모음의 방향이 틀린 단계 ② 완전한 단어 형태가 나타나고 자모음의 방향이 정확한 단계
6단계	• 문장 쓰기 단계 ① 문장 형태가 나타나지만 부분적으로 잘못도 나타나는 단계 ② 틀린 글자 없이 완전한 문장 형태가 나타나는 단계

입문기 쓰기 능력과 관련해서 주목할만한 개념은 발생적 문해력(emergent literacy)이다. 발생적 문해력은 Clay(1966)가 처음 사용한 용어로 관습적인 읽기와 쓰기로 나아가는 문식성의 발달 초기에 아동이 나타내는 전조적 지식, 기능이다. 예를 들어 이 발달 단계의 아동은 어른이 볼 때는 아무 의미 없어 보이는 곡선을 그려 놓고 "엄마를 사랑한다."는 메시지를 담았다고 말한다(McGee & Richgels, 1996, 김명순·신유림 역, 2000). 〈표 4〉는 발생적 문해력을 포함하여 입문기 쓰기의 발달 단계를 보여준다. 처음에는 가로선이나 세로선의 문자 형태가 출현하다가

한두 개의 자형이 우연히 나타나기도 한다.[2] 이후 점차 의도적으로 정확한 자형을 쓸 수 있게 되고, 일부 잘못된 글자가 포함되지만 단어나 문장을 쓸 수 있게 되는 단계로 발달한다. 이러한 입문기 쓰기 능력은 이후 쓰기 능력 발달의 바탕이 된다.

한편, Bereiter(1980)는 학생의 쓰기 능력 발달 특성을 제시하였는데 그 내용을 정리하면 다음과 같다(박영목 외, 1988).

〈표 5〉 Bereiter(1980)의 쓰기 능력 발달 단계

단계와 시기	특징
1. 단순 연상적 쓰기 (초등 1학년까지)	• 떠오르는 생각을 옮기는 수준의 글쓰기 단계 • 생각이 더 이상 떠오르지 않으면 글쓰기를 끝냄
2. 언어 수행적 쓰기 (초등 2학년~5학년)	• 표기법, 문법, 문단 형식, 장르적 관습 등 글쓰기 관습이나 규범을 지키며 글을 쓰는 단계 • 맞춤법에 맞게 쓰고자 하는 마음, 글씨를 바르게 쓰고자 하는 마음이 있음
3. 의사소통적 쓰기 (초등 6학년~ 중학교 2학년)	• 독자를 고려하며 글을 쓰는 단계 • 예상독자에게 잘 전달될 수 있도록 의미전달 효과를 고려하면서 일정한 장치를 마련하여 글을 씀
4. 통합적 쓰기 (중학교 3학년 이상)	• 독자는 물론 필자의 관점을 고려하여 글을 쓰는 단계 • 필자 스스로 글을 평가하며 피드백하여 글을 다듬을 수 있음
5. 인식적 쓰기 (고등학교 1학년 이상)	• 창조적, 반성적 글쓰기 단계 • 쓰기를 통하여 새로운 인식을 창조하려 함

Bereiter(1980)는 쓰기 발달 단계 중 초등 학습자에 해당하는 단계는 단순 연상적 쓰기 단계, 언어 수행적 쓰기 단계와 의사소통적 쓰기 단계의 초기에 해당한다. 단순 연상적 쓰기 단계는 머릿속에 떠오르는 생각을 생각난 순서대로 기록하는 단계이다. 대부분의 미숙한 필자들은 이 수준에 머물러 있으며 자신이 가지고 있는 아이디어를 다 써버렸을 때 쓰기를 멈추게 된다.

언어 수행적 쓰기 단계는 문체적 관습에 대한 지식과 연상적 쓰기의 통합으로 구성된 것으로,

---

[2] 표준 철자를 쓰기 전 유아가 음과 글자, 쓰기를 연결지을 수 있는 인지적 능력을 활용하여 만들어 쓴 글자를 창안 철자 또는 발명 철자(Invented Spelling)라고 한다.

연상적 쓰기 기능을 갖춘 필자들이 맞춤법, 문체, 관습에 익숙해짐으로써 도달하게 되는 단계이다. 이 단계의 필자들은 특정 단어에 대한 맞춤법, 특정한 구문에 대한 구두점, 특정한 표현을 사용하거나 피하는 것 등에 의식적으로 주의하지 않고도 여러 쓰기 기능들을 통합하여 자동적으로 쓰기를 수행할 수 있다.

의사소통적 쓰기 단계는 독자를 고려하여 글을 쓸 수 있는 기능을 갖춘 단계를 말한다. 일반적으로 예상독자를 고려하지 못하고 쓰기의 다른 요구들을 동시에 처리하지 못하게 될 때 자기중심적 쓰기가 발생하게 된다. 언어 수행적 쓰기 기능이 숙달되고 이것이 사회 인지와 통합될 때 자기중심성이 극복되고 의사소통적 쓰기 단계에 도달했다고 할 수 있다.

4. 독서 흥미 발달

학생들의 발달 단계에 따라서 즐겨 읽는 읽을거리들이 달라진다. 교사는 이를 고려하여 학생들의 독서 흥미를 높이고 독서를 즐겨하는 태도를 갖추도록 도울 수 있다. 독서 흥미 발달 단계를 살펴보면 다음과 같다.

〈표 6〉 독서 흥미 발달 단계(이경화, 2001)

단계와 시기	특징
옛 이야기 시기 (4세에서 유치원까지)	• 자기 신변의 인간과 물상의 명칭, 성질, 관계 등을 이야기 및 서사에 의해 재확인하는 것을 배우는 단계 • 4세부터 6세까지의 어린이들은 신변의 생활을 재구성한 옛이야기에 흥미를 가짐
환상 동화 시기 (초등 1,2학년)	• 실제 생활이 사회적으로 확대하기 때문에, 새로운 생활 장면에서의 행동의 규범에 관심을 가지게 되는 단계 • 글을 읽기 시작하나 그림의 보조가 요구됨. 우화와 환상 동화의 등장인물의 행동을 평가함, 쉬운 단편 동화를 많이 읽음

단계와 시기	특징

역사 이야기 시기 (초등 3,4학년)	• 자기중심적 심성에서 탈피하여 설화에 의한 현실의 재구성을 즐기게 되는 단계
	  – 신화와 전설을 즐긴다.(환상과 현실이 결합된 신과 전설을 좋아함)
	  – 영웅을 흠모한다.(허무맹랑한 이야기보다는 현실성있는 이야기를 좋아하게 되어 역사 속에 실재했던 인물 이야기에서 기쁨을 느낌)
	  – 우정 이야기를 읽는다.(우정 이야기는 친구에 대한 정보를 주게 되어 친구를 사귀는 데 도움을 줌)
	  – 모험의 세계를 동경한다.(어른에 예속된 생활을 떠나 독립하고 싶어하는 어린 이들은 신기한 것을 찾아 떠나는 모험 이야기를 좋아함)

지식과 논리의 시기 (초등 5,6학년)	• 논리적인 사고력이 발달하며, 새로운 영역을 적극적으로 개발하는 단계
	  – 정보 지식적인 책이나 인간의 역사에 관한 책에 흥미를 느낀다.
	  – 서정 문학을 즐긴다.
	  – 탐정, 추리 소설이나 공상과학 소설을 즐겨 읽는다.

독서 흥미 발달 단계는 크게 네 단계로 구분된다. 이 중 초등학교 발달 단계에 해당하는 시기는 환상 동화 시기, 역사 이야기 시기, 지식과 논리의 시기이다. 초등학교 저학년은 환상 동화 시기로서 단편 동화, 우화나 환상 동화 등에 관심을 갖는다. 초등학교 중학년은 역사 이야기 시기로서 우정 이야기나 모험 이야기에 관심을 갖고 환상과 현실이 결합된 이야기를 좋아한다. 초등학교 고학년은 지식과 논리의 시기로서 정보성이 있는 책이나 서정 문학 등 서사 이외의 장르에도 관심을 갖고, 추리 소설, 공상 과학 소설 등 논리적 사고를 수반하는 이야기 장르를 즐긴다.

1 초등학교 3학년 학생에게 추천할 수 있는 책에는 무엇이 있을지 찾아보고 책에 대한 설명과 선정한 까닭을 말하시오.

2 입문기 쓰기 능력 발달에서 끄적거리기 단계를 오류가 아닌 발달의 관점으로 접근했을 때의 좋은 점을 설명하시오.

제3장

2022 개정 국어과 교육과정의 특징

1. 초등 국어과 교육과정의 개념과 기능

교육과정은 '달리다'에 해당되는 쿠레레(currere)에서 파생된 말로 '달리는 코스'를 뜻하고, 교육의 맥락에서는 가르치고 배워야 할 내용 즉 교수요목(course of study)을 열거해 놓은 것을 말한다. 초등 국어과 교육과정은 초등 국어의 측면에서 인간 행동을 계획적으로 변화시키기 위한 것으로, 국어과 교육의 기초적이고 본질적인 교육 내용을 체계화하여 정련해 놓은 것이다.

초등 국어과 교육과정은 교육부가 결정하고 문서로 고시한다[3]. 초등 국어과 교육과정은 초등학생을 대상으로 하며, 국어과 교육의 성격, 목표, 내용, 교수 학습 방법 및 평가에 대한 내용을 포함하고 있다. 교육과정을 개발하고 운영, 적용, 평가하는 기관의 수준에 따라 '국가 수준의 교육과정', '지역 수준의 교육과정', '학교 수준의 교육과정', '교수 학습 수준의 교육과정'으로 나눌 수 있다.

일반적으로 국가 수준의 초등 국어과 교육과정은 다음과 같은 기능을 한다. 첫째, 초등학교 국어과 교육의 체제를 관리한다. 국어과 교육이 이루어지기 위해서는 전체 교과 수업 중에서 국어과 수업의 시간 배당이 결정되어야 한다. 또 국어과 교육의 목표와 수준, 영역 등에 대한 표준이 정해져야 한다. 이러한 사항은 국어과 교육을 조직하고 운영하는 데 기준이 된다(최미숙

---

[3] 고시 문서란 법령이 정하는 바에 따라 일정한 사항을 알리는 문서로서 개정 폐지되지 않는 한 그 법적 효력이 계속되는 문서를 말한다.

외, 2023).

둘째, 초등 국어과 교수 학습 내용의 기준이 된다. 국어과 교육과정에는 그 시기의 교육 이론과 시대·사회적 요구 등을 반영한 국어과 교육의 목표가 정해지고 이 목표를 달성하는 데 적합한 학습 내용을 정하고 조직한다. 이것은 전국적으로 공통적, 표준적으로 다루어야 할 국어 교육 내용의 기준이 된다.

셋째, 초등 국어과 교수 학습 방법의 기준이 된다. 국어과 교육과정에는 국어과 교수 학습의 방향과 방법을 제시하고 있다. 그러므로 국어교육 목표와 내용을 고려한 국어과 교수 학습 방법을 적용할 수 있다.

넷째, 초등 국어과 교수 학습 평가의 기준이 된다. 국어과 교육과정에는 국어과 교수 학습 평가의 방향과 방법을 제시하고 있다. 그러므로 국어교육의 목표와 내용을 고려한 국어과 교수 학습 평가를 적용할 수 있다.

다섯째, 초등 국어교육의 계획, 실행, 평가의 기준이 된다. 국어과 교육과정은 국어 교육을 계획하고 실행하고 평가하는 길잡이 역할을 한다. 국어교육을 설계하고, 실천하고 반성적으로 성찰하는 데 국어과 교육과정이 기준이 된다.

2. 2022 개정 국어과 교육과정의 개정 중점

2022 개정 국어과 교육과정(교육부 고시 2022-3호, 이하 국어과 교육과정)의 개정 중점으로 5가지를 제시할 수 있다. ① 국어과 역량 강조 ② 한글 학습 강화를 비롯한 기초, 기본 역량 교육 강화 ③ 여러 교과 학습을 위한 국어교육의 내용 요소 강화 ④ 디지털 소양 함양 및 매체 교육 강화 ⑤ 학습자 주도성과 공동체적 가치 강화가 그것이다.

가. 국어과 역량 강조

국어과 교육과정에서는 6대 국어과 역량을 국어과 교육과정 성격 항목과 목표 항목에 명시하여 강조하였다. 국어과 교육과정의 성격 항목에는 국어과 역량으로 비판적·창의적 사고 역량, 디지털·미디어 역량, 의사소통 역량, 공동체·대인 관계 역량, 문화 향유 역량, 자기 성찰·계발 역량이 제시되었다. 그리고 목표 항목에는 국어과 역량을 종합하고 재구성하여 다섯 가지의 하위 목표를 선정하여 제시하였다. [그림 1]은 2015 국어과 교육과정 목표 항목과 비교한 내용이다.

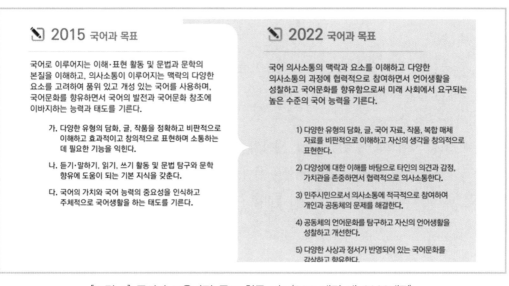

[그림 1] 국어과 교육과정 목표 항목 비교(2015개정 대 2022개정)

나. 한글 학습 강화를 비롯한 기초·기본 역량 강화

2022 개정 국어과 교육과정에서는 기초·기본 역량 강화의 일환으로 한글 해득 교육을 위한 국어 교과 시수 확대(34시간 증배)를 반영하여 한글 해득 학습과 관련한 학습 내용을 강화하였다. 이에 따라 기초·기본 역량과 관련된 하위 범주를 별도로 설정하고 이에 대한 집중적인 학습이 이루어지도록 하였다.

〈표 1〉 2022 개정 국어과 교육과정 기초 문해력 관련 신설 범주와 내용 요소

범주		내용요소(초등학교)		
		1~2학년	3~4학년	5~6학년
읽기 영역 과정·기능	읽기의 기초	• 글자, 단어 읽기 • 문장, 짧은 글 소리 내어 읽기 • 알맞게 띄어 읽기	• 유창하게 읽기	
쓰기 영역 과정·기능	쓰기의 기초	• 글자쓰기 • 단어쓰기 • 문장쓰기	• 문단 쓰기	
문법 영역 지식·이해	한글의 기초와 국어 규범	• 한글 자모의 이름과 소리 • 단어의 발음과 표기 • 문장과 문장부호	• 단어의 정확한 발음과 표기	• 단어와 문장의 정확한 표기와 사용

읽기 영역에서는 '읽기의 기초' 하위 범주를 설정하여, 해독 차원의 글자 읽기, 단어 읽기, 문장이나 짧은 글 정확하게 읽기, 알맞은 속도로 읽기, 알맞게 띄어 읽기, 유창하게 읽기 등과 같은 기초 학습과 관련된 내용 요소를 제시하였다. 쓰기 영역에서는 '쓰기의 기초' 하위 범주를 설정하여, 글자 쓰기, 단어 쓰기, 문장 쓰기, 문단 쓰기 등과 같은 기초 학습과 관련된 내용 요소를 제시하였다. 또한 문법 영역에서는 '한글의 기초와 국어 규범' 하위 범주를 설정하여 한글 자모의 이름과 소리 알기, 단어의 소리와 표기, 문장과 문장 부호, 단어의 정확한 발음과 표기 등과 같은 기초 학습과 관련된 내용 요소를 제시하였다.

다. 여러 교과 학습을 위한 국어교육의 내용 요소 강화

학교 안과 밖에서 이루어지는 대부분의 학습은 언어를 통해 이루어지므로 국어 능력은 학습의 성패를 결정하는 중요한 요인이 된다. 이에 교과 학습을 조력할 수 있는 학습 내용을 보다 적극적으로 선정하고 타 교과 학습에 필요한 기능과 관련된 내용 요소들을 선정·배치하였다. 수업 참여를 위한 간단한 발표는 초등학교 저학년에서부터 수행된다는 점을 고려하여 1~2학년군 듣기·말하기 영역에서는 '발표' 담화를 제시하였다. 그리고 3,4학년군 듣기·말하기 영역에서는 '발표'와 '토의', 읽기 영역에서는 '중심 생각 파악하기', '내용 요약하기', 쓰기 영역에서는 '학습 결과를 보고하는 글', '정확하게 표현하기', '사실에 근거한 표현'과 같은 내용 요소를 제시하였다.

라. 디지털 소양 함양 및 매체 교육 강화

매체 환경 및 의사소통 방식의 변화에 따라 매체 자료를 선별적으로 수용하고 대안적인 매체 자료를 생산해 낼 수 있는 능력에 대한 요구가 높아지고 있다. 이에 국어과 교육과정에서는 디지털 소양을 국어과 교육과정에 적극적으로 반영함으로써 관련 교육이 보다 체계적으로 전개될 수 있도록 하였다. 국어과 교육과정 내용 체계는 듣기·말하기, 읽기, 쓰기, 문법, 문학으로 구성된 5영역 체제에 '매체' 영역을 신설하여 6영역 체제이다. 매체 영역이 신설됨에 따라 디지털 리터러시 및 미디어 리터러시 관련 교육 내용을 성취기준으로 제시하였다. 이러한 매체 교육 강화에 대한 노력은 내실 있고 체계적인 매체 교육으로 이어져 학습자의 디지털 소양 함양에 기여할 수 있을 것이다.

〈표 2〉 국어과 교육과정의 내용 체계 영역 구분의 변천

시기	교수 요목기	제1~3차 교육과정	제4차 교육과정	제5차~6차 교육과정	제7차 교육과정	2007 개정 교육과정	2009 개정 교육과정	2015 개정 교육과정	2022 개정 교육과정
영역	읽기 말하기 듣기 짓기 쓰기	말하기 듣기 읽기 쓰기	표현, 이해 언어 문학	말하기 듣기 읽기 쓰기 언어 문학	듣기 말하기 읽기 쓰기 국어지식 문학	듣기 말하기 읽기 쓰기 문법 문학	듣기, 말하기 읽기 쓰기 문법 문학	듣기, 말하기 읽기 쓰기 문법 문학	듣기, 말하기 읽기 쓰기 문법 문학 매체

마. 학습자 주도성과 공동체적 가치 강화

국어과 교육과정에서는 언어 사용 주체가 자기 자신과 공동체에 대한 성찰을 통해 민주시민으로 성장할 수 있음을 고려하여 언어 사용 주체의 성찰과 관련된 내용 요소 및 공동체와 상호 연대하기 위해 필요한 사회적 소통과 관련된 내용 요소를 적극적으로 선정하였다.

일례로 '가치·태도' 범주를 중심으로 살펴보면, '듣기·말하기' 영역에서는 공감, 배려, 다양성 존중 등을 제시하였다. '읽기' 영역과 '쓰기' 영역에서는 공통적으로 흥미, 효능감, 능동성, 성찰 등을 제시하였다. '문법' 영역에서는 다양한 집단과 사회의 언어를 학습함으로써 다양한 사회 계층의 언어에 대한 포용적이고 관용적인 태도를 내면화하도록 하였다. '문학' 영역에서는 문학을 통해 타자를 이해하고, 공동체의 문제에 참여하게 함으로써 지속가능사회를 향한 사회 문제에

관심을 가지고 민주시민으로서 가져야 할 책임감과 참여의 태도를 지니게 하였다. '매체' 영역에서는 디지털 시민성과 관련한 내용을 학습함으로써 매체 의사소통의 사회적 영향력에 대한 인식을 내면화하도록 하였다.

3. 문서 체제의 변화

국어과 교육과정은 '성격, 목표, 내용 체계, 성취기준, 교수·학습 및 평가'로 구성되었다. 문서 체제의 구성 목차는 다음과 같다.

〈표 3〉 2022개정 국어과 교육과정 문서 체제

교과 교육과정 설계의 개요
1. 성격 및 목표
가. 성격   나. 목표
2. 내용 체계 및 성취기준
가. 내용 체계
(1) 영역명
내용 체계표
(2) 영역명
나. 성취기준
(1) 영역명
성취기준
(가) 성취기준 해설
(나) 성취기준 적용 시 고려 사항
(2) 영역명
3. 교수·학습 및 평가
가. 교수·학습
(1) 교수·학습의 방향
(2) 교수·학습 방법
나. 평가
(1) 평가의 방향
(2) 평가 방법

국어과 교육과정의 문서 체제의 변화 사항을 제시하면, 첫째, '교과 교육과정 설계의 개요'가 신설되었다. '교과 교육과정 설계의 개요'에는 2022 개정 교육과정의 총론 주요 방향과 국어 교과의 연계성, 국어 교과의 영역 구성, 각 영역별 핵심 아이디어 도출 및 생성 과정, 국어교육 내용 체계의 범주에 대한 설명 등을 기술되었다.

둘째, '내용 체계 및 성취기준'에는 내용 체계를 수정 보완하고, 이전 교육과정기에서 교수·학습 방법 및 유의 사항, 평가 방법 및 유의 사항으로 제시되었던 내용을 통합하여 '성취기준 적용 시 고려 사항'으로 수정하였다.

셋째, '교수·학습 및 평가'에는 학교 현장에 필요한 교실 수업 개선을 위한 방향과 방법을 안내하였다.

4. 국어과 성격 및 목표

가. 국어과 교육의 성격

국어과 성격 항목은 국어 교과가 가지는 고유한 특성을 개괄적으로 소개하고, 국어 교육의 필요성 및 역할, 본질과 의의 등을 제시함으로써 국어 교과가 지닌 본질적 성격을 이해할 수 있도록 해 준다. 국어과 교육과정의 성격은 다음과 같다.

국어는 대한민국의 공용어로서 사고와 의사소통의 도구이자 문화를 창조하고 전승하는 기반이다. 학습자는 음성 언어, 문자 언어, 시각 언어 등 다양한 양식의 기호와 매체가 활용되는 국어를 통하여 자아를 인식하고 타인과 교류하며 세계를 이해한다. 또한 다양한 국어 활동을 통해 지식과 정보를 교류하며 사회적 관계를 형성하고 문화를 향유하면서 민주시민의 소양을 기른다. 이러한 과정에서 건강하고 행복한 삶을 영위하기 위해서는 일상생활 및 사회생활에서 요구되는 높은 수준의 국어 능력을 갖추어야 한다. 특히 과학기술의 고도화로 급격하게 변화하고 있는 의사소통 환경에 능동적으로 대처하기 위해서는 학교생활을 통해 폭넓은 국어 경험을 쌓으면서 체계적인 국어 학습을 할 필요가 있다. 이를 바탕으로 학습자는 더 깊이 있게 사고하고 효율적으로 소통하면서 개인과 공동체가 직면하는 문제를 해결하고 나아가 국어문화를 향유하면서 삶의 행복과 공동체의 발전을 추구할 수 있을 것이다.

초등학교 및 중학교 '국어'는 국어를 정확하고 효과적으로 사용하는 능력을 기르고, 가치 있는 국어 활동을 통해 바람직한 인성과 공동체 의식을 함양하며, 비판적이고 창의적인 사고와 활동을 바탕으로 국어문화를 향유하도록 하는 교과이다. 학습자는 '국어'의 학습을 통해 국어 교과에서 추구하는 다양한 역량을 기를 수 있다. '국어' 학습자는 다양한 매체를 효과적으로 사용함으로써 일상생활은 물론 학교생활을 포함한 사회생활에서 요구되는 지식과 정보를 수용하고 생산할 수 있다. 다양한 담화와 글, 국어 자료, 작품, 매체로 표현된 텍스트를 분석하면서 비판적 사고력을 함양하고, 자신의 생각을 창의적으로 표현할 수 있다. 의사소통 참여자를 존중하면서 개방적이고도 포용적인 자세로 협력적인 의사소통을 하는 것 또한 국어를 통하여 기를 수 있는 중요한 역량이다. 학습자는 자신이 속한 공동체의 언어문화에 관심을 가지고 이를 탐구하면서 자신의 언어생활을 성찰하고 개선하는 태도를 갖출 수 있다. 이와 함께 다양한 사상과 정서가 반영되어 있는 국어문화를 감상하고 향유할 수 있을 것이다.

국어과 성격에는 국어 및 국어 능력의 가치와 필요성, 국어 교과의 필요성과 역할 등을 통해 학습자에게 기대하는 바가 제시되었다. 첫째 문단에서는 국어과 교육 대상인 언어의 도구적 특성과 형성적 특성을 설명하고 있다. 그리고 국어 학습을 통해 국어 능력을 길러야 함을 밝히고 있다. 미래사회의 의사소통 환경에 능동적으로 대처하고 개인의 행복과 공동체의 발전을 강조하고 있다. 둘째 문단에서는 초등학교와 중학교에서 배우는 공통교과목 '국어'에 대해 설명하고 있다. 또 '국어' 과목에서 6대 국어과 역량을 함양할 것을 강조하였다.

나. 목표

국어과 목표 항목에는 국어과 교육과정이 지향해야 할 방향과 학생이 달성해야 할 학습의 도달점을 진술한다. 국어과 교육과정의 목표는 총괄 목표와 세부 목표로 나누어 제시하고, 세부 목표에는 국어과 역량을 적극적으로 반영되었다. 국어과 교육과정의 목표는 다음과 같다.

국어 의사소통의 맥락과 요소를 이해하고 다양한 의사소통의 과정에 협력적으로 참여하면서 언어생활을 성찰하고 국어문화를 향유함으로써 미래 사회에서 요구되는 높은 수준의 국어 능력을 기른다.

(1) 다양한 유형의 담화, 글, 국어 자료, 작품, 복합 매체 자료를 비판적으로 이해하고 자신의 생각을 창의적으로 표현한다.

(2) 다양성에 대한 이해를 바탕으로 타인의 의견과 감정, 가치관을 존중하면서 협력적으로 의사소통한다.

(3) 민주시민으로서 의사소통에 적극적으로 참여하여 개인과 공동체의 문제를 해결한다.

(4) 공동체의 언어문화를 탐구하고 자신의 언어생활을 성찰하고 개선한다.

(5) 다양한 사상과 정서가 반영되어 있는 국어문화를 감상하고 향유한다.

세부 목표에는 2개 이상의 국어과 역량을 반영하였다. 세부 목표(1)에는 의사소통 역량, 비판적·창의적 사고 역량, 디지털·미디어 역량을, 세부 목표(2)에는 공동체·대인 관계 역량, 의사소통 역량을, 세부 목표(3)에는 의사소통 역량, 공동체·대인 관계 역량을, 세부 목표(4)에는 문화 향유 역량, 자기 성찰·계발 역량을, 세부 목표(5)에는 문화 향유 역량, 공동체·대인 관계 역량을 반영하였다.

5. 내용 체계 및 성취기준

국어과 교육과정의 영역은 '듣기·말하기, 읽기, 쓰기, 문법, 문학, 매체'의 6대 영역으로 설정하였다. '듣기·말하기'는 음성 언어 의사소통을 중심으로, '읽기', '쓰기'는 문자 언어 의사소통을 중심으로, '문법'은 언어에 대한 이해와 탐구를 중심으로, '문학'은 문학에 대한 이해와 수용·창작을 중심으로 하여 내용을 구성해 온 전통적 영역이다. '매체'는 신설한 영역으로, 기존 영역에 부분적으로 반영해 온 매체 관련 내용 요소를 수정·보완하되, 디지털 매체를 기반으로 하여 새로운 의사소통 환경에서 중요하게 부각되고 있는 내용 요소를 교육 내용에 포함하였다. 국어과 6대 영역은 언어 사용의 실제성과 학습의 유기성을 고려하여 영역 간 연계성이 확보되도록 내용을 하였다.

가. 내용 체계

'내용 체계'에는 영역별로 '핵심 아이디어'를 밝히고 '지식·이해', '과정·기능', '가치·태도'의 세 범주와 그에 따른 학년군 별 '내용 요소'를 제시하였다.

'핵심 아이디어'는 국어과 영역을 아우르면서 영역의 학습을 통해 일반화할 수 있는 내용을 핵심적으로 진술한 것으로, 내용 체계의 설계를 위한 핵심 조직자이다. 핵심 아이디어는 국어 학습을 통해 학습자들이 성취하기 기대하는 결과이면서 교수·학습 과정에서 지속적으로 주목하여야 할 내용으로 구성되었다. 이러한 지향에 따라 학습자를 언어 주체로 보고 국어 활동을 수행하는 언어 주체의 역할에 주목하여 핵심 아이디어를 영역별로 3~4개의 문장으로 기술하였다.

핵심 아이디어는 해당 영역의 내용 체계표에 제시된 구체적인 내용을 왜 배워야 하는지를 보여준다. 내용 체계의 범주는 핵심 아이디어' 중심으로 지식·이해, 과정·기능, 가치·태도의 세 범주로 구성된다. 내용 체계의 범주는 교육 내용의 성격을 '지식·이해', '과정·기능', '가치·태도'로 나뉜다. '지식·이해'는 국어 학습을 통해 알아야 할 내용 요소, 개념, 원리를 말한다. '과정·기능'은 국어과 고유의 절차적 지식으로 학습의 결과 학생들이 국어 내용을 가지고 할 수 있어야 하는 구체적인 능력을 말한다. '가치·태도'는 국어 활동을 통해서 기를 수 있는 고유한 가치 및 태도를 의미한다.

국어과 교육과정의 6대 영역의 내용 체계는 다음과 같다.

(1) 듣기·말하기

핵심 아이디어	• 듣기·말하기는 언어, 준언어, 비언어, 매체 등을 활용하여 서로의 생각과 감정을 주고받는 행위이다. • 화자와 청자는 상황 맥락 및 사회·문화적 맥락 속에서 의사소통 목적을 달성하기 위하여 다양한 유형의 담화를 듣고 말한다. • 화자와 청자는 의사소통 과정에 협력적으로 참여하고 듣기·말하기 과정에서의 문제를 해결하기 위해 적절한 전략을 사용하여 듣고 말한다. • 화자와 청자는 듣기·말하기에 흥미를 가지고 적극적으로 참여하면서 담화 공동체 구성원으로 성장하고, 상호 존중하고 공감하는 소통 문화를 만들어 간다.			

범주		내용 요소			
		초등학교			중학교
		1~2학년	3~4학년	5~6학년	1~3학년
지식·이해	듣기·말하기 맥락	• 상황 맥락		• 상황 맥락 • 사회·문화적 맥락	
	담화 유형	• 대화 • 발표	• 대화 • 발표 • 토의	• 대화 • 면담 • 발표 • 토의 • 토론	• 대화 • 면담 • 발표 • 연설 • 토의 • 토론
과정·기능	내용확인·추론·평가	• 집중하기 • 중요한 내용 확인하기 • 일이 일어난 순서 파악하기	• 중요한 내용과 주제 파악하기 • 내용 요약하기 • 원인과 결과 파악하기 • 내용 예측하기	• 생략된 내용 추론하기 • 주장, 이유, 근거가 타당한지 평가하기	• 의도와 관점 추론하기 • 논증이 타당한지 평가하기 • 설득 전략 평가하기
	내용생성·조직·표현과 전달	• 경험과 배경지식 활용하기 • 일이 일어난 순서에 따라 조직하기 • 바르고 고운 말로 표현하기 • 바른 자세로 말하기	• 목적과 주제 고려하기 • 자료 정리하기 • 원인과 결과 구조에 따라 조직하기 • 주제에 적절한 의견과 이유 제시하기 • 준언어·비언어적 표현 활용하기	• 청자와 매체 고려하기 • 자료 선별하기 • 핵심 정보 중심으로 내용 구성하기 • 주장, 이유, 근거로 내용 구성하기 • 매체 활용하여 전달하기	• 담화 공동체 고려하기 • 자료 재구성하기 • 체계적으로 내용 구성하기 • 반론 고려하여 논증 구성하기 • 상호 존중하며 표현하기 • 말하기 불안에 대처하기
	상호작용	• 말차례 지키기 • 감정 나누기	• 상황과 상대의 입장 이해하기 • 예의를 지키며 듣고 말하기 • 의견 교환하기	• 궁금한 내용 질문하기 • 절차와 규칙 준수하기 • 협력적으로 참여하기 • 의견 비교하기 및 조정하기	• 목적과 상대에 맞는 질문하기 • 듣기·말하기 방식의 다양성 고려하기 • 경청과 공감적 반응하기 • 대안 탐색하기 • 갈등 조정하기
	점검과 조정		• 듣기·말하기 과정과 전략에 대해 점검·조정하기		
가치·태도		• 듣기·말하기에 대한 흥미	• 듣기·말하기 효능감	• 듣기·말하기에 적극적 참여	• 듣기·말하기에 대한 성찰 • 공감적 소통 문화 형성

(2) 읽기

핵심 아이디어	• 읽기는 독자가 자신의 배경지식이나 경험을 활용하여 언어를 비롯한 다양한 기호나 매체로 표현된 글의 의미를 능동적으로 구성하는 행위이다. • 독자는 다양한 상황 맥락과 사회·문화적 맥락 속에서 자신의 읽기 목적을 달성하기 위하여 다양한 유형의 글을 읽는다. • 독자는 읽기 과정을 점검·조정하며 읽기 과정에서 부딪히는 문제를 해결하기 위해 적절한 읽기 전략을 사용하여 글을 읽는다. • 독자는 읽기 경험을 통해 읽기에 대한 긍정적 정서를 형성하고 삶과 공동체의 문제 해결을 위해 공동체 구성원과 함께 독서를 통해 소통함으로써 사회적 독서 문화를 만들어 간다.			

범주		내용 요소			
		초등학교			중학교
		1~2학년	3~4학년	5~6학년	1~3학년
지식·이해	읽기 맥락		• 상황 맥락	• 상황 맥락 • 사회·문화적 맥락	
	글의 유형	• 친숙한 화제의 글 • 설명 대상과 주제가 명시적으로 제시된 글 • 생각이나 감정이 명시적으로 제시된 글	• 친숙한 화제의 글 • 설명 대상과 주제가 명시적인 글 • 주장, 이유, 근거가 명시적인 글 • 생각이나 감정이 명시적으로 제시된 글	• 일상적 화제나 사회·문화적 화제의 글 • 다양한 설명 방법을 활용하여 주제를 제시한 글 • 주장이 명시적이고 다양한 이유와 근거가 제시된 글 • 생각이나 감정이 함축적으로 제시된 글	• 인문, 예술, 사회, 문화, 과학, 기술 등 다양한 분야의 글 • 다양한 설명 방법을 활용하여 주제를 제시한 글 • 다양한 논증 방법을 활용하여 주장을 제시한 글 • 생각과 감정이 함축적이고 복합적으로 제시된 글
과정·기능	읽기의 기초	• 글자, 단어 읽기 • 문장, 짧은 글 소리 내어 읽기 • 알맞게 띄어 읽기	• 유창하게 읽기		
	내용 확인과 추론	• 글의 중심 내용 확인하기 • 인물의 마음이나 생각 짐작하기	• 중심 생각 파악하기 • 내용 요약하기 • 단어의 의미나 내용 예측하기	• 글의 구조를 파악하기 • 글의 주장이나 주제 파악하기 • 글의 구조 고려하며 내용 요약하기 • 생략된 내용과 함축된 의미 추론하기	• 설명 방법과 논증 방법 파악하기 • 글의 관점이나 주제 파악하기 • 읽기 목적과 글의 구조를 고려하며 내용 요약하기 • 드러나지 않은 의도나 관점 추론하기
	평가와 창의	• 인물과 자신의 마음이나 생각 비교하기	• 사실과 의견 구별하기 • 글이나 자료의 출처 신뢰성 평가하기 • 필자와 자신의 의견 비교하기	• 글이나 자료의 내용과 표현 평가하기 • 다양한 글이나 자료 읽기를 통해 문제 해결하기	• 복합양식의 글·자료의 내용과 표현 평가하기 • 설명 방법과 논증 방법의 타당성 평가하기 • 동일 화제에 대한 주제 통합적 읽기 • 진로나 관심 분야에 대한 자기 선택적 읽기
	점검과 조정		• 읽기 과정과 전략에 대해 점검·조정하기		
가치·태도		• 읽기에 대한 흥미	• 읽기 효능감	• 긍정적 읽기 동기 • 읽기에 적극적 참여	• 읽기에 대한 성찰 • 사회적 독서 문화 형성

(3) 쓰기

핵심 아이디어	• 쓰기는 언어를 비롯한 다양한 기호나 매체를 활용하여 인간의 생각과 감정을 글로 표현함으로써 의미를 구성하는 행위이다. • 필자는 상황 맥락 및 사회·문화적 맥락 속에서 자신의 의사소통 목적을 달성하기 위하여 다양한 유형의 글을 쓴다. • 필자는 쓰기 과정에서 부딪히는 문제를 해결하기 위하여 적절한 쓰기 전략을 사용하여 글을 쓴다. • 필자는 쓰기 경험을 통해 언어 공동체의 구성원으로 성장하고, 쓰기 윤리를 갖추어 독자와 소통함으로써 바람직한 의사소통 문화를 만들어 간다.			

범주		내용 요소			
		초등학교			중학교
		1~2학년	3~4학년	5~6학년	1~3학년
지식·이해	쓰기 맥락		• 상황 맥락	• 상황 맥락 • 사회·문화적 맥락	
	글의 유형	• 주변 소재에 대해 소개하는 글 • 겪은 일을 표현하는 글	• 절차와 결과를 보고하는 글 • 이유를 들어 의견을 제시하는 글 • 독자에게 마음을 전하는 글	• 대상의 특성이 나타나게 설명하는 글 • 적절한 근거를 들어 주장하는 글 • 체험에 대한 감상을 나타내는 글	• 복수의 자료를 활용하여 다양한 형식으로 쓴 글 • 대상에 적합한 설명 방법을 사용하여 쓴 글 • 타당한 근거를 들어 주장하는 글 • 의견 차이가 있는 사안에 대해 주장하는 글 • 자신의 정서를 표현하는 글
과정·기능	쓰기의 기초	• 글자 쓰기 • 단어 쓰기 • 문장 쓰기	• 문단 쓰기		
	계획하기		• 목적, 주제 고려하기	• 독자, 매체 고려하기	• 언어 공동체 고려하기
	내용 생성하기	• 일상을 소재로 내용 생성하기	• 목적, 주제에 따라 내용 생성하기	• 독자, 매체를 고려하여 내용 생성하기	• 복합양식 자료를 활용하여 내용 생성하기
	내용 조직하기		• 절차와 결과에 따라 내용 조직하기	• 통일성을 고려하여 내용 조직하기	• 글 유형을 고려하여 내용 조직하기
	표현하기	• 자유롭게 표현하기	• 정확하게 표현하기	• 독자를 고려하여 표현하기	• 다양하게 표현하기
	고쳐쓰기		• 문장, 문단 수준에서 고쳐쓰기	• 글 수준에서 고쳐쓰기	• 독자를 고려하여 고쳐쓰기
	공유하기	• 쓴 글을 함께 읽고 반응하기			
	점검과 조정		• 쓰기 과정과 전략에 대해 점검·조정하기		
가치·태도		• 쓰기에 대한 흥미	• 쓰기 효능감	• 쓰기에 적극적 참여 • 쓰기 윤리 준수	• 쓰기에 대한 성찰 • 윤리적 소통 문화 형성

(4) 문법

핵심 아이디어	• 문법은 국어의 형식과 내용을 이루는 틀로서 규칙과 원리로 구성·운영되며, 문법 탐구는 문법에 대해 사고하는 활동으로 국어에 대한 총체적 앎을 이끈다. • 국어는 체계와 구조를 갖춘 의미 생성 자원이자, 사회적으로 구성된 관습적 규약이며, 공동체의 사고와 가치를 표상하는 문화적 산물이다. • 국어 자료는 다양한 맥락에서 만들어지는 의사소통의 결과물로서, 국어 현상을 파악하고 국어 문제를 발견할 수 있는 문법 탐구의 대상이다. • 국어 사용자는 일상생활에서 국어 현상과 국어 문제를 탐구하고 성찰하면서 언어 주체로서의 정체성과 국어 의식을 형성한다.

범주		내용 요소			
		초등학교			중학교
		1~2학년	3~4학년	5~6학년	1~3학년
지식·이해	언어의 본질과 맥락		• 의사소통과 관계 형성 수단으로서의 언어 • 참여자 간 관계 및 장면에 따른 언어	• 음성 언어 및 문자 언어의 특성과 매체 • 지역에 따른 언어와 표준어	• 국어의 음운 체계와 문자 체계 • 세대·분야·매체에 따른 언어
	언어 단위	• 글자·단어·문장	• 단어의 의미와 단어 간의 의미 관계 • 단어의 분류 • 문장의 기본 구조 • 글과 담화의 높임 표현과 지시·접속 표현	• 어휘 체계와 고유어 • 관용 표현 • 문장 성분과 호응 • 글과 담화의 시간 표현	• 단어의 형성 방법 • 품사의 종류와 특성 • 어휘의 양상과 쓰임 • 문장의 짜임과 확장 • 글과 담화의 피동·인용 표현
	한글의 기초와 국어 규범	• 한글 자모의 이름과 소리 • 단어의 발음과 표기 • 문장과 문장 부호	• 단어의 정확한 발음과 표기	• 단어와 문장의 정확한 표기와 사용	• 한글 맞춤법의 원리와 내용
과정·기능	국어의 분석과 활용	• 언어 단위 관찰하기	• 언어 단위 관찰하고 분석하기 • 국어사전 활용하여 문제 해결하기 • 글과 담화에 적절한 표현 사용하기	• 언어 표현의 특징 분석하기 • 글과 담화에 적절한 표현 사용하기	• 기준에 따라 분류하고 분석하기 • 원리 적용하여 표현 창안하기 • 글과 담화에 적절한 표현을 사용하고 효과 비교하기 • 자료를 해석하고 창의적으로 활용하기
	국어 실천의 성찰과 비판	• 소리와 표기의 차이 인식하기	• 국어 규범 인지하고 수용하기	• 국어생활 점검하고 실천하기 • 언어 표현의 효과 평가하기	• 국어 규범의 원리 탐색하기 • 언어 표현의 의도 탐색하고 대안 모색하기 • 국어 문제 발견하고 실천 양상 비판하기
가치·태도		• 한글에 대한 호기심	• 국어의 소중함 인식	• 국어생활에 대한 민감성 • 집단·사회의 언어와 나의 언어의 관계 인식	• 다양한 집단·사회의 언어에 대한 언어적 관용 • 언어로 구성되는 세계와 자아 인식

(5) 문학

핵심 아이디어	• 문학은 인간의 삶을 언어로 형상화한 작품을 통해 즐거움과 깨달음을 얻고 타자와 소통하는 행위이다. • 문학 작품을 통한 소통은 작품의 갈래, 작가와 독자, 사회와 문화, 문학사의 영향 등을 고려하며 이루어진다. • 문학 수용·생산 능력은 문학의 해석, 감상, 비평, 창작 활동을 통해 향상된다. • 인간은 문학을 향유하면서 자아를 성찰하고 타자를 이해하며 공동체의 일원으로 성장한다.			
범주	**내용 요소**			
	초등학교			중학교
	1~2학년	3~4학년	5~6학년	1~3학년

		1~2학년	3~4학년	5~6학년	1~3학년
지식·이해	갈래	• 시, 노래 • 이야기, 그림책	• 시 • 이야기 • 극	• 시 • 소설 • 극 • 수필	• 서정 • 서사 • 극 • 교술
	맥락		• 독자 맥락	• 작가 맥락 • 독자 맥락	• 작가 맥락 • 독자 맥락 • 사회·문화적 맥락
과정·기능	작품 읽기와 이해	• 낭송하기, 말놀이하기 • 말의 재미 느끼기	• 자신의 경험을 바탕으로 읽기 • 사실과 허구의 차이 이해하기	• 작가의 의도를 생각하며 읽기 • 갈래의 기본 특성 이해하기	• 사회·문화적 상황을 생각하며 읽기 • 연관된 작품들과의 관계 이해하기
	해석과 감상	• 작품 속 인물 상상하기 • 작품 읽고 느낀 점 말하기	• 인물의 성격과 역할 파악하기 • 이야기의 흐름 생각하며 감상하기	• 인물, 사건, 배경 파악하기 • 비유적 표현에 유의하여 감상하기	• 근거를 바탕으로 작품 해석하기 • 갈등의 진행과 해결 과정 파악하기 • 보는 이, 말하는 이의 효과 파악하기 • 운율, 비유, 상징의 특성과 효과를 생각하며 감상하기
	비평		• 마음에 드는 작품 소개하기	• 인상적인 부분을 중심으로 작품에 대해 의견 나누기	• 다양한 해석 비교·평가하기
	창작	• 시, 노래, 이야기, 그림 등 다양한 형식으로 표현하기	• 감각적 표현 활용하여 표현하기	• 갈래 특성에 따라 표현하기	• 개성적 발상과 표현으로 형상화하기
가치·태도		• 문학에 대한 흥미	• 작품 감상의 즐거움	• 문학을 통한 자아 성찰 • 문학 소통의 즐거움	• 문학을 통한 타자 이해 • 문학을 통한 공동체 문제에의 참여 • 문학의 가치 내면화

(6) 매체

핵심 아이디어	• 매체는 소통을 매개하는 도구, 기술, 환경으로 당대 사회의 소통 방식과 소통 문화에 영향을 미친다. • 매체 이용자는 매체 자료의 주체적인 수용과 생산을 통해 정체성을 형성하고 사회적 의미 구성 과정에 관여한다. • 매체 이용자는 매체 및 매체 소통의 영향력에 대한 이해와 자신과 타인의 권리를 지키기 위한 적극적인 노력을 통해 건강한 소통 공동체를 형성한다.

		내용 요소			
범주		초등학교			중학교
		1~2학년	3~4학년	5~6학년	1~3학년
지식·이해	매체 소통 맥락		• 상황 맥락	• 상황 맥락 • 사회·문화적 맥락	
	매체 자료 유형	• 일상의 매체 자료	• 인터넷의 학습 자료	• 뉴스 및 각종 정보 매체 자료	• 대중매체와 개인 인터넷 방송 • 광고·홍보물
과정·기능	접근과 선택	• 매체 자료 접근하기	• 인터넷 자료 탐색·선택하기	• 목적에 맞는 정보 검색하기	
	해석과 평가		• 매체 자료 의미 파악하기	• 매체 자료의 신뢰성 평가하기	• 매체의 특성과 영향력 비교하기 • 매체 자료의 재현 방식 분석하기 • 매체 자료의 공정성 평가하기
	제작과 공유	• 글과 그림으로 표현하기	• 발표 자료 만들기 • 매체 자료 활용·공유하기	• 복합양식 매체 자료 제작·공유하기	• 영상 매체 자료 제작·공유하기
	점검과 조정		• 매체 소통의 목적 점검하기	• 매체 이용 양상 점검하기	• 상호 작용적 매체를 통한 소통 점검하기
가치·태도		• 매체 소통에 대한 흥미와 관심	• 매체 소통 윤리	• 매체 소통에 대한 성찰	• 매체 소통의 권리와 책임

나. 성취기준

성취기준 항목에는 학년군별 영역 성취기준, 성취기준 해설, 성취기준 적용 시 고려 사항이 순서대로 제시되었다.

성취기준은 학습자의 역량 함양을 위하여 내용 체계의 '내용 요소'를 유기적으로 결합하여 구성하였다. 학생들이 국어 교과를 통해 배워야 할 내용과 학습의 결과 학생들이 무엇을 할 수 있는지를 나타내는 수행 기준이다. 성취기준은 내용 체계의 각 범주별로 제시된 내용 요소를 결합하여 국어 학습을 통해 학생들이 할 수 있어야 할, 또는 할 수 있기를 기대하는 결과 혹은 도달도를 진술하였다. 성취기준 해설은 교과서 개발이나 학교 현장에서 오해하거나 혼동 등이 초래될 가능성이 있거나 추가적인 설명이나 강조가 필요한 경우에 한해 진술하였다. 성취기준 적용 시 고려 사항은 학생들이 성취기준에 도달할 수 있도록 수업을 계획하고 운영할 때 필요한 교수·학습 방법 및 평가상의 주안점을 통합하여 진술하였다.

아래는 1~2학년군 문법 성취기준 항목의 예시이다.

〈표 4〉 1~2학년군 문법 성취기준 예시

(4) 문법

> [2국04-01] 한글 자모의 이름과 소릿값을 알고 정확하게 발음하고 쓴다.
> [2국04-02] 소리와 표기가 다를 수 있음을 알고 단어를 바르게 읽고 쓴다.
> [2국04-03] 문장과 문장 부호를 알맞게 쓰고 한글에 호기심을 가진다.

(가) 성취기준 해설
- [2국04-03] 이 성취기준은 문장으로 의사소통하기 위해 필요한 기초적인 문식성을 기르고, 글자, 단어, 문장을 주의 깊게 관찰하고 탐구하는 자세를 기르기 위해 설정하였다. 자신의 생각을 문장으로 쓰는 것은 의사소통 능력의 핵심으로서, 특히 한글 학습 초기에는 음성 언어와는 다른 문자 언어의 특성을 이해하는 것이 중요하다. 문장 부호의 이름과 쓰임, 평서문·의문문·감탄문 등 다양한 종류의 문장 쓰기와 그에 따른 문장 부호 사용하기를 다루되, 문장 부호 사용의 필요성을 깨닫고 문장을 비롯하여 문장을 이루는 글자, 단어에도 호기심을 갖도록 한다.

(중략)

(나) 성취기준 적용 시 고려 사항
- 읽기 영역의 '읽기의 기초', 쓰기 영역의 '쓰기의 기초' 성취기준과 연계하여 '낱자, 글자, 단어, 문장'에 대한 순차적이고 체계적인 학습을 제공함으로써 입학 초기 기초 문식성을 지원하도록 한다. 특히 단어를 다룰 때는 소리와 표기가 일치하는 단어부터 소리와 표기가 일치하지 않는 단어로 학습 범위를 점차

> 확장하여, 소리와 표기가 일치하지 않지만 자주 쓰이는 단어를 어법에 맞게 적고 바르게 읽을 수 있도록 지도한다. 이를 통해 한글 학습 및 맞춤법의 기초를 닦을 수 있도록 한다.
> • 기초적인 한글 학습을 위해 문법을 지도할 때는 성취기준 설정 취지에 맞게 단계적이고 순차적으로 학습 요소를 설정한다. 또한 다양한 국어 자료를 바탕으로 말놀이나 신체 놀이, 수수께끼 등 흥미로운 활동을 계획하여, 학습자들의 수준이 다르더라도 소외되는 학습자 없이 문법 활동에 모두 적극적으로 참여할 수 있도록 지도한다.
>
> (후략)

6. 국어과 교수 학습 및 평가의 방향

국어과 교육과정에 기술된 교수 학습 및 평가의 방향을 요약하면 다음과 같다.

가. 교수 학습

'교수 학습'은 '교수 학습 방향'과 '교수 학습 방법'으로 구성되었다. '교수·학습의 방향'에서는 교과 목표 달성을 위한 교수·학습의 강조점을 고려하여 교수·학습의 원칙과 중점을 제시하고, '교수·학습 방법'에서는 국어과 수업에서 활용할 수 있는 최신의 교수·학습 방법이나 유의점을 제시하고 안내한다.

(1) 국어과 교수 학습의 방향

• '국어'의 목표와 성취기준을 고려하여 미래 사회에 요구하는 국어과 역량을 기를 수 있도록 한다.
• 학습자의 실생활과 가까운 학습 맥락을 제공하여 흥미와 동기를 높이고 학습자가 상호 협력적으로 문제를 해결할 수 있도록 한다.
• 학습자 개개인의 발달과 성장을 지원할 수 있는 학습자 맞춤형 교수 학습 및 자기 선택적

학습을 하도록 한다.

- 학습자가 실생활에서 활용할 수 있는 디지털 도구를 적극적으로 활용할 수 있도록 한다.
- 언어 소양과 디지털 소양을 기를 수 있도록 한다.
- 초, 중, 고등학교 간 교육 내용이 자연스럽게 연계되도록 한다.
- 티 교과외의 통합, 비교과 활동 및 학교 밖 생활과의 통합을 통해 학습자가 다양한 주제에 대해 비판적이고 창의적으로 국어 활동을 하는 데 중점을 둔다.
- 학습자가 자기 선택적으로 한 권 이상의 도서를 정하고 긴 호흡으로 읽을 수 있도록 선정하고, 이를 다양한 성취기준의 통합, 영역간 통합, 교과간 통합 수업에 활용한다.

(2) 국어과 교수 학습 방법

- 학습자가 자기주도적인 학습이 가능하도록 학습자가 자신의 학습 계획을 수립하고, 학습자 스스로 자신의 학습 상황을 점검 및 조정하는 개별화 수업을 한다.
- 학습자가 실생활과 연계된 국어 학습 경험을 하게하고, 학습한 내용을 자신의 언어생활에 적용하는 역량을 갖추게 하며, 학습자가 자기주도적으로 국어과 교수 학습에 참여하기 위해서는 프로젝트 기반의 수업을 한다.
- 다양한 정보를 분석, 평가, 종합하여 대안을 제시하는 문제해결능력을 신장하고, 학습자의 적극적인 참여와 상호 작용을 독려하기 위해서는 토의, 토론 및 협동 수업을 한다.
- '국어' 수업 환경 및 학습자가 실제적인 언어 사용 환경을 고려하여 온오프라인 연계 수업 및 디지털 도구를 적극적으로 활용할 수 있다.
- 학습자가 최소 수준 이상의 학습 능력을 갖출 수 있도록 기초학력을 보장하고, 타 교과 학습의 기본이 되는 국어 능력을 신장시킬 수 있도록 지도한다.
- '국어' 학습 과정에서 학습자의 깊이 있는 학습이 이루어질 수 있도록 영역별 성취기준의 특성을 고려하여 효과적인 교수 학습을 적용한다.

나. 평가

'평가'는 '평가의 방향'과 '평가 방법'으로 구성되었다. '평가의 방향'에서는 국어 의 목표를 달성하고 학습을 지원하기 위한 평가의 강조점을 고려하여 평가의 원칙과 중점을 제시한다. '평가 방법'에서는 교과의 성격 및 특성에 비추어 최근 강조되고 있는 평가 방법, 평가상의 유의점, 디지털·AI 도구를 활용한 평가 방법 등을 제시한다. 또한 원격 수업에서 활용될 수 있는 평가 방법을 제시한다.

(1) 국어과 평가의 방향

- 국어 성취기준을 고려하여 구체적인 평가 요소를 도출하고, 이들 평가 요소에 학습자가 도달한 수준을 정확하게 판단할 수 있도록 지필 평가와 수행 평가 방법을 선정한다.
- 교사 주도 평가, 동료 평가 외에도 학습자가 자기주도적으로 자신의 학습 상태를 점검하고 개선할 수 있는 자기 평가도 활용한다.
- 실제 언어생활 맥락에서 학습한 내용을 적용할 수 있는 역량을 평가한다.
- 결과 중심 평가, 과정 중심 평가를 활용한다.

(2) 국어과 평가 방법

- 실제 언어생활에 적용하는 역량을 평가하기 위해 다양한 방식의 수행평가를 활용한다.
- 서술형, 논술형 평가를 활용할 수 있다
- 교사 평가, 자기 평가, 동료 평가를 활용하고, 인지적 평가와 정의적 평가를 조화를 이룬다.
- 상시적이고 누적적인 평가를 통해 기초학력 도달이 가능하도록 한다.
- '국어'를 평가할 때는 영역별 특성을 고려하여 평가한다.

1 2022 개정 국어교육과정의 개정 중점을 제시하고, 초등학교 국어 교육에의 의의를 개정 중점별로 기술하시오.

2 2022 개정 국어교육과정의 '목표' 항목의 변화를 2015 개정 국어교육과정 목표와 비교하여 설명하고, 변화의 의의를 기술하시오.

제4장
2022 개정 국어과 교과서의 특징

1. 국어 교과서의 관점과 기능

교과서라 함은 "학교에서 학생들의 교육을 위하여 사용되는 학생용의 서책, 지능정보화기술을 활용한 학습지원 소프트웨어 및 그밖에 음반·영상 등의 전자저작물 등을 말한다."(교과용도서에 관한 규정, 2023. 10. 24.) 국어 교과서는 초,중,고등학교에서 국어교육을 위하여 사용되는 학생용 서책 등을 일컫는다.

국어 교과서를 보는 관점을 '국어 교과서관'이라고 하는데, 크게 열린 교과서관과 닫힌 교과서관으로 나뉜다. 교사가 어떠한 교과서관에 기초하여 국어 교과서를 받아들이는가에 따라 국어과 교수 학습 및 평가의 원리, 방법, 과정이 달라진다.

닫힌 교과서관에서는 국어 교과서의 교육의 효율성과 균질성, 규범성을 중시하며 교과서를 절대적으로 따라야 할 전범으로 본다. 국어과 교육과정의 목표 및 내용에 따라 철저하고 체계적으로 구성되며, 교육부에서 완결된 형태로 만들어서 공급한다. 국어과 수업은 주어진 국어 교과서에 제시된 학습 과제를 얼마나 충실하게 수행하는지에 초점을 두고, 학습자의 국어 능력은 모방과 점검, 오류 수정에 의해 발달한다고 보며, 수업 과정도 교사 중심으로 이루어지는 특징을 갖고 있다.

반면에, 열린 교과서관에서는 국어 교육의 자율성, 창의성, 전이성을 중시하며 교과서를 주어진 것이라기보다 교사와 학습자가 상호 의사소통 과정을 통해 생성하는 것으로 본다. 즉, 열린 교과서관에서의 국어 교과서는 교육과정 성취기준 달성을 위한 하나의 자료일 뿐이며, 교사는 지역과 학습자의 특성 등을 고려하여 얼마든지 재구성할 수 있다고 본다. 국어과 수업은 학습 과제의 수행보다는 목표 달성 자체에 초점을 두게 되고, 교과서의 비중이 상대적으로 약화된다. 그리고 모방 학습보다 비판, 창의 학습을 중시한다. 이를 정리하면 다음과 같다.

〈표 1〉 국어 교과서관의 비교

닫힌 교과서관	열린 교과서관
• 교사 중심 • 교과서는 가장 이상적인 교재 • 표준적인 단일 교과서 지향 • 교육의 효율성, 균질성, 규범성 중시 • 완벽하고 이상적인 언어 자료를 교과서로 제공 • 모방 학습, 전범 학습 강조 • 내용 설명, 분석 중심의 국어 수업	• 학습자 중심 • 교과서는 다양한 교재 중 하나 • 다양한 교재 활용 • 교육의 창의성, 자율성, 전이성 중시 • 불완전한 자료라도 목표 달성에 활용할 수 있으면 수용 • 비판 학습, 창의 학습 강조 • 학습자 활동, 상호작용 중심의 국어 수업

국어 교과서 기능에 대해서는 학자마다 다양하다. Greene & Petty(1975), 노명완 외(1988), 유성열·이찬희(2022)의 연구를 종합하여 국어 교과서의 기능을 제시하면 다음과 같다.

〈표 2〉 국어 교과서의 기능

국어 교과서의 기능	내용
관점 반영의 기능	국어교육의 목표나 언어 표현과 이해에 대한 관점을 반영한다.
내용 제공 및 재해석의 기능	추상적인 차원에서 제시된 국어과 교육과정 내용을 해석하여 세분화한다.
교수 학습 자료 제공 기능	교수 학습 활동의 구체적인 자료를 제공한다.
교수 학습 방법 제공 기능	학습자에게 학습 방법을 제시한다.
학습 동기 유발의 기능	학습과 관련된 학습 동기를 유발하도록 한다.
고등 사고력 신장 기능	학생들의 비판적, 창의적 사고력 등 고등 사고력을 함양할 수 있다.
연습을 통한 기능의 정착 기능	학습자의 기능 학습 후에 꾸준한 연습을 통해 기능을 정착시킬 수 있다.
평가 자료 제공의 기능	국어 학습 목표 달성 여부를 평가할 수 있다.
교사 교육 기능	교사의 교과 내용 지식 형성, 교수법 관련 지식 형성, 교수학적 내용 지식 형성을 지원한다.

2. 2022 개정 국어 교과서의 개발 중점

초등 1, 2학년군 국어 교과서가 2024년 3월에 전국에 적용되었다. 2025년에는 초등 3, 4학년 군, 2026년에는 초등 5, 6학년군 국어 교과서가 순차적으로 적용된다. 여기에서는 초등 1, 2학년 개정 국어 교과서(이하 새 교과서)를 중심으로 개발 중점을 기술하고자 한다.

가. 국어 교과 역량 함양

국어과 교육과정에서는 '비판적·창의적 사고 역량, 디지털·미디어 역량, 의사소통 역량, 공동체· 대인 관계 역량, 문화 향유 역량, 자기 성찰·계발 역량'을 6대 국어과 역량으로 설정하였다. 이를 반영하여 교과서 개발 시 역량 관련 선행 연구(류태호, 2019; 이인화 외, 2018; 이문복 외, 2021)들을 분석하여 국어과 역량의 하위 요소들을 도출하였다. 그리고 국어과 역량은 1개 학기에 한 번씩 중점 단원을 설정해 학습 내용으로 선정하였다. 다만 초등 1, 2학년 학생들의 학년 특성을 고려하여 의사소통 역량과 공동체·대인 관계 역량은 1개 학기에 2회 구성하였다.

〈표 3〉 국어과 역량의 하위 요소

의사소통 역량	공동체 · 대인 관계 역량	자기 성찰 · 계발 역량	비판적 · 창의적 사고 역량	문화 향유 역량	디지털 · 미디어 역량
• 경청과 존중 • 배려와 공감 • 이해와 표현 • 언어 상황 인식 • 맥락 이해와 목적 • 언어 사용 윤리	• 갈등과 조정 • 공동체 책임감 • 협동과 협업	• 언어 습관 점검 • 언어 사용 과정 조정 • 언어를 통한 삶의 변화 • 반성과 점검	• 언어 사용 관찰 • 언어 사용 판단 • 창의적 언어 사용	• 언어 사용의 즐거움 • 언어를 통한 깨달음 • 작품의 이해와 표현 • 언어문화의 소통	• 매체 자료 활용 • 매체를 통한 소통 • 매체 활용 윤리

새 교과서는 국어과 역량을 기반으로 단원을 구성하였기 때문에 학습 목표와 학습 제재, 학습 활동 등에 국어과 교과 역량을 반영하였다. 교과서 및 교사용 지도서 사용자에게 도움을 주기 위해『국어』의 단원 도입 면에 해당 단원에서 강조해야 할 국어과 역량을 표시하고『국어 교사용 지도서』에는 해당 국어과 역량에 대해 구체적으로 설명하였다. 국어과 역량은 학습자가 이해하기 쉽게 간단한 그림으로 표시하였다.

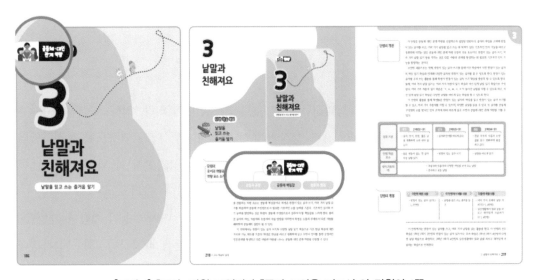

[그림 1] 『국어』 단원 도입면과 『국어 교사용 지도서』의 단원의 1쪽

나. 특화 단원: 한글 놀이마당의 개발

한글 놀이마당은 2022개정 교육과정의 한글 해득 및 익힘 시간 증가로 인해 설정된 특화 단원으로 단원명은 '한글 놀이'다. 한글 놀이마당은 초등학교 1학년 학생들의 인지적, 정서적, 사회 발달적 특성과 학습의 준비도 등을 고려하여 놀이를 통해 한글 학습의 기초를 다질 수 있게 구성하였다. 이 단원은 입학 초기 적응 활동 기간에 특별하게 계획된 '한글 놀이' 경험을 통해 한글에 흥미를 가지고 자연스럽게 한글을 익히는 데 목적이 있다. 1학년 1학기 초에 34시간 을 기본으로 설정하되, 학생들의 상황, 교육과정 및 재구성에 따라 시간을 더 운영할 수 있다.

[그림 2] 한글 놀이마당

　한글 놀이는 글자 놀이, 모음자 놀이, 자음자 놀이의 세 개의 소단원으로 구성되며 이들이 연계될 수 있도록 대단원 내에서 이야기로 연결되게 구성하였다. 교과서에 제시된 놀이 활동 이외에도 학습자들의 참여를 높일 수 있는 다양한 활동을 적용하는 게 좋다. 그리고 한글 놀이마당의 설정 취지를 고려하여 34시간 이하로 줄이는 것은 지양한다.

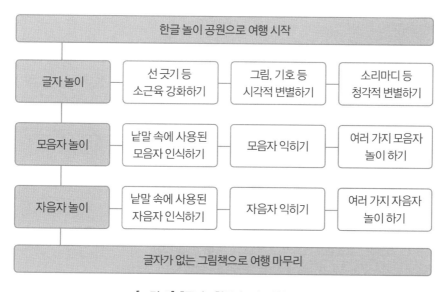

[그림 3] 『국어』 한글 놀이 단원 구성

- 글자 놀이 소단원은 한글 해득을 위한 준비 과정을 놀이로 구현한 것으로, 선 긋기, 그림 구별하기, 기호 변별하기, 기호와 모양 구별하기, 소리마디(음절) 인식하기, 동음절 연상을 활용한 말놀이하기 등 다양한 문자 해득 학습 준비 활동으로 구성하였다.
- 모음자 놀이 소단원은 여러 가지 모음자 모양을 글자 속에서 찾고, 생활 속에서 자주 만나는 글자들 속에 모음자가 있음을 인식하게 한 뒤 모음자를 소리 내어 보고 쓰는 활동으로 구성하였다.
- 자음자 놀이 소단원은 여러 가지 자음자가 글자 속에 있음을 알게 하고, 자음자를 쓰는 활동을 구성하였다. 이때 기본 모음자와 결합하여 소리 내기를 하고, 예사소리와 된소리, 거센소리를 비교하며 자음자 학습 및 소리 내기 학습이 이루어지게 하였다.
- 한글 놀이마당 실천 학습에서는 글자가 없는 그림책을 활용하여 여러 가지 이야기를 만들어 보고, 이야기 내용을 상상해보고 이야기 속에 나온 낱말을 중심으로 자모음자를 다시 확인하고 익힐 수 있도록 구성하였다.

다. 기초 문해 학습 강화

2022년 「기초학력보장법」 시행(법률 제18458호)으로 모든 학생의 기초 학력 보장을 위한 법적 근거가 마련됨에 따라 학습 지원 대상자의 조기 발견 및 기초 학력 부진 학습자에 대한 지원이 필요하다. 국어과는 기초 학력의 핵심 분야이며, 기초 문해는 문해력 발달과 학습의 바탕이 된다. 새 교과서는 기초 문해력 교육을 실현할 수 있도록 구성하였다.

기초 문해 학습에는 한글 학습을 비롯하여 음성 언어의 이해와 표현, 어휘력, 유창성, 문장 독해, 문장 쓰기, 복합 매체의 생산과 수용 등이 포함된다. 『국어』 교과서 단원 마무리에 '기초 다지기'를 마련하여 바르게 발음하기, 정확하게 표기하기, 어휘, 문장, 언어 예절 등과 단원에서 배운 낱말, 문장 쓰기를 강조하였다.

그리고 『국어 활동』 교과서에 '스스로 읽기'를 마련하여 낱말 및 문장 유창성 연습을 통해 기초 문해력을 향상시킬 수 있도록 하였다. 유창성은 해독과 독해를 연결하는 다리로서 읽기 능력을 향상시키는 데 중요하다. 유창성이란 낱말이나 문장을 적절한 속도로, 정확하게, 적절한 억양으로 표현력을 살려 소리 내어 읽는 능력을 말한다.

[그림 4] 『국어』 기초 다지기

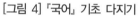

[그림 5] 『국어 활동』 스스로 읽기

어휘력은 효과적인 언어활동 수행에 바탕이 된다. 어휘력이 풍부하면 말을 듣거나 글을 읽을 때 정확하게 이해할 수 있으며, 자신의 생각과 느낌을 적절한 어휘를 사용하여 효과적으로 표현할 수 있게 된다. 새 교과서에는 어휘 학습 방안이 다양하다. 날개나 처마에 낱말의 뜻을 풀이하는 방식, '낱말 알기' 활동을 제시하는 방식, '기초 다지기'에서 학습하는 방식 등이 그것이다. 특히 사고 도구어, 교과 어휘를 '기초 다지기'에서 학습함으로써 타 교과 학습을 지원하도록 하였다. 이 때 1학년 1학기에 학습하는 사고 도구어, 교과 어휘가 겹받침 낱말인 경우 학생들이 아직 겹받침 낱말 읽기, 쓰기를 학습하지 않았으므로 낱말의 짜임, 해독 및 글자 쓰기를 지양하고 '선생님 따라 읽기' 활동을 중심으로 학습한다.

한편 학생들이 문장 학습을 충분히 할 수 있도록 문장 학습 차시를 증배하고, 문장에서 낱말 찾기 활동으로 난이도를 조정하였다. 예를 들어 '그림일기 쓰기'의 경우에 2015개정 교과서에서는 1학년 1학기에 학습하였으나, 새 교과서에서는 1학년 2학기에 학습한다.

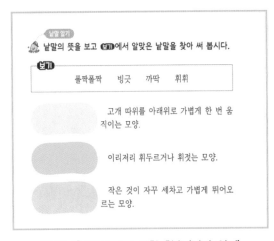

[그림 6] 『국어』 1-1 통합 학습 '낱말 알기'

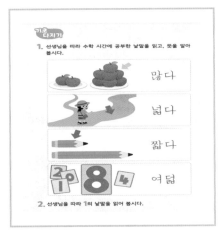

[그림 7] 『국어』 1-1 6단원 교과 어휘

라. 깊이 있는 국어 학습 강화

국어과 교육과정에서는 '깊이 있는 학습'을 강조하고 있다. 깊이 있는 학습이란 피상적 학습과 대비되는 것으로 학생이 핵심적인 내용을 심층적으로 이해하고 자기화하는 과정이다. 국어과에서 깊이 있는 학습은 학생이 텍스트를 이해하고 생산하고 소통하는 경험과 그 과정 속에서 언어에 대한 주요 지식, 기능을 학습하고 정교하게 사고하는 기회를 가질 때 이루어질 수 있다.

목표 중심 단원 구성은 언어활동의 분절성을 촉발시킬 수 있고 실제성, 총체성을 담보하기 어렵다. 목표 중심 단원에서는 그것을 왜 학습해야 하는지 모르면서 개별 기능이나 전략에 매몰되는 현상, 이른바 '기능주의'에 빠질 우려가 있다. 즉, 목표 중심 단원은 학습자가 교육과정 성취기준을 충실하게 학습하는 데는 기여하지만, 정작 텍스트를 깊이 이해하고 생산, 소통하거나 다양한 맥락을 복합적으로 고려하는 경험을 갖는데는 한계가 있다.

이에 새 교과서에서는 기본 학습은 '목표 중심', 통합 학습은 '텍스트 중심'으로 구성하여 깊이 있는 국어 학습이 이루어질 수 있도록 하였다. 기본 학습에서는 지식, 기능을 명확하게 학습한다. 한편 통합 학습에서는 한 편의 텍스트를 온전히 이해하고 생산, 소통하는 경험과 그 과정에서 지식, 기능을 적용하면서 보다 깊은 배움이 이루어지고 학습에 흥미를 가질 수 있을 것이다. 즉, 기본 학습에서는 지식, 기능을 전경으로 내세우고, 통합 학습에서는 텍스트 이해, 생산, 소통을 전경화하고 기능은 후경화하였다.

기본 학습에는 활동에 일련번호가 없으며, 통합 학습에는 일련번호가 없고 텍스트 학습의 활동명을 명시하였다. 통합 학습에는 일련번호가 없어 교사와 학생이 함께 활동을 선택, 순서를 조정할 수 있으므로 이 과정에서 학생 주도성을 계발하고 교사의 교육과정 재구성 능력을 향상시킬 수 있을 것이다.

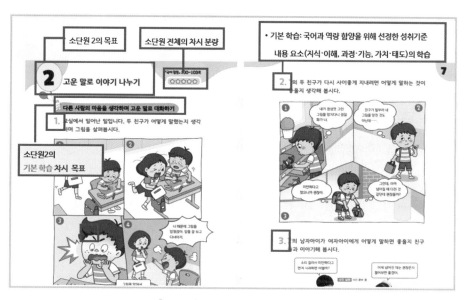

[그림 8] 소단원 2의 기본 학습

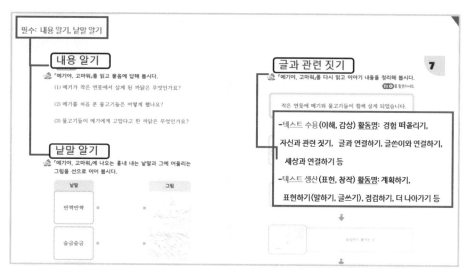

[그림 9] 소단원 2의 통합 학습

통합 학습의 활동명을 제시하면 다음과 같다(〈표 4〉, 〈표 5〉).

〈표 4〉 텍스트 수용 학습(이해, 감상)

텍스트 수용 학습	읽기(듣기)전	독자(청자)	텍스트 (글·담화·작품·매체 자료)		필자(화자)	사회문화적 맥락
			텍스트 내	텍스트 간		
활동명	경험 떠올리기	자신과 관련짓기	글과 연결하기	다른 글과 연결하기	글쓴이와 연결하기	세상과 연결하기

〈표 5〉 텍스트 생산 학습(표현, 창작)

텍스트 생산 학습	내용 준비하기, 생성하기, 내용 구성하기	텍스트 (글·담화·작품·매체 자료)	발표 및 공유, 수정하기	출간하기
활동명	계획하기	말하기 또는 글쓰기	점검하기	더 나아가기

학습자가 텍스트를 피상적으로 처리하는 것이 아니라 보다 깊이 있게 이해하기 위해서는 활동이 텍스트가 소통되는 데 관련되는 글 자체, 독자, 필자, 그리고 이들을 둘러싼 상황맥락과 사회문화적 맥락 요인을 복합적으로 고려하여야 한다(정혜승 외, 2016). 이때 텍스트 소통에 관여하는 요소를 고루 포착하여 전면적인 이해와 경험을 추동하는 활동을 제공하게 하는 데 기여할 수 있지만, 맥락이 텍스트, 필자(화자), 독자(청자)와 분리되어 존재하거나 혹은 텍스트, 필자, 독자가 서로 분리되어 존재하는 것으로 이해되지 않도록 유의하여 지도해야 한다.

마. 교사와 학생이 함께 만들어가는 수업을 위한 구성 차시

실천학습의 '배운 내용 실천하기'는 교사와 학생이 함께 구성해나가는 차시다. 학생들이 공감할 수 있는 학습 활동을 교사와 학생이 함께 구현하여 능동적인 학습이 이루어지도록 일명 '구성' 차시를 개발하였다. 학생은 수동적인 학습의 대상자가 아니라 앎의 지평을 넓히려는 욕구가 강한 주체적인 언어 사용자이다. 교육과정을 생성할 수 있는 권한을 학생에게도 주어야 한다.

구성 차시에서는 학급에서 단원 학습과 관련하여 하고 싶은 활동을 정하여 학습하면 된다. 구성 차시를 통해 학습자 스스로 배움의 과정을 설계하고 성찰하는 경험을 통해 학습자 주도성이 계발될 수 있다. 교수, 학습 과정에서 학생의 참여 기회를 확대하고, 이 과정에서 학습자가 주인의식과 책임감을 가져야 학습의 주도성이 길러질 것이다. 또한 교사도 학생과 함께 수업 만들기를 함으로써 교사의 교육과정 운영의 자율성을 보장받을 수 있고 교사의 교육과정 문해력을 높일 수 있다.

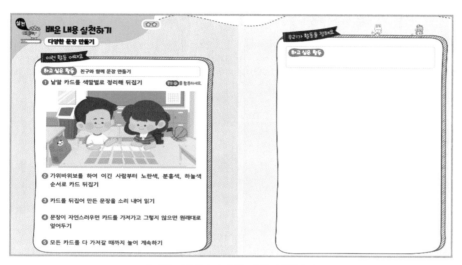

[그림 10] 『국어』배운 내용 실천하기

구성 차시 학습은 '활동 정하기-활동하기-정리하기'로 이루어진다. 이때 활동을 정하는 주체는 개인, 모둠, 학급 등 다양하고, 활동의 개수도 1개 이상으로 할 수 있다. 새 교과서는 활동 예시로 '이런 활동 어때요' 한 가지가 제시되었고, 교사용 지도서에 추가 예시 활동 두 가지가 제시되었다. 교사가 각 활동을 이해하여 학생들에게 선택권을 주거나 학생들이 활동을 제안할 수 있다.

바. 교사의 교육과정 운영의 자율성 확대

교사용 지도서의 기능은 교과서를 사용하는 데 필요한 정보들을 상세히 안내하는 설명서의 기능, 다양한 활동 자료와 활동지, 대안 활동 등을 제시하는 자료집으로서의 기능, 교사가 수업을 자유자재로 설계할 수 있도록 돕는 창안서로서의 기능이 있다(김세영, 2018). 이 중에서 교사의 교육과정 운영의 자율성과 관련되는 기능은 창안서로서의 기능이다. 새 지도서에서는 자료집, 창안서 기능을 강조하여 능동적 실행자, 사용자—개발자로서의 교사 역할을 지원하고자 하였다.

지도서 사용자는 교사이므로 교과서의 내용만을 설명하는 것이 아니라 교사에게 필요한 다양한 자료를 제공해야 한다. 새 지도서는 보다 다양한 교수·학습 자료와 평가 자료를 제공하였다. 새 지도서는 교수·학습 전문가로서의 교사를 지원하는 방향으로 개발되었다. 교사 발문과 예상 반응을 기술하던 방식을 탈피하여 '지도 방법'을 제시한 것도 지도서에 제시한 수업의 흐름이 반드시 따라야 하는 정답이 아님을 의미한다. 교사는 지도서의 내용을 참고로 하여 여러 학습 활동의 순서를 조정하거나 재구성할 수 있다.

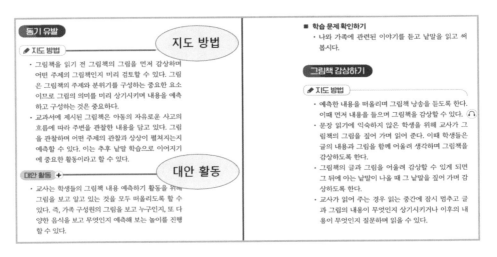

[그림 11] 『교사용 지도서』 대안 활동, 지도 방법

[그림 12] 『교사용 지도서』 배운 내용 실천하기 예시 1, 예시 2

3.『국어』,『국어 활동』단원 구성 체제

가. 국어 교과서의 외형 체제

① 국어 교과서는 학기별로『국어』,『국어 활동』각 한 권으로 구성한다.

②『국어』는 주 교과서이며, 학생의 편의를 위해 가권과 나권으로 분책한다.

③『국어 활동』은 보조 교과서로,『국어』학습의 연습, 확인, 점검을 위해 국어 수업 시간이나 자기 주도 학습으로 활용한다.

나.『국어』단원 구성 체제

『국어』교과서는 대단원 체제이며,『국어』교과서 단원 전개 방식은 '준비 → 소단원 1, 소단원 2 → 실천'으로 구성되었다.

〈표 6〉『국어』단원 구성 체제

대단원 전개	준비 (1~2차시)	소다원 1 (3~5차시)		소단원 2 (3~5차시)		실천 (2~3차시)	
학습의 성격	대단원 국어과 역량의 학습 내용 살펴보기	기본 학습	통합 학습	통합 학습	기본 학습	배운 내용 실천하기	마무리하기
						구성 차시 (교사와 학생이 함께 구성하는 활동)	• 정리하기 • 기초 다지기

준비

• 대단원 도입 면은 1쪽이며 단원의 중점 국어과 역량, 단원명, 대단원 목표, 소단원 1, 소단원 2의 목표를 제시한다. 단, 1학년 교과서에는 글자 노출을 최소화하기 위해 소단원 목표를 제시하지 않는다.

- 준비 학습에서는 해당 단원의 국어과 교과 역량을 일상 상황과 관련하여 단원 학습의 필요성이나 중요성을 인식하고, 대단원 학습의 개념 및 용어를 이해한다.
- 준비 학습의 '생각 열기'는 단원의 동기 유발 활동으로 단원의 중점 국어과 역량과 관련된 삽화(사진), 질문을 제시한다.

소단원 1 │ 소단원 2

- 대단원의 국어과 역량을 키우기 위해 소단원 1과 소단원 2에서 배워야 할 기본 내용을 익히고, 통합적으로 학습한다.
- 소단원 1, 2는 언어 상황, 목적, 내용, 과정, 난이도, 범위, 맥락 등의 관계로 설정한다.
- 소단원 내 전개 방식은 기본–통합–기본–통합/기본–통합–통합–기본/통합–기본, 기본–통합 등 다양하다.
- 기본 학습: 국어과 역량 함양을 위해 선정한 국어 성취기준(지식·이해, 과정·기능, 가치·태도)을 학습한다. 학습 활동에 1, 2, 3 …의 일련번호를 제시한다.
- 통합 학습: 한 편의 텍스트(글·담화·작품·매체 자료)를 온전하게 수용하고 생산하는 과정을 통해 깊이 있는 학습을 경험할 수 있도록 한다. 학습 활동에 1, 2, 3 …의 일련번호를 제시하지 않고 학습 활동명을 제시한다.

실천

- 대단원에서 배운 내용을 아동의 삶과 관련짓거나 교과 간, 교과 내적으로 연계하여 실생활에 실천한다.
- 실천 학습에서는 교사와 학생이 함께 수업을 만들고 대단원 학습 내용을 정리한다.
  ① 배운 내용 실천하기: 교사와 학생이 함께 구성하기
  ② 마무리하기
    –정리하기: 국어과 역량 관련 내용을 정리하고 대단원 학습 내용을 점검·성찰하기
    –기초 다지기: 언어 예절, 바르게 발음하기, 정확하게 표기하기, 유창하게 읽기, 문장 학습, 어휘 전략 학습 등의 국어 기초 및 대단원에서 배운 낱말이나 문장을 선정하여 글씨 쓰기 등

다. 『국어 활동』단원 구성 체제

『국어 활동』은 『국어』에서 공부한 내용을 자기 주도적으로 연습·확인·성찰하고 국어 역량을 내면화하는 데 의의가 있다. 『국어 활동』교과서 전개 방식은 '실력 키우기 → 스스로 읽기'로 구성되었다.

〈표 7〉『국어 활동』단원 구성 체제

대단원 전개	실력 키우기	스스로 읽기
학습의 성격	『국어』의 소단원 1, 소단원 2와 연계한 연습·확인·성찰 활동	• 『국어』에 제시된 텍스트의 작가, 주제, 소재, 관점 등과 관련된 다른 텍스트 읽기 • 읽기 유창성 신장을 위한 연습 활동

실력 키우기

- '실력 키우기'에서는 『국어』에서 학습한 내용을 연습하고 실력을 다진다.
- 『국어』의 소단원 1, 소단원 2의 연습 및 평가 활동을 자기 주도적으로 학습하며 기초 기능을 숙달하고, 내면화한다.
- 1학년은 연습 활동, 2학년은 평가 활동 중심이다.
- 수업 시간이나 방과 후에 자유롭게 이용할 수도 있다.

스스로 읽기

- '스스로 읽기'에서는 『국어』에 제시된 텍스트의 작가, 주제, 소재, 관점 등과 관련된 텍스트를 통해 깊이 있는 학습 경험을 갖는다.
- 텍스트에 제시된 낱말 및 문장을 소리 내어 반복하여 읽는 연습을 통해 유창성을 기를 수 있도록 구성되었다.

4. 국어 교과용 도서의 활용 방안

가. 교과서 활용의 원칙

① 『국어』와 『국어 활동』의 관계는 주 교과서와 보조 교과서의 관계에 있다. 『국어 활동』은 『국어』의 보조 교과서로서 『국어』에서 공부한 것을 연습·평가하고 생활(학교, 가정, 사회) 속에서 내면화하여 실천하는 데 초점을 둔다.

② 각종 학습 도우미나 학습 기호 등의 역할을 이해하고 수업 시간에 이를 적극적으로 활용한다.
  • 교사 학습 도우미(   )의 역할: 활동 과정에서 익혀야 할 지식이나 개념, 원리 등을 제공한다. 또는 자신의 학습 활동을 점검하여 보도록 안내하는 질문을 제공한다.
  • 학생 학습 도우미(,   )의 역할: 학생들 간의 적극적인 상호 작용을 통해 의미를 구성할 수 있도록 안내하는 기능을 한다.

③ 국어 교과서는 언어활동의 통합성과 활용의 융통성을 높이기 위해 주로 2~3차시를 하나의 학습 단위로 구성하고 있다. 이때 연속 차시의 수업을 하루에 해야 하는 것은 아니다. 두 차시나 한 차시씩 분리해 운영하거나 다른 단원, 다른 교과와 통합하여 운영할 수 있으며 재구성 아이디어는 『국어 교사용 지도서』의 지도의 유의점을 살펴보는 것이 좋다.

④ 교과서에 실린 제재나 학습 활동 등은 학습자의 수준을 고려하여 구안했지만 모든 학급의 수준을 반영하는 것은 무리이다. 열린 국어 교과서관을 가지고 난이도와 흥미 면에서 우리 반 학생들의 수준에 맞게 적절히 재구성하여 사용해야 한다.

⑤ 교과서에 실려 있는 작품은 대부분 교과서 지면 관계로 전체를 실을 수 없다. 가능하면 학생들에게 작품 전체를 읽어 보도록 권장하는 것이 좋다.

⑥ 국어과 교과 역량은 '비판적·창의적 사고 역량, 디지털·미디어 역량, 의사소통 역량, 공동체·대인 관계 역량, 문화 향유 역량, 자기 성찰·계발 역량'이다. 이러한 교과 역량을 대단원으로 조직하는 기본 역량으로 반영했으며, 이를 『국어』의 단원 도입 면에 제시했다. 따라서 단원을 공부할 때 해당하는 국어과 교과 역량을 기반으로 하여 수업을 운영할 수 있도록 한다. 단원별로 반영된 역량과 세부 역량 요소에 대한 설명과 소단원 구성 내용은 『국어 교사용 지도서』의 단원 개관을 살펴보는 것이 좋다.

⑦ 2022 개정 교육과정에 따르면 1, 2학년 국어과의 기준 수업 시수는 492시간으로 2015 개정 교육과정 대비 34시간이 증배되었다. 증배된 34차시는 1학년 1학기 한글 학습 단원으로 구성하였다.

⑧ 제재나 활동 중에는 양성평등 교육, 안전 교육, 인성 교육, 민주 시민 교육, 인권 교육, 생태 환경 교육, 다문화 교육, 통일 교육 등과 관련된 내용이 있다. 이를 적절히 활용하도록 한다.

나. 『국어』 교과서 활용 방안

① 국어 학습의 순서는 일반적으로 『국어』의 도입, 준비, 소단원 1과 소단원 2, 실천의 순서를 따른다. 필요한 경우, 『국어 활동』의 실력 키우기를 단원 학습 연습 활동이나 과정 중심 평가에 활용할 수도 있다.

(예시)

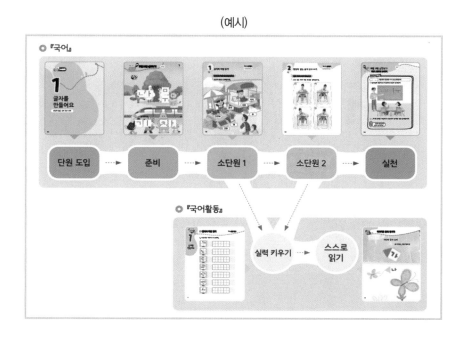

② 단원의 단계별 특성을 고려해 수업한다. 준비에서는 단원 학습을 관통하는 국어과 교과 역량이 필요한 상황을 도입하여 학생들이 단원의 학습 내용과 관련된 역량의 필요성이나 중요성을

파악하고 자신의 배경지식이나 경험을 활성화하고 자기 점검을 하며 학습 계획을 수립할 수 있도록 한다.

③ 소단원 학습은 소단원 1과 소단원 2로 이어지며 각 소단원의 학습은 기본 학습과 통합 학습으로 이루어지지만 적절히 재구성할 수 있다. 각각의 소단원 학습을 마치고 『국어 활동』의 '실력 키우기'와 연계하여 학생이 스스로 연습 또는 평가 활동을 할 수 있다.

④ 실천 학습에서는 단원의 학습을 생활 속에서 내면화하고 실천하는 '배운 내용 실천하기'와 학습 내용 정리와 평가, 국어에 대한 지식을 알아보는 '마무리하기(정리하기, 기초 다지기)'로 이루어진다. 이 중에서 '기초 다지기'는 한 단원으로만 해결할 수 없고 수시로 해야 하는 활동(발음, 글씨 쓰기, 우리말 이해)들을 꾸준히 하게 함으로써 올바른 국어 사랑과 국어에 대한 이해를 높이고 기초 학습을 강화한다.

⑤ 국어 교과서의 학습 활동과 차시 분량을 파악하고 수업해야 한다. 소단원 1과 소단원 2에는 기본 학습과 연습 또는 통합 학습이 차시로 배정되어 있지만 『국어』에는 소단원 전체 차시량만 나타내고 소단원 활동 차시 배분의 여지를 유동적으로 할 수 있게 하였다. 또 차시 분량은 소단원 제목 옆에 있는 동그라미 아이콘의 수로 파악하면 된다.

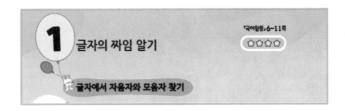

⑥ 『국어 활동』의 '스스로 읽기'는 학생이 자기 주도적으로 읽고 유창성 활동을 할 수 있도록 구성되었다.

다. 『국어 활동』 교과서 활용 방안

① 『국어 활동』 교과서가 필요한 까닭은 다음과 같다.
- 『국어』에서 학습한 것을 자기 주도적으로 연습·평가해 봄으로써 공부한 것을 내면화·습관

화한다.

- 다양하고 풍부한 읽기 자료를 읽고 창의적·비판적 사고를 증진하고 인성을 함양하며 유창성을 함양하도록 한다.

② 『국어』에서 각 소단원을 마치고 학생이 스스로 『국어 활동』의 '실력 키우기'를 해 보도록 한다.

③ 국어 교과서 전체로 볼 때 『국어 활동』은 별도로 차시가 배정되어 있는 부분은 없고 학생이 스스로 점검·연습·평가하거나 유창성 학습을 위한 자료로 활용한다. 물론 『국어 활동』에서 별도 차시로 배정되지 않은 내용이라도 일부분 수업 시간에 활용할 수 있다. 이 경우, 『국어 교사용 지도서』의 『국어 활동』활용 방안'의 내용을 참고하도록 한다.

④ 『국어 활동』은 주로 학생 자율 학습으로도 활용할 수 있다. 특히 '스스로 읽기'는 학생이 스스로 재미있는 작품을 읽고, 흥미를 느끼고 활동하거나 읽기 유창성 연습을 할 수 있도록 구성하였다.

라. 『국어 교사용 지도서』의 활용 방안

『국어 교사용 지도서』는 교과서의 학습 내용을 안내하고, 학습 내용의 지도에 필요한 교수·학습 과정의 예를 제시하는 데 일차적인 목적을 두고 편찬하였다. 따라서 지도서에 제시된 해당 차시의 교수·학습 모형, 교수·학습 과정, 교수·학습 기법이나 전략, 대체 자료, 교사의 발문과 예상 반응 내용을 고정된 것으로 이해해서는 안 되며 반드시 따라야 할 것으로 받아들여서도 안 될 것이다. 『국어 교사용 지도서』는 다음 사항에 주의하여 활용하는 것이 바람직하다.

- 『국어 교사용 지도서』의 첫 부분인 '국어과 교육의 이해'는 국어 교육 전반에 대한 이해를 위한 것으로 반드시 숙지하도록 한다.
- '교수·학습의 실제'에 제시된 내용을 숙지하여 해당 단원이나 차시의 목표와 내용을 왜 가르쳐야 하고, 무엇을 가르쳐야 하며, 어떻게 가르치고 평가해야 하는지를 명확히 파악한 뒤에 수업을 한다.
- '교수·학습의 실제'에 제시된 교수·학습 과정은 하나의 예를 제시한 것으로 교사가 학급 상황에 알맞게 변형하여 사용한다.
- 단원별로 특정한 교수·학습 모형을 하나 정도 예시로 제시하고 있다. 그러나 해당 차시에서

도 다른 모형을 적용할 수 있고 특별히 교수·학습 모형을 제시하지 않은 차시에서도 특정 교수·학습 모형을 적용하여 수업할 수 있다. 1학년 1학기 단원별로 특정한 교수·학습 모형을 적용한 것을 제시하면 다음과 같다.

〈표 8〉 1-1 단원별 적용 차시 및 모형

단원	단원에 적용된 교수·학습 모형		
	차시	차시 학습 목표	적용한 모형
1단원	5~6	받침이 없는 글자의 짜임을 안다.	직접 교수 모형
2단원	3~4	받침이 있는 글자의 짜임을 안다	문제 해결 학습 모형
3단원	6~7	여러 가지 자음자를 안다.	지식 탐구 학습 모형
4단원	9~10	학교와 이웃에 관련된 이야기를 듣고 낱말을 읽고 쓸 수 있다.	창의성 계발 학습 모형
5단원	3~4	상황에 알맞은 인사말을 할 수 있다.	역할 수행 학습 모형
6단원	6~7	문장부호의 쓰임을 안다.	직접 교수 모형
7단원	9~10	여러 가지 문장을 완성할 수 있다.	문제 해결 학습 모형

• 교수·학습 모형을 선택할 때에는 차시의 성격, 차시의 목표, 학습 내용의 난이도, 교수·학습 능력, 교수·학습 환경 등을 고려하여 결정해야 한다.

• '교수·학습의 실제'의 '교수·학습 활동'에 적용한 교수·학습 모형은 그 적용 단위가 반드시 40분이어야 하는 것은 아니다. 다만 지면 배치 문제와 현장 활용성을 고려하여 가능하면 40분 단위로 하나의 모형을 적용할 수 있도록 하였다. 하지만 하나의 학습 문제를 두세 차시에 걸쳐 다루는 연속 차시의 경우 상황에 따라 각 차시마다 별개의 교수·학습 모형을 적용하기보다는 하나의 교수·학습 모형을 적용하는 것이 타당할 수 있다. 따라서 연속 차시의 경우에는 학급의 교육과정 운영 형편에 맞게 적절하게 재구성하여 활용한다.

• '교수·학습의 실제'의 '교수·학습 활동'에 적용한 교수·학습 모형은 수업을 보다 짜임새 있게 운영하기 위하여 필요한 것이다. 따라서 교수·학습 계획 시에 각 모형의 단계별 절차와 수업

내용 및 활동을 상호 부합되게 구성하는 것도 중요하지만 무엇보다 중요한 것은 교수·학습 모형의 특성이 잘 드러날 수 있도록 실제로 수업을 짜임새 있게 운영해야 한다는 점이다.

- '부록'의 내용은 평소 여러 차례 읽어 숙지한 뒤에 필요한 곳에서 적절히 활용한다.

5. 국어 교과서 재구성 방안

국어 교과서에 대한 열린 관점은 국어 교과서를 다양한 교재 중의 하나로 인식한다. 따라서 국어 수업에서 국어 교과서 외에 다양한 교재가 사용될 수 있을 뿐만 아니라, 교사의 자율적 선택과 판단에 따라 다양하게 사용될 수 있다. 국어 교과서 재구성 시, 다섯 가지 원리를 준수해야 한다.

① 재구성 관점을 명료하게 드러낸다.
② 재구성하는 범위를 분명히 설정한다.
③ 교육과정 목표와 내용에 적합해야 한다.
④ 재구성의 결과가 교수 학습의 효율성을 높일 수 있어야 한다.
⑤ 재구성 결과는 학습자의 흥미를 충족시킬 수 있어야 한다.

국어 교과서 재구성 유형은 크게 '차시 내 재구성'과 '단원 및 차시 간 재구성'이 있다.

① 차시 내 재구성
- 재구성 대상: 제재 재구성, 활동 재구성
- 재구성 범위: 전체 재구성. 부분 재구성
- 재구성 방식: 추가, 대체, 삭제, 재배열

〈표 9〉 차시 내 재구성

방식＼대상/범위	제재 재구성		활동 재구성	
	전체 재구성	부분 재구성	전체 재구성	부분 재구성
대체				
추가				
삭제				
재배열				

② 단원 및 차시 간 재구성
- 재구성 순서: 단원 순서 재구성, 차시 순서 재구성

〈표 10〉 단원 및 차시 간 재구성 예시

원래 차시	재구성 순서
1차시	4차시
2~3차시	2~3차시
4차시	1차시

1 새 국어 교과서의 개발 중점을 제시하고, 예상되는 국어교육의 변화를 기술하시오.

2 초등학교 1-1 한글 놀이마당(특화 단원)의 취지와 의의를 기술하고, 단원 구성 체제를 설명하시오.

제 5 장

초등 국어과 교수·학습의 특성과 지향4

1. 초등 국어과 교수·학습의 특성

초등 국어과 교수·학습의 특성을 다섯 가지 항목–학습자 주도성, 상호작용성, 상황 관련성, 문화 관련성, 총체성–으로 나눠 정리해 보고자 한다.

가. 학습자 주도성

2022 개정 교육과정에서는 교육과정 구성의 중점 중 첫 번째로 "자신의 삶과 학습을 스스로 이끌어가는 주도성을 함양(교육부, 2022: 4)"할 것을 내세웠다. 학습자 주도성(student agency)는 학생이 자율적으로 선택하고 주체적으로 학습 방향을 설정하여 진행할 때 발현된다. 즉 학습자 각자가 언어 사용의 주체로서 지니는 고유 개성을 인정하고 존중해줌을 뜻한다. 초등 국어 교수·학습에서는 학습자를 근본적으로 신뢰하며, 그들을 사랑으로 대하며, '가르치기'보다는 '배움'이 일어나도록 옆에서 적절히 북돋아 주어야 한다. 초등학교 국어 수업의 중요한 언어 자료는 학습자들이 직접 사용하고 체험하는 언어들이다. 자신의 삶과 밀접한 언어를 다룰 때 학습자는 주도성을 지닐 수 있다. 초등 학습자들은 자신의 삶에 대하여 이야기하고 타인의 삶에

---

4 이 장은 신헌재 외(2017:199~205)의 5부 1장 내용을 수정·보완한 것임을 밝힌다.

대하여 듣기를 즐겨하므로 이들이 곧 풍부한 교재가 될 수 있다.

이는 곧, 학습자가 주도적으로 언어활동에 참여하고 학습 자료와 방법을 선택 결정하여 활동하도록 기회를 제공해야 한다는 뜻도 된다. 학습자는 언어 사용의 주체로서 교수·학습 상황에서 자기 수준과 흥미에 맞는 학습 자료와 방법을 택하여 주체적으로 언어 사용을 하도록 하고, 교사는 이런 여건이 되도록 도와주어야 한다는 것이다.

또한 학습자들의 개성이나, 능력, 흥미가 모두 다르기 때문에 각 학습자들이 지닌 특성을 최대한 존중하면서 언어교육이 이루어져야 한다. 초등학생들은 입학하기 전에 이미 모국어 능력의 많은 부분이 완성된 상태로 온다. 유아기부터 오랫동안 모국어에 노출되고 사용해왔기 때문에 환경과 개인의 차이에 따라 발달 수준과 특성이 천차만별이다. 따라서 초등 국어 수업은 특히 학습자의 개성화·개별화 교육을 강조할 필요가 있다.

나. 상호작용성

언어 사용 과정에는 반드시 발화자(發話者)와 수화자(受話者)가 있기 마련이다. 듣기와 말하기 행위에는 화자와 청자가 있고, 읽기와 쓰기 행위에는 독자와 필자가 있다. 화자와 청자는 실시간으로 상호작용하며 의미를 구성하고, 독자와 필자는 시간적으로 분리되기도 하지만 역시 상호작용을 통해 의미를 구성한다. 상호작용성이란 바로 이 두 요인이 서로 영향을 주고받음을 뜻한다. 따라서 국어과 교수·학습을 구성하는 데도 이 두 요인을 염두에 두어야 한다.

곧 국어과 교수·학습 현장에서도 교사와 학생이, 또는 학습자끼리 발화자와 수화자가 되어서, 서로 말과 글을 주고받도록 해야 한다는 것이다. 이러한 특성은 국어과 교수·학습 구성원 간에 말과 글로 의사소통하는 상황이 활성화되도록 배려하는 일이 수업에서도 소중함을 말하고 있다. 초등 국어 수업에서는 가능한 타인과의 언어적 상호작용이 활발하게 일어나도록 해야 한다. 국어 능력은 국어를 직접 사용하는 행위를 통해서만 신장시킬 수 있는데 이는 학습자 개인이 혼자 언어 활동을 하기보다는 교사나 동료 학습자와의 상호작용을 통하는 것이 효과적이다.

다. 상황 관련성

일상의 언어 사용은 또한 발화자와 수화자가 특정 상황 맥락 속에서 서로 특정한 의도와 목적을 지닐 때만이 비롯된다. 따라서 발화자와 수화자를 둘러싼 특정 상황이 언어 사용 과정에서 큰 몫을 차지할 수 있다는 것이다. 그러므로 국어 교수·학습의 영역 속에서도 무의미한 상태의 언어 반복 학습보다는, 실제의 다양한 상황과 경험을 교실에 끌어와서 의사소통 학습의 장(場)을 넓히도록 할 필요가 있다.

예를 들어 인사말을 아는 것만으로는 상황에 맞게 인사말을 하는 능력을 갖추었다고 할 수 없다. 실제 언어 상황에서 적절하게 다양한 인사말을 활용할 줄 알아야 하며 이는 인사를 하는 시간적 공간적 배경과 참여자를 고려하여 이루어져야 한다. 국어 수업에서는 초등학생들이 인사를 해야 하는 다양한 상황을 현실감 있게 조성하여 의사소통이 일어나도록 한다.

라. 문화 관련성

국어는 하루아침에 이뤄진 것이 아니라 우리나라 반만년 역사와 함께 이어오면서 생성된 것이다. 따라서 국어에는 우리 민족의 얼과 문화가 자연스럽게 배어들어가 있기 마련이다. 그리고 이를 통해 이루어진 우리 국어 나름의 독특한 언어 사용 방식과 관습을 국어의 문화관련성이라고 일컫는다.

그러므로 국어 교실에서는 초등학교 때부터 바로 이런 국어 사용상의 특성을 인정하고 존중해 주어야 한다. 예컨대, 우리 민족의 얼과 문화가 담겨서 생긴 고유한 국어의 언어 예절 면과 언어 관습 및 관용어구적 사용들을 중시하여 다뤄야 한다. 초등학교 국어 수업에서 배우는 높임법이나 속담, 관용어들은 지식으로 학습될 뿐만 아니라 우리 고유의 문화를 자연스럽게 익히고 습관화하는 계기가 된다.

또한 초등학교 시기에 읽은 문학 작품을 비롯한 다양한 글들은 학습자의 가치관을 형성하는 데 큰 영향을 끼친다. 다양한 의견을 수렴하여 초등학교 국어과 교과서에 실리는 제재를 엄선하는 이유이다. 국어 수업에서 다양한 제재를 다루되 사회적으로 중요하다고 생각하는 주제를 선택한다거나 긍정적이고 바람직한 태도 형성에 도움을 주는 작품을 선별할 필요가 있다.

마. 총체성

국어 사용이란 본디 인간이 세계와 관계를 맺는 길이요, 개인이 사회적 존재로서 살아가는 복합적인 삶의 한 행위라고 할 수 있다. 이처럼 국어는 우리 개개인의 삶과 불가분의 관계에 있다. 그러므로 삶이 분절화 될 수 없듯이 국어 사용도 분절화 될 수 없다는 것이다.

총체적인 언어교육에서는 언어 학습은 기본적으로 다른 사람과의 관계 속에서 일어나는 것으로 생각한다. 즉, 실제적이고 자연스러울 때, 전체로서 다룰 때, 의미를 다룰 때, 흥미가 있을 때, 학습자와 관련 있을 때, 상황이 결부되었을 때, 사회적인 유용성이 있을 때, 목적을 가지고 있을 때, 학습자가 선택할 수 있을 때, 학습자가 쉽게 받아들일 수 있을 때, 학습자의 흥미와 욕구, 수준에 맞을 때에 언어학습이 쉽게 이루어진다.

이런 국어를 대상으로 하는 국어 교수·학습도 내용과 방법 면에서 나눌 수 없고, 도리어 상호 유기적인 관련을 가짐을 인식해야 한다. 특히 초등학교 학습자들은 아직 미분화된 상태에 있기 때문에 통합적으로 학습할 때 그 내용을 좀 더 쉽고 자연스럽게 받아들이게 된다. 따라서 국어과 교수·학습도 내용과 방법 면에서 언어 기능간의 통합이나 국어 교과 내 영역 통합만이 아니라, 생활과의 통합, 교과 간의 통합, 특정 기능 영역 내에서의 통합적인 운영을 지향해야 한다.

2. 초등 국어과 교수·학습의 지향

지금까지 살펴본 초등학교 국어과 교수·학습의 특징을 바탕으로, 국어과 교수·학습이 마땅히 지향할 점을 짚어볼 차례다. 이 지향점을 네 항목—목표 중심, 학습자 중심, 과정 중심, 사회적 상호작용 중심—으로 나눠 정리해 보고자 한다.

가. 목표 중심의 교수·학습

교수·학습 활동을 목표 중심으로 운영해야 한다는 것은 지극히 당연한 일이다. 국어과 교수·학습에서 목표는 매 단원, 매 차시마다 제시되며 주별, 월별, 학기별 학년별 목표도 제시되는데, 이때의 목표는 교수·학습 활동의 구심점 역할을 하고 교수·학습의 방향을 결정하는 일을 한다. 만일 이때 교수·학습이 목표 중심으로 이뤄지지 않거나, 학습자들이 목표를 달성하지 못한다면 그 수업은 실패한 셈이 된다.

오늘날 국어과 교육의 궁극적 목표는 국어 사용 능력을 향상시키는 데 있다. 그리하여 국어과의 모든 교육 내용과 활동은 바로 이 목표를 이루기 위한 것으로 구성되어 있다. 아울러 교사도 국어과 교수·학습에서 처음부터 목표를 학습자에게 알려줌으로써, 학습자로 하여금 자신의 학습 활동이 어떤 목표를 이루기 위한 것인지 분명히 알 수 있도록 해야 한다. 그래야만 교수·학습 활동을 학습자가 주도적으로 할 수 있기 때문이다.

국어과 교수·학습 목표는 교과서를 중심으로 보면, 각 단원별로 그 서두에 단원 목표를 제시해 놓고, 이를 세분화한 목표를 각 차시별 목표로 구체화시켜서 결국 이 모든 세분화된 목표를 수렴하여 단원 목표를 이루게 하는 것으로 구조화되어 있다. 이처럼 국어과 교수·학습에서는 각 단원별로 구조화된 목표에 대한 이해가 필수적이다. 그리고 이런 이해를 바탕으로 각 차시별 목표를 인식하고 해석해야 한다.

국어과 교수·학습 목표의 특징으로는 국어 수업에서는 제재의 내용을 가르치는 것이 아니라 국어 사용 능력에 관련된 지식, 개념, 방법을 가르친다는 것을 들 수 있다. 예를 들어, '전기문(이황 제재)을 읽고, 인물의 가치관을 평가하여 봅시다'라는 차시 목표가 있다고 하자. 이 차시 수업은 학습자가 장르로서의 '전기문'의 특성을 아는 데 초점을 두어야 한다. 그리고 전기문을 읽고 인물의 가치관을 평가하는 능력을 갖추는 데 초점을 두어야 한다. 만약 이 차시 수업에서 이황의 생애 파악에만 초점을 둔다면 이는 국어 수업이 아니라 자칫 도덕 수업이나 사회 수업 등이 되기 쉽다. 이 국어 수업에서 사용되는 전기문이 반드시 사실 '이황' 제재가 아니어도 상관없다는 말이다. 국어 수업에서 사용되는 제재는 얼마든지 다른 제재로 대체될 수 있기 때문이다. 학습자가 '이황'이 아닌 다른 인물의 전기문을 읽고 전기문 장르의 특성을 이해하고 그 인물의 가치관을 평가할 수 있게 되었다면 이는 국어 목표에 제대로 도달한 것으로 볼 수 있다.

또 다른 예로 '설명문(김치 제재 등)을 읽고, 중요한 내용을 간추리는 방법을 알아봅시다'라는 목표를 살펴보자. 이 국어 수업의 목표는 '김치' 글에 제시된 김치의 역사, 김치의 종류, 김치의 효과 등에 대해 아는 것이 아니라 한 편의 설명문을 읽고 중요한 내용을 간추릴 수 있는 방법을 아는 데 있는 것이다. 이러한 국어 교수·학습 목표의 특성을 제대로 인식하지 못하고 제재 내용에 초점을 두면 국어 수업이 아닌 타 교과 수업이 되고 만다.

이와 같이 국어과 교수·학습은 국어 학습 목표에 대한 이해를 바탕으로 학습 내용을 구체적으로 찾아내고 내용에 따른 학습 방법을 선택해야 한다. 또한 학습의 내용을 학생들이 잘 학습할 수 있도록, 알맞은 교수·학습 모형과 구체적인 교수·학습 활동을 치밀하게 설계해야 할 것이다. 그리고 이를 실천에 옮겨서 교육 목표에 도달할 수 있도록 유념해야 할 것이다. 요컨대, 모든 국어과 교수·학습은 목표를 중심으로 구안해야 하고, 목표 도달을 위한 운영으로 일관해야 할 것이다.

나. 학습자 중심의 교수·학습

초등 교육이 지향하는 또 하나의 교수·학습 관점은 학습자를 중심으로 한다는 점이다. 초등 교육에서는 개별 학습자들의 인지적인 능력과 경험, 배경지식이 학습에 직접적인 영향을 준다. 또한 초등학생에게는 학습 내용이나 방법이 학생들의 경험 세계와 직결되지 않고서는 자발적인 학습이 일어날 수 없다. 따라서 초등 국어과 교육은 이러한 점을 고려하여 교수·학습하는 것이 필요하다. 특히 국어과는 그 가르쳐야 할 내용이 지닌 특성 때문에 학습자 중심의 교수·학습이 되지 않을 수 없다.

만일 국어과의 학습 내용이 기존의 학자들이 탐구하여 학문으로 체계화한 언어 지식이나 관습뿐이라면 학습자의 역할은 수동적인 수용자의 입장에 머물 수밖에 없을 것이다. 그러나 국어과 교육은 그런 언어 지식이 아니라 그 지식을 구성하고 효과적으로 활용하는 방법과 전략을 가르치는 것이므로 학습자의 능동적인 활동과 주체적인 학습이 필요하다.

현재 국어과 교육과정의 주요 내용들은 모두 교사가 학생들에게 일방적으로 전달하는 것이 아니라, 학습자들이 자발적으로 익히고, 그 익힌 것을 직접 적용하여 문제를 해결하도록 구성되어 있다. 따라서 이런 학습 내용의 특성 때문에 학생들은 학습 활동의 주체가 될 수밖에 없다. 국어과 주요 교육 내용인 기능과 전략은 그 본질상 학습자가 주체적으로 익혀야 하는 것이고, 이를 주체적으로 활용할 때에만 획득될 수 있는 것이다.

그러므로 학습자는 우선 자신이 해결해야 할 문제가 무엇인지를 분명히 알고, 문제를 스스로 해결해 나가야 한다. 예를 들어, 한 편의 글을 읽고 이해한다는 것은 글 속에 주어진 의미를 수동적으로 받아들이기만 하는 것이 아니라, 자신이 가지고 있는 배경지식을 활용한 사고를 통하여 스스로 의미를 구성할 때 이뤄질 수 있는 목표이다. 생각을 글로 표현하는 활동도 마찬가지다. 학생들은 스스로 생각한 내용을 직접 구조화하여 표현한다. 이런 이해 활동과 표현 활동은 누가 대신해 줄 수 있는 활동이 아니라, 학습자가 주체가 될 때만이 가능하다.

이와 같이 학습자가 주체가 되는 학습자 중심의 교수·학습 활동은 학습자의 배경지식의 확장과 사고 능력의 신장 및, 텍스트와 독자 간의 상호작용 방법의 정교화와 불가분의 관계에 있는 것이다. 따라서 국어과도 학습자 중심의 교수·학습을 지향할 때, 언어 이해와 표현이 효과적으로 이루어지게 된다.

국어과 교수·학습이 학습자 중심으로 이루어지기 위해서는 무엇보다 그 학습 과제가 학생들에게 유의미한 것이어야 한다. 학습 과제가 학습자들에게 유의미한 것이 되려면 교육 내용과 교육의 자료가 학생들의 발달 수준에도 맞을 뿐 아니라, 배경지식이나 생활도 맞아야 하고, 교수·학습 방법도 학습자들을 활동에 적극적으로 끌어들일 수 있도록 동기 부여를 시킬 만한 것이어야 한다. 학습자에게 관심을 끌지 못하는 국어 교수·학습으로는 학습자 중심의 자발적인 학습을 기대하기 어렵기 때문이다.

다. 과정 중심의 교수·학습

국어를 통한 이해 활동과 표현 활동은 인지적 문제 해결 과정을 바탕으로 이루어진다. 말을 듣거나 글을 읽고 의미를 파악하는 활동은 물론이거니와, 생각을 말이나 글로 표현하는 활동 역시 국어 사용자의 머리 속에서 일련의 과정을 거쳐 이루어지기 마련이다. 이러한 과정을 간과하거나 무시하게 되면 국어 사용 활동은 효과적으로 일어날 수 없다. 국어과 교수·학습에서 특히 이런 과정과 관련하여 중요하게 여길 만한 두 가지 요소가 있다. 하나는 회귀적인 과정이고, 다른 하나는 모든 과정을 점검해내는 조정하기 과정이다. 이들 두 요소는 상호보완적으로 작용한다.

국어과의 이해 활동과 표현 활동에서 과정에 대한 인식은 인지적 사고의 탐구에서 비롯되었다. 능숙한 독자와 필자의 사고를 분석하여 보면, 이해 활동과 표현 활동은 문제 해결을 하는 일련의 사고 과정이며, 이 과정에서 적절한 전략들을 잘 사용한다는 특성을 보인다. 그러므로 국어과 수업에서도 학습자가 능숙한 필자와 독자가 되기 위한 훈련으로 일련의 과정에 따른 사고를 해야 하고, 이 사고를 하기 위한 훈련으로 사고 과정에서 부딪히는 문제를 해결해내는 전략을 학습해야 한다.

과정 중심의 교수·학습에서는 이해 활동과 표현 활동을 일련의 사고 과정으로 인식하고, 사고 과정에서 부딪히는 문제를 해결하기 위하여 사고 기능과 전략을 교육해야 한다고 본다. 그래서 이해와 표현 과정을 단계화하여 각 단계 별로 사고 전략을 탐구하고 이 과정에서 추출해낸 전략은 교육 내용으로 삼는 것이다. 예컨대 쓰기 영역의 경우, 쓰기 과정을 계획하기(내용생성과 내용조직하기), 표현하기, 고쳐쓰기로 나누고, 각 단계에 필요한 전략들을 추출해낼 수 있다. 그리고 이 이들 전략이 쓰기 능력을 향상시키는 요체로 보고, 국어 교수·학습에서도 지도할 주된 주요내용으로 삼는 것이다.

과정 중심 활동에서 강조되는 바, 조정하기는 본디 초인지적인 사고 작용의 하나로서, 인지적 문제 해결 과정을 회귀적으로 이루어지게 한다. 즉 문제 해결자의 사고 활동은 그 사고를 점검하고 확인하는 또 다른 사고 작용에 의하여 조절되는 것이다. 때문에 과정 중심의 학습 활동에서는 이 초인지의 역할을 매우 소중히 여긴다. 인지적 과정의 원활한 수행을 통하여 효과적으로 문제를 해결할 수 있다고 보기 때문이다.

라. 사회적 상호작용 중심의 교수·학습

사회적 상호작용은 다른 사람의 언어가 사고를 활성화한다는 생각에서 뿐 아니라, 의미 구성은 다른 사람과의 관계에서 이루어진다고 보는 관점에서 비롯한 것이다. 국어과 학습은 필연적으로 언어를 사용한 의미 구성과 의사소통을 기반으로 이루어지므로 사회적 상호작용은 필연적이라 할 수 있다.

사회적 상호작용은 학습자가 주로 동료나 교사와 대화를 나누는데서 이뤄지는데, 바로 이를 통해서 학습자의 언어 사용 학습은 효과적으로 일어날 수 있다. 그와 더불어 학습자의 인지적 능력도 높일 수 있다고 보는데, 이는 이질적인 배경지식과 능력을 가진 학생들이 상호작용 과정에서 다양한 생각을 공유하게 되기 때문이다.

이런 상호작용의 중요성을 강조한 이는 러시아의 비고츠키이다. 그는 특히 능력이 우수한 이와의 상호작용을 강조하는데, 능력이 우수한 이는 비계(scaffolding, 디딤돌)를 마련해줌으로써 부족한 이의 능력을 효과적으로 높일 수 있기 때문에 소중하다는 것이다.

이처럼 사회적 상호작용 중심의 교수·학습에 대한 관심은 인지 발달에 대한 사회적 상호작용 역할에 대한 탐구에서 비롯되었다. 비고츠키는 사고의 발달은 언어를 매개로 이루어지며 언어는 사회적인 상호작용 속에 존재한다고 보았다. 그리하여 언어를 통한 사회적 상호작용으로 사고의 발달이 일어나며 사고가 활발하게 이루어질 수 있다고 본 것이다. 이러한 관점이 교수·학습 이론에 받아들여지면서 사회적인 상호작용을 강조하는 교수·학습이 이루어지게 되었고, 학습자 간의 대화를 강조하는 협동학습의 방법이 각광을 받기에 이른 것이다.

사회적 상호작용 중심의 교수·학습에서는 학습자의 인지적 조작을 돕기 위한 외적 도움을 강조한다. 학습자의 사고 활동은 다른 사람과 상호 작용을 하게 되면 현재 수준에서 할 수 있는 능력보다 더 높은 능력을 발휘할 수 있다고 본다. 이런 관점에서 현재의 사고 능력을 강화해 주는 외부의 조력자를 가정하게 되는데 그 조력자가 바로 우수한 동료 학습자이거나 교사이다. 다른 사람과의 언어를 통한 상호작용은 학습자의 이해와 표현 능력을 확장시켜 학습력을 높인다. 다른 사람의 도움은 학습자가 문제를 해결하게 하는 비계를 만들어 준다. 학습자는 타인의 도움을 받게 됨으로써 어려운 문제를 해결할 수 있게 되고, 이를 통해 언어 능력 또는 사고력의 향상이 이루어지게 된다.

1 초등 국어과 수업에서 학습자 주도성이나 상호작용성을 잘 살리려면 교사가 어떻게 해야 할지 이야기 나누어 보시오.

2 국어과 교육의 네 가지 지향점—목표 중심, 학습자 중심, 사회적 상호작용 중심, 과정 중심의 교수·학습—을 특히 초등학교에서 강조해야 할 이유가 무엇인지 설명하시오.

제6장
초등 국어과 평가의 방향과 평가 방법

1. 국어과 평가의 중요성

일반적으로 평가는 두 가지 목적을 위해 수행된다. 하나는 공정성을 바탕으로 신뢰성과 타당성 있게 학생들을 선발하거나 분류하고자 하는 것이다. 다른 하나는 교수·학습의 과정을 돕고 개선하기 위한 것이다. 예를 들어, 대학에서 학생을 선발하기 위해 치르는 수학 능력 시험이 전자에 해당한다면, 교육 현장에서 교수·학습 활동을 개선하기 위해 교사의 교수 방법, 학생의 성취도나 학습 방법을 평가하는 것이 후자에 속한다고 볼 수 있다.

이러한 목적에 도달하기 위한 국어과 평가의 역할을 정리해보면 다음과 같다. 첫째, 국어과 학업 성취도를 확인하는 역할을 한다. 해당 학년에서 필수적으로 도달해야 할 성취기준과 도달 정도를 확인할 수 있는 평가 방법을 제공할 수 있어야 한다. 특히 언어를 다루는 국어과 교육의 특성상 국어과의 학업 성취도는 지필 평가가 어렵고 지식, 기능, 태도를 종합적으로 판단해야 하므로 교실 단위 수행 평가를 지향하는 것이 좋다.

둘째, 학습자의 언어 수행에 대한 정보를 수집하는 역할을 한다. 최근 평가의 패러다임은 선발보다는 진단, 객관적인 측정보다는 학습자를 더 잘 이해하기 위한 질적인 정보 수집과 피드백을 중요시한다. 국어과 평가 역시 학습자의 성취 정도에 대한 질적 정보를 얻는 평가관을 강조하고 있다. 교수·학습과 평가를 분리하지 않고 동일한 선상에서 고려하도록 강조하는 이유도 마찬가지이다. 평가가 인위적이고 별도로 이루어질 것이 아니라 자연스러운 교수·학습 상황에서 이루어지는 것이 바람직하다. 평가를 통해 좀 더 다양한 정보를 얻기 위해서는 과정 중심 평가를 강조할 필요가 있다. 과정 중심 평가란 '교육과정 성취기준을 기반으로 교수·학습 과정에서 자료를 다각도로 수집하여 학생의 성취도나 학업적 성장에 대해 적절한 피드백을 제공하는 평가'(권태현, 2021)를 의미한다.

셋째, 학습자가 겪는 언어 수행의 어려움을 진단하고 해결하는 역할을 한다. 국어과 평가는 개별 학습자 또는 한 학급 전체가 직면하고 있는 학습의 어려움을 구체적으로 확인할 수 있어야 한다. 더불어 학습 곤란의 원인이 학습자의 지능이나 특성과 같은 기본 능력의 문제인지, 교수·학습이나 과제의 문제인지, 또는 정서적 문제인지를 파악하여 적절한 해결 방향을 제시할 필요가 있다. 이렇게 학습자 개개인의 장단점을 파악하여 그에 맞는 적절한 교육적 처치를 제공함으로써 학습자의 성장을 돕는데 기여한다.

넷째, 필요한 경우 학습자를 분류하거나 선발하는 역할을 한다. 일정한 점수를 부과하고 석차나 등급을 매기는 것은 평가가 갖는 분류의 기능이다. 예를 들어 난독증이나 난서증으로 문해력 발달에 특수한 지원이 필요한 학습자를 조기에 찾아 분류하는 경우를 들 수 있다. 또한 언어적 능력이 뛰어난 언어 영재 아동을 선발하여 특별 교육을 실시하는 경우도 해당된다.

다섯째, 국어과 교육 프로그램의 교육적 효과에 대하여 평가하는 역할을 한다. 국어과 평가에서는 학습자의 성취 정도를 평가할 뿐만 아니라 국어과 교육 프로그램 자체의 질을 평가하여 개선을 위한 시사점을 얻을 수 있다. 국어과 교육 프로그램 평가는 학습자의 성취(achievement) 수준을 판정하여 차후의 학습이 의미 있게 진행될 수 있도록 수업을 계획하고 조정(adjustment)할 수 있다. 또한 학습자의 성취도와 흥미도를 바탕으로 프로그램과 수업의 효율성을 판단하여 교육의 계획과 실천에 반영할 수도 있다(신헌재 외, 2017). 이런 국어과 평가의 기능은 교수·학습 과정의 질을 개선하고 발전시키는 중요한 원동력이 된다.

국어 교육 상황에서 수시로 이루어지는 생생한 교사의 판단, 수시로 이루어지는 조언 등은 국어 교육 자체를 역동적으로 만들어 주는 힘이다. 교사가 평가의 중심에 서서 전문가의 관점에서 판단·조언하고, 수업 과정 중에 학생 개개인의 능력에 대해 수시로 평가하고 그 평가 내용을 바탕으로 지도·조언한다면 진정한 의미에서의 피드백이 가능해질 것이다(최미숙 외, 2023:91). 이렇게 국어과 평가는 학습자에 대한 정보를 얻어 이후의 학습에서 의미 있는 경험이 이루어지도록 교수·학습의 과정과 프로그램을 조절해 나간다.

2. 국어과 평가의 원리

국어과 평가에서도 최근 평가의 패러다임을 고려하여 몇 가지 강조해야 할 원리를 추출할 수 있다. 천경록 외(2004: 81~83 참조)에서는 최근 국어과 평가 동향과 관련하여 교수·학습, 평가, 교과서가 정렬(alignment)되는 경향이 나타난다는 점, 직접 평가가 선호된다는 점, 비형식 평가를 강조한다는 점을 들었다. 신헌재 외(2017)에서는 국어과 교육의 특성을 고려하여 국어과 평가 원리로 맥락화된 평가, 교수·학습 과정과 통합된 평가, 지속적 평가, 총합적 평가 등을 설명하였다. 신헌재 외(2017)와 천경록 외(2004)의 평가 원리, 2022 개정 국어과 교육과정에서 제시한 평가의 방향을 참고하여 국어과 평가의 일반적인 원리를 다음과 같이 제시할 수 있다.

첫째, 국어과 평가는 직접 평가를 지향해야 한다. 직접 평가란 언어 사용 능력 그 자체를 직접적으로 평가한다는 뜻이다. 이 말은 국어 사용 능력과 관련된다고 보이는 지식을 평가함으로써 국어 사용 능력을 간접적으로 평가하는 방법을 지양하고, 직접적으로 국어를 사용하게 하여 학생이 가지고 있는 언어 사용 기능과 전략의 수행 능력을 평가한다는 뜻이다.

국어 사용과 관련된 개념적 지식이 국어 사용 능력을 보장해 주는 것은 아니며 반드시 수행을 동반해야 한다. 이는 국어 사용에 관한 지식의 학습이 불필요하다는 말이 아니고, 그러한 지식을 단순히 지식의 측면에서만 평가하는 것이 아니라 그것의 활용 측면을 평가할 필요가 있다는 뜻이다.

둘째, 실제적인 과제를 중심으로 한 맥락화된 평가를 지향해야 한다. 텍스트 생산 및 수용 과정에 직접적으로 개입하는 맥락은 언어 행위 주체와 주제, 목적 등을 포함하는데, 이러한 맥락을 강조하는 평가가 되기 위해서는 먼저 실제 교수·학습과 평가가 이루어지는 교실 환경을 학교 밖 실제 세계처럼 조성하여 학습자들이 실제적이면서도 다양한 자료를 중심으로 유의미한 학습 활동을 할 수 있도록 해야 한다.

맥락화된 평가는 비형식 평가로 이루어지는 것이 좋다. 비형식 평가란 자료 수집 계획을 사전에 수립하지 않거나 당장 수행해야 할 최소한의 관찰 계획만 구상하여 평가하는 방법을 말한다. 평가자가 국어 사용의 조건을 조작하지 않고 있는 그대로의 상태에서 평가하며, 교육 프로그램에 참여하는 학습자의 학습 활동이나 교사의 교수 행위에 제한 조건을 가능한 제시하지 않는다. 관찰 평가는 비형식적 평가의 좋은 예이다. 관찰 평가는 국어과 수업에서 교사가 국어 활동을 하는 학습자를 평가하는 것으로 자연 상태에서 진행되는 평가이다. 교사는 학습자가 국어에 흥미를 가지고 있는지, 국어 사용의 어떤 과제에서 기능의 장애를 겪고 있는지 관찰하여 평가한다.

셋째, 교수·학습 과정과 통합된 평가를 지향해야 한다. 국어과 평가는 교수·학습 과정과 평가 과정이 분리되지 않고 교수 전반적인 체계 속에서 통합되어 이루어지는 통합성의 원리를 지향하여야 한다. 바로 '지금 여기(now and here)'의 교수·학습 과정에서 학습자가 실제로 무엇을 할 수 있는지를 일차적 평가의 대상으로 삼되, 그 수행의 결과뿐만 아니라 과정까지도 함께 평가함으로써 평가를 주요한 학습의 도구로 활용하도록 한다.

최근에는 이를 교수·학습, 평가, 평가 기록의 정렬(alignment)이라고 나타내기도 한다. 이것은 평가의 시기, 내용, 방법 등이 교수·학습과 별개가 아니라 통합적으로 이루어진다는 의미이다. 국어를 가르치는 상황이 동시에 국어를 평가하는 상황이 된다. 쓰기의 관찰 평가에서 교사는 쓰기를 지도하면서 동시에 학생의 쓰기 상황에 대하여 진단하게 된다. 그리고 포트폴리오법도 지도의 시기와 평가의 시기가 통합되는 예이다.

오프라인 수업과 마찬가지로 온라인 수업 상황에서도 다양한 평가 방법을 활용하여 학습자의 '국어' 학습 상태를 효과적으로 진단하고 피드백할 수 있도록 한다. 학습자의 발달 단계에 적합한 학습 플랫폼과 디지털 도구를 활용하여 학습자의 '국어' 성취기준 도달 과정을 상시로 확인하고 학습을 개선하기 위한 적절한 피드백을 제공할 수 있도록 평가를 계획하고 운용한다(교육부, 2022: 141).

넷째, 성취기준 달성 중심의 목표 지향 평가를 해야 한다. 국어의 성취기준을 고려하여 구체적인 평가 요소를 도출하고, 이들 평가 요소에 학습자가 도달한 수준을 정확하게 판단할 수 있도록 지필평가와 수행평가의 방법을 선정한다(교육부, 2022: 140). 국어과 평가의 목표는 학년군별 '내용 성취기준'에서 추출하여 선정되며, 교육과정의 '국어 자료의 예'에서는 성취기준 달성을 위한 텍스트의 유형과 수준을 제시해 주고 있다. 이러한 성취기준 달성 중심의 목표 지향 평가는 교수·학습 과정의 질적 측면 및 학습자 개개인의 교육적 성장을 돕는 데 주안점을 둔다.

이렇게 지도 내용과 평가 내용의 통합은 평가의 타당도를 높여준다. 국어과 성취기준을 개발하고 그에 따라 교수·학습을 한 후에, 평가 기준을 적용하여 성취 정도를 판정한다. 성취기준은 교수·학습 목표 체계이고 평가 기준은 교사에 의한 평가의 준거 체계이다. 성취기준과 평가 기준을 일관되게 개발하는 것은 지도의 내용과 평가의 내용을 일치시켜 평가의 타당도를 높이려는 시도이다.

다섯째, 일회적 평가가 아니라 시간을 두고 이루어지는 지속적 평가를 지향해야 한다. 국어과 평가는 일회적으로 이루어지기보다는 시간을 두고 지속적으로 이루어짐으로써 학습자의 발달적 수행을 평가할 수 있어야 한다. 다양한 언어 수행 상황에서 다양한 목적과 유형으로 이루어지는 언어 수행을 대상으로 한 평가야말로 학습자의 언어 능력을 타당하게 평가할 수 있을 뿐만 아니라 학습자의 성장에 기여할 수 있다. 이는 평가가 학습자의 수행 과정에 대한 교사의 지속적인 관찰을 바탕으로 교수·학습 과정에 적절한 피드백을 주는 것이 되어야 함을 의미하는 것이기도 하다.

이는 발달적 평가관에 기초한 평가를 의미한다. 발달적 평가관은 한 교실 안에 존재하는 학습자들 각각의 다양한 능력 차이, 학습 속도면의 차이, 각기 다른 흥미와 관심사 등을 최대한 고려하면서 학습자들의 상대적인 우열이 아닌 개별 학습자들의 성장과 발달에 관심을 둔다. 이러한 발달적 평가관에 기초한 국어 교육 평가는 대체적인 언어 발달 단계를 일련의 계열화된 연속체로 상정하고 개별 학습자가 학습 시발 지점으로부터 학습 종료 시점에 이르기까지 어떠한 변화가 있었는지에 대하여 파악하고 기술하는 것에 주안점을 둔다.

여섯째, 지식, 기능, 태도를 함께 평가하는 총합적 평가를 지향해야 한다. 국어과에서는 '담화/글(텍스트)/문학 작품'의 생산과 수용을 1차적 범주로 하여 실제적인 국어 활동을 중요시 하고 있다. 즉, 생산과 수용 활동의 실제를 중심으로 지식, 기능, 태도의 통합을 지향하는 교육 평가가 이루어져야 한다.

국어과 평가는 인지적 영역 외에도 정의적 영역의 평가가 균형을 이루도록 하여 '국어'의 학습에 대한 흥미, 동기, 효능감 등의 정의적 영역을 체계적으로 점검하고 지원할 수 있도록 평가를 계획하고 운용한다(교육부, 2022:140). 예컨대, 쓰기 영역의 평가라면 쓰기와 관련된 명제적·절차적 지식은 물론 이 지식을 실제 쓰기 상황에 적용하여 의미를 구성하여 가는 기능적인 측면과 어떤 자세와 태도로 쓰기 활동에 임하는지의 정의적 영역까지 모두 쓰기 평가의 대상으로 삼도록 한다.

일곱째, 다양한 평가 주체를 인정하는 평가를 지향해야 한다. 국어 교육 평가 주체는 교사뿐만 아니라 동료 학생 집단 또는 학습자 자신이 될 수도 있다. 교사는 학습자의 수준과 관심사를 고려하여 평가의 난도, 과제 내용 등을 계획하고, 학습자가 평가에 참여하는 동안 흥미와 동기를 가지고 적극적으로 참여할 수 있도록 하며, 교사 주도의 평가 외에도 자기 평가나 동료 평가 등 학습자가 자기주도적으로 자신의 학습 상태를 점검하고 개선할 수 있도록 평가를 계획하고 운용한다(교육부, 2022:140).

다인수 학급 등의 현실적인 교육 여건과 국어 교육 평가의 효율성에 비추어 볼 때에 학생 상호 평가나 자기 평가는, 특히 태도 평가나 언어 수행의 문제점을 분석하고 극복하기 위한 반성적 평가 차원에서 매우 적절하고 유용한 평가 방식이 될 수 있다. 교사의 학생 평가 외에 학생의 자기 평가, 학생과 학생 간의 상호 평가, 학부모 평가 등을 적극적으로 활용함으로써 평가를 유의미한 교수·학습 방법의 일환으로 활용하도록 한다.

또한 국어과 평가는 학습자는 물론 학부모들과의 정확하고 원활한 의사소통이 가능하도록 충분한 정보를 제공할 필요가 있다. 이를 위하여 교사는 평가 상황과 평가 기준, 평가 방법 등을 학습자에게 명확히 알 수 있도록 함은 물론, 평가 결과를 교육 학습자, 학부모, 교육 행정가에게 구체적으로 알려 줄 수 있는 체제로 기록, 유지함으로써 평가를 둘러싼 여러 주체 사이에서 원활한 소통이 이루어질 수 있도록 해야 한다.

여덟째, 평가 적합성을 고려하여 다양한 평가 유형과 방법을 적재적소에 활용해야 한다. 국어과 평가는 평가 목적, 평가 시기, 평가 상황 등을 종합적으로 고려하여 양적 평가와 질적 평가, 형식평가와 비형식 평가, 간접 평가와 직접 평가, 선택형 평가와 수행 평가 등이 적절하게 활용될 수 있도록 선택(계획)한다.

결과 중심의 평가 외에도 수행평가와 형성평가 등 과정 중심의 평가를 적극적으로 활용하여 학습자가 성취기준에 도달해 가는 과정을 평가하고, 학습자가 성장할 수 있는 기회를 제공할 수 있도록 한다. 또한 지필평가나 수행평가 외에도 수업 중 관찰, 대화, 질의응답, 면담 등을 활용하여 학습자의 학습 상태를 점검하고 지원할 수 있도록 평가를 계획하고 운용한다(교육부, 2022: 140).

또한 상황에 맞추어 다양한 평가 방법을 활용해야 한다. 국어과 평가는 영역의 특성, 평가 목표, 평가 내용, 평가 상황 등을 고려하여 선택형 평가, 서답형 평가, 연구 보고서법, 자료철(포트폴리오), 면접법, 토론법, 관찰법 등의 다양한 평가 방법을 적절하게 활용한다. 동일한 평가 상황에서 두 가지 이상의 평가 방법을 병행하여 여러 평가 방법의 결과를 상호 보완적으로 활용하는 것도 바람직하다. 예를 들어 관찰 평가의 경우, 교사가 쓰기를 지도하면서 자연스러운 상황에서 개별적으로 학습자의 장단점을 파악한다. 포트폴리오의 경우, 개요, 초고, 수정본, 완성본 등 쓰기의 과정적인 측면에서 산출한 결과를 대상으로 총체적 평가와 분석적 평가를 적용할 수 있다.

3. 국어과 평가 유형과 방법

가. 국어과 평가 유형

국어 능력 평가에서는 평가 목적, 평가 시기, 평가 상황 등을 종합적으로 고려하여 다양한 평가를 적절하게 사용하여야 한다. 평가의 방법과 관련하여 평가 목적, 평가 시기, 평가 상황 등을 종합적으로 고려하여 양적 평가와 질적 평가, 형식 평가와 비형식 평가, 간접 평가와 직접평가, 선택형 평가와 수행평가 등의 다양한 방식을 적절하게 활용해야 한다. 교실 현장에서 이루어질 수 있는 평가의 다양한 장면들을 상황에 따라 다음과 같이 분류할 수 있다.

평가 내용	• 인지적 영역(지식, 기능, 전략) 평가, 정의적 영역(태도) 평가
평가 주체	• 교사 평가, 자기 평가, 동료평가, 학부모 평가
평가 척도의 표준성	• 형식적(표준 평가, 공식 평가) 평가, 비형식적 평가 • 양적 평가와 질적 평가
평가 방법	• 지필 평가(선택형, 서답형), 연구보고서법, 자료철(포트폴리오), 면접법, 구술 평가, 토론법, 직접 관찰법, 텍스트 분석법, 초인지 보고법 • 설문지·조사·보고서, 학습지, 프로젝트 등을 통해 직접 정보를 도출하기
평가 시기	• 과정평가: 수업 중에 수행되는 전략에 대한 직접 평가, 수업 중에 이루어지는 동료 평가나 자기 평가, 그리고 교사가 주목하는 형식평가나 비형식 평가 • 결과 평가: 수업 후에 이루어지는 평가로 성취도에 대한 분석적 평가나 총체적 평가 • 발달적 평가: 학생에 대한 누가 기록을 남기는 포트폴리오 평가
평가 기능	• 진단 평가: 교수·학습이 시작되기 전에 학습자가 가지고 있는 사전 지식의 정도, 동기, 흥미 등을 측정하여 분석함. 선수 학습의 결손을 진단하여 보충하거나, 학습자의 특성에 맞게 교수·학습 계획을 수립하기 위한 평가 • 형성 평가: 교수·학습의 진행 과정에서 학습자의 학습목표 도달 정도나 교수법의 적절성 등을 측정하여, 학습자에게 송환(feedback)하거나 교수·학습을 곧바로 개선하기 위해 수시로 이루어지는 평가 • 총괄 평가: 교수·학습이 끝난 뒤에 학습자의 학습목표의 달성 정도나 교육 프로그램의 효율성 등을 다각적으로 판단하기 위해 실시하는 종합적인 평가. 단원 학습이나 교과 과정의 종료 후에 이루어지는 것으로 월말고사, 중간고사, 기말고사, 학년말고사 등

나. 국어과 평가 방법

언어처리 과정에는 다양한 맥락이 개입하면서 고등 사고 기능이 작동된다. 이는 인지와 정의적인 특성이 복합된 고등 정신활동이다. 이와 같은 언어활동과 능력을 타당성 있게 평가할 수 있으려면, 다양한 평가 방법의 목록들 중에서 맥락과 목표에 알맞은 평가 방법을 선택할 수 있어야 한다. 2022 개정 국어과 교육과정의 '평가의 방향과 평가 방법 항'에서는 다양한 맥락, 목표, 영역 등에 따라 알맞은 평가 방법을 선택하는 요령을 다음과 같이 제시하였다(교육부, 2022: 141~144).

첫째, 학습자가 '국어'에서 학습한 내용을 실제 언어생활에 적용하는 역량을 평가하기 위해 다양한 방식의 수행평가를 활용할 수 있다. 수행평가 과제를 구성할 때는 학습자의 실제 언어생활 맥락과 연계된 상황을 제공하여 학습자가 학습한 내용이 실제 언어생활에서 어떻게 적용되는지를 경험할 수 있도록 한다. 또한 학습자의 관심과 흥미를 고려하고, 학습자가 국어 활동의 세부 주제나 소재를 선정하는 데에 직접 참여하게 할 수 있다.

'듣기·말하기', '읽기', '쓰기', '문법', '문학', '매체' 각각의 하위 영역을 중심으로 세부적인 언어 수행 능력을 평가하도록 수행평가 과제를 구성할 수도 있고, 다양한 영역을 연계하여 통합적인 언어 수행 능력을 평가하도록 수행평가 과제를 구성할 수도 있다.

'국어'의 정규 수업 과정을 벗어난 평가를 지양하고, 최종적인 산출물 외에도 포트폴리오나 성찰 일지 등을 활용하여 학습자의 학습 과정을 누적적으로 평가하는 과정 중심의 수행평가를 지향하여, 학습자의 수행 과정을 구체적으로 관찰하고 피드백할 수 있도록 한다. 이를 통해 학습자의 국어 능력의 성장과 발달을 지원하는 데에 초점을 둔다.

둘째, 학습자가 '국어'의 학습 내용을 깊이 있게 이해하고 탐구하는 능력을 갖추었는지를 평가하기 위해 서·논술형 평가를 활용할 수 있다. '국어'에서 서·논술형 평가를 활용할 때는 선택형 지필평가의 한계를 보완하여 학습자가 가지고 있는 지식이나 의견을 자신의 언어로 직접 표현하게 함으로써 '국어'의 성취기준에서 요구하는 학습 내용에 대해 보다 심층적이고 종합적인 사고 능력을 평가하는 데에 초점을 둔다.

'국어'의 성취기준을 분석하여 적합한 평가 요소를 도출하고, 이러한 평가 요소와 연계하여 서술형 평가에서는 중요한 지식이나 개념, 원리 등을 간략하게 설명하여 서술하도록 하고, 논술형 평가에서는 주어진 문제에 대해서 주장과 근거를 논리적으로 조직하여 작성하는 능력을 종합적으로 평가하도록 한다.

서·논술형 평가를 활용할 때는 발문, 보기(또는 자료), 조건 등의 구조를 고려하여 문항을 명료하게 작성함으로써 학습자가 문항을 해석하는 과정에서 혼란이 발생하지 않도록 유의하고, 채점 기준을 세부적으로 작성하여 평가의 타당도와 신뢰도를 확보할 수 있도록 한다.

셋째, 교사 주도적인 평기 외에도 학습자가 평가의 주체가 되는 자기 평가나 동료 평가를 적극적으로 활용하고, 인지적 영역의 평가와 정의적 영역의 평가가 조화를 이룰 수 있도록 한다. 자기 평가나 동료 평가를 활용하여 학습자가 주도적으로 자신의 수행을 점검·조정할 수 있도록 한다. 이를 위해서 학생과 교사가 함께 협의하면서 평가기준을 마련하고, 학습자가 평가기준의 의도와 내용을 정확히 이해하도록 하여 자기 평가와 동료 평가가 학습자의 발전과 성장에 실질적으로 도움이 될 수 있도록 한다.

동료 평가를 활용할 때는 동료 학습자의 언어 수행에 대해서 단점을 위주로 평가하기보다는 장점과 개선점을 중심으로 평가하도록 하고, 동료의 피드백에 대해서 열린 마음으로 수용할 수 있도록 안내한다. 이를 통해 학습자가 동료들의 다양한 피드백을 긍정적으로 수용하면서 자신의 '국어' 수행을 점검하고 조정할 수 있도록 한다.

'국어'의 성취기준과 관련한 인지적 영역의 평가 외에 '국어' 학습에 대한 학습자의 흥미, 동기, 효능감 등의 정의적 영역에 대해서도 자기 점검표, 성찰 일지 등의 방법을 활용하여 평가 및 피드백함으로써 학습자의 전인적 성장을 지원할 수 있도록 한다.

넷째, 상시적이고 누적적인 평가를 통해서 기초학력에 도달하지 못할 가능성이 있는 학습자를 사전에 파악하여 적시에 지원하고, 평가의 과정과 결과에 대한 충분한 피드백을 제공한다. 수업 중, 학기 중에 상시 평가를 활용하여 학습자의 상태를 진단하고 이를 통해 추후 교수·학습을 수립하는 데에 적극적으로 활용할 수 있도록 한다. 학기 초에 진단평가를 시행하여 학습자의 준비도를 확인하고, 상시 형성평가를 시행하여 학습 성취 여부를 점검, 지원함으로써 기초학력에 도달하지 못한 학습자가 발생하지 않도록 사전에 예방한다.

특히 기초학력에 도달하기 어려울 것으로 예상되는 학습자의 경우 학습자의 개별 학습 상황을 점검하고 수준에 적합한 보충 학습 자료를 적극적으로 지원함으로써 '국어' 과목의 평가를 통해 일상적인 언어생활 및 타 교과 학습의 바탕이 되는 기초 문식성을 점검하고 지원할 수 있도록 한다.

'국어'의 기초학력 및 문식성 성취 정도를 누적적으로 점검하고 피드백하기 위해서는 진단평가나 형성평가 외에도 대화, 면담, 학습 일지 등 교사와 학생 간의 적극적인 상호 작용이 이루어질 수 있는 평가 방법을 활용할 수 있도록 한다. 이를 통해 학습자가 주도적으로 자신의 학습을 개선하고자 하는 동기가 형성될 수 있도록 한다.

1 국어과 평가의 원리 중 초등학교 교실에서 가장 강조해야 할 점이 무엇인지 토론하여 봅시다.

2 국어과 성취기준 중 한 가지를 선택하여 적절한 평가의 유형과 방법을 말하여 봅시다.

제2부

초등 국어과 영역별 교육의 이해와 적용

제 7 장
한글 문해 교육

1. 한글 문해 교육의 중요성

한글 문해는 "시각적으로 제시된 낱말을 말소리로 바꾸어 그 말소리에 해당되는 어휘를 자신의 어휘망(mental lexicon)을 탐색하여 의미와 연결짓는 능력"(이경화, 2018: 149)을 말한다. 대체로 낱말 수준의 읽기, 쓰기 활동을 통해 이루어지는데 기계적인 읽기, 쓰기뿐 아니라 그 낱말의 의미를 아는 것을 포함한다. 음운지식, 글자와 소리의 대응 지식, 철자지식 등 다양한 지식들이 관여하고 기초 어휘에 대한 단어 재인 능력 등을 요한다.

한글 문해는 문자를 음성화, 의미화하는 초기읽기는 물론이고 음성을 문자로 기록하고, 낱말의 의미를 알고 쓸 수 있는 초기쓰기도 포함하는 능력이다. 초기읽기와 초기쓰기를 포함하는 개념임을 강조하기 위해 '초기 문해(early literacy)'라는 용어를 사용하기도 한다. 초기 문해는 한글 문해와 동의어로 초기읽기와 초기쓰기를 모두 일컫는 말이다. 초기읽기는 시각적으로 제시된 낱말을 말소리로 바꾸어 그 말소리에 해당되는 어휘를 자신의 어휘망(mental lexicon)을 탐색하여 의미와 연결짓는 것, 그리고 초기쓰기는 언어의 음성을 문자로 기록하고, 낱말의 의미를 알고 쓸 수 있는 것을 의미한다.

한글 문해 교육은 한평생 문자와 더불어 살아가야 할 학습자에게 읽기, 쓰기에 대한 기초 기능뿐 아니라 가치관과 태도를 형성시키는 토대이다. 그런데 유아의 발달 특성을 고려하지 않은 한글 조기교육과 한글 선행 학습이 읽기, 쓰기에 대한 학습자의 태도에 오히려 악영향을 끼치는 사례도 많다. 취학 전에 무리하게 한글 문해를 하면 초기에는 학습 속도 면에서 유리할 수도 있지만, 자칫 학교에서의 국어 교육에 흥미를 잃을 수도 있기 때문이다. 간혹 저학년 때는 책 읽기, 받아쓰기를 잘하였는데, 학년이 올라갈수록 능동적으로 독서와 작문을 하는 데 흥미를 잃는 학생도 있다. 중요한 것은 한글을 얼마나 빨리 깨치느냐가 아니라, 문자와 그 문자로 할 수 있는 의미 구성 행위에 얼마나 지속적으로 관심을 가질 수 있게 하느냐이다(이수진, 2014).

따라서 초등학교 1, 2학년 시기에 이루어지는 문식성 교육은 학습자가 문자에 대한 태도를 형성하는 데 결정적 역할을 한다. 교육부는 2015 국어과 교육과정을 개정하며 초등학교 한글 책임 교육을 정책으로 내세웠다. 이후 2022 개정 국어과 교육과정에서는 1학년 국어 시간을 34차시 증배하고 교과서에 한글 단원을 특화 단원으로 개발하였다[1]. 한글 교육을 양적으로 늘릴 뿐 아니라 초등학교에서 한글을 체계적으로 배울 수 있도록 하여 한글 선행 학습의 부담을 없애겠다는 의지가 담겨있다. 공교육에서 한글 문해 교육을 책임지겠다는 의지는 갈수록 사회적, 문화적으로 문식성 교육의 역할이 증대되는 세계적 경향과도 일치한다.

올바른 한글 문해 교육의 중요성은 다음과 같이 세 가지로 정리할 수 있다(이경화 외, 2018). 첫째, 삶의 기초나 마찬가지인 의사소통 능력과 직결되어 사회 생활의 통행권으로서 의의가 있다. 사회 생활을 하기 위해서는 의사소통 능력이 중요한데, 한글 문해야말로 의사소통의 기본이 된다. 이 시기의 한글 문해 성공 경험은 성공적인 사회 생활의 긍정적인 태도를 갖게 한다. 반면, 성공하지 못하면 학습자의 개인의 인권과 사회 복지 면에서도 문제가 발생될 수 있다(이경화, 2017).

둘째, 한글 문해 교육은 학습의 기초 능력을 길러주어 학교교육에 적응시키는 역할을 한다. 초등학교에 입학한 학습자에게는 문어적 의사소통에 익숙해지는 것이 중요한 과업이다. 이는 언어교육이 일상적 의사소통 교육을 넘어서 사고교육으로 확장되기 위해서도 꼭 필요하다. 초등 입학 전 구체적 조작 활동이나 음성언어를 통해 이루어졌던 학습이 초등교육을 기점으로 본격적인 사고의 교육으로 전환된다. 읽기와 쓰기 행위는 인간이 고등 사고 능력을 발휘하는 대표적인 활동으로 인정받고 있다(이수진, 2015).

초등학교 1학년들에게 문자를 통한 학습 양식에의 적응은 필수불가결한 과제이다. 초등학교에 입학한 개별 학습자의 성패는 문자언어 문화에 얼마나 잘 적응하냐에 달려있다고 해도 과언이

---

1 2022 개정 국어과 교육과정에 따른 국어 교과서 1학년 1학기에는 한글 문해 학습은 총 120차시 분량으로 구성되었다.

아니다. 초등 입학 전까지의 학습이 음성언어와 신체활동을 통해 주로 이루어졌다면 초등교육 이후로는 주로 문자언어를 통해 이루어지기 때문이다. 구어적 의사소통에 익숙했던 학습자들에게는 추상성, 정확성, 간결성을 요구하는 문어적 의사소통이 낯설고 어려울 것이다. 한글 문해 교육은 단순히 글을 읽고 쓸 수 있게 한다는 기능적 의미뿐 아니라 초등학교 학습자가 학교 교육에 적응하게 하는 중요한 기제이기도 하다.

셋째, 초등 저학년 시기에 이루어지는 한글 문해 교육은 학습자가 평생 사용해야 할 문식성 능력을 결정적으로 길러준다. 학습자에게 초등학교 시기는 문식성을 발달시킬 수 있는 결정적 시기이다. 물론 문식성은 평생에 걸쳐 발달하지만 발달의 정도나 효율성 면에서는 큰 차이가 있다. 이는 뇌과학에서도 인정된 사실이다. 읽기와 쓰기에 기능하는 뇌부위가 아주 급격히 성장하는 시기가 있는데 대체로 9세 이전이라고 한다(이영수, 2007). 즉 초등학교 때 받은 읽기·쓰기교육의 질이 한평생 지닐 문식 능력의 대부분을 결정할 수 있다는 것이다.

넷째, 한글 문해 능력은 학생들의 친교와 공동체 형성에도 영향을 미친다. 이경화·최종윤(2016)은 한글 문해 능력이 학급 공동체 네트워크를 형성하는 데에도 영향을 미침을 밝혔다. 이 연구는 초등학교 1학년 3개 학급을 대상으로 한글 문해 능력 검사, '친구' 관계 네트워크 검사, '학습 조언' 관계 네트워크 검사를 실시하였고, 그 결과 한글 문해 능력과 학급 공동체 네트워크 사이에 유의미한 관계가 있음이 밝혀졌다. 읽기, 쓰기를 잘 하는 학생일수록 학급 친구들과 유대 관계를 원활하게 맺고 학급 공동체 네트워크에서 중요한 역할을 한다는 것이다. 따라서 한글 문해 교육은 학급 공동체 구성원들과의 연계, 유대 관계 형성 측면에서도 중요하다.

문식성은 교과 학습의 성패를 좌우하고 현대 사회에서 개인이 필요한 정보를 얻고 문명인으로 삶을 영위하는 데 필수적이다. 이러한 문식성의 기틀을 마련하는 중요한 출발점이 되는 시기가 바로 국어에 대한 공식교육을 처음 시작하는 입문기인 초등학교 저학년 시기이다(이경화, 2017). 이 시기에 한글 문해력을 성취하는 것은 학생들에게 가장 중요한 과업이고, 성공적인 한글 문해는 국어 학습 및 다른 교과 학습에도 긍정적인 영향을 미친다. 반면, 한글 미해득이 발생하는 경우 학습 부진이 지속적으로 누적되는 것은 물론이고 학교 생활 전반과 정서적 측면에 부정적 영향을 미치게 된다.

2. 한글 문해 교육의 내용

가. 한글 문해 준비도

읽기와 쓰기를 하기 전에 학습자가 필수적으로 갖추어야 하는 몇 가지 측면이 있는데, 이를 한글 문해 준비도라고 한다. 한글 문해 준비도에는 단어를 인식하고 낱자를 익히는 데 기초가 되는 시지각 식별과 책의 구성 요소 인식 등이 있다.

<한글 문해 준비도 학습 요소>

- 도형의 위치 및 형태 변별
- 책의 앞뒷면 구분하기
- 읽기 방향 인식
- 글자 형태 변별
- 책 제목 및 역할 알기

시지각 식별은 단순히 눈으로 정확하게 보는 능력만이 아니라 두뇌 작용에서 일어나는 시각적 자극의 해석 능력을 포함한다. 구체적으로 눈과 손의 협응, 도형의 형태 변별, 공간 관계 등 시지각적 자극에 대하여 구별되는 자질을 인식하는 것이 있다. 학습자는 형태를 변별하고, 글자가 의미를 전달하는 용도로 쓰인다는 것을 알고, 도형과 구별되는 형태적 특징을 지닌다는 것을 인식해야 한다.

책의 구성 요소 인식은 책의 앞뒷면 구분, 책 제목 및 역할, 읽기 방향 등에 대하여 인식하는 것이다(Rasinski & Padak, 2005). 책의 앞뒷면을 구분하고, 책을 왼쪽 페이지에서 오른쪽 페이지로 넘기고, 책의 한쪽 면에서 윗줄과 아랫줄을 인식할 수 있어야 한다. 그리고 책 제목을 찾을 수 있고, 책 제목의 역할을 알고 있어야 하고, 책에서 글과 그림을 구분할 수 있어야 한다.

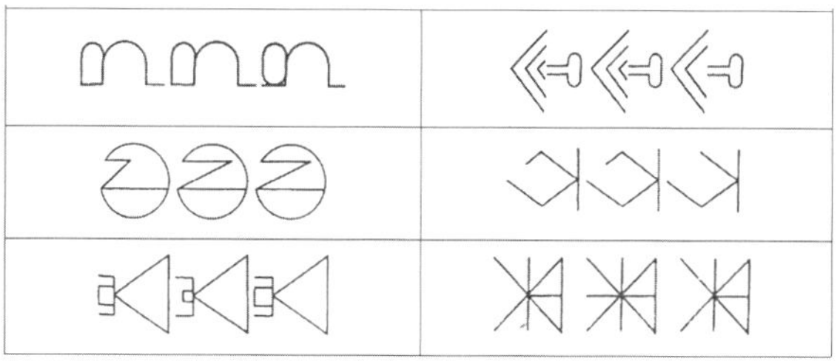

[그림 1] 도형의 첫머리의 차이 알기(김정권, 1992)

[그림 2] 책의 구성 요소 중 책 제목 찾기

나. 음운 인식

음운 인식은 소리를 정확하게 듣고 구별하고 결합하는 능력을 말한다. 한글 문해 능력을 갖추려면 낱말을 이루는 낱자의 소리를 식별할 수 있고, 또 그런 소리들이 결합되어 낱말이 된다는 사실을 알며, 말소리의 최소 단위인 음소를 변화시킬 수 있어야 한다. Crowder(1982)에 따르면 영어 학습자의 음운 인식은 초등학교 1학년 무렵에 생긴다고 하였다. 윤혜경(1997)은 우리나라 아동의 음운 인식 발달이 영어 학습자의 음운 인식 시기보다 약간 빠르다고 하였다. 즉, 음절 인식은 약 4세에 시작되고, 음소 인식은 약 7세에 획득된다.

음운 인식 능력은 초기 읽기의 성공과 밀접한 관련이 있다. Crowder(1982)는 초기독자가 문자 상징이 말소리 단위를 표상한다는 것과 말소리 단위는 음소라는 것을 알아야 한다고 하였다. 한글과 같은 표음 문자는 음운부호 처리를 하려면 반드시 낱자를 변별할 수 있어야 하고, 각 낱자의 음소를 알고 이를 결합할 수 있어야 한다.

〈음운 인식 학습 요소〉

• 음운 인식 과제:
　－단어 수준: 탈락(첫 단어, 끝 단어), 합성, 변별 등
　－음절 수준: 음절 수 세기, 합성, 변별, 탈락, 대치 등
　－음소 수준: 음소 수 세기, 합성, 변별, 탈락, 첨가 등
• 음운 단기 기억하기: 물건, 색깔 이름, 자모음 이름 등 빨리 말하기
• 음운 따라 하기: 일련의 수, 단어 등을 따라 말하기

음운 인식 과제는 글자가 아닌 말소리로 제공되어야 하며 단어, 음절, 음소 수준으로 제시될 수 있다. 각 수준에서 합성, 변별, 탈락, 대체 등의 조작을 할 수 있어야 하고, 음절 수준과 음소 수준에서는 들려주는 말소리에 음절과 음소가 몇 개 있는지 셀 수 있어야 한다. 음운 단기 기억은 그림이나 자모음을 보여주었을 때 그림 속 물건이나 색깔 이름, 자모음 이름을 빨리 말할 수 있는지와 관련이 있다. 음운 따라 하기는 수나 단어를 보면서 읽어주는 것을 따라 말하는 것을 의미한다.

음절 수준	
• 나무, 나비, 가위 중에서 첫소리가 다른 하나는 무엇인가요?	변별
• 꽃병에서 '병' 소리를 빼면 어떤 소리가 남을까요?	탈락
• 연 소리에 '필' 소리를 합하면 무슨 소리가 될까요?	합성
• 사과에서 '과'를 '자'를 바꾸면 무슨 소리가 될까요?	대치
음소 수준	
• 눈, 공, 길 중에서 처음 나는 첫소리가 다른 하나는 무엇인가요?	변별
• 무에서 '므(ㅁ)' 소리를 빼면 어떤 소리가 남을까요?	탈락
• 소에서 '스(ㅅ)' 소리를 '크(ㅋ)'소리로 바꾸면 무슨 소리가 될까요?	대치

[그림 3] 음운 인식 과제 중 음절 수준, 음소 수준 과제

다. 해독

해독(decoding)은 인쇄된 글자를 말소리로 전환시킬 수 있는 능력이다. 한글 문해에서 해독의 발달은 무엇보다 중요하다. 한글 문해에서 해독해야 하는 낱말의 범위는 주로 소리와 글자가 일치하는 낱말이다. 그리고 소리와 글자가 일치하지 않는 낱말이라도 기초 어휘에 해당되는 낱말이라면 소리 내어 읽을 수 있어야 한다.

단어 해독의 선행 요건은 바로 글자·소리 대응 지식이다. 읽기와 쓰기는 각 낱자들을 알고 쓸 수 있다는 것만으로는 충분하지 않고, 낱자와 말소리들을 연결시킬 수 있어야 한다. 낱자와 말소리의 연결은 일정한 규칙을 따르는데, 이 규칙에 대한 지식을 글자·소리 대응 지식이라고

한다. 글자·소리 대응 지식은 흔히 알고 있는 파닉스(phonics)로, 글자와 소리와의 규칙적 관계 등에 관한 지식을 말한다. 이러한 대응 규칙을 학습하면 모르는 단어가 나와도 당황하지 않고 발음을 시도해서 글을 읽고, 쓸 수 있게 된다.

글자·소리 대응 지식을 바탕으로 해독을 할 때 해독의 대상은 의미 단어와 무의미 단어 모두를 포함한다. 해독은 단이의 의미에 초점이 있는 것이 아니라 자음자와 모음자에 대응하는 소릿값을 알고 모음, 자음 + 모음, 모음 + 받침, 자음 + 모음 + 받침 등 글자의 짜임 유형에 따라 소리 내어 읽는 것에 초점이 있기 때문이다.

〈해독(낱말 소리 내어 읽기) 학습 요소〉

- 의미 단어 소리 내어 읽기
  - 글자: 소리 일치 낱말 소리 내어 읽기
  - 글자: 소리 불일치 낱말 소리 내어 읽기
- 무의미 단어 소리 내어 읽기

무의미 단어 소리 내어 읽기는 의미는 없지만 글자의 짜임 규칙에 맞게 만들어진 무의미 단어를 글자·소리 대응 지식을 사용하여 소리 내어 읽는 것이다. 그리고 의미 단어 소리 내어 읽기에서 의미 단어는 글자와 소리가 일치하는 단어와 글자와 소리가 일치하지 않는 단어로 구분할 수 있다. 글자와 소리가 일치하는 단어는 글자·소리 대응 지식을 그대로 적용할 수 있지만, 글자와 소리가 일치하지 않는 단어는 추가적인 발음 규칙을 이해해야 한다.

인쇄된 글자를 해독하기 위해서는 충분한 시간의 소리 듣기가 선행되어야 하며, 소리를 구별하고 조작하는 연습이 필요하다. 이러한 연습이 충분한 아이들은 모르는 단어를 읽을 때 글자·소리 대응 지식을 이용하여 소리 내어 읽어 낼 수 있는 능력이 향상된다. 만약 낱말을 소리 내어 읽는 해독이 정확하지 않고, 해독의 기초인 음운 인식에도 어려움을 겪는다면 난독증을 의심해 볼 필요가 있다.

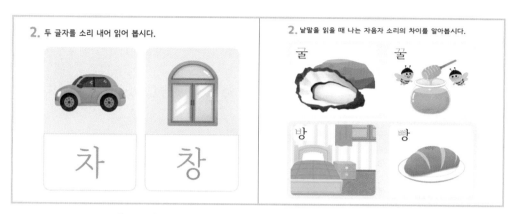

[그림 4] 초등 1-1 『국어』교과서(의미 단어 소리 내어 읽기)

라. 어휘력

한글 문해는 단순히 글자를 읽고 쓸 수 있는 상태가 아니라 특정한 낱말의 의미를 알고 읽고 쓸 수 있는 상태를 의미한다. 문자의 의미를 이해하여 읽고, 의미를 문자로 표현하여 쓰는 이러한 인지적 조작 과정에서 어휘는 핵심적인 위상을 지닌다. 이는 한글 문해의 수준을 결정하는 것이 바로 어휘력임을 의미한다.

아동의 구어 어휘력은 단어 재인에 영향을 준다(Stanovich, 1980). 단어 재인은 한 단어의 의미를 이해하기 위해 학습자가 문자 기호를 지각하고 그것이 무엇인지를 마음속에 등록된 단어와 연결시키는 것을 말한다. 마음속에 등록된 사전은 '어휘망'(mental lexicon)이라고 한다. 초기독자는 어휘망이 풍부해야 다양한 낱말의 뜻을 이해할 수 있다. 만약 해독은 하였어도 어휘망이 부족하여 낱말의 뜻을 모르면 단어 재인을 하지 못한다.

어휘력은 한글 문해의 두 가지 경로(직접 경로와 간접 경로)에 모두 결정적인 영향을 준다. 음운 인식 능력이 낮은 초기독자는 한글 문해 과정에서 주로 직접 경로를 사용한다. 이들은 낱말을 단어 카드를 활용하여 통글자로 소리 내어 읽고, 그 소리를 가지고 자신의 어휘망으로 연결하여 그것으로부터 의미를 찾아낸다. 실제 3~4세 유아들은 음운 인식 능력이 낮기 때문에, 이들에게 그림과 함께 몇 가지 낱말을 들려주면 유아는 낱말 속의 소리에 주의를 기울이는 것이 아니라 그 낱말이 지닌 의미에 관심을 갖는 경향이 있다. 또한 음운 인식 능력이 있는 초기독자는 한글 문해 과정에서 주로 간접 경로를 사용한다. 이들은 음운결합 지식, 글자·소리 대응 지식 등의 음운부호 처리 과정을 통해 해독하고, 이것을 자신의 어휘망으로 연결하여 낱말의 의미를 파악한다.

〈어휘력 학습 요소〉
• 한글 문해를 위한 기초 어휘 • 낱말들 사이의 관계(반의어, 유의어, 상하위어)

한글 문해는 초기읽기와 초기쓰기를 가리키기 때문에 읽고 쓰는 대상이 되는 낱말은 기초 어휘를 의미한다. 국어과 교육과정에서 한글 문해의 교육 내용이 반영된 학년은 초등학교 1학년이기 때문에 초등학교 1학년 수준에서 필요한 어휘를 기초 어휘의 범주라고 할 수 있다. 또한 어휘력의 전제는 의미를 나타내는 단어이다. 해독이나 유창성을 연습하는 데에는 무의미 단어가 포함되기도 하지만, 한글 학습자의 어휘망에 있는 기초 어휘는 읽기와 쓰기에 사용되어야 하기 때문에 의미 단어이다.

기초 어휘는 개별 낱말로만 존재하는 것이 아니라 서로 관계성을 지닌다. 반의어, 유의어, 상하위어 등의 관계에 있는 어휘들을 서로 연결 지어 학습했을 때 어휘망을 형성할 뿐만 아니라 더 많은 어휘를 습득하면서 어휘망을 확장할 수 있다.

[그림 5] 그림 보고 낱말 찾기

[그림 6] 낱말에 해당되는 그림 찾기

마. 글자 쓰기

글자 쓰기는 언어의 음성을 문자로 기록하고, 낱말의 의미를 알고 쓸 수 있는 능력으로, 전사 (transcription)와 글자쓰기(의미)를 포함한다. 먼저 전사는 손으로 글씨를 쓰는 능력인 글씨쓰기(handwriting)과 철자에 맞게 쓰는 능력인 철자쓰기(spelling)가 합쳐진 개념이다(Beringer 외, 2002). 글씨쓰기는 관습적으로 글자를 쓰는 방식이나 모양에 맞게 쓰는 것을 말한다. 예를 들어 낱자를 쓰는 획순을 알고 쓰는 것, 자음자는 왼쪽이나 위쪽에, 모음자는 오른쪽이나 아래쪽에 위치하도록 쓰는 것, 자음자를 먼저 쓰고 모음자를 나중에 쓰는 것 등이다. 그리고 철자쓰기는 관습적 어법에 맞게 쓰는 것을 말한다. 예를 들어 맞춤법에 맞게 쓰는 것, 띄어쓰기 규칙에 맞게 쓰는 것 등이다. 이때 어렵고 헷갈리는 맞춤법 지식을 요구하지는 않는다. 기초적 쓰기 수준에서 필요한 철자 지식은 학습자에게 친숙하고 빈번하게 사용하는 단어 중 글자와 소리가 불일치하는 단어의 철자, 기본적인 띄어쓰기의 원칙 정도이다(이수진, 2018).

다음으로 글자쓰기(의미)는 자신이 쓰는 낱말의 의미를 알고 글자를 쓰는 것을 말한다. 전사가 언어의 음성을 문자로 기록하는 것으로 덮어 쓰기, 따라 쓰기, 옮겨 쓰기(베껴 쓰기), 듣고 받아쓰기 등을 말하는 것이라면, 글자쓰기(의미)는 자신이 표현하려고 하는 의미를 가진 낱말을 떠올리고 그것을 문자로 기록하는 것이다.

초기쓰기의 경우, 낱자 지식, 글자 표기 지식, 음운 인식, 형태 인식, 어휘력 등 다양한 요인들이 쓰기 능력을 설명한다고 밝혀져 왔다(Kim 외, 2014). 아동은 처음에는 낱자 지식, 글자 표기 지식, 음운 인식, 소리·글자 대응 지식 등을 활용하여 전사를 할 수 있게 된다(Berninger 외, 2006). 그리고 점차 낱말의 의미에 초점을 두는 글자쓰기(의미)에 도달할 수 있게 된다. 초기에는 기계적인 기술, 즉 필기와 철자를 익히는 데 중점을 두다가 학년이 올라갈수록 자신의 생각을 정리하고 표현하는 짧은 작문을 하게 된다(전병운 외, 2013). 전사가 자동화되어야 스스로 텍스트를 생성하는 작문이 가능해진다.

〈글자 쓰기 학습 요소〉

- 낱자 획순에 맞게 쓰기
- 글자 표기(구조) 지식(가형, 고형, 귀형, 강형, 공형, 권형)
- 전사하기: 낱자 쓰기, 낱말 쓰기(덮어 쓰기, 따라 쓰기, 옮겨 쓰기)
- 낱말 듣고 받아쓰기
- 소리·글자 일치 낱말 쓰기
- 소리·글자 불일치 낱말 쓰기

한글 문해에서 글자 쓰기 대상 낱말은 기본적으로 소리와 글자가 일치하는 낱말이다. 그리고 소리와 글자가 불일치하는 낱말이라도 기초어휘에 해당되는 낱말이라면 글자로 쓸 수 있어야 한다. 우리나라 아동의 쓰기 발달 단계를 보면, 글자 쓰기에서 음소와 자소가 대응을 이루는 단어들을 먼저 습득하며 그 이후 연음 법칙, 대표음화, 경음화, 자음동화 등의 음운 규칙이 포함된 단어들을 습득한다고 하였다. 이 중에서 연음 규칙이 다른 음운규칙보다 더 먼저 발달하므로 음운 변동 낱말 쓰기에서 연음 규칙을 먼저 지도하여야 한다(양민화, 2006).

[그림 7] 초등 1-1 『국어』교과서(글자 표기 지식)

3. 한글 문해 진단과 중재

가. 한글 문해 진단의 필요성과 검사 도구

(1) 한글 문해 진단의 필요성

초등학교 1, 2학년은 학교에서 공식적으로 한글 문해 교육을 실시하는 시기이다. 한글 문해 교육은 학생들의 한글 문해 능력 신장을 목적으로 하기 때문에 한글 미해득 학생을 진단하고 적절한 지원 방안을 마련해 주는 것은 매우 중요하다. 한글 문해의 여부는 단순히 학생이 한글을 사용할 수 있느냐의 수준을 넘어 언어 사용에 대한 자신감, 국어를 포함한 다른 교과의 학습 동기 형성에 영향을 미칠 가능성이 있기 때문이다.

한글 문해 진단의 필요성은 다음과 같다. 첫째, 한글 미해득 학생을 조기에 선별할 수 있다.

한글 문해 학습은 미성숙한 학령 초기 학생을 대상으로 하는 기초적인 언어 학습이다. 따라서 학생이 학습을 통해 한글 문해를 적정 수준으로 수행하였는지를 더욱 세밀하게 확인하고 한글 미해득 학생을 조기에 선별해야 한다. 시의적절하고 정확한 한글 문해 진단은 학습 부진 학생에 대한 맞춤형 학습 지원 기능도 할 수 있지만, 학생이 학습 부진으로 나아가지 않도록 사전에 예방하는 효과가 있다.

둘째, 학생의 한글 문해 수준 정보를 제공하고 그에 따른 중재 방안을 강구할 수 있다. 한글 미해득을 진단하는 목적은 진단 결과를 토대로 중재 방안을 마련하기 위해서이다. 한글 문해 진단은 학생이 각 하위 요소별로 부족한 부분이 무엇인지 확인할 수 있게 한다. 학생의 한글 문해 수준 정보를 전달받은 교사는 진단 결과에 따라 한글 문해 관련 지도 내용을 되짚어 보거나 학생의 심화·보충 교육 방안 계획을 수립할 수 있다. 가령, 한글 문해 준비도가 부족한 것으로 진단된 학생에게는 하위 학습 요소에 따라 '도형의 위치와 형태 변별' 학습이나 '글자 형태 변별' 학습을 보충 지원할 수 있다. 또, 한글 해득의 전체 수준은 평균 수준이더라도 하위 요소별로 부족한 학생에게 그에 알맞은 지원을 할 수도 있다.

셋째, 난독증, 쓰기 장애 등 집중 지원이 필요한 학생을 조기에 선별할 수 있다. 난독증은 듣고 말하는 데에는 어려움이 없지만 문자를 판독하는 데 어려움을 겪는 읽기 장애의 한 유형이다 (특수교육학 용어사전, 2009). 난독증은 경중도 수준부터 증증도 수준까지 증상의 범위가 넓고 다양하다. 따라서 생리·병리학적, 정서적, 교육적 진단과 처치가 동시에 이루어질 필요가 있다. 한글 문해 진단은 난독증 요소 중에서 기초 언어 능력과 관련된 내용을 진단의 보조 수단으로 활용하는 데 효과적일 수 있다.

(2) 한글 문해 검사 도구

한글 문해 부진 판별을 위해, 진단 도구들은 각 검사 도구에 맞는 부진 판별 기준을 포함한다. 그리고 진단 도구별 평가 구인과 세부 평가 요인의 성취 수준에 따라 학생의 한글 문해 수준을 결정한다. 한글 문해 부진 판별 결과는 학생의 평가 요인별 강점과 약점을 파악하는 데 도움이 된다. 한글 문해 검사 도구 두 가지를 소개하면 다음과 같다.

① 한글 또박또박

'한글 또박또박'은 한글 책임 교육 정책의 일환으로 한국교육과정평가원에서 개발한 웹 기반 한글 문해 검사 도구이다. 한글 해득 수준을 짧은 시간 동안 체계적으로 평가 분석하고, 그 분석 결과에 따라 보충 수업 자료를 제공한다. 한글 또박또박의 특징은 다음과 같다.

- 교육과정을 기반으로 교과서와 연계하여 초등학교 1학년 1학기 한글 교육이 끝난 직후에 한글 해득 여부를 진단할 수 있다.
- 진단 결과에 따라 개별 학생에게 필요한 보충 교육 교재를 무료로 다운로드 받아 지도할 수 있도록 구성되어 있다. (예: 찬찬한글)
- (가)형과 (나)형의 동형 검사로 구성되어 보충 교육 이후 학생의 최종 도달도 파악에 용이하다.

한글 또박또박의 진단 영역은 한글의 자·모음 및 결합 법칙에 근거하여 글자·소리 대응, 단어 읽기, 듣고 쓰기, 유창성으로 구성되어 있다. 글자·소리 대응 영역에서는 자음과 모음을 소리내어 읽을 수 있는지 확인하고, 단어 읽기와 듣고 쓰기 영역에서는 의미 단어와 무의미 단어를 읽고 쓸 수 있는지 확인한다. 그리고 유창성 영역에서는 단어 유창성과 문장 유창성을 평가한다.

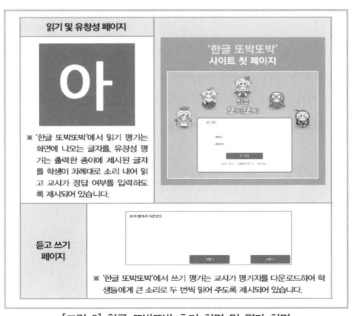

[그림 8] 한글 또박또박 초기 화면 및 평가 화면

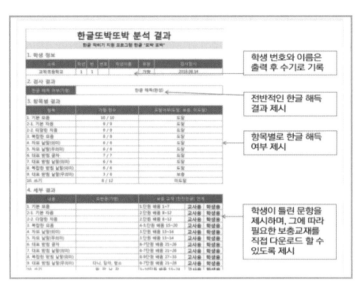

[그림 9] 한글 또박또박 초기 화면 및 평가 화면

한글 또박또박의 분석 결과 보고서에서 학생의 한글 해득 정도와 학생의 오반응 내역을 확인할 수 있다. 교사는 보고서에 결과 분석과 연계하여 제시된 보충 교재 '찬찬한글'을 인쇄한 후 개별 교육을 실시한다. 보충 교육 이후 한글 또박또박 (나)형으로 재검사를 실시하여 지도 결과 학생의 한글 문해 수준이 향상되었는지 알아볼 수 있다.

② 웰리미[2]

'웰리미'는 한국초등국어교육연구소와 (주)미래엔이 만든 웹 기반 한글 문해 진단 검사 도구이다. PC와 스마트 기기를 활용하여 학생이 개별적으로 검사에 응할 수 있다는 장점이 있다. 또한 영역별 검사 결과에 따라 맞춤형 피드백을 제공한다. 웰리미의 특징은 다음과 같다.

- 한글 문해 구성 요소별로 학생들의 한글 문해 수준을 진단하며, 진단 결과에 따른 맞춤형 한글 학습 정보를 안내한다.
- 온라인상에서 진단이 이루어질 뿐만 아니라 안내 영상, 지시문, 신호음 등을 사용하여 사용자가 스스로 구동할 수 있어 대단위 검사가 가능하다.

---

2 Web-based Early Literacy Learning Lee Kyeong Hwa & MiraeN's Hangeul Standard Assessment

- 웹 기반 진단 검사에 스토리텔링을 적용하여 검사 중 학생의 흥미를 지속적으로 유지할 수 있다.

웰리미 진단 검사는 온라인으로 이루어지기 때문에 홈페이지(http://hg.mirae-n.com)에 접속하여 진단 검사를 진행한다. 웰리미의 진단 영역은 크게 한글 문해 준비도, 음운 인식, 해독 및 낱말 재인, 문장 청해, 글자 쓰기, 유창성의 여섯 개 영역으로 구성되어 있다. 진단 검사 영역별 개요는 [그림 10]과 같다.

[그림 10] 웰리미 한글 진단 검사 영역별 개요

웰리미 한글 문해 진단 검사의 경우, 검사를 하고 나면 바로 검사 결과를 살펴볼 수 있다. 검사 결과는 크게 개인별 총점 및 영역별 점수를 제공하고, 각 영역의 세부 요소별 진단 결과를 제공한다. 개인별 총점과 영역별 점수는 그래프를 통해 한 눈에 볼 수 있게 제공하고, 평가 기준 점수와 비교해 피검사자가 어느 정도 성취를 이루었는지 상, 중, 하로 구분하여 제시하고 있어, 피검자가 잘하는 영역과 부족한 영역을 쉽게 파악할 수 있다. 영역별 진단은 각 영역별로 점수와 분석 결과, 학습 방향을 각각 제공한다. 분석 결과로 영역 내에서 구체적으로 어떤 능력을 갖추고 있는지, 어떤 능력이 부족한지를 파악할 수 있다. 또한 학습 방향을 제시하여 영역 내에서 학습자가 부족한 부분을 신장할 수 있도록 도움을 준다.

나. 한글 문해의 중재 원리와 방법

(1) 중재 원리

한글 문해의 중재 원리는 크게 다섯 가지를 들 수 있다. 첫째, 반복의 원리이다. 한글 문해 부진은 기초읽기, 기초쓰기와 관련된 기본적인 개념이 부족하거나, 기본적인 어휘 습득 능력이 떨어지는 경우에 발생한다. 언어에 대한 개념 이해가 부족하거나, 어휘 습득 능력이 떨어지는 것은 언어에 대한 노출 빈도가 적거나, 이해나 습득의 학습 기회가 부족하여 생기는 경우이다. 따라서 반복적인 학습 기회를 제공함으로써 한글 문해 부진을 해결할 수 있다. 기본적인 언어에 대한 개념과 어휘를 반복적으로 학습하고, 이해를 위한 교사나 학부모의 비계가 원활히 작용할 경우 한글 문해 부진을 개선하는 데 도움이 될 것이다.

한글 문해는 관련된 지식이나 기능을 학생이 주도적으로 인지하고 익혀야 한다. 학생 스스로 한글 문해 깨치기 방법을 이해하고, 다양한 언어 활용 장면에서 적용할 수 있어야 한다. 따라서 한글 문해 관련 지식이나 기능을 학생에서 제공하는 것에 그치지 않고, 반복적인 활동 및 연습 기회를 제공해야 한다. 학생은 반복적인 활동 및 연습 기회를 통해 한글 문해에 대한 원리와 방법을 스스로 깨칠 수 있을 것이다.

둘째, 교사의 시범 보이기의 원리이다. 한글 미해득을 겪는 학생에게는 적극적이고 구체적인 지원이 필요하다. 학습에 대한 안내가 구체적으로 이루어지고, 학습 방법도 명시적으로 제시되어야 한다. 특히, 한글 문해 교육은 교수자나 학습자 모두 동일한 모국어를 사용하는 환경이라면, 한글 사용 방법을 구체적 시범을 통해 학생에게 전달하기 용이하다.

학령 초기 학생이 언어 학습을 할 때, 중요한 역할을 하는 것이 교사나 학부모의 모델링(modeling)이다. 학생은 교사나 학부모의 시범, 읽기와 쓰기 과정을 관찰하면서 한글 문해의 원리와 방법을 습득할 수 있다. 한글 문해와 관련된 시범을 보일 때는 사고구술이나 질문전략을 적절히 활용하여 학생의 학습 동기가 꾸준히 유지될 수 있도록 한다.

셋째, 세분화의 원리이다. 한글 문해 부진은 총체적인 한글 문해 요인의 부진에 의한 경우도 있지만, 세부적인 한글 문해 요인에 의해 발생하는 경우가 있다. 한글 문해 진단 도구를 활용해, 학생의 한글 문해 수준을 세부 평가 요인별로 시행하는 이유도 세부적인 부진 원인을 진단하고 적절한 중재 방안을 제시하기 위함이다. 따라서 개별 학생의 한글 문해 성취 수준에 맞는 학습이 필요하다.

진단 평가는 대개 평가 요인과 세부 평가 요인을 갖추고 있다. 한글 미해득의 판별은 진단 평가 세부 평가 요인의 성취 수준에 의해 결정된다. 성취 수준이 낮은 평가 요인은 보충 학습의 명시적인 대상이다. 따라서 학생의 세부 평가 요인별 성취 수준을 고려하여 한글 문해 학습을 개별적으로 실시할 필요가 있다.

넷째, 확장의 원리이다. 한글 문해 부진은 한글 문해에 대한 오개념과 난개념이 누적되어 나타난다. 한글 문해 부진을 해결하기 위해서는 이전 단계의 한글 문해 학습과 다음 단계의 한글 문해 학습을 연결하여 지도할 필요가 있다. 가령, 음운 인식 지도와 글자·소리 대응 지식 지도를 개별적으로만 시행하지 않고, 연결해서 지도할 수 있다. 학생은 선행 학습의 연계 지도를 통해 이전에 이해한 기초 개념에 대해 되돌아 볼 수 있고, 이전에 익힌 개념을 바탕으로 새로운 개념을 이해할 수 있다.

한글 문해 수준이 낮은 학생은 쉬운 어휘로 먼저 시작하고, 점차 수준에 맞게 어휘를 제시해야 한다. 그리고 가급적 실생활 중심의 낱말을 사용해야 한다. 언어 학습은 대개 교실 수업에서 시작하여 실생활로 확장되는 경향이 있다. 한글 문해 부진 학생을 위한 지도도 실생활에서 원활히 한글 사용을 하는 것을 목적으로 한다. 따라서 실생활 중심의 낱말로 한글 문해 부진 지도를 하는 것이 효과적이다.

다섯째, 내면화의 원리이다. 한글 문해 부진을 해결하기 위해서는 학생이 한글 문해의 일반적인 원칙을 내면화할 수 있어야 한다. 학생이 주체적으로 한글을 사용할 수 있을 때 비로소 한글이해득되었다고 생각할 수 있기 때문이다. 성공적인 한글 문해 경험은 한글 문해 부진 학생의 학습 효능감을 높이고, 성공 경험을 토대로 자신만의 한글 문해 방식을 내면화할 수 있게 한다. 성공적인 한글 문해 경험은 한글 문해 전반에 관한 경험일 수도 있고, 상대적으로 부진한 요소별 성공 경험일 수도 있다. 교사와 학부모가 칭찬과 격려를 아끼지 않는 허용적인 분위기를 형성해 주는 것이 중요하다.

학생이 학령기에 맞는 한글 문해 수준을 얻기 위해서는 자신만의 한글 문해 방식을 익혀야 한다. 이를 위해서는 자신의 한글 문해 과정을 돌아보고, 한글 문해 방식을 이해하는 지도가 필요하다. 한글 문해 과정을 되돌아보기 위해서는 자기 질문 전략을 활용할 수도 있고, 동료와의 대화를 통해 점검해 볼 수도 있다. 학생이 자신만의 한글 문해 방식을 내면화하면 자동적인 한글 문해 능력을 가질 수 있을 것이다.

(2) 중재 방법

한글 문해 부진 학생의 중재는 한글 문해 교육의 영역별로 시행하는 것이 바람직하다. 신뢰도와 타당성을 확보한 검사 도구를 통해 영역별 성취 정도를 확인한 후 부진한 영역을 중심으로 학생에게 중재를 실시할 수 있다. 한글 문해 준비도, 음운 인식, 해독, 어휘력, 글자쓰기의 각 영역에서 부진한 학생을 중재하는 방법을 살펴보면 다음과 같다(이경화 외, 2018).

한글 문해 준비도는 시각적인 감각을 통해 입력된 정보에서 유용한 의미를 구분해 내는 활동을 말한다. 학생이 도형의 위치 및 형태를 변별하지 못할 경우에는 틀린 모양 찾기, 도형 따라 그리기 등의 활동을 할 수 있다. 글자의 형태를 변별하지 못하는 부진의 경우에는 자모음자의 형태를 인식하는 지도가 필요하다. 쓰기와 관련된 한글 문해 준비도에서 부진을 겪을 경우에는 연필을 바르게 잡고 선 긋기 지도와 글자의 모양, 크기, 간격을 조절하는 방법 익히기 지도가 효과적이다. 책 표지 및 읽기 방향 인식에 어려움을 겪는 때는 책 표지의 요소 및 읽기 방향에 대한 지도를 할 필요가 있다.

음운 인식은 단어의 소리를 듣고 정확하게 구별하는 능력을 말한다. 음운 인식 영역의 부진 학생에 대한 지도는 다양한 음소, 음절, 낱말의 소리를 듣고 구분 하는 활동을 할 수 있다. 음운 단기 기억을 어려워하는 경우에는 초등 1~2학년 교과서에 제시된 물건, 색깔 이름, 자모음

이름 등을 중심으로 제시된 음운 단어를 기억하는 지도 활동이 가능하다. 음운 따라 말하기를 어려워하는 경우에는 음운이 같은 낱말 따라 말하기, 낱말 이어 말하기 활동 지도를 할 수 있다.

해독은 인쇄된 글자를 말소리로 전환하는 능력이다. 해독 부진을 개선하기 위한 지도 방법은 낱말을 소리 내어 읽기이다. 낱자의 소릿값을 생각하며 의미 낱말과 무의미 낱말을 빠르게 소리 내어 읽거나 빠른 이름 대기 연습을 할 수 있다.

어휘력은 단어 재인과 글자 쓰기를 위해 필수적이다. 어휘력이 부진한 학생에게는 이야기를 읽고 특정 낱말의 뜻을 생각하기 지도, 낱말 카드를 활용하여 뜻과 형태 구분하기 지도 등이 유용하다. 학생이 낱말들 사이의 관계를 정확하게 파악하지 못할 경우에는 그림 등을 활용하여 낱말들 사이의 관계를 확인하게 하는 지도가 필요하다.

글자 쓰기는 음성 언어를 문자로 기록하고 낱말의 의미를 알고 쓰는 능력을 말한다. 부진 유형에 따라 글자의 모양 알기 지도, 낱자의 필순 알기 지도가 필요하다. 그리고 낱자나 낱말 따라 쓰기를 어려워 할 경우에는 낱자나 낱말을 베껴 쓰고, 보고 쓰는 활동이 도움이 된다. 소리와 글자를 대응하여 낱말 쓰기를 어려워할 경우에는 낱말을 구성하는 낱자와 말소리를 연결하는 활동이 유용하다.

1 한글 문해 교육이 초등학교 1학년에서 반드시 이루어져야 하는 까닭이 무엇인지 실명하시오.

2 자신의 학급에 한글 문해 교육의 영역(한글 문해 준비도, 음운 인식, 해독, 어휘력, 글자 쓰기) 중 하나가 부진한 학생이 있다면 어떻게 지도할 것인지 설명하시오.

제 8 장

듣기 · 말하기 교육의 이해

1. 듣기 · 말하기와 듣기 · 말하기 교육의 본질

가. 듣기 · 말하기의 개념과 특성

듣기와 말하기는 음성 언어인 입말(구어)을 주로 사용하여 지식과 정보, 생각과 감정을 주고받는 음성 언어 의사소통 행위이다. 말하기는 화자가 소통하고자 하는 바를 언어적, 준언어적, 비언어적으로 표현하여 의미를 구성하고 생산하는 행위이며, 듣기는 화자가 표현한 것을 이해하여 의미를 재구성하고 수용하는 행위이다. 음성 언어인 언어적 표현을 중심으로 준언어적 표현, 비언어적 표현을 보조적으로 사용하여 소통한다는 점에서 발성을 통한 입말 표현, 청각을 통한 이해를 넘어서는 복합적인 소통 능력이 요구된다.

듣기(이해, 수용)와 말하기(표현, 생산)는 서로 다른 행위이지만 국어과 교육과정에서는 '듣기 · 말하기'와 같이 한데 묶어서 표기함으로써 음성 언어 의사소통의 상호교섭적 특성을 강조하고 있다. 듣기를 말하기보다 먼저 제시한 까닭은, 사람들의 삶 전반에서 듣기를 하는 빈도가 더 높고, 듣기가 말하기보다 먼저 발달하는 기능이기 때문이다.

듣기 · 말하기의 주요 특성을 몇 가지로 나누어 살펴보자.

첫째, 듣기 · 말하기는 음성 언어를 매체로 하여 이루어지는 의사소통 행위이다. 음성 언어를 매체로 하기 때문에 문자 언어와는 다른 몇 가지 특징을 지니고 있다(한국화법학회. 2014: 11~13).

① 선조성(linearity): 화자의 발화 음성이 시간의 흐름에 따라 순차적으로 표출됨을 의미한다. 음성 언어의 선조성으로 인해 규범 문법에 맞게 표현하기가 쉽지 않고, 담화의 거시 구조와 미시 구조를 동시에 고려하기가 쉽지 않다. 이러한 선조성은 화자나 청자의 인지적 부담을 가중시킨다.

② 즉각성(immediacy): 음성 언어는 화자에 의해 즉각적으로 발화되고 청자에 의해 즉각적으로 수용된다. 의사소통 참여자들은 단어 선택, 담화 구조의 선택, 준언어적 표현, 비언어적 표현의 사용 등에 대해서 짧은 시간에 결정해서 표현하고 이해해야 한다. 음성 언어의 즉각성으로 인해 의사소통 참여자는 의사소통 과정에 지속적으로 몰입해야 한다.

③ 비영구성(impermanence): 음성 언어를 녹음이나 녹화하여 영구적으로 보관할 수는 있지만 대부분의 소통 상황에서 음성 언어는 발화되는 즉시 소멸하기 때문에 수정하거나 취소하기가 어렵다. 따라서 화자는 신중하게 말해야 하며, 청자는 집중해서 들어야 하고, 중요한 내용을 말하고 들을 때에는 메모하기 등과 같이 보조적인 수단을 활용하는 일이 많다.

④ 직접 대면성(face to face contact): 정보통신 수단의 발달로 인해 전화, 인터넷 등을 통해 직접 대면하지 않고도 음성 언어를 통한 소통이 가능하지만, 음성 언어는 기본적으로 화자와 청자가 직접 대면한 상태에서 소통된다. 상황맥락을 공유하고 질의와 응답이 가능하므로 구체적인 내용을 소통할 수 있으며, 생략이나 반복이 빈번히 사용되며 구조적으로 개방적이다. 또한 의사소통 참여자 사이에 감정 이입이 되는 경우가 많고, 문자 언어에 비해 친교성이 두드러진다.

둘째, 듣기·말하기는 상황맥락과 사회·문화적 맥락을 공유하면서 이루어지는 의사소통 행위이다. 좁은 의미에서의 상황맥락은 의사소통이 일어나는 특정 장면(setting)을 가리킨다. 가령, 소개하는 상황, 물건을 사는 상황, 토론 상황 등과 같이 전형적인 상황이 이에 해당한다. 그러나 넓은 의미에서의 상황맥락(context)은 의사소통 참여자 사이의 관계, 목적과 내용, 시간적·공간적 환경 등을 모두 포함하는 개념이다. 음성 언어 의사소통의 참여자들은 '언제, 어디에서, 누구와, 어떤 목적과 내용으로, 어떤 유형으로' 의사소통을 할지 상황맥락을 종합적으로 고려하게 된다. 한편 사회·문화적 맥락은 의사소통의 구체적인 상황에 관계없이 보편적으로 존재하는 맥락이다. 사회·문화적 맥락을 결정하는 요소에는 역사적·사회적 상황, 공동체의 가치와 신념, 이데올로기, 담화 관습 등이 있다.

셋째, 듣기·말하기는 관습 의존적인 의사소통 행위이다. 먼저 의사소통 형식상의 관습은, 참여자들이 말을 주고받으며 역할을 교대하는 일, '질문-대답', '제의-수락'과 같이 주는 말과 받는 말이 대응을 이루게 하는 일, '참여자 확인-의사소통-마무리 인사'와 같이 자연스러운 상호작용을 위한 형식적 관습이다. 그리고 참여자 사이의 관계에 따른 관습은, 심리상태나 성격, 친소관계 등과 같이 의사소통 참여자의 상호 인식이나 역학관계에 따라 서로 암묵적으로 지키게 되는 관습이다. 마지막으로 사회·문화적 관습은 특정 문화권 내에서 오랜 시간동안 형성된 관습으로서 성별, 나이, 태도, 예절, 금기 사항 등에 대한 관습 등이 포함된다. 이러한 관습의 준수 여부가 의사소통의 성공여부에 많은 영향을 준다.

넷째, 듣기·말하기는 준언어적, 비언어적 표현을 수반하는 행위이다. 준언어적 표현은 언어적 내용과 분리된 음성적 요소로서, 소리의 높이, 크기, 길이 등과 같은 음성적(물리적) 특성과 이것들이 복합적으로 구성되어 운율을 이룬 속도, 억양 등과 같은 음운적(인지적) 특성을 포괄적으로 이르는 말로서 청각을 통해 이해된다. 비언어적 표현은 표정, 시선, 몸동작, 자세 등과 같이 직접적으로 음성 언어와 관련된 것은 아니지만, 이들을 통해 언어적 의미를 강조하거나 부가적인 의미를 나타내는 요소로서 시각을 통해 이해된다. 음성 언어를 중심으로 의사소통을 할 때에는 준언어적 표현, 비언어적 표현을 보조적으로 사용하게 된다.

다섯째, 듣기·말하기는 상호교섭적(transactional) 행위이다. 듣기·말하기 소통의 상호교섭성이라는 특성은, 음성 언어 의사소통이 단순히 참여자 사이의 상호작용(interaction)을 넘어 더욱 깊고, 지속적이며, 역동적인 교류와 교섭이 이루어지는 행위임을 알 수 있게 해 준다. 음성 언어 의사소통 상황에서는 크게 두 가지 측면에서 참여자들 사이에 교섭이 일어난다. 첫째, 의미 구성과 의미 생산의 측면에서, 음성 언어 의사소통 상황에서는 참여자 사이의 협력과 조정을 통해 의미 구성과 의미 생산이 이루어진다. 참여자 A의 발화 내용, 태도, 관계와 상황맥락에 대한 인식 등에 따라 참여자 B의 발화 내용, 태도, 관계와 상황맥락에 대한 인식 등이 결정되며, 이는 다시 참여자 A, 참여자 B의 이어지는 의사소통에 영향을 주어 의사소통이 끝날 때쯤에야 의미 구성과 의미 생산이 마무리 된다. 이 특정한 의사소통 경험은 미래에 있을 의사소통의 출발점이 되고 관계가 지속되는 한 참여자 사이의 표면적, 심층적 의미 구성과 의미 생산은 지속되는 것이다. 둘째, 음성 언어 의사소통의 과정에서 참여자 사이의 인격적 상호교섭이나 정체성 상호교섭이 이루어지므로 관계의 형성, 유지, 발전의 토대가 된다. 듣기·말하기 상황의 참여자는 막연하고, 추상적인 존재가 아니라 구체적이고, 실존적인 존재이다. 이러한 존재들 사이의 직접적이고, 즉각적인 소통이므로 참여자들의 언어적, 준언어적, 비언어적 표현에는 참여자의 인격과 정체성에 대한 정보와 인식이 포함된 상태로 상호교섭하게 된다. 이러한 상호교섭적 특성을 고려할 때, 의미 구성의 실패, 인격적 교섭의 실패를 야기하는 부정적 상호교섭을 교육적으로 바로잡아 긍정적 상호교섭을 위한 듣기·말하기 교육을 지향해야 한다.

나. 듣기·말하기 교육의 중요성

듣기·말하기는 음성 언어 의사소통 참여자의 언어적 능력, 상황맥락에 대한 지식, 의사소통 운영 능력 등 복합적인 능력을 요구한다. 그렇기 때문에 누구나 어느 정도는 듣고 말할 수는 있으나 아무나 잘 듣고, 잘 말할 수 있는 것은 아니다. 누구나 어느 정도는 듣고 말할 수 있다는 경험적 사실 때문에 듣기·말하기는 문자 언어 의사소통에 비해 상대적으로 소홀하게 다루어져 왔다. 그러나 이상적인 의사소통능력이란, 인간의 선천적인 언어 사용 능력과 일상적인 의사소통 환경에서의 무의식적인 경험을 넘어선 능력이다. 듣기·말하기가 공식적이고 체계적인 교육을 통해 길러져야 하는 중요한 까닭은 다음과 같다.

첫째, 듣기·말하기는 사람들의 의사소통 행위 중에서 가장 사용 빈도가 높다. 랜킨(Rankin, 1926; 노명완 외, 1988: 168에서 재인용)의 조사에서는, 듣기 45%, 말하기 30%, 읽기 16%, 쓰기 9%로 나타났다. 이처럼 듣기·말하기의 사용 빈도는 전체 의사소통 행위 중에서 70%를 넘는다. 사람들은 시간적으로는 생애 전체에서, 공간적으로는 가정, 학교, 직장 등 삶의 현장 곳곳에서 많은 시간 동안 듣고, 말하면서 지낸다. 사용 빈도가 높은 만큼 듣기·말하기 능력이 삶에 미치는 영향은 클 수밖에 없다.

둘째, 듣기·말하기는 다른 언어 능력의 발달을 이끈다. 듣기·말하기는 읽기, 쓰기와 같은 문자 언어 의사소통 행위보다 더 이른 시기에 발달한다. 생리적이고 본능적인 현상으로서의 초기 듣기는 이미 어머니 배 속의 태아 시기에 주변의 소리에 반응하면서부터 시작되고, 초기 말하기는 출생의 순간 첫 울음부터 시작된다. 이후 취학 전까지 음운론적, 형태론적, 통사론적, 의미론적, 화용론적 발달이 지속적으로 진행된다. 이러한 듣기·말하기 능력의 발달은 인간의 인지적, 정의적, 사회적 발달을 이끌 뿐만 아니라 다른 언어 능력의 발달에도 많은 영향을 준다.

셋째, 듣기·말하기는 학습을 위한 기초적인 도구이다. 듣기·말하기는 지식과 정보를 얻고 의미를 구성하는 데 가장 기초적인 수단이다. 학습 상황에서 학생들은 교사나 동료 학생이 말하는 것을 들으면서 정보를 선택적으로 지각하고, 분석, 분류, 비판, 종합하며 이해한다. 또한 자신의 생각과 의견을 말하기 위해 내용을 선정, 조직, 표현하고 전달하는 일련의 의미 구성 과정을 매우 자주 경험하게 된다. 말하기는 다른 학습의 부담을 줄이거나 사고 활동을 촉진하는 방편으로 사용되기도 한다. 쓰기 활동 초기에 쓰기의 형식적 부담을 줄이기 위한 '구두 작문(oral writing)' 활동, 일반적인 학습 상황에서 공부할 내용을 익히거나 사고 활동을 조정하기 위한 '혼자 말하기 (self talk)' 활동은 학습 도구로서 말하기의 중요성을 보여준다. 학생들이 화자와 청자의 역할을 바꾸어 가며 수행하는 대화, 토의·토론, 발표 등은 범교과적인 학습 상황에서 자주 사용되는 담화 유형으로서, 이러한 듣기·말하기 수행은 학습을 위한 기초적인 도구로서 작용한다.

넷째, 듣기·말하기는 사회적 관계의 형성, 유지, 발전에 강력한 영향을 미치는 소통 도구이다. 많은 사람들이 가정이나 학교에서, 그리고 직장에서 의사소통의 단절이나 실패를 수없이 경험하 곤 한다. 급증하는 가정폭력과 높은 이혼율, 학교 문화의 위기, 조직 내의 구성원 간 불화와 실직 등과 같은 문제들은 의사소통의 빈곤이나 의사소통 능력의 부재에서 비롯되는 경우가 많다. 음성 언어 소통 능력과 태도가 잘 형성되어 있으면 가정, 학교, 직장에서의 생활 상황, 학습 상황, 업무 상황 등에서 원활한 사회적 상호작용과 관계 발전이 가능해진다. 이를 통해 궁극적으 로 행복한 삶을 영위할 수 있게 된다.

2. 듣기·말하기 이론

가. 듣기·말하기에 대한 관점

(1) 작용적 관점

작용적 관점은 음성 언어 의사소통의 특성에 대한 작용적 모델((action model)에 바탕을 두고 있다. 아리스토텔레스의 고전 수사학의 전통을 따르는 관점으로서 음성 언어 의사소통 현상을 바라보는 가장 오래된 관점이다. 음성 언어 의사소통 현상에 대한 작용적 관점의 특징은 [그림

1]과 같이 도식화할 수 있다.

화자 ➤ 부호화(encoding) ➤ 메시지 ➤ 해독(decoding) ➤ 청자

[그림 1] 음성 언어 의사소통의 작용적 모형

작용적 관점은 "야구 게임에서 한 선수는 옆에 공을 잔뜩 쌓아 놓고 던지기만 하고 다른 선수는 그 공을 받기만 하는 장면(김영임, 1998: 23)" 혹은 "표적을 향해 화살을 쏘는 것과 같은 매우 일방적인 행동(임칠성 역, 1995: 29)"으로 비유되기도 한다. 이 관점의 특징은 다음과 같이 정리할 수 있다.

첫째, 의사소통을 선조적이고 일방적인 과정으로 파악한다. [그림 1]의 화살표가 한쪽 방향으로만 향하고 있듯이, 이 관점에서는 화자의 의미가 청자에게로 일방적으로 흘러가는 것으로 파악한다. 따라서 청자는 수동적인 수용자의 역할에만 머무는 존재로 본다.

둘째, 의사소통의 목적은 효과적으로 설득하거나 정보를 정확하게 전달하는 데 있다고 본다. 효과적인 설득의 측면에서 전통적인 수사학적 접근의 목적은 다른 사람에게 자신의 견해나 목적을 관철하는 데 있다. 정보 전달의 측면에서 이 관점의 목적은 청자에게 정확한 정보를 제공함으로써 청자가 갖고 있는 불확실성을 감소시켜 가는 것이라 할 수 있다.

셋째, 의미는 화자가 독점하고 있으며 화자가 의도한 의미를 메시지로 잘 구현하기만 하면 의사소통에 문제가 없는 것으로 파악한다. 따라서 이 관점에서의 강조점은 메시지의 정확성과 타당성, 소음의 효과적인 통제 등이다.

이 관점에서의 듣기·말하기 교육은 다음과 같은 특징을 지니게 된다.

첫째, 말하기와 듣기를 분리하여 교육 내용을 구성한다. 의사소통에서 화자의 몫과 청자의 몫이 분명히 구분되므로 말하기 따로 듣기 따로 교육하게 된다. 그리고 듣기보다는 말하기 교육이 중요시된다. 그동안 듣기·말하기 교육은 오랫동안 작용적 관점을 반영해 왔으며 그 기조가 바뀐 것은 비교적 근래의 일이다. 국어과 교육과정을 통시적으로 볼 때, 1954년에 고시된 제1차 교육과정부터 지속적으로 '듣기' 영역과 '말하기' 영역은 별개의 영역으로 구분되어 있었으나, 2009 국어과 교육과정 이후부터 '듣기·말하기' 영역으로 통합되면서 음성 언어 의사소통의 상호교섭적인 특성이 반영될 여지가 많아졌다.

둘째, 미리 준비하여 말하는 공식적인 말하기, 완결된 담화 텍스트를 만드는 말하기가 중요하게

다루어진다. 이렇게 되면 쓰기 텍스트를 구성하는 과정과 거의 유사한 형태를 띠게 된다. 화자는 주어진 주제에 관하여 자기가 구할 수 있는 자료를 최대한 확보하고, 이를 군더더기 없이 정확한 메시지로 변환시키는 데 많은 노력을 기울인다. 이 경우 말하기 능력이 쓰기 능력과 변별되는 지점은 미리 써 둔 텍스트를 잘 기억하거나 요점을 잘 간추려서 쓴 내용을 보지 않고 말할 수 있는 능력이 요구된다는 점이다.

(2) 상호작용적 관점

상호작용적 관점은 음성 언어 의사소통의 특성에 대한 상호작용적 모델((interaction model)에 바탕을 두고 있다. 이 관점은 작용적 관점에 피드백으로서의 메시지를 추가함으로써 의사소통의 순환성을 강조한다. 의사소통 상황에서 화자와 청자는 계속 역할을 바꾸어 가며 서로 간에 메시지를 주고 받는다는 것이다. 음성 언어 의사소통 현상에 대한 상호작용적 관점의 특징은 [그림 2]와 같이 도식화할 수 있다.

[그림 2] 음성 언어 의사소통의 상호작용 모형

이 관점에서는 청자의 반응을 염두에 두었다는 점에서 사회적 상호작용을 고려한 것으로 파악될 수도 있다. 의사소통에서의 이러한 과정은 "두 선수가 서로 마주 보고 서서 한 선수가 공을 던지면 다른 선수가 그 공을 받아서 다시 던지는 장면(김영임, 1998: 23)" 혹은 "탁구에서 공을 주고받는 장면(임칠성, 1995: 30)"에 비유된다.

상호작용적 관점은 다음과 같은 몇 가지 특성을 갖는다.

첫째, 의사소통에서 외적 상호작용의 과정, 외현적 규칙 지배의 과정을 중시한다. [그림 2]의 화살표가 양방향으로 향하고 있듯이, 이 관점에서는 화자와 청자가 서로 역할을 바꾸어가며 의미를 주고받는 것으로 파악한다. 작용적 관점과는 달리 청자의 존재를 인정하며 청자와 화자의 역할이 계속 바뀐다는 점에 주목한다. 만약 이 역할 바꾸기의 규칙이 제대로 지켜지지 않고 어느 한 쪽이 독점하게 되면 그 규칙이 잘 지켜질 것이라는 상대방의 믿음을 깨뜨리게 됨으로써 의사소통이 단절될 가능성이 있는 것으로 본다.

둘째, 이 관점에서 의사소통의 목적은 화자와 청자가 의사소통의 보편적인 규칙을 잘 지키는 것이라 할 수 있다. 화자와 청자가 지켜야할 보편적인 규칙으로는 대화 담화 유형의 '순서교대'와 '인접쌍', '담화의 전개 구조' 등과 면담이나 토의·토론과 같이 특정한 담화 유형에서 지켜야할 관습이나 예절 등을 들 수 있다. 대화 담화 유형에서 순서교대란, 의사소통 참여자인 A와 B가 순서를 바꾸어가며 의사소통을 진행해 가는 것을 말한다. 인접쌍이란, 화자의 말과 다음 화자의 말이 일정한 대응을 이루는 것을 말한다. 즉, 질문−대답, 인사−인사, 제의−수락, 사과−[사건의] 경시 등과 같은 대응이 그 원형적인 형태들이다. 담화의 전개 구조는 대화상의 전체 조직 방식 (global organization)을 가리킨다(이익환·권경원 역, 1996:375). 순서교대와 인접쌍들은 대화의 전체 조직에 포함된다. 일반적으로 대화는 시작부와 중심부, 그리고 종결부로 조직되어 있다. 각각의 부분은 하위 조직들로 구성되어 있는데, 시작부에서는 '호출−응답' 등으로, 중심부는 '화제에 대한 발화 − 의견교환 − 화제 전환 − 화제 종결'등으로, 종결부는 '종결 준비표현 − 마무리 인사 교환' 등으로 구성되어 있다. 아울러 면담이나 토의·토론과 같이 특정한 담화 유형에서 지켜야할 관습이나 예절도 중시된다.

이 관점에서의 듣기·말하기 교육은 다음과 같은 특징을 지니게 된다.

첫째, 말하기와 듣기의 교육 내용을 통합적으로 구성할 가능성이 커진다. 이 관점에서는 화자와 청자가 계속해서 역할을 바꾸어 가는 것으로 규정하기 때문에 작용적 관점에 비해 듣기의 중요성이 커지며, 역할을 잘 바꾸어 갈 수 있는 규칙들을 중시하게 된다.

둘째, 대화, 면담, 토의·토론 등과 같이 가시적인 상호작용이 나타나는 유형들을 교육 내용과 방법으로 많이 다루게 된다. 물론, 일방향적인 화자 중심의 말하기 상황에서도 상호작용은 일어날 수 있다. 가령, 강연과 같은 담화 상황에서 청중이 지루해 하거나 따분한 표정을 지으면 연사는 말하기의 내용과 형식을 수정하기도 한다. 하지만, 상호작용이 빈번히 일어나는 상황은 대화, 면담, 토의·토론과 같이 주는 말과 받는 말이 직접적으로, 그리고 즉각적으로 나타나는 경우라고 할 수 있다. 따라서 이 관점이 반영되면 상호작용이 빈번하게 일어나는 담화 유형을 많이 포함하는 방향으로 교육이 이루어질 수 있다.

(3) 상호교섭적 관점

상호교섭적 관점은 음성 언어 의사소통의 특성에 대한 상호교섭적 모델(transaction model)에 바탕을 두고 있다. 이 관점은 음성 언어 의사소통의 과정을 참여자들이 상호이해에 이르는 과정으로 파악한다. 의사소통의 어원에 비추어 볼 때, 의사소통의 본질에 가장 가까운 관점으로 파악된다. communication이라는 용어의 어원은 라틴어의 〈communicare〉라는 동사에서 나온 것으로 이는 '나누다, 참여하게 하다, 또는 함께 나눈다, 공동으로 한다.'라는 의미를 갖고 있다(이정춘, 1994: 25).

인간 의사소통의 다양한 측면을 반영하고 있는 상호교섭적 관점에서는 화자와 청자라는 분리된 역할 개념을 '참여자들'이라는 개념으로 대치한다. 화자와 청자를 구분할 필요가 없이 그들은 의사소통 상황에서 다양한 역할들을 동시에 수행하는 존재들이다. 이 관점에서 참여자들은 그들이 직면하고 있는 의사소통 상황과 참여자 사이의 관계를 동시에 인식하고 규정한다. 음성 언어 의사소통 현상에 대한 상호교섭적 관점의 특징은 [그림 3]과 같이 도식화할 수 있다.

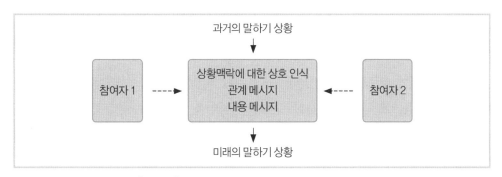

[그림 3] 음성 언어 의사소통의 상호교섭적 모형

이 관점에 따르면 의사소통은 화자 중심의 일방적인 전달도 아니고, 화자와 청자 사이의 단순한 상호작용, 역할 바꾸기 이상의 것을 의미한다. 의사소통 참여자들이 상호의존적으로 서로의 관계와 상황맥락을 고려하면서 함께 의미를 구성하고 의미를 생산해 가며, 인격적 교섭과 정체성 교섭을 전개하는 과정으로 본다.

이 관점의 특징은 다음과 같이 정리할 수 있다.

첫째, 의사소통의 과정은 시간의 흐름이라는 맥락 내에서 파악되어야 한다는 점이다. 의사소통의 모든 요소들은 단기적으로는 현재의 소통 상황 내에서, 장기적으로는 사람 사이의 지속적인 관계에 따른 많은 소통 상황에서 변화함을 알 수 있다. 의사소통이 이루어지는 상황맥락이 변화하고, 참여자들의 발화 내용, 태도, 관계, 상황맥락에 대한 인식이 변화하는 것이다. 이러한 측면에서 상호교섭적 관점은 의사소통의 역동성을 보여준다.

둘째, 의사소통의 최종적인 목적을 참여자들이 서로를 이해하고 삶을 공유하는 것으로 파악한다. 이전의 관점들이 의사소통 현상을 가치 중립적인 입장에서 설명하고자 하였다면, 로저스와 킨케이드(Rogers & Kincaid, 1981)는 의사소통을 '참여자들이 상호 이해에 도달하기 위하여 서로 정보를 창조하고 공유하는 과정(p. 63)'이라고 규정하면서 가치지향적인 입장을 분명히 드러낸다. 상호교섭적 관점에서는 사람들은 서로를 이해하고, 이해할 수 있도록 돕고, 그렇게 노력해 가는 과정에서 함께 의미를 구성해간다는 점을 강조하고 있다. 또한 이안 밀스(Ian Mills, 1983)는 도가(道家)의 의사소통관을 설명하면서 "의사소통에 대한 서구의 모델은 실제로는 다른 사람의 행동을 변화시키려는 말다툼(alteraction)에 지나지 않는다. 이런 모델은 커뮤니케이션의 본질, 즉 communi-action(an acting together or common action)을 파괴하는 것으로 보이며, 이러한 사고에 바탕을 두고 있는 서구의 의사소통 과정은 참된 상호작용과 참된 이해를 파괴하는 것(p.59)"이라고 하였다. 이는 의사소통에 대한 관점이 언어적 메시지보다는 사람됨과 사람 사이의 관계로 변화할 필요가 있음을 말해 주는 것이다.

상호교섭적 관점에 따르면, 듣기·말하기 교육에서 가정하는 의사소통 능력이란, 참여자들이 당면한 문제를 공동으로 해결하는 사회·문화적 과정임을 인식하고, 음성 언어를 통해 서로의 삶을 나누고 이해할 수 있는 능력으로 규정할 수 있다. 이 관점에서의 듣기·말하기 교육은 다음과 같은 특징을 지니게 된다.

첫째, 음성 언어 의사소통은 의사소통 참여자들이 만들어 가는 협력적 과정임을 강조하는 방향으로 교육 내용과 방법을 모색한다. 2015 국어과 교육과정 이후부터 듣기·말하기 영역의 내용 체계와 성취기준 해설 등에 '상호교섭'이라는 용어가 본격적으로 등장함으로써 음성 언어 의사소통의 본질에 부합하는 방향으로 교육과정이 구성되고 있다. 이 관점을 반영한 듣기·말하기 교육을 더욱 발전시키기 위해서는 사회심리학, 사회언어학, 커뮤니케이션학, 화용론, 대인관계론 등 의사소통 참여자들의 사회적 관계와 소통 등을 다루는 연구 성과들을 접목하려는 시도가 더욱 요구된다. 또한 음성 언어 의사소통이 참여자들이 속해 있는 삶의 방식, 문화라는 울타리 내에서 진행된다는 점을 염두에 둘 때 우리의 말하기 문화 현상 속에서 긍정적인 측면들을 되살려 반영하도록 하는 것도 중요하다.

둘째, 음성 언어 의사소통의 유형에 관계없이 상대방을 이해하고 배려하는 마음가짐이 중요시된다. 이는 교육과정에서 제시한 여러 가지 담화 유형(대화, 면담, 발표, 토의, 토론 등) 중어떤 유형은 중시하고 어떤 유형은 소홀히 다룬다는 것을 의미하는 것은 아니다. 오히려 설명, 설득이 의사소통의 목적이라 하더라도 그 설명과 설득이 서로에게 도움이 되고, 서로가 당면한문제를 해결하기 위한 과정이라는 입장에서 접근해야 함을 강조하는 것이다.

셋째, 음성 언어 의사소통의 진행 과정에서 참여자들이 공유하고 있는 구체적이고, 실제적인상황맥락에 대해 더욱 관심을 갖도록 해야 한다. 학생들이 음성 언어 의사소통에 몰입하여 주체적으로 참여할 수 있도록 지금, 여기에서, 그 사람과 함께 나누고자 하는 것이 무엇인지를 지속적으로 점검할 수 있는 기회를 제공해 주어야 한다.

나. 음성 언어 의사소통의 기본 원리

(1) 협력의 원리

그라이스(Grice, 1975)는, 대화는 합리적인 생각을 하는 사람들끼리 대화의 목적을 위해 대화의 규칙을 이해한 상태에서 협조하는 상호작용으로 보았다. 그가 제시한 원리를 '협력의 원리(Cooperative Principle)'라고 한다. 의사소통 상황에서 합리적인 참여자들이라면 서로 협력의원리를 지킬 것이라고 기대하면서 소통한다. 화자는 이러한 기대, 즉 대화의 목적이나 방향에부합하도록 말해야한다는 점을 염두에 두고 발화하고, 이러한 기대는 청자가 발화 의미를 추론하고 해석하는 데 중요한 기준이 된다. 그라이스는 협력의 원리로서 네 가지 격률과 아홉 가지하위 격률을 제시하였다. 이는 〈표 1〉과 같다.

〈표 1〉 Grice의 협력의 원리

1. 양의 격률	1) 정보를 필요한 만큼만 전달하라. 2) 정보를 필요한 것 이상으로 전달하지 말라.
2. 질의 격률	3) 거짓이라고 생각되는 말을 하지 말라. 4) 증거가 부족한 말을 하지 말라.
3. 관련성의 격률	5) 관련된 말을 하라.
4. 태도의 격률	6) 모호한 표현은 피하라. 7) 중의적 표현을 피하라. 8) 간결하게 말하라. 9) 조리 있게 말하라.

협력의 원리에 제시된 격률 중에서 양의 격률, 질의 격률, 관련성의 격률은 말의 내용과 관련해서 지켜야할 원리이고, 태도의 격률은 말하는 태도(manner)와 관련해서 지켜야할 원리이다.

(2) 공손성의 원리

공손성의 원리는 음성 언어 의사소통의 참여자가 상대방과의 관계 형성, 유지, 발전을 위해 자기중심적인 입장을 벗어나 상대방의 입장을 고려하여 표현하라는 원칙으로서 소통 예절을 중시하는 원리이다. 이 원리에서는 참여자들 사이에 공손하고 예의 바르게 말을 주고 받는 태도와 마음가짐을 중시한다.

라코프(Lakoff, 1973)는 소통 상황에서 공손함을 유지하기 위해 '① 강요하지 말라, ② 선택권을 주어라, ③ 기분 좋게 느낌을 갖게 하고, 친절하라' 라는 세 가지 규칙을 제안하였다. 리치(Leech, 1983)은 라코프의 공손 규칙을 발전시켜 공손성의 세부 격률로 여섯 가지를 제시하였다. 이 여섯 격률을 살펴보면 왼쪽은 상대방에 대한 것으로 오른쪽은 자신에 대한 것으로 구분되어 있음을 알 수 있다. 여섯 격률을 지배하는 일반적인 원칙은 '자신보다 상대를 중시한다.'이다. 이는 〈표 2〉와 같다.

<표 2> Leech(1983)의 공손성의 원리(박재현, 2023: 79)

(1) 요령의 격률(tact maxim)	(2) 관용의 격률(generosity maxim)
a. 상대의 부담을 최소화하라. b. 상대의 이익을 최대화하라.	a. 자신의 이익을 최소화하라. b. 자신의 부담을 최대화하라.
(3) 칭찬의 격률(approbation maxim)	(4) 겸양의 격률(modesty maxim)
a. 상대방에 대한 비방을 최소화하라. b. 상대방에 대한 칭찬을 최대화하라.	a. 자신에 대한 칭찬을 최소화하라. b. 자신에 대한 비방을 최대화하라.
(5) 동의의 격률(agreement maxim)	(6) 공감의 격률(sympathy maxim)
a. 상대와 자신의 차이를 최소화하라. b. 상대와 자신의 일치를 최대화하라.	a. 상대와 자신의 반감을 최소화하라. b. 상대와 자신의 공감을 최대화하라.

3. 듣기·말하기 교육의 목표와 내용

가. 듣기·말하기 교육의 목표

듣기·말하기 교육의 목표는 음성 언어 의사소통의 본질을 이해하고, 의사소통 목적을 달성하기 위하여 다양한 유형의 담화를 효과적이고, 적절하게 듣고 말하는 능력을 길러 담화 공동체의 구성원으로 성장하고, 배려와 협력의 태도로 상호 존중하고 공감하는 소통 문화를 만드는 데 기여하도록 하는 것이다.

음성 언어 의사소통의 본질을 이해하기 위해서는 듣기·말하기의 맥락과 담화의 유형 등 음성 언어 의사소통의 주요 개념과 특성을 이해하여야 한다. 또한 의사소통 목적(정보전달, 설득, 사회적 상호작용 등)을 달성하기 위하여 다양한 유형의 담화(대화, 면담, 발표, 토의, 토론 등)를 듣고 말할 수 있도록 한다. 아울러 의사소통 과정에 협력적으로 참여하고 듣기·말하기 과정에서의 문제를 해결하기 위해 적절한 전략(듣기·말하기의 과정별 전략, 상호 작용 전략, 점검과 조정 전략 등)을 사용하여 듣고 말할 수 있도록 한다. 마지막으로 듣기·말하기에 흥미를 가지고 적극적으로 참여하면서 개인적으로는 바람직한 담화 공동체 구성원으로 성장하고, 사회적으로는 상호 존중하고 공감하는 소통 문화를 만들어 갈 수 있는 가치와 태도를 길러야 한다.

나. 듣기·말하기 교육의 내용

(1) 내용 체계

<표 3> 듣기·말하기 영역의 내용 체계

핵심 아이디어	• 듣기·말하기는 언어, 준언어, 비언어, 매체 등을 활용하여 서로의 생각과 감정을 주고받는 행위이다. • 화자와 청자는 상황 맥락 및 사회·문화적 맥락 속에서 의사소통 목적을 달성하기 위하여 다양한 유형의 담화를 듣고 말한다. • 화자와 청자는 의사소통 과정에 협력적으로 참여하고 듣기·말하기 과정에서의 문제를 해결하기 위해 적절한 전략을 사용하여 듣고 말한다. • 화자와 청자는 듣기·말하기에 흥미를 가지고 적극적으로 참여하면서 담화 공동체 구성원으로 성장하고, 상호 존중하고 공감하는 소통 문화를 만들어 간다.			

범주		내용 요소			
		초등학교			중학교
		1~2학년	3~4학년	5~6학년	1~3학년
지식·이해	듣기·말하기 맥락	• 상황 맥락		• 상황 맥락 • 사회·문화적 맥락	
	담화 유형	• 대화 • 발표	• 대화 • 발표 • 토의	• 대화 • 면담 • 발표 • 토의 • 토론	• 대화 • 면담 • 발표 • 연설 • 토의 • 토론
과정·기능	내용확인·추론·평가	• 집중하기 • 중요한 내용 확인하기 • 일이 일어난 순서 파악하기	• 중요한 내용과 주제 파악하기 • 내용 요약하기 • 원인과 결과 파악하기 • 내용 예측하기	• 생략된 내용 추론하기 • 주장, 이유, 근거가 타당한지 평가하기	• 의도와 관점 추론하기 • 논증이 타당한지 평가하기 • 설득 전략 평가하기
	내용생성·조직·표현과 전달	• 경험과 배경지식 활용하기 • 일이 일어난 순서에 따라 조직하기 • 바르고 고운 말로 표현하기 • 바른 자세로 말하기	• 목적과 주제 고려하기 • 자료 정리하기 • 원인과 결과 구조에 따라 조직하기 • 주제에 적절한 의견과 이유 제시하기 • 준언어·비언어적 표현 활용하기	• 청자와 매체 고려하기 • 자료 선별하기 • 핵심 정보 중심으로 내용 구성하기 • 주장, 이유, 근거로 내용 구성하기 • 매체 활용하여 전달하기	• 담화 공동체 고려하기 • 자료 재구성하기 • 체계적으로 내용 구성하기 • 반론 고려하여 논증 구성하기 • 상호 존중하며 표현하기 • 말하기 불안에 대처하기
	상호작용	• 말차례 지키기 • 감정 나누기	• 상황과 상대의 입장 이해하기 • 예의를 지키며 듣고 말하기 • 의견 교환하기	• 궁금한 내용 질문하기 • 절차와 규칙 준수하기 • 협력적으로 참여하기 • 의견 비교하기 및 조정하기	• 목적과 상대에 맞는 질문하기 • 듣기·말하기 방식의 다양성 고려하기 • 경청과 공감적 반응하기 • 대안 탐색하기 • 갈등 조정하기
	점검과 조정	• 듣기·말하기 과정과 전략에 대해 점검·조정하기			
가치·태도		• 듣기·말하기에 대한 흥미	• 듣기·말하기 효능감	• 듣기·말하기에 적극적 참여	• 듣기·말하기에 대한 성찰 • 공감적 소통 문화 형성

듣기 말하기·영역의 핵심 아이디어 첫 번째 항목은 듣기·말하기 행위의 본질적 속성에 대한 이해를 담고 있는 것으로 듣기·말하기는 언어, 준언어, 비언어, 매체 등을 활용하여 서로의 생각과 감정을 주고받는 행위임을 밝혔다. 두 번째 항목은 듣기·말하기 영역에서 다루는 교육 내용을 관통하며 듣기·말하기 영역 교육 내용의 조직자로서 중요한 역할을 하는 원리에 대한 이해로서 화자와 청자는 듣기·말하기 영역 교육을 통해서 맥락을 고려한 다양한 유형의 담화를 수행할 수 있어야 함을 제시하였다. 세 번째 항목 역시 듣기·말하기 영역에서 다루는 교육 내용을 관통하며 듣기·말하기 영역 교육 내용의 조직자로서 중요한 역할을 하는 원리에 대한 이해로서 두 번째 항목에서 제시한 다양한 유형의 담화를 듣고 말하는 활동을 보다 효과적으로 하기 위해서 화자와 청자는 구어 의사소통에 적극적이고 협력적으로 참여하고 담화 맥락에 적절한 전략을 활용하여 듣기·말하기 문제에 대한 해결 능력을 갖출 수 있어야 함을 제시하였다. 네 번째 항목은 듣기·말하기 영역 교육에서 추구하는 가치와 태도 의사소통 문화에 대한 이해로서 화자와 청자는 구어 의사소통에 적극적으로 참여하고 존중과 공감의 소통 문화를 만들어 갈 수 있어야 함을 제시하였다.

'지식·이해' 범주는 '듣기·말하기의 맥락'과 '담화 유형'으로 구성하였다. 듣기·말하기의 맥락은 상황 맥락과 사회·문화적 맥락으로 구분하여 제시하였다. 담화의 유형으로는 1~2학년군에 대화, 발표 유형 두 가지를 제시하였고, 학년이 올라갈수록 점진적으로 늘어나 5~6학년군에 이르면 대화, 면담, 발표, 토의, 토론 등 다섯 가지 유형을 제시하였다. '과정·기능' 범주는 듣기·말하기의 과정과 기능 및 전략을 다루는 범주로서, 듣기와 관련된 '내용 확인·추론·평가'와 말하기와 관련된 '내용 생성·조직·표현과 전달', 그리고 음성 언어 의사소통과 관련된 '상호작용', '점검과 조정'을 포함하고 있다. '상호작용' 범주는 화자와 청자 간 상호교섭을 통해 역동적으로 전개된다는 음성 언어 의사소통의 본질적 속성을 고려하여 신설된 범주이다. '가치·태도' 범주는 학습자가 담화 공동체의 구성원으로 성장하는 데 필요한 듣기·말하기에 대한 흥미, 효능감과 적극적으로 참여하려는 태도를 포함하여 구성하였다.

(2) 성취기준

① [초등학교 1~2학년군]

> [2국01-01] 중요한 내용이나 일이 일어난 순서를 고려하며 듣고 말한다.
>
> [2국01-02] 바르고 고운 말로 서로의 감정을 나누며 듣고 말한다.
>
> [2국01-03] 상대의 말을 집중하여 듣고 말차례를 지키며 대화한다.
>
> [2국01-04] 자신의 경험이나 생각을 바른 자세로 발표한다.
>
> [2국01-05] 듣기와 말하기에 관심과 흥미를 가진다.

〈성취기준 해설〉

• [2국01-02] 이 성취기준은 대화를 나눌 때 자신의 감정을 적절하게 표현함으로써 타인과의 관계를 형성하고 유지하며 발전시키는 능력을 기르기 위해 설정하였다. 기쁨, 슬픔, 사랑, 미움 등 다양한 감정과 관련된 표현 알기, 감정을 표현하는 과정에서 바르고 고운 말을 사용하기, 상대의 감정을 이해하고 수용하기 등을 학습한다.

• [2국01-03] 이 성취기준은 구어 의사소통의 상호 교섭성을 인식하는 출발점으로, 대화 상황에서 상대의 말에 집중하여 그 내용을 이해하고 순서를 교대하며 구어 의사소통에 참여하는 기본 능력을 기르기 위해 설정하였다. 상대의 말을 집중하여 듣기, 다음 말할 사람을 선택하여 다음 말할 사람을 선택하여 부르거나, 고갯짓, 시선, 억양 등의 말차례 교환 신호를 활용하여 다음 사람이 말차례를 알아차릴 수 있도록 하기, 말차례 교환 신호를 확인하여 자신의 말차례 지키기 등을 학습한다.

• [2국01-04] 이 성취기준은 교실에서 자신의 경험이나 생각을 바른 자세로 표현하고 학습에 참여할 수 있는 기본 능력을 기르기 위해 설정하였다. 자신의 경험이나 생각을 동료 학습자들 앞에서 간단히 말하기, 자신의 경험이나 배경지식을 바탕으로 말하기, 수업 시간에 바른 자세로 서서 말하기, 듣는 사람을 바라보며 말하기, 적절한 크기의 소리로 말하기 등을 학습한다.

• [2국01-05] 이 성취기준은 삶에서 듣기·말하기의 즐거움을 느끼고 듣기·말하기의 중요성을 인식하도록 하기 위해 설정하였다. 듣기·말하기가 다양한 생각과 감정을 나누며 의사소통하기 위한 기본적인 도구임을 인식하기, 듣기·말하기의 역할과 중요성을 직접 경험해 보기, 다양한

놀이를 통해 듣기·말하기에 흥미 가지기 등을 학습한다.

〈성취기준 적용 시 고려 사항〉

• 학습자가 학교생활에 적응하는 과정에서 다른 사람과 상호 작용하는 데 필요한 기초적인 듣기·말하기 능력을 갖출 수 있도록 한다. 일상생활에서 친숙하게 접할 수 있는 주제로 대화하는 상황, 교사나 동료 학습자 앞에서 자신의 경험이나 배경지식을 바탕으로 간단히 발표하는 상황을 중심으로 듣기·말하기 활동이 이루어지도록 한다.

• 학습자가 경험할 수 있는 실제적이고 구체적인 상황 맥락을 설정하여 학습자가 듣기·말하기 활동에 관심과 흥미를 가지고 자발적으로 참여할 수 있도록 하고, 그 과정에서 자연스럽게 평가가 이루어지도록 하여 평가에 대한 부담을 느끼지 않게 한다.

• 발표하기를 지도할 때는 학습자가 공적 발표 상황에 대해 부담감이나 불안감을 느낄 수 있으며 발표 수행 결과에 따라 부정적인 자아 개념을 형성할 수도 있다는 점에 유의하여, 동료 학습자의 발표에 대해 긍정적으로 반응하고 상호 격려하는 교실 문화를 조성하도록 한다.

② [초등학교 3~4학년군]

[4국01-01] 중요한 내용과 주제를 파악하며 듣고 그 내용을 요약한다.
[4국01-02] 원인과 결과의 관계를 고려하여 내용을 예측하며 듣고 말한다.
[4국01-03] 상황에 적절한 준언어·비언어적 표현을 활용하여 듣고 말한다.
[4국01-04] 상황과 상대의 입장을 이해하고 예의를 지키며 대화한다.
[4국01-05] 목적과 주제에 알맞게 자료를 정리하여 자신감 있게 발표한다.
[4국01-06] 주제에 적절한 의견과 이유를 제시하고 서로의 생각을 교환하며 토의한다.

〈성취기준 해설〉

• [4국01-03] 이 성취기준은 구어 의사소통 상황에서 억양, 어조, 속도 등의 준언어적 표현과 표정, 시선, 몸동작, 자세 등의 비언어적 표현을 활용하여 의미를 효과적으로 전달하고 이해할 수 있는 능력을 기르기 위해 설정하였다. 다양한 상황에 알맞은 준언어·비언어적 표현의 중요성 이해하기, 준언어·비언어적 표현의 의미와 효과 파악하기, 준언어·비언어적 표현의 적절성 점검하기, 상황에 적절한 준언어·비언어적 표현 활용하기 등을 학습한다.

- [4국01-05] 이 성취기준은 교과 학습 상황을 비롯하여 다양한 상황에서 필요한 기초적인 발표 능력을 기르기 위해 설정하였다. 주어진 자료에서 발표 목적과 주제에 알맞은 내용을 중심으로 발표 내용 정리하기, 준비한 내용이 명확하게 전달되는지를 점검하며 발표 연습하기, 준언어·비언어적 표현을 효과적으로 사용하는지 점검하며 발표 연습하기, 연습 과정에서 부족했던 부분을 조정하여 자신감을 가지고 발표하기 등을 학습한다.
- [4국01-06] 이 성취기준은 문제를 합리적으로 해결하기 위한 기초 능력으로서 토의 능력을 기르기 위해 설정하였다. 주제에 적절한 의견을 이유와 함께 제시하기, 상대의 의견을 구체적으로 파악하거나 의견과 이유의 적절성을 점검하기 위해 서로 묻고 답하기, 다른 사람의 생각 존중하기 등을 학습한다.

〈성취기준 적용 시 고려 사항〉

- 일상생활과 교과 학습에 필요한 듣기·말하기 능력을 갖출 수 있도록 한다. 학습자 생활 주변의 친숙한 주제에 대해 대화하는 상황, 교과 학습 과정에서 일정한 자료를 정리한 결과를 교사나 동료 학습자 앞에서 발표하는 상황, 학교생활 중 문제를 해결하기 위해 토의하는 상황 등을 중심으로 듣기·말하기 활동이 이루어지도록 한다.
- 구어 의사소통에 즐겁게 참여할 수 있도록 드라마, 애니메이션, 다큐멘터리 등 각종 영상 자료를 활용하거나 역할 놀이 등 다양한 방법을 활용한다.
- 듣기·말하기 과정과 전략에 대해 점검하고 조정하기 기능은 준언어·비언어적 표현이 효과적 인지, 대화 과정에서 예의에 어긋남이 없는지, 발표 내용이 목적과 주제에 알맞은지, 토의에서 제시한 의견이 주제에 적절하고 이유가 의견을 뒷받침하고 있는지 등을 듣기·말하기 중이나 후에 점검하고 조정하는 활동을 통해 지도한다.
- 토의하기를 지도할 때는 학습자들이 토의 담화에 입문하는 단계임을 고려하여 토의 집단을 짝, 소집단, 대집단으로 서서히 확대하고, 학습자가 소속된 학급에서 경험한 실제적 문제와 관련된 주제를 선정하여 토의에 흥미를 갖도록 한다. 토의의 절차나 형식을 지나치게 강조하지 않으며, 학급 회의나 원탁회의 등을 활용하여 학습자들이 자신의 생각을 자유롭게 나눌 수 있도록 한다. 상대의 의견을 존중하며 경청하는 태도와 자신의 의견만을 고집하지 않는 자세도 함께 지도하여, 협력에 기반한 집단 의사소통을 통해 민주시민으로서의 기초 소양을 함양할 수 있도록 한다.

③ [초등학교 5~6학년군]

[6국01-01] 대화에서 생략된 내용을 추론하며 듣는다.

[6국01-02] 주장을 파악하고 이유나 근거가 타당한지 평가하며 듣는다.

[6국01-03] 주제와 관련하여 궁금한 내용을 질문하며 적극적으로 듣고 말한다.

[6국01-04] 면담의 절차를 이해하고 상대와 매체를 고려하여 면담한다.

[6국01-05] 자료를 선별하여 핵심 정보를 중심으로 내용을 구성하고 매체를 활용하여 발표한다.

[6국01-06] 토의에 협력적으로 참여하며 서로의 의견을 비교하고 조정한다.

[6국01-07] 절차와 규칙을 지키고 타당한 이유와 근거를 제시하며 토론한다.

〈성취기준 해설〉

• [6국01-03] 이 성취기준은 교과 학습 상황을 비롯한 다양한 상황에서 주제와 관련하여 적극적으로 질문하며 구어 의사소통에 참여하는 능력을 기르기 위해 설정하였다. 들은 내용을 확인하거나 명료하게 이해하기 위한 질문, 생략된 내용을 추론하기 위한 질문, 상대의 의도를 파악하기 위한 질문, 다른 사람의 생각과 자신의 생각을 연결하기 위한 질문, 자료에서 제시되지 않은 대안이나 더 많은 정보를 찾기 위한 질문 등 다양한 목적으로 질문 생성하기, 분명한 표현으로 질문하기, 예절을 지켜 질문하기 등을 학습한다.

• [6국01-04] 이 성취기준은 일련의 절차에 따라 면담을 경험해 봄으로써 정보 수집 등의 목적을 가진 구어 의사소통을 효과적이고 체계적으로 수행하는 능력을 기르기 위해 설정하였다. 면담 준비·진행·결과 정리 등 면담의 절차 이해하기, 면담의 목적·대상·주제 등 설정하기, 사전 정보 수집하기, 면담 대상 섭외하기, 목적·대상·주제에 알맞은 질문 준비하기, 녹음기나 기록용 노트 등 면담에 필요한 매체 준비하기, 준비한 질문을 바탕으로 면담하기, 면담 결과를 발표하거나 글로 써서 보고하기 등을 학습한다. 면담 상대를 배려하여 사전에 약속 시간 정하기, 녹음 여부에 대해 동의 구하기, 민감하거나 불편한 질문은 아닌지 점검하기, 종료 후 감사 표현하기 등 면담 과정에서 지켜야 할 예절도 학습한다.

• [6국01-07] 이 성취기준은 민주적 의사소통 능력으로서 토론 능력을 기르기 위해 설정하였다. 찬성 또는 반대의 입장에서 주장하는 바에 대한 이유 마련하기, 이유를 뒷받침할 수 있는

객관적인 사실 또는 정보를 활용하여 근거 마련하기, 주장이 가치 있고 실천 가능한지 검토하기, 이유가 주장과 관련이 있는지 검토하기, 이유가 상대에게 받아들여질 수 있는지 검토하기, 근거가 이유와 관련이 있는지 검토하기, 근거로 제시한 자료의 출처가 명확하고 믿을 만한지 검토하기, 상대의 의견을 존중하며 토론하기, 절차와 규칙에 따라 합리적으로 소통하는 태도 형성하기 등을 학습한다.

〈성취기준 적용 시 고려 사항〉

- 전형적인 구어 담화 자료 이외에 학습자들이 일상에서 접할 수 있는 여러 가지 매체를 활용하여 디지털 공간을 비롯한 다양한 소통 공간에서 담화를 정확하게 이해하고 효과적으로 표현하는 능력을 기르도록 지도한다. 발표를 위해 주제나 목적에 적합한 자료를 선별할 때, 면담을 위해 사전 질문을 준비할 때, 토의에 필요한 자료를 수집할 때, 토론에서 타당한 근거를 마련할 때에 매체 영역과 연계하여 지도할 수 있다.

- 듣기·말하기 과정과 전략에 대해 점검하고 조정하기 기능은 면담에서 질문이 적절한지, 발표 내용이 목적과 주제에 적절한지, 토론에서 절차와 규칙을 준수하고 있는지 등을 듣기·말하기 중이나 후에 점검하고 조정하는 활동을 통해 지도한다.

- 면담하기를 지도할 때는 학습자의 진로를 탐색하는 활동과 연계할 수도 있다. 학습자가 관심을 가지고 있는 직업군에서 면담 대상자를 선정하고, 해당 직업에 대해 인터넷 정보 검색을 통해서 확인할 수 있는 정보보다 면담을 통해서 얻을 수 있는 정보를 물어보는 구체적이고 실제적인 질문을 준비하여 면담하도록 한다. 다만 면담의 실제성이 높아지는 만큼 사전 준비와 면담 시 지켜야 할 예절 등을 충분히 지도한다.

- 토의하기를 지도할 때는 토의의 일반적인 절차를 고려하여 학습자가 경험한 일상생활의 실제적 문제에 대해 토의하도록 한다. 특히 학습자가 소속된 학교나 지역사회 문제와 연계된 토의 주제를 정함으로써 협력적 소통을 통해 공동체의 문제를 해결하는 방안을 마련해 보는 경험을 할 수 있도록 한다.

- 토론하기를 지도할 때는 토론이 문제에 대해 대립되는 입장을 확인함으로써 상호 이해의 계기를 마련하는 민주적인 소통 방법이라는 점을 안내한다. 토론 과정에서 상대의 의견을 존중하며 경청하는 태도와 자신의 의견만을 고집하지 않는 자세를 갖추도록 하여, 민주시민으로서의 기초 소양을 함양할 수 있도록 한다.

4. 듣기·말하기 교육의 원리

음성 언어 의사소통에는 여러 가지 제약이 따른다. 말을 할 때에는 자신이 전하고자 하는 의미를 제한된 시간 내에 언어 기호로 변환시켜 정확하고 조리있게 말해야 할 뿐만 아니라, 상대방과의 관계와 상황맥락, 사회·문화적 맥락 등을 고려하여 적절히 말할 수 있어야 한다. 또한 말을 들을 때에는 말하는 이의 의도나 목적, 그리고 메시지의 내용을 기억하는 동시에 중요한 내용을 선택적으로 수용하고, 비판적으로 정리할 수 있어야 한다. 또한 음성 언어 의사소통이 일방적으로 말하고 듣는 활동이 아니라, 상호작용적(interactional)이고 상호교섭적(transactional)인 활동이기 때문에 의사소통의 양방향적인 과정이나 절차를 효율적으로 운영할 수도 있어야 한다. 이러한 능력을 길러주기 위해서 듣기·말하기를 지도할 때에는 다음과 같은 사항을 고려할 필요가 있다.

첫째, 과정 중심의 원리이다. 듣기의 과정, 말하기의 과정, 그리고 상호작용의 과정 등 언어 수행의 과정에 초점을 두어 지도하도록 한다. 전통적으로 듣기 교육에서는 음성 자료를 들은 후 한꺼번에 이해하게 한다거나, 말하기 교육에서는 완결된 한 편의 말하기 텍스트를 산출하게 하는 등 언어 사용의 결과를 중요시하였다. 그러나 이러한 방법으로는 의미 구성의 과정과 의사소통의 과정을 순차적으로 점검하고 실제적으로 적용하기가 어렵다. 따라서 듣기·말하기의 과정, 상호작용의 과정을 전, 중, 후로 구분하고 각 과정에 적합한 교수·학습 절차와 방법으로 지도해야 한다.

둘째, 실제성의 원리이다. 음성 언어 의사소통은 진공 상태가 아닌 구체적인 상황 속에서 진행된다. 음성 언어 의사소통은 참여자 변인, 목적과 내용 변인, 유형 변인, 환경 변인 등 다양한 변인들이 서로 영향을 미치는 복잡한 방정식이라 할 수 있다. 따라서 음성 언어 의사소통 능력을 기르기 위해서는 사람들이 실제 언어 생활에서 경험할 만한 실제적인 과제를 제시해야 하고, 실제적인 상황맥락을 교수·학습 상황에 구현해야 한다.

셋째, 상위인지적 점검과 조정 경험 제공의 원리이다. 인지가 과정이나 전략 그 자체라면, 상위인지는 사람들이 자신의 인지에 대해 아는 것, 그리고 자신의 인지를 통제할 수 있는 능력이라 할 수 있다(Forrest-Pressly & Waller, 1984:4). 인지와 상위인지의 개념에 비추어 볼 때, 듣기와 말하기의 과정이나 전략 그 자체는 인지적 행위라고 할 수 있으며, 이러한 과정이나 전략을 점검하고 조정하는 행위를 상위인지적 행위라 할 수 있을 것이다. 음성 언어 의사소통 활동을 하면서 표현과 이해의 과정과 전략을 객관화하여 평가하고 비판하는 과정, 즉 상위인지적 경험을 많이 할수록 의사소통상의 특성과 문제점을 인식하고 이를 실제 의사소통에 반영하기가 수월하다는 점은 자명한 사실이다. 이를 위해 대중매체의 드라마나 광고, 학생들이 수행한 의사소통 과정을 녹화하여 분석하는 기회를 자주 제공할 필요가 있다.

넷째, 바람직한 언어 수행 모델의 제공 원리이다. 학생들의 듣기·말하기 능력을 상시적이고, 지속적으로 개선하기 위해서는 교사 스스로 바람직한 언어 수행의 모델이 되어야 한다. 학생들은 학교 생활의 많은 부분을 교사의 언어 수행을 접하며 지낸다. 교사는 수업 내용을 요약하고, 설명하고, 설득하고, 문학 작품을 읽어 주는 등과 같이 수많은 말하기 텍스트를 산출한다. 또한 학생들의 말을 유심히 듣고, 질문을 하거나, 반응을 보이는 등 상호작용의 다양한 모습을 보여주기도 한다. 많은 시간 동안 지속적으로 현시(顯示)되는 교사의 언어 수행은 학생들의 언어 능력 발달에 직간접적인 영향을 미칠 수밖에 없다. 따라서 교사는 학교에서의 일상적인 언어 사용 상황에서도 의도적이고, 계획적으로 언어 수행을 함으로써 의사소통 행위의 모범을 보여주어야 한다.

5. 듣기·말하기 교육의 방법

가. 듣기 교육의 방법

(1) 내용 확인하기 활동 지도 방법

듣기 상황에서의 내용 확인하기는 중요한 내용을 확인하기, 일이 일어난 순서 파악하기, 주제 파악하기, 내용 요약하기, 원인과 결과 파악하기 등 화자의 메시지에 담긴 내용을 확인하는 활동이다. 내용 확인하기 능력을 기르기 위해 다음과 같은 활동을 할 수 있다.

첫째, 내용 확인하기를 위해 상대방의 말에 집중하도록 해야 한다. 듣기의 첫 출발은 외부로부터 들리는 소리와 정보를 청각적으로 수신하는 일이다. 이때 상대방의 말소리와 말의 내용뿐만 아니라 시각을 활용하여 비언어적 표현에 함축된 의미도 파악해야 상대가 전하고자 하는 의미를 온전히 이해할 수 있게 된다. 이를 위해서는 듣기 과정의 초기에 주의를 집중해서 들을 수 있어야 한다. 저학년 단계에서는 주의 집중과 청각적 식별 능력을 기르기 위한 기초적인 지도 방법으로 다양한 자연의 소리나 사람의 음성 등을 구별하여 들을 수 있는 교수·학습 활동을 계획하되, 소리를 정확하게 지각하게 하고 이를 흉내 내어 보게 한다. 아울러 자연스럽고 바른 자세로 화자와 눈을 맞추고, 내용을 이해했거나 공감했을 때 고개를 끄덕이는 등 반응을 보이도록 한다.

둘째, 내용 확인하기를 위해 듣는 목적을 설정하도록 한다. 듣는 목적을 미리 세우는 일은 듣기의 전 과정에서 매우 중요하다. 목적을 정하게 되면 주의를 기울일 수 있고, 중요한 정보를 빠뜨리지 않을 수 있다. 듣기는 '청각적으로 듣기(hearing), 의미 재구성하며 듣기(listening), 자기화하며 듣기(auding)'등 세 가지로 구분할 수 있다. 물리적 소음을 잘 가려내고 청각적으로 듣고 나면, 본격적으로 발화의 의미를 재구성하며 이해, 해석하고 정서적인 반응을 하게 되는데 듣는 목적을 미리 설정해두면 최종적으로 자기화하며 듣기까지 자연스럽게 이어질 수 있다. 따라서 듣기를 통해 무엇을 얻고자 하는 것인지를 미리 계획하도록 지도한다. 가령, 말하는 이가 어떤 목적과 내용으로 말을 할지, 듣는 이는 어떤 내용에 주목해서 듣고 기억할 것인지 등에 대해 스스로 질문하고 답하게 하면 좋다.

셋째, 내용 확인하기를 위해 배경지식이나 경험을 활성화하도록 한다. 교수·학습 상황에서는 주어진 목표와 상황이 있으므로, 교사는 학생으로 하여금 그 목표와 상황에 관련된 배경지식이나 경험을 활성화할 수 있도록 유도한다. 배경 지식이나 경험을 미리 떠올리면 화제에 대해 집중할 수 있고, 흥미를 느낄 수 있다. 예컨대, 들을 내용과 관련해서 지금 떠오르는 것들을 브레인스토밍 하거나, 생각그물 만들기 등의 형태로 정리해 볼 수 있다.

넷째, 내용 확인하기를 위해 중요한 내용을 메모하면서 듣도록 한다. 메모하기는 학교 생활이나 일상 생활에서도 중요하지만 특히 듣기 상황에서 일상화되어야 할 중요한 방법이다. 메모를 할 때에는 모든 내용을 정리할 수 없으므로 듣는 목적, 중심 내용, 내용의 구조 등에 유의하도록 한다. 메모하기도 체계적으로 길러져야 할 능력이므로 대중매체나 녹음자료를 들으면서 교사가 요점을 메모하는 시범을 직접 보여 줄 필요가 있다.

다섯째, 내용 확인하기를 위해 준언어적, 비언어적 표현에 주의하며 듣도록 한다. 말하는 이가 사용하는 다양한 표현 방식에 유의하며 듣는 것도 말하는 이의 의도나 목적을 이해하는 데 도움이 된다. 말하는 이가 어느 부분에서 멈추고 소리를 높이거나 낮추는지에 유의하게 하는 활동,

뉴스나 드라마의 음성을 들리지 않게 하고 아나운서나 연기자의 몸짓이나 표정만으로 내용을 파악하게 하는 활동 등을 적용할 수 있다.

(2) 내용 추론하기 활동 지도 방법

듣기 상황에서의 내용 추론하기는 내용 예측하기, 생략된 내용 추론하기, 의도와 관점 추론하기 등 화자가 말에 직접 드러나지 않은 내용을 추론하는 활동이다. 내용 추론하기 능력을 기르기 위해 다음과 같은 활동을 할 수 있다.

첫째, 내용을 예측하며 들도록 한다. 내용 예측하기는 일반적인 듣기·말하기 상황에서 모두 필요한 전략이지만, 초등학교 듣기·말하기 영역에서는 원인에 따른 결과 예측하기 활동을 주로 다룬다. 가령, 대중매체에서 방송되는 드라마, 애니메이션, 영화 등 서사적인 이야기 구조를 가진 프로그램을 보면서 뒷부분의 내용을 예측할 수 있는 활동을 지도하도록 한다. 이러한 서사성을 지닌 프로그램에서 사건의 전개는 등장인물들 간의 직접 대화나 독백, 행동을 통해서 이루어질 수도 있지만, 영상이나 소리, 음악 등의 다른 장치를 통해 등장인물이나 대상의 의미를 드러내는 방식으로 이루어질 수도 있다. 또한 등장인물들의 감정, 성격, 관계 등에 의해 사건이 전개되는 경우가 있다. 따라서 이를 보거나 듣고 이어질 내용을 예측할 때에는, 인물의 대사와 행동뿐 아니라 영상, 소리, 음악 등 다양한 장치의 의미를 고려하도록 지도한다. 그리고 이후에 이어질 사건을 예고하는 복선이 많으므로, 이에 주의해서 뒷부분의 내용을 예측하도록 지도한다.

둘째, 생략된 내용을 추론하며 들도록 한다. 듣기·말하기에 주어진 시간적, 공간적 조건이나 직접 대면성과 상황맥락 의존도가 높은 음성 언어 의사소통의 특성 상 생략이 빈번하게 발생한다. 따라서 들을 때에는 여러 맥락을 종합하여 생략된 부분의 내용을 채우면서 들어야 한다. 생략된 내용을 추론하기 위해서 청자의 배경지식이나 의사소통 참여자 사이의 관계와 경험 등의 단서들을 활용하도록 한다. 가령, 지각을 할 뻔한 학생이 친구들과 대화하는 상황에서 '나는 밥을 급히 먹고 헐레벌떡 학교에 뛰어 왔어.'라는 발화에는 이 학생이 처한 시간적 상황이 생략되어 있으나 발화 속의 '밥'이 아침 식사임을 추론할 수 있다. 그리고 밥을 급히 먹은 까닭이 생략되어 있으나 이는 지각하지 않기 위해서였음을 상황맥락 단서를 활용하여 추론할 수 있다. 또한 이 학생이 평소에 지각을 하는 학생이 아님을 아는 친구들의 입장에서 그동안의 관계와 경험 단서를 활용하면 이 학생이 얼마나 급히 서둘렀는지를 추론할 수 있다. 또한 의사소통 참여자들이 공유하고 있는 맥락을 활용하여 발화 속에 나타난 중의적 표현이나 '이것, 저것, 그것, 거시기' 등과 같이 불명확한 지시어가 가리키는 지시 대상도 추론하게 할 수 있다.

셋째, 말하는 이의 의도나 관점을 추론하며 듣도록 한다. 말하는 이의 성격, 의사소통 참여자 사이의 관계, 화제에 대한 친숙도, 기타 상황 등의 여러 요인에 따라 말하는 이는 자신의 의도나 목적을 직접적으로 드러내지 않는 경우가 많다. 생략이 많이 포함된 짧은 말을 듣고 말하는 이의 의도 파악하기, 직접적으로 말한 것과 돌려서 말한 것 구분하기, 돌려서 말한 까닭을 추측하기, 돌려서 한 말의 의도나 목적 파악하기 등의 활동을 할 만하다. 고학년의 경우, 일상의 대화 상황에서 상대의 발화 의도 추론하기, 정보 전달이나 설득 등 다양한 목적의 담화에서 여러 가지 정보와 상황 맥락을 고려하여 화자의 숨겨진 의도와 관점, 가치관 추론하기 등을 지도한다.

넷째, 내용 추론하기를 위해 말하는 내용의 구조에 유의하며 듣도록 한다. 말하는 내용도 일종의 텍스트이기 때문에 담화 유형별로 텍스트로서의 전형적인 구조를 갖고 있는 경우가 많다. 이 구조를 파악하면 내용을 더 잘 추론하고 이해할 수 있다. 말하는 내용을 구조화하는 방법은 크게 두 가지로 나누어 볼 수 있다. 먼저 주장과 근거, 중심 내용과 세부 내용 등으로 구조화할 수 있다. 주장이나 중심 내용은 말의 앞부분이나 뒷부분에 위치하거나 반복되는 경향이 있으므로 이에 주목하도록 한다. 또다른 구조화 방법은 말하는 이의 내용 조직 방식에 기대어 구조화하는 것이다. 대체로 말하는 이가 선택하는 내용 조직 방식은 원인-결과, 비교-대조, 시간이나 공간 순서, 분류나 분석, 문제-해결 등이다. 말하는 내용을 생각그물이나 벤다이어그램 등과 같이 시각화하면 내용을 쉽게 추론할 수 있고, 이해할 수 있고, 오래 기억할 수 있다.

다섯째, 내용 추론하기를 위해 담화 표지에 유의하며 듣도록 한다. 담화 표지는 구어에서 담화의 구조, 발화 단위의 연쇄, 화자의 태도나 발화 책략 등을 드러내는 기능을 하는 특정 표현을 지칭하는 용어이다(화법학회, 2014: 17~19). 대표적인 담화 표지는 다음과 같은 것들이 있다.

[어휘]
• 부사: 그래, 그래도, 그래서, 그러나, 그러니까, 그런데, 아무튼, 좀, 참 등
• 감탄사: 아니, 글쎄, 아뿔싸, 아이고, 어머 등
• 대명사: 거시기, 저기요, 이거, 그거, 저거 등

- 용언: 뭐지, 뭐랄까, 있잖아요. 말씀이야, 말하자면 등
- 관형사: 이, 그, 저, 이런, 그런, 어떤, 무슨 등

[구절]
- 아니 근데, 그건 그렇고, 글쎄 말이야 등

(3) 내용 평가하기 활동 지도 방법

　내용 평가하기는 듣기 후 활동으로서, 초등학교 듣기·말하기 영역에서는 설득적인 말하기 상황에서 화자의 주장, 이유, 근거가 타당한지 평가하며 듣는 활동을 주로 다룬다. 특히 토의나 토론과 같은 담화 유형에서 내용 평가하기는 중요하게 지도할 필요가 있다. 청자는 화자의 주장과 이를 뒷받침하는 이유와 근거의 타당성과 신뢰성을 비판적인 입장에서 평가할 수 있어야 한다. 특히 설득을 위해 활용하는 근거의 신뢰성을 평가하는 것이 중요하다. 근거에는 통계, 사례, 실례 등의 사실적 근거와 정황적 근거 및 전문가의 의견, 관찰자의 증언 등의 의견적 근거 자료 등이 있다. 토의나 토론을 할 때는 상대방이 수집한 근거 자료의 정확성과 신뢰성 등을 검증해 보아야 한다. 만약 상대방의 근거 자료가 부정확하거나 믿을 만하지 못하면 올바른 논증이 되지 못하기 때문에 상대방의 부실한 근거를 토대로 상대편을 공박할 수 있다. 근거 자료의 검증에서는 우선 그것이 증거로서 적합한지 검토한 다음, 그 출처가 믿을 만한지 검토한다. 그리고 질과 양을 검증하여 보아야 하는데, 질(質)의 검증은 주어진 자료가 사실임을 증명할 수 있는가, 일관성이 있는가, 정확한가, 최근의 자료인가 등을 검토하는 것이다. 양(量)의 검증은 자료가 충분하며 완벽한지를 검토하는 것이다.

　그 밖에 듣기 후 활동으로 다음과 같은 활동을 지도하도록 한다.

　첫째, 들은 내용을 정리하도록 한다. 이 단계에서는 '자기화하며 듣기(auding)'가 이루어져야 한다. 지금까지 들은 내용을 종합적으로 정리하면서 중요한 것과 덜 중요한 것, 이해된 것과 이해되지 않은 것 등을 요약 정리함으로써 들은 내용을 자기 것으로 만들 필요가 있다. 중요한 정보를 들었을 경우, 메모를 해 두거나 말하는 이에게 자기가 정리한 내용을 간단히 요약해서 되물어 보게 할 수 있다.

둘째, 내용의 적합성을 판단하도록 한다. 화자가 말한 내용에 비약된 주장, 부적절한 근거, 과도한 왜곡 등이 포함되어 있을 수 있기 때문에 듣는 이는 합리적이고, 비판적으로 판단할 수 있어야 한다. 특히 학생들은 대중매체를 통한 광고, 상업적 목적을 지닌 구매 요구, 토론 상황 등을 접할 기회가 많기 때문에 비판적으로 듣는 능력이 필요하다. 무비판적인 듣기로 인한 오해와 불이익의 경험을 공유하도록 하고, 들은 내용이 자신 생각과 어떤 부분에서 같고, 다른지를 생각하게 한다.

셋째, 새로 알게 된 내용이 무엇인지 확인하도록 한다. 이 활동은 생산적인 듣기로 마무리 짓기 위해 필요하다. 정보 측면에서 처음에는 몰랐으나 듣고 나서 알게 된 사실이 있을 수도 있고, 관계 측면에서 말하는 이에 대해 더 잘 이해할 수도 있다. 이에 대한 듣는 이의 각성은 앞으로 새로운 정보에 대한 호기심이나 말하는 이와의 관계 개선에 유용하게 작용할 것이다.

넷째, 듣기 전략과 태도에 대해 스스로 점검하도록 한다. 듣기 전, 듣는 중에 사용했던 듣기 전략이나 듣는 중의 태도에 대해 비판적으로 성찰할 필요가 있다. 이는 듣기 교육에서 소홀히 다루어지고 있는 부분으로서, 듣기 능력을 기르는 데 있어서 반드시 필요한 활동이다. 어떤 듣기 전략과 태도가 내용 이해와 가치 판단에 도움이 되었는지, 혹은 방해되었는지를 점검해 보아야 한다. 이를 위해 즉흥극을 하게 하거나, 의사소통 장면을 녹화한 자료를 보면서 듣기 전략과 태도에 대해 토론해 보도록 한다. 그리고 듣기 전략이나 태도 점검표를 활용할 수도 있다.

나. 말하기 교육의 방법

(1) 내용 생성하기 활동 지도 방법

① 계획하기 단계

첫째, 말하는 목적과 주제를 설정하도록 한다. 말하는 목적은 정보 전달, 비판적 설득, 정서 표현, 친교 등 다양하다. 자신의 의사를 분명히 전하고 상대에게 영향을 주기 위해서 목적과 주제를 분명히 해 두어야 한다. 음성 언어 의사소통의 특성상 화제가 자주 바뀌고, 듣는 이의 처지나 상황에 따라 논조가 변화될 수도 있는데, 말하는 목적이 분명치 않다면 처음에 의도했던 바를 얻을 수 없다. 말하는 목적이나 주제는 주어진 말하기 과제, 의사소통의 상황, 말하는 이와 듣는 이의 지적인 수준이나 관계 등을 고려하여 설정하도록 한다.

둘째, 상황맥락을 고려하도록 한다. 음성 언어 의사소통은 '언제, 어디에서, 누구와, 어떤 목적과 내용으로, 어떤 유형으로, 어떤 시간·공간적 환경에서'와 같은 매우 구체적인 변인들의 복합적인 작용 속에서 진행된다. 특히 청지에 대한 분석은 필수적이다. 청자의 수, 성별, 나이, 지적인 수준, 말하는 이에 대한 기대 정도 등에 따라 말하는 내용과 질과 양이 달라질 수 있기 때문이다. 또 교수·학습 상황에서는 개별 학생이 말할 수 있는 시간이 제한되어 있으므로 주어진 시간도 고려해야 한다. 상황맥락은 말하는 목적, 화제, 의사소통의 흐름, 의사소통 결과의 성패에 많은 영향을 끼치게 되므로 말하기 전에 미리 상황맥락을 점검해 두도록 한다. 교육적인 장면에서는 점검표 같은 보조 장치를 활용해도 좋다.

② 내용 생성하기 단계

첫째, 자신이 알고 있는 내용을 떠올리도록 한다. 말할 주제나 목적, 상황맥락에 비추어 적절한 화제를 떠올리고, 그 화제와 관련하여 덧붙이고 부연할 내용들을 자신의 배경지식과 경험을 추출해서 정리한다. 이를 위해 브레인스토밍이나 생각그물 만들기 등을 활용할 수 있다.

둘째, 적절한 자료를 수집하고 선정하도록 한다. 특히 정보 전달적 말하기나 설득적인 말하기의 경우, 사실적 정보나 지식, 근거 등이 매우 중요하다. 자료를 수집하고 선정하기 위해서는 다음과 같은 방법을 적용할 수 있다(이창덕 외, 2000). 첫째, 메시지의 핵심적 내용을 청중이 쉽게 이해하고 기억할 수 있도록 그것을 뒷받침할 수 있는 자료를 수집한다. 그러한 자료로는 구체적 사실, 통계 자료, 실제 사례, 정의, 비유, 유명한 사람의 말, 속담 등을 들 수 있다. 둘째, 수집된 자료 중에서 가급적 청중의 흥미와 주목을 끌 수 있는 것들을 선정한다. 이러한 자료들로는 새로운 것, 신기한 것, 듣는 이에게 중요한 것, 듣는 이의 욕구와 호기심을 유발하거나 충족시킬 수 있는 것 등이 좋다.

(2) 내용 조직하기 활동 지도 방법

첫째, 처음, 가운데, 끝을 구분하여 내용을 조직하도록 한다. 말하기도 한 편의 텍스트를 생산하는 행위이므로 말할 내용의 틀을 미리 구조화해야 한다. 능숙한 화자는 처음 부분에서 동기 유발과 주의 집중을 위한 분위기를 조성하고, 가운데 부분에서 중요한 내용을 말하며, 끝 부분에서 정리를 하는 구조로 말을 한다. 말할 내용 생성하기 단계에서 떠올리거나 선정한 내용을 적절한 부분에 위치시키도록 한다.

둘째, 목적과 내용에 알맞은 조직 방법을 사용하여 조직하도록 한다. 내용을 조직하는 방법은 다양하다. 대표적인 내용 조직 방법으로 다음과 같은 것들이 있다.

[원인과 결과에 따라 조직하기]
- 원인을 먼저 제시하고 결과를 말하거나, 결과를 먼저 제시하고 원인을 제시하는 방식으로 조직하도록 한다. 원인과 결과가 잘 드러나는 그림이나 만화를 보고 이야기하거나, 이야기의 한 부분만 보고 원인이나 결과를 구성하는 활동을 하면서 구조를 익힐 수 있다.

[공통점과 차이점에 따라 조직하기]
- '식물과 동물', '동전과 지폐', '중국과 일본' 등과 같이 서로 다른 두 개 이상의 대상을 비교하거나 대조하면서 내용을 조직할 때 사용하는 방법이다.

[시간이나 공간 순서에 따라 조직하기]
- 하루의 일이나 동화, 드라마의 내용 등 학생에게 친숙한 소재를 골라 이야기를 시간 순서나 공간 순서에 따라 재조직하여 말하도록 한다.

[분류하여 조직하기]
- 분류의 기준을 먼저 정하고 대상들을 범주별로 나누는 방법이다. 악기를 분류할 때 '줄이 있는지 없는지'를 기준으로 삼을 수 있고, 운동을 분류할 때 '장소'를 기준으로 삼을 수도 있다.

[분석하여 조직하기]
- 전체를 여러 부분으로 나누어 설명하는 방법이다. 태극기의 모양을 여러 부분으로 나누거나, 코끼리의 얼굴 모습을 몇 부분으로 나누어 설명할 수 있다.

[문제와 해결에 따라 조직하기]

• 현재의 상황이나 상태, 제도나 정책 등에 문제가 있어서 이를 지적하고 해결하는 방안을 제시하는 말을 할 때 사용한다. 문제와 해결 짜임은 문제를 진단하는 부분과 해결책을 논의하는 부분으로 나누어서 말하도록 한다.

셋째, 시각적인 방법을 사용하여 조직하도록 한다. 내용 조직의 여러 방법들을 익혔다하더라도 초등학생 수준에서 말하기 상황에 효과적으로 적용하기는 쉽지 않다. 따라서 말할 내용을 시각적으로 조직할 필요가 있다. 이렇게 말할 내용을 시각적으로 조직하는 방법으로는 도해조직자(graphic organizer) 혹은 다발짓기(clustering), 생각그물 만들기(mind mapping) 등이 있다.

(3) 표현하기·전달하기 활동 지도 방법

첫째, 바르고 고운 말, 바른 자세로 말하도록 한다. 이는 모든 말하기 표현 및 전달 단계에서 저학년부터 강조해야할 가장 기초적인 지도 내용이다. 바른 말은 표준어 규정과 표준 발음법 등의 어법에 맞는 말, 고운 말은 비속어나 상대방의 감정을 상하게 하는 말이 아니라 상대방을 존중하고 배려하는 마음이 담긴 말을 의미한다. 바른 자세는 자신감 있는 태도, 상대방을 바라보면서 몸을 단정하게 유지하면서 말하는 자세이다. 바르고 고운 말, 바른 자세에 어긋난 사례나 영상 자료 등을 학생들에게 보여 주고, 교사가 시범을 보이거나 학생들이 역할극을 하면서 익숙해지도록 한다.

둘째, 준언어적, 비언어적 표현을 적절하고 효과적으로 활용하도록 한다. 준언어적·비언어적 표현의 효과가 잘 드러난 다양한 언어 자료를 관찰하고 분석하며, 준언어적·비언어적 표현이 의사소통에서 하는 역할을 정리하여 이를 설명해 보는 활동을 하도록 한다.

셋째, 매체를 적절하고 효과적으로 활용하도록 한다. 한 사람이 여러 사람들 앞에서 발표하는 경우, 말하고자 하는 내용을 보다 분명하게 전달하거나 듣는 이들이 관심을 가질 수 있도록 하기 위해 다양한 매체를 활용할 수 있다. 말하려는 바의 핵심을 간략히 요약한 단어나 문장을 제시하는 글이나 관련된 그림·도표·사진·동영상 등 다양한 시각 자료를 보여주면 발표의 효과를 높일 수 있다. 그러나 지나치게 긴 글이나 동영상을 보여주거나 흥미 위주의 시각 자료를 보여주는 것은 오히려 발표의 효과를 떨어뜨릴 수 있으므로 적절하고 효과적인 매체 활용 방법을 지도하도록 한다.

넷째, 말하기 불안을 극복할 수 있도록 적절한 환경을 조성해주고 불안 극복의 구체적인 방법을 안내한다. 말하기 불안은 무대 공포, 수줍음, 부끄러움과 같이 여러 사람 앞에서 말을 하기에 앞서 또는 말을 하는 과정에서 개인이 경험하는 불안 증상이다. 말하기 불안을 해소하기 위해서는 다음과 같은 방법을 활용할 수 있다. 우선, 말하기 불안을 자연스러운 것으로 받아들이고 자신의 말하기 불안 증상을 구체적으로 분석해 보아야 한다. 그리고 철저한 준비와 연습을 통해서 자신감을 가질 필요가 있다. 몸의 긴장을 이완시키는 방법을 이용해서 말하기 불안에 대처하는 것도 좋은 방법이다. 불안을 이길 수 있도록 긍정적인 자기 암시를 할 수도 있다. 성공하는 장면을 그려 본다든가, 부정적인 생각을 긍정적으로 바꾸어본다든가 하는 것이다. 학생들이 자신의 말하기 불안 정도나 증상을 구체적으로 분석하고 이를 극복할 수 있도록 지도한다.

다. 상호작용하기 활동 지도 방법

듣기·말하기 교육에서 상호작용은 소통 참여와 협력, 갈등 조정과 문제 해결 등 의사소통 참여자 간 의견 조율과 의미 재구성에 관여하는 기제를 고려하여 지도하여야 한다.

첫째, 상호작용의 규칙에 주의하도록 한다. 음성 언어 의사소통 상황에서는 참여자들 사이의 '주는 말'과 '받는 말'이 수시로 교환되면서 상호작용이 일어난다. 상대의 말을 집중하여 듣기, 다음 말할 사람을 선택하여 부르거나, 고갯짓, 시선, 억양 등의 말차례 교환 신호를 활용하여 다음 사람이 말차례를 알아차릴 수 있도록 하기, 말차례 교환 신호를 확인하여 자신의 말차례 지키기 등을 지도한다. 자기중심적으로 일방적으로 말하거나 대화의 흐름을 벗어난 말하기는 의사소통의 흐름을 끊을 수 있기 때문에 고학년의 경우에도 지속적인 지도가 필요하다.

둘째, 참여자들의 감정 소통 방법을 지도해야 한다. 기쁨, 슬픔, 사랑, 미움 등 다양한 감정과 관련된 표현 알기, 감정을 표현하는 과정에서 바르고 고운 말을 사용하기, 상대의 감정을 이해하고 수용하기 등을 지도한다. 이 과정에서 상대방의 입장을 이해하려는 태도, 예의를 지키며 듣고 말하는 태도 등을 기를 수 있다. 이를 위해 TV프로그램이나 영화 등 영상 자료에 등장하는 인물의 감정을 파악해 보고 언어적, 준언어적, 비언어적으로 표현해 보기를 포함하여 다양한 교육연극 방법을 활용하는 것도 도움이 된다.

셋째, 상대방의 말에 긍정적인 반응을 보이면서 듣도록 한다. 반응은 듣는 이의 인지적, 정의적, 사회적 측면을 고스란히 반영하는 결과인 동시에 말하는 이에 대한 예의이기도 하다. 반응의 종류는, 협조적인 반응과 비협조적인 반응으로 나눌 수 있다. 무시하기나 딴짓하기, 시비걸기 등과 같은 비협조적인 반응은 의사소통의 흐름과 상호간의 관계를 깨뜨릴 수 있으므로 지양하고 협조적인 반응을 보일 수 있도록 지도한다. 반응을 표현하는 방법은 질문이나 칭찬 등과 같은 언어적 방법과 표정이나 몸짓 등과 같은 비언어적 방법으로 나눌 수 있다. 무언극이나 즉흥 연극 등의 활동은 풍부한 반응 경험을 제공할 수 있다.

라. 점검하기·조정하기 활동 지도 방법

첫째, 말하기 계획 단계에서부터 말한 내용과 말하기 전략, 태도 등에 대해 전반적으로 점검하고 평가하도록 한다. 이 단계에서 학생들은 말하고자 했던 의도나 목적을 효과적으로 전달하였는지, 내용 선정에서부터 내용 표현에 이르기까지의 전략이 적절했는지, 분명하고 자신있으며 공감할 수 있는 태도로 말하였는지 등과 관련하여 자신의 장점과 단점을 확인하게 된다. 이를 통해 차후의 말하기 상황에서 생길 수 있는 문제점들을 미리 확인하고 어떻게 대처할 것인지를 생각할 수 있는 계기를 갖을 수 있다. 말하기 후의 점검을 위해 교사가 학생의 말하기 장면을 휴대전화 등으로 녹화해두는 것이 좋다.

둘째, 상호작용의 과정에 대해 점검하고 평가하도록 한다. 누구의 의사소통을 평가할 것인가 하는 측면에서 다른 사람들이 상호작용하는 과정을 대상으로 할 수도 있고, 자신이 참여한 상호작용 과정을 대상으로 할 수도 있다. 전자의 경우에는 TV프로그램이나 영화 등 영상 자료를 용도에 따라 취사선택해서 분석해 볼 수 있고, 후자의 경우에는 학습자들이 의사소통의 과정을 떠올려 성찰하게 한다든가, 의사소통의 과정을 녹음하거나 녹화하여 이를 분석하는 방법이 가능하다.

6. 듣기·말하기 평가

가. 듣기·말하기 평가의 방향

'듣기·말하기' 영역에서는 듣기와 말하기를 유기적으로 통합하여 구어 의사소통에 적극적이고 협력적으로 참여하는 데 필요한 능력과 상대를 배려하고 공감하는 소통 태도를 중점적으로 평가한다. 대화, 면담, 발표, 연설, 토의, 토론 등 담화 유형별 수행 능력을 평가할 때는, 각각의 담화를 수행하는 데 필요한 지식·기능·태도를 모두 평가하기보다 학년군별 내용 요소를 고려하여 해당 학년군의 성취기준에 부합하는 평가 기준을 설정한다. 구어 의사소통 활동을 직접 수행하는 과정을 평가하는 것이 중요하므로, 구체적이고 실제적인 담화 맥락을 조성하여 평가의 실제성을 확보하고, 직접 평가를 실시하도록 한다. 학습자 특성이나 학급 상황을 고려하여 녹화 기록법, 관찰 평가 등 다양한 방법을 활용할 수 있다. 태도를 평가할 때는 일상의 구어 의사소통을 개선하고 성찰적 태도를 형성하는 데 도움이 되도록 자기 점검표나 성찰 일지를 활용하여 태도 변화를 지속적으로 점검하고 그 결과를 누적하여 평가한다.

나. 듣기·말하기 평가의 방법

(1) 총체적 평가

총체적 평가는 학생의 수행 능력을 개별 평가 항목에 초점을 두어 평가하기 보다는 종합적으로 총평하는 평가 방법이다. 이 평가 방법은 전체는 부분의 합 이상이라는 관점을 반영하고 있으며 평가자의 종합적인 판단 능력과 통찰이 많이 요구된다. 음성 언어 의사소통의 특성(선조성, 즉각성, 비영구성, 직접 대면성 등)으로 인해 세세한 평가가 어렵다는 난점을 해소할 수 있고, 분석적 평가에 비해 평가 시간을 줄일 수 있다는 장점이 있다. 그러나 평가자의 주관성이 많이 개입되기 때문에 인상적 평가에 그칠 여지가 있고, 구체적인 능력을 파악하기가 쉽지 않아 교수·학습에 환류(feedback)하기 어렵다는 단점이 있다. 총체적 평가를 할 때에는 척도에 따라 채점 기준을 사전에 정해 놓아야 하며, 채점 신뢰도를 높이기 위해 가능하면 복수의 채점자를 확보하여 채점하는 것이 바람직하다. 설득적 말하기에 대한 총체적 평가의 채점 기준을 예시하면 〈표 4〉와 같다.

〈표 4〉 설득적 말하기에 대한 총체적 평가의 채점 기준

척 도	기 준
우 수	설득 목적에 따라 주장이 뚜렷하고 근거가 타당하게 잘 드러나 있으며, 내용이 짜임새 있고, 응집성 있게 구성되었다. 효과적이면서도 참신한 표현과 전달 방식을 활용하며 자신감 있는 태도로 청자의 관심을 끌었다. 청자의 가치관과 행동에 변화를 줄 수 있을 정도로 매력적이다.
보 통	설득 목적에 따라 주장과 근거가 잘 드러나 있으며, 내용이 짜임새 있게 구성되었다. 적절한 표현과 전달 방식을 활용하여 청자가 주의를 기울일 수 있도록 하였다. 청자의 가치관과 행동 변화에 어느 정도 도움이 되었다.
미 흡	설득 목적에 따른 주장과 근거가 부족하거나 적절하지 않으며, 내용 구성에 짜임새가 부족하다. 자신감이 부족하여 표현과 전달 방식이 어색하며 청자의 주의를 끌지 못한다. 청자의 지식이나 가치관 변화에 도움이 되기 어렵다.

(2) 분석적 평가

분석적 평가는 학생의 수행 능력을 개별적인 평가 항목으로 구체화하고, 평가 항목 사이의 간섭을 최소화하여 독립적으로 평정한 후 이를 합산하여 평가 결과를 정리하는 평가 방법이다. 독립적인 평가 항목마다 점수를 부여하므로 학생의 구체적인 수행 능력을 파악할 수 있으므로 교수·학습에 환류(feedback)하기가 용이하다. 그러나 제한된 시간 내에 여러 개의 평가 항목에 대해 일일이 판단해야 하는 부담이 있고, 수행 결과의 완성도나 음성 언어 의사소통의 다양한 요인들을 종합적으로 고려해서 수행의 질을 파악하기 어렵다는 단점이 있다. 설득적 말하기에 대한 분석적 평가의 채점 기준을 예시하면 〈표 5〉와 같다.

<표 5> 설득적 말하기에 대한 분석적 평가의 채점 기준

영역		기준	척도				
			1	2	3	4	5
내용 구성	내용 선정	• 주장이 뚜렷한가?					
		• 근거가 타당한가?					
	내용 조직	• 글 구조가 적절한가?					
		• 문단 구조가 적절한가?					
		• 응집성 있게 구성되었는가?					
표현 및 전달		• 효과적인 표현을 사용하였는가?					
		• 어법에 맞게 말하였는가?					
		• 준언어적, 비언어적 표현을 잘 사용하였는가?					
		• 시청각 자료를 잘 사용하였는가?					
태도		• 자신감 있는 태도로 말하였는가?					
합계			/100				

(3) 포트폴리오 평가

포트폴리오는 학생이 자신의 학습 과정과 결과를 보여줄 수 있는, 다양한 자료들을 스스로 수집하고 정리해서 모아 놓은 자료 모음집 혹은 활동철이라 할 수 있다. 포트폴리오 평가라 함은 학습자가 제출한 포트폴리오를 활용하여 평가자가 학생이 학습한 내용, 학습의 과정, 학생의 성장과 발달의 전반적인 과정과 결과를 평가하는 방법으로서 '포트폴리오'라는 명칭만으로도 평가 방법의 의미를 내포하고 있다.

포트폴리오 평가는 듣기·말하기 평가가 지향해야할 방향, 즉 직접 평가, 과정 평가, 구체적인 담화 맥락 내에서의 실제적인 평가, 발달을 중시하는 평가 등에 부합하는 장점을 지니고 있다. 이밖에도 평가자와 학생에게 여러 가지 이점이 있다. 첫째, 듣기·말하기 수행의 구체적인 과정과 다양한 산출물 등 자세한 정보를 파악할 수 있으므로 듣기·말하기 평가의 난점 중 하나인 평가의 타당성을 확보할 수 있다. 둘째, 듣기·말하기 교수·학습 상황에서의 수행 과정과 결과가 포트폴리오에 반영되므로 교수·학습과 평가가 통합되어 있고, 이로 인해 듣기·말하기 수행 능력과 태도에 대한 구체적인 진단과 처방이 원활하게 이루어질 수 있다. 셋째, 학생이 주도적으로 자료 수집과 정리를 해야 하므로 학습에 대한 책임감을 갖게 되고, 듣기·말하기 수행에 대한 자기 점검과 성찰이 가능하다.

포드폴리오 평가는 짧게는 한 단원 단위, 길게는 학기 단위, 학년 단위로 비교적 장기간에 걸쳐 종단적으로 시행할 수 있다. 포트폴리오 평가에 포함할 수 있는 자료, 교사와 학생의 역할에 대해 간략히 제시하면 다음과 같다.

〈듣기·말하기 포트폴리오에 포함할 수 있는 자료〉
- 듣기·말하기 전, 중, 후 과정에 대한 기록 자료(말하기 내용 생성, 조직 등에 대한 메모, 발표 원고 등)
- 담화 유형에 따른 듣기·말하기 영상 녹화 파일(수행 중 휴대전화 등으로 녹화한 자료 파일 등)
- 포트폴리오 계획서, 자기 점검표, 동료 평가표 등 부가적인 기록 자료
- 듣기·말하기 수행과 관련한 교사, 동료, 부모 등과의 면담이나 협의 자료

〈교사의 역할〉
- 포트폴리오의 개념, 포함할 자료, 관리 방법 등 안내
- 자기 평가, 동료 평가 점검표 등 제공
- 학생 포트폴리오의 수시 점검 및 추가 지도
- 최종 포트폴리오에 대한 평가 및 교수·학습에 환류

〈학생의 역할〉
- 포트폴리오 계획서 제출
- 자료의 누적적 수집 및 관리
- 자기 점검표, 동료 평가표에 기록
- 교사에게 포트폴리오 수시 제출 및 추가 지도 받기
- 최종 포트폴리오 제출

1 듣기·말하기와 같은 음성 언어 의사소통과 읽기, 쓰기와 같은 문자 언어 의사소통의 공통점과 차이점을 설명해 보시오.

2 듣기의 과정, 말하기의 과정, 듣기·말하기 상호작용의 과정에서 초등학생이 특히 어려움을 겪을 만한 부분은 어디일지 자신의 경험에 비추어 말해 보시오. 그리고 이를 해결하기 위한 방안으로 교재에 제시된 것 이외의 다른 방법을 제안해 보시오.

제9장
읽기 교육의 이해

1. 읽기와 읽기 교육의 본질

가. 읽기의 개념과 특성

읽기는 독자가 글을 읽고 이해하는 과정을 말한다. 읽는 대상이 되는 글은 주로 문자 언어로 기록된 것이다. 독자는 문자 언어를 해독하고 의미를 이해하면서 읽기를 한다. 글에 제시된 정보를 찾아보고 문학 작품을 읽으면서 많은 정서를 느끼기도 한다. 우리는 글을 읽으면서 다양한 정보를 얻고 수많은 간접 경험을 한다.

읽기의 개념은 해독과 독해로 이해할 수 있다. 해독은 문자를 소리 내어 읽는 것이다. 독해는 독자가 글의 의미를 구성하는 사고 과정이다. 우리는 글을 읽을 때 문자를 소리로 변환하고 이 사고 과정에서 독자는 글의 의미를 파악하고 구성하게 된다. 의미 구성 과정은 독자가 글의 의미를 자신의 배경지식과 경험을 토대로 이해하는 사고 과정이다. 독자는 글을 읽고 글에서 전달하고자 하는 의미를 이해하고 자신의 지식과 정보로 만든다. 그리고 독자는 다양한 정서를 경험하고 기억한다. 이와 같은 일련의 과정을 읽기라고 할 수 있다.

읽기의 주요 특성을 살펴보면 다음과 같다.

첫째, 읽기는 문자 언어를 대상으로 의미를 구성하는 사고 과정이다. 글은 문자 언어로 기록된 것이다. 문자 언어는 하나의 의미로 일관되고 엮어서 만들어지는데, 그 결과물을 텍스트라고 한다. 읽기의 대상은 텍스트이다. 그리고 그 텍스트는 의미적인 일관성을 갖추고 있고, 문법적인 연결 구조도 갖추고 있다. 독자는 텍스트를 읽고 이해하고 의미를 구성한다. 즉, 읽기는 문자 언어를 대상으로 하며, 텍스트성을 갖춘 글을 읽고 이해한다.

둘째, 읽기의 대상인 텍스트의 특성에 따라 읽기의 의미가 확장된다. 텍스트는 매체의 발달과 변화와 밀접한 관련이 있다. 우리가 읽는 텍스트는 기술이 발달함에 따라 다양한 변화를 겪고 있다. 과거에는 종이책을 주로 읽었지만, 현재는 다양한 디지털 매체를 활용해 텍스트를 읽을 수 있다. 또한, 의미를 전달하는 텍스트는 글뿐만 아니라 그림, 사진, 영상 등과 함께 어우러져 만들어진다. 독자는 매체 변화에 따라 다양한 유형의 텍스트를 읽어야 한다. 즉, 읽기는 텍스트의 변화와 확장에 따라 의미도 확장되고 있다.

셋째, 읽기는 시공간을 초월하는 특성이 있다. 읽기의 대상이 되는 텍스트는 아주 오래전에 살았던 필자가 만들어 낸 책부터 동시대에 살고 있는 필자가 쓴 책까지 시대와 공간을 초월한다. 따라서 과거를 간접적으로 경험할 수 있고, 다른 공간에 있는 필자의 생각도 읽을 수 있다. 음성 언어는 즉시성이 있어서 같은 시간에서만 상호소통을 할 수 있다. 그러나 필자가 생산한 텍스트는 다양한 독자에 의해 새롭게 의미가 부여되고 생산되는 특성이 있다.

넷째, 읽기는 눈으로 확인하기 힘든 특성이 있다. 쓰기는 문자 언어로 표현된 결과물이 있다. 쓰기 결과물을 토대로 학습자의 쓰기 능력을 추정할 수 있다. 그러나 읽기는 심리적인 사고 과정이다. 머릿속에서 일어나는 사고 과정이므로 독자의 읽기는 관찰하면서 확인하기 어려운 특성이 있다. 따라서 읽기를 측정하기 위해서는 간접적인 방법을 통해서만 가능하다.

나. 읽기 교육의 중요성

기초적인 능력, 학력에서 주요 내용으로 다루던 것을 손꼽으라 하면, 3Rs를 들 수 있다. 3Rs는 읽기(reading), 쓰기(writiing), 셈하기(arithmetic)를 의미한다. 그중에서도 모든 학습을 하는 데 기초적인 능력으로 읽기 능력을 중요하게 고려할 수 있다. 3Rs는 고대 시대부터 학업을 수행하는 데 중요한 기초적인 능력으로 고려해야 왔으며, 이는 읽기 능력이 모든 학업 수행의 기초적인 능력이란 점을 알 수 있다.

최근 기초학력에서도 읽기는 중요한 능력으로 다루고 있다. 기초학력으로서 문해력(literacy) 은 일상생활을 영위하는 것뿐만 아니라 학업 수행에서도 중요하다(이경남, 2021). 문해력은 기초학력 보장법 '[시행 2022. 3. 25.] [법률 제18458호, 2021. 9. 24., 제정]'에서도 강조되고 있다. 구체적으로 기초학력 보장법 시행령에서는 '최소한의 성취기준은 ~ 읽기, 쓰기, 셈하기를 포함하는 기초적인 지식 기능 등으로 한다.'라는 것을 '제2조 최소한의 성취기준'에 포함하였다. 이처럼 읽기 능력은 법적으로도 학생에게 강조하고 있다. 이러한 맥락을 고려해서 구체적으로 읽기 교육의 중요성을 제시하면 다음과 같다.

첫째, 읽기는 모든 학업 수행의 기초가 되는 능력이다(이경남, 2021). 교육은 교사의 담화와 발화 등으로도 실행되지만, 교재, 교수·학습 자료, 평가 등의 대부분은 글을 통해서 실행된다. 학습자는 글을 읽고 교육적인 과업을 이해하고 지식을 습득하거나 수행할 수 있는 능력을 배우게 된다. 즉, 글을 읽기 이해할 수 있는 능력이 없으면, 모든 학업이 원활하게 수행되기 어렵다.

학교에 처음 입학한 학습자는 국어 교육의 한글 학습을 통해 글자를 알고 읽을 수 있어야 한다. 기초적인 읽기 능력을 바탕으로 초등학교 저학년 시기의 학업을 원활하게 수행할 수 있다. 그리고 학습자는 다양한 내용 교과 지식을 습득하기 위해서 교재에 제시된 글을 읽고 이해하며 기억해야 한다. 이와 같은 독해 능력이 부족한 학습자는 학업 수행에 어려움을 겪을 수밖에 없다. 따라서 읽기는 모든 학업 수행에 기초가 되는 능력이라고 할 수 있다.

둘째, 읽기는 학습자의 인지, 정의적인 발달에 중요한 영향을 준다. 비고츠키(vygotsky)는 언어의 발달이 사고의 발달에 결정적인 영향을 준다고 강조했다. 구체적인 경험에 대한 개념화는 학습자의 인지적인 발달에 영향을 준다. 그리고 개념화와 추상화 정도는 발달 정도를 확인할 수 있는 지표가 된다. 즉, 언어적 발달은 학습자의 인지적, 정의적인 발달에 결정적인 영향 요인이라고 할 수 있다.

언어 발달은 다른 사람과의 의사소통을 통해서도 이루어지지만, 음성 언어 발달 이후 학습자는 문자 언어에 대한 이해와 표현의 발달 과업을 통해서 폭발적인 언어 발달이 나타난다. 글을 읽고 이해하는 사고 과정은 언어를 개념적으로 인식하고 발달시키는 데 영향을 준다. 학습자는 읽기를 함으로써 어휘력이 발달하고 확장된다. 즉, 텍스트를 읽고 이해하는 사고 과정은 학습자는 인지적, 정의적인 발달 과업을 돕는다.

셋째, 읽기는 사회적 행위로서 학습자의 사회적 의사소통 능력에 중요한 요인이다. 텍스트를 읽기 이해하는 능력은 개인의 인지적 발달뿐만 아니라 사회에 대한 이해에도 중요한 영향을 준다. 그리고 읽기는 다른 사람과의 의사소통에 기반이 되면서 동시에 사회의 구성원으로 참여하는 데 기반이 된다.

우리는 텍스트를 읽으면서 텍스트에 담겨 있는 전통적인 사회·문화적 관습을 이해한다. 초등학교 학습자는 다양한 텍스트를 접하면서 사회·문화적인 맥락을 파악한다. 그리고 개인이 사회의 어떤 구성원인지 이해하게 된다. 사회 구성원으로서 자신에 대한 이해는 사회 안에서 개인의 역할이 무엇인지 이해하는 데 밑거름이 된다. 이와 같은 과정은 읽기 교육이 개인의 사회화에 영향을 주면서 사회적 의사소통 능력을 신장하는 데 매개체가 된다는 것을 알 수 있다.

최근, 비판적 문해력(critical literacy)과 사회적 독서의 강조는 읽기 교육이 사회적으로 중요한 능력이란 점을 뒷받침한다. 비판적 문해력은 텍스트에 제시된 언어 사용 맥락을 비판적으로 이해하는 능력을 의미한다. 비판적 문해력은 언어를 통해 발생하는 사회적 문제에 대해 깊이 이해하고 민주적인 사회를 구성하기 위해 언어가 어떤 역할을 하는지 이해하는 능력이다. 이와 같은 독서를 사회적 독서라고도 한다. 사회적 독서는 가정, 학교, 사회의 구성원과 읽기 결과에 대해 공유하고 소통하는 능력을 강조한다(천경록, 2014).

2. 읽기 이론

가. 행동주의적 관점

행동주의적 관점은 스키너 이론에 기반하여 읽기를 이해한다. 읽기를 자극과 반응으로 이해한다. 자극은 텍스트이고 반응은 독자의 읽기 결과물이다. 자극과 반응은 직접적인 연관이 있다. 따라서 텍스트의 종류와 유형이 읽기에서 중요하다. 독자가 좋은 텍스트를 읽으면, 좋은 읽기 결과물을 얻을 수 있다. 즉, 행동주의적 관점에서 읽기는 전형적인 텍스트의 선정이 읽기 교육에서 중요하다. 이와 같은 이론적 특성에 따라 행동주의적 관점에서 읽기 교육은 다음과 같은 특징이 있다.

첫째, 행동주의적 관점에서는 반응을 눈으로 관찰할 수 있어야 했다. 관찰이 가능한 읽기 행동은 읽기 능력 중 해독에 집중되었다. 해독에 숙달하기 위해서 행동주의적 관점에서는 파닉스 중심의 교수법을 강조했다(김혜정, 2016). 문자를 소리로 전환하기 위해 음운과 형태를 반복적으로 연결하는 연습을 강조한 것이다. 파닉스 중심의 지도는 기초 읽기 능력에서도 중요하게 다룬다. 즉, 행동주의적 관점에서 읽기는 기초적인 읽기 기능에 숙달하는 것이 중요했다.

둘째, 행동주의적 관점에서 읽기 능력은 읽기 기능을 반복적으로 연습하는 것이 중요하다. 반응을 효과적으로 산출하기 위해서 독자는 반복된 연습을 해야 한다. 반복된 읽기 기능 연습은 다른 텍스트를 읽을 때도 활용할 수 있다. 행동주의적 관점에서는 텍스트가 중요하므로 유사한 텍스트를 반복해서 읽는 연습을 하고, 이러한 과정은 자연스럽게 다른 텍스트 읽기로 전이된다고 생각했다(Afflerbach, Pearson & Paris, 2008: 366).

셋째, 읽기 과정 모형 중 상향식 과정이 행동주의적 관점에 토대를 두고 있다. 상향식 이해 모형은 글을 이해할 때 단어, 구, 문장, 글 단위로 점차 확장하면서 이해를 한다고 고려한다. 글을 이해하기 위해서는 글자를 해독할 수 있어야 한다. 그리고 단어의 의미를 파악한 후 문장과 글의 의미를 파악할 수 있다. 상향식 이해 모형은 독자가 글을 읽을 때 작은 단위부터 분석한 후 전체적인 의미를 파악할 수 있다고 고려한다.

넷째, 행동주의적 관점에서 읽기 교육은 텍스트를 강조한다. 모범이 되는 텍스트를 선정하는 것이 읽기 교육의 출발점이라고 고려한다. 모범이 되는 텍스트를 반복해서 읽으면, 자연스럽게 다른 글을 읽을 수 있다고 생각했다. 또한, 파닉스 중심의 해독을 할 수 있으면, 의미 이해도 자연스럽게 될 수 있다고 생각했다. 기초적인 읽기 기능의 숙달이 텍스트 이해에 중요하다고 생각했기 때문이다.

나. 인지주의적 관점

인지주의적 관점에 토대가 된 이론은 스키마 이론이다(Anderson & Pearson, 1984). 스키마 이론은 기억에 필요한 인간의 지식 구조를 강조한다(Pearson & Hamm, 2005: 29). 예를 들어, 의자를 시각적으로 경험하면, 우리 안에 의자가 도식으로 기억되고 이를 통해 의자와 관련된 지식을 이해하게 된다. 스키마 이론은 슬롯(slot)의 개념으로 설명할 수 있다(이정모 외, 2001: 269). 우리의 머리에 스키마 구조가 있고, 각각의 빈 슬롯은 독자가 이해하면서 자연스럽게 채우게 된다. 독자는 슬롯을 채우면서 스키마 구조를 정교화한다. 스키마 이론은 독자가 글을 읽을 때 배경지식을 활용하는 원리를 설명한다. 이와 같은 이론적 특성에 따라 인지주의적 관점에서 읽기 교육은 다음과 같은 특징이 있다.

첫째, 인지주의적 관점은 독자의 읽기 전략 활용을 강조한다. 독자는 글을 읽으면서 다양한 읽기 전략을 활용한다. 읽기 전략은 독자가 새로운 읽기 상황을 이해하고 읽기 목적에 맞게 필요한 기능을 선택하는 언어적 사고 과정을 강조한다(Afflerbach, Pearson & Paris, 2008). 인지주의적 관점에서 독자는 텍스트를 읽으면서 적합한 읽기 전략을 선택하는 능력이 중요하다.

둘째, 인지주의적 관점에서는 독자의 역할을 강조한다. 독자의 배경지식과 경험은 의미 구성 과정에 중요한 영향을 준다. 한 반에 있는 학습자가 같은 텍스트를 읽더라도 각자의 배경지식과 경험이 다르므로 읽기 결과도 미세하게 달라질 수밖에 없다. 이러한 읽기 관점은 구성주의에 토대를 두고 있다. 독자는 텍스트를 잘 이해하기 위해서 텍스트와 관련된 배경지식을 잘 갖추는 것이 중요하다. 그리고 텍스트의 이해가 어려운 경우, 관련 배경지식을 찾아보면서 이해하는 것이 중요하다.

셋째, 인지주의적 관점에서는 읽기 과정 모형 중 하향식 과정, 상호작용 과정이 중요하다. 하향식 과정은 독자의 배경지식이 텍스트 이해에 주요한 영향을 준다고 강조한다. 독자는 글을 읽으면서 전반적인 주제를 파악한 후 관련된 세부 정보를 찾아야 한다. 이와 같은 하향식 과정은 독해에서 독자의 역할이 중요하다. 상호작용 과정은 상향식과 하향식 과정의 각 입장이 대립하면서 제시된 절충안이다. 읽기 전쟁이라고 부를 만큼 하향식과 상향식의 대립은 Rumlehart(1981)가 상호작용 과정을 제시하면서 일단락된다. 상호작용 모형은 글을 이해할 때 독자의 역할과 텍스트의 정보가 동시에 작용한다는 것을 강조하는 모형이다.

다. 사회 문화적 관점

사회 문화적 관점에서 중요한 영향을 준 패러다임은 사회적 구성주의이다. 사회적 구성주의는 Vygotsky(1978)의 이론에 영향을 받은 패러다임이다. 사회적 구성주의는 아동의 사고 발달은 개인적인 것이 아니라 주변의 상황, 교사, 성인 등의 역할에 따라 달라질 수 있다는 점을 강조했다. 이러한 과정을 근접발달영역(ZPD, zone of proximal development) 이론으로 설명했다. 근접발달영역은 주변에 더 나은 사람에게 영향을 받아 비계(scaffolding)를 받으면 발달할 수 있다는 것을 말한다. 이와 같은 이론적 특성에 따라 사회 문화적 관점에서 읽기 교육은 다음과 같은 특징이 있다.

첫째, 사회 문화적 관점에서는 맥락을 강조한다. 맥락은 읽기 목적과 밀접한 관련이 있다. 독자가 어떤 목적에 따라 글을 읽는지 읽기 결과가 달라진다. 읽기 목적은 사회·문화적 맥락과 밀접한 관련이 있다. 독자가 어떤 사회의 구성이냐에 따라 같은 책이라도 읽는 목적이 다를 수밖에 없다. 또한, 문화적 차이는 글을 이해하는 결과에 영향을 준다. 나라 간 문화의 차이뿐만 아니라 같은 나라 안에서도 다양한 문화적 차이는 독해 결과에 영향을 준다. 예를 들면, 농촌, 산촌, 어촌에 사는 아이들이 '지하철'과 관련된 글을 읽을 때 생소한 어휘가 많이 등장할 수밖에 없고 반대의 경우에도 도시의 아이들은 글을 이해하는 데 제한적일 수밖에 없다.

둘째, 사회 문화적 관점에서는 사회적 의사소통을 강조한다. 독자 개인이 글을 읽는 행위보다 다른 사람과 공유하고 소통하는 것을 중요하게 고려한다. 읽기 성취는 해석공동체에 따라 다르게 나타날 수 있다. 자신이 속한 사회의 구성이 이해하는 해석공동체의 의미 해석 범위에 따라 독자의 이해 성취는 차이가 난다. 독자는 해석공동체에서 이해하는 의미를 사회적 관습을 파악하여 짐작하고 이해할 수 있어야 한다. 그리고 이러한 읽기 과정은 자연스럽게 독자가 사회의 한 구성원으로 성장하고 발달해 나가는 데 영향을 준다. 즉, 독자가 해석공동체의 일원이 되도록 읽기가 돕는 것이다. 따라서 글을 읽는 이해 과정에서 다른 사람과 소통하고 공유하는 활동이 중요하다.

셋째, 사회 문화적 관점에서는 평가 방법에서도 개인의 인지적인 능력을 평가하는 것보다 실제적인 독서 능력을 평가하는 것을 강조한다. 즉, 읽기의 실제성을 강조한다고 할 수 있다. 독자가 얼마나 실제적인 상황 맥락에서 글을 잘 읽고 이해할 수 있는지 점검하고 평가해야 한다. 예를 들면, 생태학적 평가와 같은 평가 방법을 활용할 수 있는데, 실제 교실에서 혹은 실제적인 읽기 상황에서 학습자가 읽기 수행을 잘할 수 있는지 평가하는 것이다.

3. 읽기 교육의 목표와 내용

가. 읽기 교육의 목표

읽기 교육은 학교 교육에 필요한 기초적인 읽기 능력을 습득하여 평생 독자로서 읽기를 통해 학업뿐만 아니라 일상생활을 영위할 수 있도록 하는 데 목적이 있다. 읽기 영역의 교육 내용은 목표 달성을 위해 학습자의 기초적인 읽기 능력부터 비판적이고 창의적인 고등 사고 능력의 읽기 능력까지 경험할 수 있도록 구성되어 있다.

나. 읽기 교육의 내용

(1) 내용 체계

〈표 1〉 읽기 영역의 내용 체계

핵심 아이디어		• 읽기는 독자가 자신의 배경지식이나 경험을 활용하여 언어를 비롯한 다양한 기호나 매체로 표현된 글의 의미를 능동적으로 구성하는 행위이다. • 독자는 다양한 상황 맥락과 사회·문화적 맥락 속에서 자신의 읽기 목적을 달성하기 위하여 다양한 유형의 글을 읽는다. • 독자는 읽기 과정을 점검·조정하며 읽기 과정에서 부딪히는 문제를 해결하기 위해 적절한 읽기 전략을 사용하여 글을 읽는다. • 독자는 읽기 경험을 통해 읽기에 대한 긍정적 정서를 형성하고 삶과 공동체의 문제 해결을 위해 공동체 구성원과 함께 독서를 통해 소통함으로써 사회적 독서 문화를 만들어 간다.			
범주		내용 요소			
		초등학교			중학교
		1~2학년	3~4학년	5~6학년	1~3학년
지식·이해	읽기 맥락		• 상황 맥락	• 상황 맥락 • 사회·문화적 맥락	
	글의 유형	• 친숙한 화제의 글 • 설명 대상과 주제가 명시적인 글 • 생각이나 감정이 명시적으로 제시된 글	• 친숙한 화제의 글 • 설명 대상과 주제가 명시적인 글 • 주장, 이유, 근거가 명시적인 글 • 생각이나 감정이 명시적으로 제시된 글	• 일상적 화제나 사회·문화적 화제의 글 • 다양한 설명 방법을 활용하여 주제를 제시한 글 • 주장이 명시적이고 다양한 이유와 근거가 제시된 글 • 생각이나 감정이 함축적으로 제시된 글	• 인문, 예술, 사회, 문화, 과학, 기술 등 다양한 분야의 글 • 다양한 설명 방법을 활용하여 주제를 제시한 글 • 다양한 논증 방법을 활용하여 주장을 제시한 글 • 생각과 감정이 함축적이고 복합적으로 제시된 글
과정·기능	읽기의 기초	• 글자, 단어 읽기 • 문장, 짧은 글 소리 내어 읽기 • 알맞게 띄어 읽기	• 유창하게 읽기		
	내용 확인과 추론	• 글의 중심 내용 확인하기 • 인물의 마음이나 생각 짐작하기	• 중심 생각 파악하기 • 내용 요약하기 • 단어의 의미나 내용 예측하기	• 글의 구조를 파악하기 • 글의 주장이나 주제 파악하기 • 글의 구조 고려하며 내용 요약하기 • 생략된 내용과 함축된 의미 추론하기	• 설명 방법과 논증 방법 파악하기 • 글의 관점이나 주제 파악하기 • 읽기 목적과 글의 구조를 고려하며 내용 요약하기 • 드러나지 않은 의도나 관점 추론하기
	평가와 창의	• 인물과 자신의 마음이나 생각 비교하기	• 사실과 의견 구별하기 • 글이나 자료의 출처 신뢰성 평가하기 • 필자와 자신의 의견 비교하기	• 글이나 자료의 내용과 표현 평가하기 • 다양한 글이나 자료 읽기를 통해 문제 해결하기	• 복합양식의 글·자료의 내용과 표현 평가하기 • 설명 방법과 논증 방법의 타당성 평가하기 • 동일 화제에 대한 주제 통합적 읽기 • 진로나 관심 분야에 대한 자기 선택적 읽기
	점검과 조정		• 읽기 과정과 전략에 대해 점검·조정하기		
가치·태도		• 읽기에 대한 흥미	• 읽기 효능감	• 긍정적 읽기 동기 • 읽기에 적극적 참여	• 읽기에 대한 성찰 • 사회적 독서 문화 형성

읽기 영역의 핵심 아이디어 첫 번째는 '지식·이해', '과정·기능', '가치·태도' 전체를 설명하는 읽기 영역의 교육 내용 조직자로서, 2015 개정 교육과정에 비교할 때 읽기를 규정하는 본질과 관련 깊다. 두 번째는 '지식·이해'와 관련이 깊으며 읽기 영역의 교육 내용 조직자로서 독자가 읽기 맥락을 고려하며 능동적으로 읽기 목적에 따라 다양한 유형의 글 읽기를 수행해야 함을 제시하였다. 세 번째는 '과정·기능'과 관련이 깊으며 읽기 영역의 교육 내용 조직자로서 독자가 읽기 상위 인지를 통해 읽기 과정을 점검하고 조정하면서 글을 읽는 중에 직면하는 읽기와 관련된 문제를 해결하기 위하여 적절한 읽기 전략을 활용하며 읽기를 수행해야 함을 제시하였다. 네 번째는 '가치·태도'와 관련 깊으며 읽기 영역의 내용 조직자로서 독자가 독서에 대한 긍정적 정서를 형성하고 개인적 독서를 넘어서서 독서 공동체와 함께 사회적 독서에 적극적으로 참여하고 바람직한 사회적 독서 문화를 형성하는 읽기를 수행해야 함을 제시하였다.

다음으로 범주를 살펴보면 첫째, 지식, 이해 범주는 읽기 맥락과 글의 유형으로 구성되었다. 읽기 맥락은 읽기가 수행되는 독자, 글, 맥락 간의 관계를 구체화하기 위해 상황 맥락과 사회·문화적 맥락으로 각각의 내용 요소를 선정하였다. 글의 유형에서는 읽을 대상을 글(text)로 단일화하되 성취기준 수준에서 글자, 낱말, 문장, 짧은 글이나 긴 글, 매체 자료 등의 범위로 구체화하였다. 또한 텍스트가 담고 있는 정보의 명시성과 함축성, 텍스트의 구조나 형식 차원의 복잡도 수준을 고려하여 텍스트의 유형과 수준을 위계화하고 이를 학년별로 계열화하여 제시하였다.

둘째, '과정·기능' 범주에는 해독과 유창성에 해당하는 읽기의 기능 요소를 '읽기의 기초' 범주를 명시하여 이 하위의 내용 요소로 제시하였다. 이에 '소리와 철자 간의 대응', '소리 내어 읽기', '의미 단위를 고려하여 알맞게 띄어 읽기', '유창하게 읽기'를 초등 1~2학년과 3~4학년에 걸쳐 내용 요소로 구체화하여 제시하였다. 그리고 '내용 확인과 추론', '평가와 창의' 등으로 해당 용어를 변경하였다. 또한 읽기의 과정에서 점검과 조정이 이루어지는 실제적 대상이 '읽기 전략'임을 고려하여 '점검과 조정'으로 이를 용어를 제시하였다.

셋째, '가치·태도' 범주에는 읽기 흥미, 읽기 효능감, 읽기 동기 등으로 읽기의 정의적 요인으로 주요하게 다루어온 대상을 실제적으로 반영함으로써 학년군별 정의적 요인에 대한 지도 요소를 구체화하였다. 또한 읽기의 생활화의 내용 요소로 제시된 '경험과 느낌 나누기, 읽기 습관 점검하기, 읽기 생활화하기, 자발적 읽기' 등의 모호성이나 학년별 위계성의 문제 등을 고려하여 '읽기 생활화하기, 자발적 읽기' 등은 '읽기에 대한 적극적 참여'로 제시하였다. 또한 읽기의 생활화가 개인의 독서 활동에 제한되어 서술된 바를 사회적 독서 활동으로 독서의 폭을 넓혀 '사회적 독서에 대한 참여와 독서 문화 형성'에 관한 내용 요소를 제시하였다.

(2) 성취기준

① [초등학교 1~2학년군]

> [2국02-01] 글자, 단어, 문장, 짧은 글을 정확하게 소리 내어 읽는다.
> [2국02-02] 의미가 잘 드러나도록 문장과 짧은 글을 알맞게 띄어 읽는다.
> [2국02-03] 글을 읽고 중심 내용을 확인한다.
> [2국02-04] 인물의 마음이나 생각을 짐작하고 이를 자신과 비교하며 글을 읽는다.
> [2국02-05] 읽기에 흥미를 가지고 즐겨 읽는 태도를 지닌다.

〈성취기준 해설〉

- [2국02-02] 이 성취기준은 글을 의미 단위에 알맞게 띄어 읽으며 글의 의미를 파악하는 능력을 기르기 위해 설정하였다. 글을 읽으면서 의미 단위를 인식하고 이에 맞게 띄어 읽는 것은 글의 의미를 정확하게 파악하고 읽기 유창성을 높이는 데 중요한 요소이다. 글의 의미를 이해하기 위해 의미 단위에 따른 어구나 어절 단위 등으로 띄어 읽기, 주어부와 서술어부 등을 단위로 하여 띄어 읽기, 문장 부호에 따라 문장 단위를 인식하면서 띄어 읽기, 쉬는 지점, 쉼의 길이에 유의하며 띄어 읽기 등을 학습한다.
- [2국02-04] 이 성취기준은 글에 등장하는 인물의 마음과 생각을 짐작하는 능력과 타인에 대한 공감 능력을 기르기 위해 설정하였다. 인물의 마음이나 생각을 짐작하는 것은 글의 내용에 대한 이해와 더불어 실제 주변 인물에 대한 이해를 높이는 데 도움이 된다. 인물의 처지나 상황을 파악하기, 자신의 경험에 비추어 인물의 마음이나 생각 짐작하기, 감정을 드러내는 다양한 어휘를 활용하여 인물의 마음이나 생각을 표현하기, 인물의 마음이나 생각과 관련된 자신의 경험이나 생각을 떠올리며 비교하기 등을 학습한다.

- 읽기 성취기준과 타 영역의 성취기준을 분리해서 지도하기보다 상호 연계하여 국어 활동의 총체성을 구현하도록 한다. 예를 들어 정확히 소리 내어 읽기와 관련한 성취기준은 글자와 단어를 바로 쓰기에 대한 쓰기 성취기준, 소리와 표기가 다름을 알고 정확하게 발음하고 쓰기에 대한 문법 성취기준, 말놀이와 낭송에 관한 문학 성취기준 등과 연계하여 지도한다.
- 정확히 소리 내어 읽기나 알맞게 띄어 읽기를 지도할 때는 학습자가 해당 성취기준에 대한 학습 시간에는 물론이고, 일상생활에서도 학교 안내판, 학급 게시판, 광고지 등 주변에서 접할 수 있는 읽기 자료를 보고 스스로 읽기 활동에 적극적으로 참여할 수 있도록 관심을 기울여 지도한다. 나아가 가정에서도 쉽게 접할 수 있는 읽기 자료를 보고 정확히 소리 내어 읽고 알맞게 글을 읽는지 점검하도록 안내하여 학교 안팎에서의 기초 읽기 능력이 균형 있게 발달할 수 있도록 한다.
- 알맞게 띄어 읽기는 함께 읽기와 혼자 읽은 후 짝과 함께 상호 점검하며 읽기 등의 방법을 활용한다. 이때 의미에 따라 여러 단위에서 띄어 읽기가 가능하므로 기계적으로 띄어 읽기를 하지 않도록 유의한다.

② [초등학교 3~4학년군]

> [4국02-01] 글의 의미를 파악하며 유창하게 글을 읽는다.
> [4국02-02] 문단과 글에서 중심 생각을 파악하고 내용을 간추린다.
> [4국02-03] 질문을 활용하여 글을 예측하며 읽고 자신의 읽기 과정을 점검한다.
> [4국02-04] 글에 나타난 사실과 의견을 구분하고 필자와 자신의 의견을 비교한다.
> [4국02-05] 글이나 자료의 출처가 믿을 만한지 판단한다.
> [4국02-06] 바람직한 읽기 습관을 형성하고 읽기에 대한 자신감을 기른다.

〈성취기준 해설〉

- [4국02-01] 이 성취기준은 글의 의미를 효과적으로 표현하는 방법을 사용하여 유창하게 글을 읽는 능력을 기르기 위해 설정하였다. 글의 유형에 따라 글의 분위기, 장면, 인물의 특성 등을 파악하고 이를 고려하되, 어조, 억양, 속도, 강세 등의 표현 요소를 활용하여 글을 읽으면

서 글의 의미를 효과적으로 표현하기 등을 학습한다.

- [4국02-03] 이 성취기준은 글을 읽으며 글에 대한 질문을 만들고 이에 대한 답을 예측하면서 글을 읽는 추론적 읽기 능력을 기르기 위해 설정하였다. 읽기 전이나 읽기 중에 이루어지는 질문을 통해 자신의 배경지식이나 경험을 글과 관련짓기, 배경지식이나 경험을 활성화하여 글의 의미 추론하기, 제목이나 글의 차례, 사진이나 그림 등의 자료를 통해 글의 의미 추론하기, 질문을 통해 단어의 의미, 이어질 내용이나 사건의 전후를 예측하기, 질문을 통해 글을 이해한 정도를 점검하거나 읽기 과정에서 겪는 어려움을 점검하기 등을 학습한다.

- [4국02-04] 이 성취기준은 글에 나타난 사실과 의견을 구별하고 필자와 자신의 의견을 비교하면서 필자의 의견을 일방적으로 수용하지 않고 글을 비판적으로 읽는 능력을 기르기 위해 설정하였다. 글을 읽고 필자의 의견과 객관적 사실을 구별하기, 필자의 의견과 자신의 의견을 비교하기, 필자의 의견에 대한 타당성을 평가하기, 동일한 주제나 상황에 대한 서로 다른 의견 비교하기 등을 학습한다.

- [4국02-05] 이 성취기준은 도서관이나 인터넷 등을 통해 글이나 자료를 찾아 읽을 때 출처의 신뢰성을 평가하며 읽고 믿을 만한 글이나 자료를 선별하는 능력을 기르기 위해 설정하였다. 글이나 자료의 출처 확인 방법이나 필요성 이해하기, 다양한 매체를 활용하여 글이나 자료 탐색하기, 글이나 자료의 정보 출처 파악하기, 정보 출처의 유형이나 정보의 최신성 확인하기, 권위나 공신력 등을 고려한 신뢰성 평가하기, 여러 정보를 비교하며 내용의 신뢰성 평가하기 등을 학습한다.

〈성취기준 적용 시 고려 사항〉

- 글의 내용을 파악하고 글에 담긴 의미를 추론하고 평가하는 등 기본적인 읽기 능력을 갖출 수 있도록, 읽기 유창성을 고려한 읽기 상황, 중심 내용을 파악하는 읽기 상황, 질문과 예측을 활용한 능동적인 읽기 상황, 사실과 의견을 구분하거나 출처의 신뢰성을 평가하는 상황 등을 중심으로 읽기 활동이 이루어지도록 한다.

- 읽기 유창성을 지도할 때는 먼저 혼자 읽은 후에 짝과 함께 상호 점검하며 읽을 수 있도록 지도한다. 또한 글을 읽을 때 빠르고 정확하게 읽는 읽기 유창성이 충분히 숙달되었는지 점검하면서 글의 의미를 효과적으로 표현할 수 있는 방법을 사용하여 유창하게 글을 읽는지 살피고, 학습자의 읽기 유창성의 수준을 고려하며 지도한다.

- 중심 내용 간추리기를 지도할 때는 문단별로 중요 단어와 중심 문장을 파악하고 이를 바탕으로 글 전체의 중심 내용을 파악하여 간추리도록 지도한다. 문단별로 보충, 반복된 문장은 삭제하고, 중심 생각이 잘 드러나지 않은 문장은 학습자가 재구성할 수 있도록 한다. 그런 다음 문단별로 중심 문장을 통합하여 글 전체의 중심 내용을 파악할 수 있도록 지도한다. 이때 밑줄 긋기, 메모하기, 중요도 평정 등의 전략 등을 안내하고 이를 적용할 수 있도록 지도한다.
- 문맥을 고려하여 모르는 단어의 의미를 짐작하도록 지도할 때는 우선 학습자가 단어의 의미를 짐작한 후 그 의미를 확인하게 한다. 그리고 이 과정을 문법 성취기준과 연계함으로써 국어사전을 활용하여 모르는 단어를 찾도록 지도할 수 있다. 또한, 학습자의 어휘력을 기르기 위해 글을 읽으면서 연관 어휘를 익히거나, 의미 관계를 중심으로 비슷한 말이나 반대말 등을 찾게 할 수 있다. 이때 연상 활동이나 말놀이, 어휘망 그리기 등을 활용할 수 있고, 나만의 단어 사전이나 그림 사전 등을 만들어 다른 학습자들과 공유하도록 지도할 수 있다.

③ [초등학교 5~6학년군]

> [6국02-01] 글의 구조를 고려하며 주제나 주장을 파악하고 글 내용을 요약한다.
> [6국02-02] 글에서 생략된 내용이나 함축된 표현을 문맥을 고려하여 추론한다.
> [6국02-03] 글이나 자료를 읽고 내용의 타당성과 표현의 적절성을 평가한다.
> [6국02-04] 문제 상황과 관련된 다양한 관점의 글을 읽고 이를 문제 해결에 활용한다.
> [6국02-05] 긍정적인 읽기 동기를 형성하고 적극적으로 읽기에 참여하는 태도를 기른다.

〈성취기준 해설〉

- [6국02-01] 이 성취기준은 글의 구조를 고려하며 글의 중심 내용을 파악하고 자신의 언어로 요약하는 능력을 기르기 위해 설정하였다. 요약하기의 일반 원리를 이해하기, 글의 구조를 시각화한 도해 조직자를 활용하여 글의 구조와 내용 파악하기, 주제나 주장을 파악하기, 글의 중심 내용을 자신의 언어로 재구성하여 요약하기 등을 학습한다.
- [6국02-02] 이 성취기준은 글의 문맥을 고려하여 글에 표면적으로 드러나지 않은 내용을 추론하며 읽는 능력을 기르기 위해 설정하였다. 중요 단어나 문장, 문단 등의 수준에서 의미 추론하기, 글의 전체적인 흐름을 고려할 때 글에서 빠진 세부 내용이나 이어질 내용 추론하기, 학습자의

배경지식을 이용하여 함축적 표현이 암시하거나 내포하는 의미 추측하기 등을 학습한다.

- [6국02-04] 이 성취기준은 학습자가 직면한 문제를 해결하기 위해 다양한 관점의 글을 찾아 읽고 문제 해결에 필요한 지식이나 정보를 구성하는 창의적 읽기 능력을 기르기 위해 설정하였다. 문제 상황과 관련한 읽기 목적 명료화하기, 문제 상황 해결에 도움을 줄 수 있는 다양한 관점의 글 선정하기, 다양한 관점의 글을 읽고 내용의 타당성과 유용성 평가하기, 문제 해결을 위한 자신만의 창의적인 해결 방안 마련하기 등을 학습한다.

〈성취기준 적용 시 고려 사항〉

- 글의 구조를 고려하여 요약하기를 지도할 때는 요약하기가 단순히 글의 분량을 줄이는 것이 아니라 글의 구조에 따라 중심 내용을 자신의 언어로 표현하는 것임을 이해할 수 있도록 지도한다. 글의 구조를 시각화하여 제시한 도해 조직자 등을 활용하고, 짝 활동이나 모둠 활동을 통해 요약하기 과정과 결과를 공유하며 효과적으로 요약하기 전략을 내면화할 수 있도록 지도한다.

- 학습자 스스로 자신의 읽기 활동을 되돌아보고 능동적으로 읽기에 참여하는지 확인하기 위해 독서 성찰 일지나 독서 기록장을 작성하도록 하고, 자기 점검표나 관찰 기록표 작성 등 다양한 방법을 활용하여 일상의 읽기 습관을 개선하고 읽기 동기를 긍정적으로 형성하도록 지도한다. 이때 글을 읽는 과정에서 새롭게 알게 된 단어나 교과 학습을 위한 목적으로 글을 읽을 때 새롭게 알게 된 개념어 등을 토대로 나만의 단어 사전이나 단어 기록장 등을 만들어 학습자가 자기주도적으로 읽기 활동을 수행하는 가운데 어휘 학습을 연계할 수 있도록 지도한다.

- 이 시기는 학습자가 긍정적인 읽기 동기를 형성하여 읽기에 지속적으로 참여할 수 있도록 하는 태도를 형성하는 데 매우 중요한 시기이다. 학습자가 읽기에 대한 중요성과 가치를 인식하고, 교과 학습, 진로 탐색, 여가 등의 읽기 목적과 학습자 개인의 흥미나 수준을 고려하여 읽을거리를 스스로 찾아 읽되, 한 학기에 적어도 한 편의 글을 능동적으로 읽는 경험을 할 수 있도록 지도한다.

4. 읽기 교육의 원리

읽기 교육에서 중요한 것은 독자가 텍스트를 자신의 배경지식과 경험을 활용하여 이해하는 의미 구성 과정임을 아는 것이다. 독자는 글을 읽을 때 주체적으로 글을 이해하려고 해야 한다. 그리고 텍스트 읽기에 몰입하여 텍스트의 의미를 이해하기 위한 노력을 해야 한다. 이를 위해 다음과 같은 읽기 교육의 원리를 고려할 필요가 있다.

첫째, 읽기 목적을 명료하게 세워야 한다. 많은 연구에서 읽기 목적 설정이 읽기 성취에 영향을 준다는 것을 밝히고 있다. 읽기 목적은 독자가 알아야 하는 정보를 선택하는 데 영향을 준다. 읽기 목적을 범박하게 구분하면 지식과 정보를 얻기 위한 읽기와 여가를 위한 읽기로 구분할 수 있다. 전자는 텍스트에 제시된 독자가 필요한 지식과 정보를 찾아보는 것이 읽기 목적이다. 후자는 독자가 텍스트를 읽고 정서적인 반응을 얻기 위한 것이 읽기 목적이다. 독자가 어떤 읽기 목적을 설정하느냐에 따라 글을 읽는 방식과 결과가 달라질 수밖에 없다. 따라서 읽기 교육에서 텍스트를 읽기 전 읽기 목적을 명료하게 세우도록 해야 한다.

둘째, 교사가 읽기 전략과 기능의 시범 보이기를 해야 한다. 읽기는 관찰하기 어려운 심리적인 과정이다. 따라서 읽기를 가르칠 때는 명시적으로 읽기 전략과 기능을 가르쳐 주기 위해 교사의 시범 보이기가 중요하다. 예를 들면, 글을 요약할 때 어떤 심리적인 과정에 따라 요약하는지 교사가 자신의 읽기 과정을 말로 표현하며 보여주어야 한다. 이를 관찰하는 학습자는 글을 읽으면서 어떻게 요약하기 전략을 활용할 수 있을지 배운다. 읽기 수업을 할 때 교사는 먼저 학습할 내용을 자세히 안내하고, 점차 학습자가 교사가 할 수 있는 읽기 전략을 스스로 할 수 있도록 해야 한다.

셋째, 독자의 수준에 적합한 실제적인 텍스트를 선정하여 지도해야 한다. 독자가 읽을 수 있는 텍스트를 선정하는 것은 읽기 교육에서 중요하다. 그리고 이때 선정된 텍스트는 실제 책에서 접할 수 있는 실제적인 텍스트이어야 한다. 학습자는 자신의 수준에서 적절하게 도전적인 글을 읽을 때 읽기 동기가 높아지고 성공적인 읽기 경험을 할 수 있다.

학습자 수준에 적합한 텍스트 선정에서 중요한 요소는 텍스트의 양적, 질적, 독자와 과제 요인이다(CCSSI, 2010). 텍스트의 양적 요인은 텍스트에 제시된 문법적인 구조를 양적으로 환원한 것을 의미한다. 예를 들면, 문장이 평균적으로 몇 단어로 구성되어 있는지 살펴볼 수 있는데, 대체로 단어가 많을수록 이해하기 어려울 수 있다. 질적인 요인은 텍스트에서 다루는 주제가 독자에게 이해하기 어려운지 쉬운지 살펴보는 것을 말한다. 독자는 독자의 읽기 능력 수준을 말하고, 과제는 읽기 목적과 연관이 된 것으로 독자에게 글을 읽은 후 주어지는 과제를 의미한다. 독자에게 적합한 텍스트를 선정하여 읽기 교육을 하는 것은 읽기 성취와 밀접한 관련이 있다.

넷째, 독서 시간을 충분히 제공해야 한다(Owocki, 2003, 천경록, 조용구 역, 2013). 읽기 지도 시 학습자에게 텍스트를 이해하도록 돕기 위해서는 읽을 시간을 충분히 줘야 한다. 수업 시간에도 학습자가 충분히 글을 읽었는지 확인한 후 교사의 지도가 진행되어야 한다. 학습자의 읽기 능력이 발달하기 위해서는 학습자는 직접 책을 많이 읽어야 한다. 교사가 지도하는 시간도 중요하지만, 학습자가 글을 스스로 읽으면서 다양한 사고를 하는 과정이 읽기 능력 발달에 중요하기 때문이다. 따라서 수업 시간 전, 중, 후에 학습자에게 책을 읽을 수 있는 독서 시간을 충분히 부여하는 것이 읽기 교육에서 중요하다.

다섯째, 읽기가 다양한 사회적 의사소통에 기반이 된다는 점을 지도해야 한다. 읽기는 개인의 인지적 발달, 학습, 여가 등으로도 중요한 기능을 하지만, 읽기는 다양한 사회·문화적 맥락을 이해하는 데 중요한 역할을 한다. 그러므로 읽기 교육에서는 책을 읽은 후 교사, 주변 친구, 가족 등과 결과물을 공유하고 생각을 나누는 활동이 중요하다. 자신이 읽은 내용이 사회·문화적으로 어떤 의미를 지니는지 사고하는 활동은 학습자의 사회적 의사소통 능력에 중요한 기반이 된다.

5. 읽기 교육의 방법

가. 읽기 전 활동 지도 방법

읽기 전에는 읽을 준비를 해야 한다. 읽기 준비도를 갖추기 위해서는 자신이 읽을 책이 무엇인지 살펴봐야 한다. 그리고 어떤 내용으로 구성될지 제목, 서문 등을 보고 예측해 보는 연습을 해야 한다. 읽기 전 활동은 학습자가 읽기에 흥미와 동기를 가지고 읽기 목적을 분명하게 인식할 수 있도록 읽기 준비도를 갖추는 데 초점이 있다.

첫째, 읽기 목적 설정하기 전략이 있다. 이 전략은 글을 읽기 전 어떤 목적으로 글을 읽고자 하는지 방향을 설정하는 전략이다. 먼저, 학습자에게 책을 선택한 이유와 읽고 싶은 동기를 말하도록 한다. 이를 바탕으로 학습자가 어떤 목적으로 책을 읽어야 하는지 인식하게 한다. 예를 들면, 자동차에 관심이 많은 학습자가 책을 선택한 후 자동차에 관한 어떤 지식과 정보를 얻고 싶은지 상세하게 이야기할 수 있다. 자동차에 관한 정보를 얻고 싶은 학습자는 필요한 정보에 집중하면서 읽을 수 있다. 이처럼 읽기 목적 설정은 읽기 결과에 중요한 영향을 주므로 학습자가 글을 읽기 전 어떤 목적으로 읽어야 하는지 생각하고 설정할 수 있도록 지도하는 것이 중요하다.

둘째, 읽기 전에 활용할 수 있는 전략으로 예측하기가 있다. 예측하기는 글을 읽기 전 자신의 배경지식을 활용하여 텍스트에 제시될 내용에 대해 예상해 보는 활동을 의미한다. 구체적으로 예측하기는 책을 읽기 전에 제목, 저자, 표지 그림 등을 보고 어떤 내용일지 이야기해 보도록 할 수 있다(Owocki, 2003, 천경록, 조용구 역, 2013: 33). 예를 들면, "이 이야기는 어떤 내용일 것 같나요?", "이 책에서 설명하고 있는 내용에 대해 알고 있는 것이 있나요?" 등 읽기 전에 책과 관련하여 다양한 생각을 떠올리는 것을 말한다. 예측하기에서는 읽기 중, 후에 자신이 예측한 것과 맞았는지, 달랐는지 확인하는 것이 중요하다. 예측한 것이 맞았다면, 어떤 내용이 맞았고 그 내용에 대해 어떻게 생각했는지 확인하는 활동을 해야 한다. 달랐다면, 어떤 내용이 달랐는지 자신의 생각과 대조해 보는 활동을 하는 것이 필요하다. 예측한 결과를 확인하는 것은 이후 읽기 동기에 긍정적인 영향을 주기 때문이다.

둘째, 읽기 전에 배경지식 활성화 하기를 할 수 있다. 글을 읽을 때 독자는 끊임없이 자신의 배경지식과 경험을 떠올리면서 읽는다. 글과 관련된 배경지식이 있으면, 독자는 빠르고 쉽게 이해할 수 있으나, 그렇지 않으면 글을 이해하는 데 시간과 노력이 필요하다. 따라서 글과 관련된 배경지식을 활성화 하는 것은 읽기 성취와도 밀접한 관련이 있다.

배경지식 활성화 하기는 학습자가 알고 있는 지식을 떠올리게 하는 방법도 있지만, 교사가 직접 글과 관련된 배경지식을 제공할 수도 있다. 글과 관련된 배경지식을 학습자에게 제공하면서 글을 읽고 이해하는 데 도움을 제공할 수 있다. 그러나 지나치게 많은 배경지식을 제공하면, 추론하고 이해할 수 있는 여지를 주지 않아 읽기 흥미를 낮출 수 있다는 점을 유의할 필요가 있다. 독자는 책에서 자신의 배경지식을 활용하여 이해하는 데 인지적으로 긴장감을 유지하고 흥미를 느끼게 된다. 지나치게 쉬운 글은 독자가 배경지식을 떠올릴 필요가 없으므로 독자에게 인지적 긴장도를 요구하지 않는다. 따라서 글을 읽는 데 충분히 흥미를 느낄 수 있도록 글과 관련된 배경지식을 활성화 하는 활동은 읽기에 몰입하는 데 도움을 주는 전략이다.

셋째, 책과 관련된 내용을 자유롭게 떠올리는 연상하기를 활용할 수 있다. 연상하기는 책과 관련된 경험과 배경지식을 자유롭게 떠올리면서 떠올린 내용에 대한 근거를 이야기해보는 활동이다. 연상하기를 통해 교사는 학습자에게 부족한 배경지식과 경험을 확인할 수 있다. 그리고 글과 관련된 지도 전략을 세우는 데 학습자에 대한 정보를 얻을 수 있다. 학습자가 연상한 정보와 단어 등은 교사의 수업 전략에 활용할 수 있고, 학습자 개별적인 수준을 짐작하여 맞춤형 지도를 하는 데 정보로 활용할 수 있다. 그리고 연상한 정보를 정리해 보는 활동을 통해 학습자가 글을 읽기 전 생각을 정리해 보는 데 도움을 제공할 수 있다.

나. 읽기 중 활동 지도 방법

읽기 중 활동은 텍스트를 이해하는 데 몰입하고 집중할 수 있도록 도움을 주는 데 목적이 있다. 독자는 텍스트를 읽으면서 주제, 핵심어, 주요 내용 등을 파악해야 한다. 세부 내용을 바탕으로 주제를 파악해야 하고, 전체 주제를 바탕으로 관련된 세부 내용을 연결해야 한다. 따라서 읽기 중 활동 전략은 텍스트의 내용을 잘 파악하고 이해할 수 있도록 도움을 주는 데 초점이 있다.

첫째, 질문하기를 전략을 활용할 수 있다. 글을 읽으면서 독자는 계속해서 질문을 하면서 읽는다. Owocki(2003, 천경록, 조용구 역, 2013: 39)에서 다음과 같은 역할을 하므로 질문하기가 중요하다고 강조한다.

- 텍스트에 몰입하는 데 도움을 준다.
- 읽은 내용을 깊이 생각하게 된다.
- 사고를 조직하게 한다.
- 새로운 것을 알게 한다.

- 특정한 정보를 찾을 수 있도록 한다.
- 진술되지 않은 내용을 짐작하고 생각하게 한다.

질문하기는 명시적 질문과 암시적 질문으로 구분할 수 있다. 명시적 질문은 텍스트에 제시된 내용을 확인하는 데 활용할 수 있다. 예를 들면, "이 글에 등장하는 인물이 누구지?", "이 글에서 식물의 무엇에 대해 이야기하고 있지?" 등의 질문은 텍스트에 제시된 내용을 확인하는 명시적 질문으로 활용할 수 있다. 암시적 질문은 텍스트에 제시되지 않은 것을 짐작해 보는 질문이다. 예를 들면, "이 인물이 이렇게 생각한 이유는 무엇일까?", "이 글의 저자는 어떤 의도로 글을 썼을까?" 등은 암시적인 질문의 대표적인 예라고 할 수 있다.

둘째, 추론하기를 활용할 수 있다. 추론하기는 독해 과정에서 중요한 과정이면서 전략이라고 할 수 있다. 추론하기는 글에 제시된 내용 중 생략된 내용을 배경지식이나 경험을 활용하여 짐작하는 전략을 의미한다. 추론을 하기 위해서는 글에 제시된 정보에서 나타난 공백을 파악해야 한다. 그리고 그 공백에서 독자가 활용해야 하는 배경지식과 경험을 떠올리는 것이 중요하다. 그리고 이 배경지식과 경험은 텍스트의 의미를 이해하는 데 활용해야 한다. 독자는 글을 읽으면서 텍스트의 주제를 파악하게 되는데, 전반적인 주제를 파악하기 위해서는 텍스트의 응집성(coherence)을 파악해야 한다. 즉, 일관되게 글에서 말하고자 하는 주제를 파악해야 한다. 이를 위해서 독자는 글에서 생략된 내용을 짐작하면서 일관된 응집성을 만들기 위한 노력을 해야 한다.

글을 읽는 중에는 학습자가 이해하기 어려운 부분을 찾아 그 부분을 이해하기 위한 배경지식과 경험을 떠올리거나 찾을 수 있도록 지도해야 한다. 학습자는 이해가 어려운 부분을 스스로 확인하고 읽기 중에 관련된 지식과 정보를 찾아보는 노력을 해야 한다. 이러한 추론하기 활동은 글을 깊이 이해하는 데 도움을 주는 전략이다.

셋째, 시각화하기 전략을 활용할 수 있다. 시각화하기는 글에 제시된 지식과 정보를 시각적으로 구조화하는 것을 말한다. 텍스트의 내용을 글이나 그림으로 그려보면서 텍스트 내용을 깊이 이해할 수 있다. 글을 구조화하여 도형으로 만들어 보는 시각화하기 전략 중 대표적으로 도해 조직자 만들기가 있다. 도해 조직자는 글의 구조를 한눈에 확인할 수 있도록 그래프로 만드는 전략이다.

사회, 과학 등의 내용 교과 텍스트를 읽을 때 독자는 그림을 적극적으로 활용할 수 있다.

예를 들면, 과학 시간에 심장의 구조를 배우는 학습을 한다고 한다면, 글에 제시된 심장의 구성 요소를 읽고 그림으로 그려보는 활동을 할 수 있다. 글의 내용을 정확하게 이해한 학생은 바로 시각화하여 심장을 그릴 수 있다. 그렇지 못한 학생은 그림을 그리는 데에도 어려움을 겪을 수 있다. 교사는 교과 내용 지식을 그림으로 표현하는 활동을 확인하면서 글의 내용을 명확하게 이해하고 있는지 확인할 수 있다.

넷째, 점검(monitoring) 및 조정하기(regulation) 전략을 활용할 수 있다. 글을 읽는 독자는 자신이 글을 잘 읽고 있는지 확인하고 점검해야 한다. 글에서 의도한 내용을 잘 파악하고 있는지 자신의 사고 과정을 돌아보는 것이 필요하다. 이때 작용하는 과정이 바로 상위 인지다. 읽기 과정에서 점검 및 조정하기는 독자가 읽기 목적에 맞게 글을 읽고 있는지 확인하는 것부터 읽기 과정 중 필요한 전략을 활용하고 있는지 확인하는 것까지 작용한다(이경남·이경화, 2016). 점검 하기는 독자가 읽고 있는 과정을 확인하는 것을 의미하고, 조정하기는 텍스트의 주제를 파악하는 데 문제가 발생하거나 읽기 어려움이 발생하였을 때 새로운 전략을 찾아보거나 관련 지식을 찾아보는 등의 활동을 하는 것이다.

최근 텍스트가 종이책부터 다양한 매체를 포함하게 되면서 점검과 조정하기는 읽기 과정 중 중요한 전략으로 활용된다. 특히 디지털 텍스트를 읽을 때는 읽기 목적에 따라 글을 읽고 있는지 점검하고 읽기 시작 시 독자가 생각했던 읽기 목적에 부합하지 않은 읽기를 하고 있으면, 본래의 목적으로 돌아갈 수 있는 조정을 해야 한다. 디지털 매체에 구현되는 텍스트는 독자가 읽는 중에 목적을 잊어버리거나 방향을 헤매는 경우가 종종 발생하게 된다. 따라서 점검 및 조정하기는 종이책 읽기뿐만 아니라 디지털 텍스트를 읽는 중에서도 중요하게 작용하는 전략이다.

다. 읽기 후 활동 지도 방법

읽기 후 활동은 글이 내용을 정리하고 요약하는 데 초점이 있으며, 나아가 자신의 관점과 비교 및 대조하며 창의적으로 글을 읽을 수 있도록 도움을 주는 데 목적이 있다. 이를 위해 다음과 같은 전략을 활용해 볼 수 있다.

첫째, 중심 내용 파악하기를 할 수 있다. 중심 내용을 파악하는 것은 읽기 목적과 밀접한 관련이 있다. 어떤 목적으로 글을 읽느냐에 따라 중요한 내용이 달라질 수 있다. 예를 들면,

독자가 필요한 정보가 무엇인지에 따라서도 읽은 후에 독자마다 중요한 내용이 달라질 수 있다. 따라서 중심 내용을 파악하기 위해서는 독자에게 읽기 목적이 무엇인지 다시 확인해야 한다. 독자의 읽기 목적에 따라 중요한 정보가 무엇인지 정리를 해야 한다.

중심 내용은 글의 장르에 따라서도 다를 수 있다. 설명을 목적으로 하는 글, 설득을 목적으로 하는 글, 이야기가 중심인 글은 각각 중심 내용을 파악하는 방법이 다르다. 설명을 목적으로 하는 글은 설명하고자 하는 대상이 무엇인지 파악하고 어떤 것을 초점화하여 설명하고 있는지 정리해야 한다. 설득은 글쓴이의 의도를 파악하고 그 의도에 따라 말하고자 하는 글쓴이의 견해를 파악해야 한다. 이야기는 이야기 구조(story grammar)를 파악하고 이야기에서 시사하는 주제와 작가의 의도를 파악해야 한다. 이처럼 글의 특성과 장르에 따라서도 중심 내용을 파악하는 방법이 다르다.

둘째, 요약하기를 할 수 있다. 요약하기 전략은 중심 내용을 파악하는 전략과 함께 통합해서 활용할 수 있다. 요약은 글에 제시된 내용을 잘 기억하고 회상하는 데 영향을 준다(이경화, 2001: 260). 글을 잘 회상하기 위해서는 글에서 중요한 내용과 그렇지 않으 내용을 구분해야 한다. 이를 위해 요약하기 규칙을 활용할 수 있다.

요약하기 규칙으로는 삭제, 상위어 대체, 선택, 구성 등으로 구분할 수 있다(이경화, 2001:261). 삭제는 중요하지 않거나 중복되는 것을 제거하는 전략이다. 상위어 대체는 여러 낱말을 아우르는 상위 범주의 말을 찾아 대체하는 전략이다. 선택은 중심 문장을 찾아 선택하는 전략을 말한다. 구성은 중심 문장이 명시적이지 않을 경우, 다양한 정보를 조합하여 중심 문장을 구성하는 전략이다. 이와 같은 요약하기 전략을 바탕으로 글 내용을 간략화할 수 있다. 글 내용의 간략화는 글을 잘 기억하고 회상하는 데 도움을 준다.

셋째, 비판적 읽기를 할 수 있다. 글을 읽은 후에 저자의 의도를 파악하고 자신의 관점과 비교, 대조하는 활동을 할 수 있다. 독자의 관점과 저자의 생각과 의도를 견주는 활동을 비판적 읽기 및 감상 활동이라고 할 수 있다. 비판적 읽기는 책을 깊이 이해하는 데 도움을 준다. 그리고 학습자가 다양한 사고를 이해하고 공감할 수 있도록 도움을 준다.

글을 읽은 후 텍스트에 제시된 관점을 다양한 관점으로 생각하면서 글에 제시된 지식과 정보를 비판적으로 이해할 수 있다. 예를 들면, 공정 무역에 대한 글을 읽었을 경우, 찬성과 반대에 해당하는 글을 모두 찾아보면서 공정 무역의 장점과 단점에 대해 폭넓게 이해할 수 있다. 한 가지 사고에만 머무르지 않고 다양한 시각에서 이해하는 사고는 비판적 읽기에서 중요하고,

독자의 읽기 능력 발달에서도 중요하다.

6. 읽기 평가

가. 읽기 평가의 방향

'읽기' 영역에서는 교과서의 제재뿐 아니라 교과서 밖의 적절한 제재도 활용하여 실제적인 읽기 능력과 읽기 태도, 다양한 독서 경험 등을 종합적으로 평가하는 데 중점을 둔다. 또한 읽기 영역의 단독 평가뿐만 아니라, 타 영역과 통합한 평가를 실시하되, 읽기 평가 요소를 명시하여 읽기에 대한 구체적인 진단과 피드백이 가능할 수 있도록 평가 도구를 구성한다. 기초 수준에 있는 학습자나 느린 학습자 등 읽기에 어려움을 겪는 학습자의 읽기 문제를 진단하고 효과적인 피드백을 제공하기 위해 해독, 유창성, 독해 기능과 관련된 평가를 실시할 수 있다. 세부적으로는 자유 회상 검사, 오독 분석, 빈칸 메우기법, 자율적 수정, 중요도 평정, 요약하기 등의 평가를 실시할 수 있다. 읽기 태도나 습관 등을 평가할 때는 일회적 평가보다 누적적 평가를 실시하여 지속적으로 점검하고 학습자의 향상을 지원할 수 있도록 한다.

나. 읽기 평가의 방법

(1) 중요도 평정

중요도 평정은 글에 제시된 정보의 중요도 순위를 평가하는 방법이다. 글의 주요 내용을 파악하기 위해서는 중요한 내용을 찾는 활동이 중요하다. 중요도 평정법은 학습자가 글에 제시된 정보의 중요 정도를 파악하는 데 목적이 있다. 글에 제시된 정보는 주제와 관련된 중요한 정보, 주제를 부연하기 위한 정보 등이 존재한다. 학습자는 글을 읽으면서 주제와 직접적으로 연관된 중요한 정보를 파악해야 한다. 이러한 맥락에서 중요도 평정법은 주제 파악, 핵심어 찾기를 잘할 수 있는 평가하는 방법이다. 중요도 평정 방법은 글에 제시된 문장 단위를 중요한 정도에 따라 순위를 나타내는 것으로 활용할 수 있다. 중요도 평정의 단위는 구, 단어 단위도 가능하다. 학습자는 선택한 중요도 순서에 따라 활동지에 배열하는 활동도 할 수 있다.

(2) 자유 회상

글을 읽은 후 독자는 글에 제시된 정보를 잘 기억하고 있어야 한다. 독자의 지식으로 구성된 정보는 독자가 언제든 꺼내어 활용할 수 있다. 필요한 상황에 정보를 활용하기 위해서는 독자의 정보 기억이 중요하다. 따라서 글을 읽은 후 얼마나 독자가 중요한 정보를 잘 기억하고 있는지 평가하는 방법이 자유 회상 검사이다. 자유 회상은 독자가 글을 읽은 후 읽은 내용을 떠올려 말하도록 한 후 그 내용을 교사가 녹음하고 평가하는 방법이다. 교사가 회상한 내용을 즉각적으로 평가하기 어려우므로 녹음을 한 후 평가해야 한다. 구체적인 평가 방법은 회상한 정보의 양을 측정하는 방법, 정보의 정확성, 떠올린 정보의 중요성 등을 종합해서 평가할 수 있다. 또한, 정보의 연결 순서가 글에서 제시된 문맥과 일치하는지도 평가할 수 있다.

(3) 오독 분석

오독 분석(miscue analysis)은 Goodman(1968)이 최초로 개발한 평가 방법이다. 글을 읽으면서 독자는 의미 이해에 방해가 되는 오독을 한다. 행동주의적 관점에서는 이러한 오독을 의미 이해가 아니라 해독의 문제라고 생각했다. 인지주의적 관점의 연구가 시작되면서 독자의 오독은 의미 이해에 문제를 일으키는 원인이 된다고 생각했다. 즉, 오독을 분석함으로써 의미 이해에 문제가 생긴 부분을 찾을 수 있다.

오독 분석의 유형은 단어 대체, 생략, 삽입, 전치 등의 유형으로 구분할 수 있다. 단어 대체는 원래 있던 단어를 다른 단어로 바꾸어 읽는 것을 말한다. 생략은 글에 있는 음절, 단어 등을 생략하고 읽는 오독 유형이다. 삽입은 글을 읽으면서 독자가 글에 없는 음절, 단어를 넣어 읽는 유형이다. 전치는 글에 제시된 단어의 순서를 바꾸어 읽는 것을 말한다. 이와 같은 오독은 의미를 완벽하게 이해하는 데 방해가 된다. 따라서 교사는 오독 유형을 확인한 후 학습자가 반복적으로 오독을 하는지 점검하고 지도해야 한다. 오독을 파악하고 교정함으로써 독자의 해독 능력뿐만 아니라 독해 능력까지 향상하는 데 도움을 줄 수 있다.

(4) 프로토콜 분석

프로토콜 분석은 읽기 과정을 설명하기 위해 활용하던 평가 방식이다. 글을 읽으면서 독자는 자신의 머릿속에 발생하는 사고 과정을 말로 설명할 수 있는데, 이러한 과정을 사고구술 (think-aloud)라고 한다(천경록 외, 2023). 사고구술은 학습자의 훈련이 필요하다. 독자의 생각을 말로 표현하는 것은 쉬운 일이 아니다. 따라서 사고구술을 위해서는 교사가 시범을 보이는 것이 필요하다. 학습자는 교사의 사고구술을 따라 하면서 말로 자신의 사고를 표현할 수 있다. 독자가 사고구술한 결과를 텍스트로 변화하여 분석하는 방법을 프로토콜 분석이라고 한다.

프로토콜 분석은 독자의 이해 과정을 자세히 살펴볼 수 있는 장점이 있다. 프로토콜 분석을 위해서는 평가자가 녹음기를 활용하여 독자의 말을 기록한 후 텍스트로 변환하는 작업이 필요하다. 텍스트를 읽고 평가자는 독자가 어떤 전략을 활용하고 있는지 점검하고 파악할 수 있다. 그리고 이를 정확하게 분석하기 위해서는 평가자가 학습자가 전략을 활용할 때 말하는 사고 내용에 대한 지식을 가지고 있어야 한다. 따라서 독자가 어떤 사고의 특성을 보이는지 파악하기 위해서 평가자가 충분히 훈련한 후 프로토콜 분석을 하는 것이 중요하다.

1 읽기 교육의 중요성을 설명하시오.

2 읽기 교육의 원리를 설명하시오.

3 읽기 중 활용할 수 있는 전략을 설명하시오.

제 10 장
쓰기 교육의 이해

1. 쓰기와 쓰기 교육의 본질

가. 쓰기의 개념 및 특성

글쓰기는 필자가 의미를 구성하는 행위이다. 흔히 글쓰기는 자신의 생각이나 감정, 정서를 문자로 나타내는 행위로 정의하지만, 여기서 주의해야 할 점은 글쓰기가 무엇을 단순히 문자로 표출하는 행위가 아니라 의미를 구성하는 행위라는 점이다(신헌재 외, 2009). 또한 글쓰기는 필자가 일련의 문제 상황을 접하고 이 상황에서 문제를 해결하는 과정이다. 필자는 글을 쓰는 과정에서 새로운 지식을 떠올리고, 기존의 지식을 바꾸고, 지식을 정교화하며 나름대로 의미를 구성하며 주어진 문제를 해결한다.

쓰기는 필자가 의미를 구성하는 행위이며 문제를 해결하는 과정이라고 할 때, 쓰기의 특성으로 다음과 같은 몇 가지를 들 수 있다. 첫째, 쓰기는 의사소통 행위이다. 글이란 기본적으로 다른 사람과의 의사소통을 위한 것이다. 우리는 다른 사람과 여러 방식으로 소통한다. 말로 하기도 하고 노래나 춤, 그림으로 하기도 한다. 여러 소통 방식 중 글쓰기는 말하기와 함께 가장 보편적인 의사소통 수단이면서 중요한 의사소통 방식이라 할 수 있다.

둘째, 쓰기는 독자와의 상호작용 행위이다. 과거에는 필자(작자)가 글을 쓰고 독자가 이것을 정확하게 받아들이는 것으로 쓰기 행위를 규정했다. 그러나 최근 들어서는 필자와 독자 간의 일방적인 관계가 아니라 상호작용 관계로 글쓰기 행위의 본질을 규정하고 있다. 즉, 글을 쓸 때 필자는 독자가 자기가 쓴 것을 나름대로 해석할 것을 전제로 하는데, 이 점 때문에 필자는 글을 쓰는 과정에서 독자의 관점이나 지식, 배경 등에 더 관심을 두게 된다. 독자를 충분하게 고려하지 않은 글은 좋은 글이 되기 어렵다. 필자가 글을 쓰는 과정에서 독자를 고려함으로써 애초에 쓰고자 했던 것을 수정, 조정하게 되는데, 이 점에서 쓰기란 독자와 끊임없이 만나는 행위라 할 수 있다.

셋째, 쓰기는 사고 행위이다. 쓰기와 사고는 서로 뗄 수 없는 관계이다. 쓰기를 통해 필자의 사고력이 길러지고, 사고력이 높은 필자가 글쓰기를 잘한다. 글쓰기는 학생의 사고력을 계발하는 데 효과적인 수단이 된다. 학생은 주어진 쓰기 과제, 글을 써야 하는 목적, 글을 읽을 독자, 상황 등을 고려하여 자신의 생각을 조직, 분석, 정리, 표현하는 과정에서 높은 수준의 사고를 기를 수 있다.

넷째, 쓰기는 문자를 전제로 한 행위이다. 문자가 없는 상황에서 쓰기는 존재하기 어렵다. 여기에서 문자는 글자를 말한다. 기본적으로 미술이나 음악 영역에서도 나름대로 고유한 기호 체계를 바탕으로 일련의 행위가 이루어 지지만, 글쓰기처럼 체계적이고 규칙성을 지닌 문자를 전제로 한 행위는 아니다. 이 점에서 글쓰기는 음악이나 미술, 영화나 비디오, 그리고 발화 행위와는 구별된다.

다섯째, 쓰기는 다른 언어 기능들과 긴밀한 관계를 맺고 있다. 인간은 태어나면서부터 듣기를 하고 이후에 말하기, 읽기, 쓰기를 배우게 된다. 이 언어 기능들은 서로 다른 기능들에 영향을 주고받으면서 발달한다. 필자가 글을 쓰는 과정에서 다른 사람이 쓴 책이나 자료를 읽기도 하고, 자신의 글에 대해 다른 사람과 협의하기도 한다.

나. 쓰기 교육의 중요성

초등학교에서 쓰기 교육이 중요한 이유는 무엇인가? 쓰기 교육은 학습자의 의사소통 능력, 범교과 학습 능력, 고등 사고력 등을 신장시켜 주기 때문이다.

우선, 쓰기 교육은 학습자의 의사소통 능력을 향상시켜 준다. 쓰기는 학습자가 자신의 생각이나 느낌을 표현하는, 우리의 일상생활에 없어서는 안 될 중요한 의사소통의 도구이다. 듣고 말하는 것은 가정에서 학습이나 연습의 고통 없이 자연스럽게 통달할 수 있지만, 읽고 쓰는 것은 배워야만 할 줄 알게 되고 연습을 해야만 잘 할 수 있게 된다(박영민 외, 2019). 쓰기 교육은 학습자가 문자를 배우고 익혀 다른 사람과 의사소통할 수 있는 능력을 길러준다는 점에서 그 중요성을 꼽을 수 있다.

둘째, 쓰기 교육은 학습자의 범교과 학습 능력을 높여 준다. 어떤 교과이든 글쓰기 행위를 통해 해당 교과의 학습을 하게 된다. 그 교과에서 생성된 지식을 학습자 나름대로 정리하고 기록해 두는 수단으로도 글쓰기를 활용하지만, 글쓰기 행위 자체가 그 교과의 지식을 만들어 가는 행위라고 할 수 있다(전제응, 2018). 이 점에서 글쓰기는 모든 교과 학습의 기초가 된다고 할 수 있다. 2022 개정 국어과 교육과정 '3. 교수·학습 및 평가'에서도 타 교과와의 통합, 비교과 활동 및 학교 밖 생활과의 통합을 강조(교육부, 2022:60)하고 있다. 이는 국어과 교육의 목표가 궁극적으로 국어 학습자의 일상생활과 학습에 필요한 국어 능력을 길러주는 데 있음을 밝힌 것이라 할 수 있다. 범교과 학습 능력을 강조하는 이러한 기조는 앞으로 더 강해질 것이다.

셋째, 쓰기 교육은 학습자의 고등 사고 능력을 신장시켜 준다. 여러 요인이 영향을 미치는 쓰기의 과정은 높은 수준의 사고 활동을 학습자에게 요구한다. 필자가 글을 쓰는 것은 자신이 아는 내용만으로 쓰는 것이 아니고, 일련의 쓰기 과정을 순차적으로 거친다고 글이 완성되는 것도 아니다. 학습자가 다양한 자료를 찾아 읽고, 자신만의 관점에서 이를 분석하며 해석해 새로운 의미를 구성해야 한다. 이 과정에서 필자는 쓰기 목적, 예상 독자, 사회문화적 맥락 등을 또한 고려해야 한다. 글을 쓰는 과정 내내 필자의 머릿속에서는 역동적인 사고 과정이 진행되고, 이를 통해 학습자의 고등 사고 능력이 더 발달할 것이다.

2. 쓰기 이론

가. 형식주의 관점

형식주의 관점은 쓰기에서 규범문법의 준수와 모범적 텍스트의 모방, 그리고 어법상의 정확성을 강조한다. 이에 기반한 쓰기 학습에서는 먼저 단어를 규칙에 따라 결합하여 정확하고 매끄러운 문장을 만들고, 문장을 결합하여 명료하게 조직된 문단을 만들며, 마지막으로 문단을 결합하여 더 큰 단위인 글을 쓰는 것을 강조한다(최현섭 외, 2005).

이러한 형식주의 쓰기이론은 완성된 텍스트 자체의 정확성만 강조한 나머지 능동적으로 의미를 구성하는 필자의 역할이나 그 글이 받아들여지는 사회적 맥락과 같은 쓰기 관련 요인들을 제대로 인식하지 못했다는 점에서 문제점이 지적될 수 있다. 그러나 쓰기 이론이라고 명명할 수 있는 최초의 관점이라는 점에서 중요한 의미를 지닌다.

형식주의에 의하면, 글쓰기를 가르친다는 것은 텍스트 구성 요소를 분석하고 구성 요소 사이의 관계를 이해시키는 것이라고 생각하였다. 이런 경향을 '결과 중심의 쓰기 교육'으로 설명할 수 있다. 결과 중심 쓰기 교육은 규범문법의 준수와 모범적 텍스트의 모방, 그리고 어법상의 정확성을 강조하였다. 이들은 글쓰기 능력은 계속적이고 체계적인 모방과 연습을 통하여 신장 된다고 보았다.

이런 관점에 의하면 쓰기를 가르칠 수 있는 방법은 매우 제한적이고 구체성이 부족하다. 교사가 모범 글을 제시하거나 써야 할 주제를 제시하거나, 오류를 지적해 주는 정도가 쓰기 교수·학습의 방법이라고 할 수 있다. 물론 이런 방식의 교육은 지금까지 교실에서 오랫동안 사용되어 왔고, 지금도 흔히 볼 수 있는 장면이다. 또 이런 방식의 수업이 불필요하다는 것도 아니다. 과제를 제시하고 오류를 점검하는 행동은 학습자가 글을 쓰는 것을 도와주기 위한 것이고, 적절한 시기라면 실제로 학습자의 쓰기 능력 향상에 효과적이다. 다만 모든 쓰기 수업이 이런 식으로만 진행된다면 문제가 있다.

나. 인지주의 관점

인지주의 관점은 글을 쓰는 '필자'를 중심에 두고 쓰기 현상을 설명하는 쓰기 이론이다. '글'에서 '필자'로 초점이 이동하게 된 배경에는 심리학의 발전이 큰 영향을 미쳤다. 인지심리학자들이 인간 정신 작용의 신비를 밝히는 실험에서 읽기와 쓰기 행위를 실험 도구로 많이 사용하면서부터, 글을 잘 읽는 독자, 또는 글을 잘 쓰는 필자가 어떤 사고 작용을 하는지 관찰하였기 때문이다.

대표적 인지심리학자이자 쓰기 이론가인 Flower & Hayes(1981)는 사고구술법을 통해 쓰기의 과정을 탐색했다. 이들은 쓰기를 일종의 문제 해결 행위로 파악하면서 계획하기(planning), 작성하기(translating), 검토하기(reviewing) 등의 과정을 거쳐 글을 쓴다는 점을 강조했다. 이들이 수행한 일련의 연구는 쓰기 과정에서 필자의 머릿속에서 이루어지는 구성 행위의 본질과 과정을 밝히는 데 많은 기여를 했다(이재승, 2002).

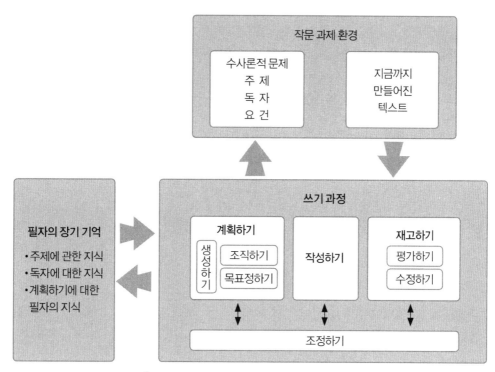

[그림 10-1] Flower & Hayes(1981) 모형

인지주의 관점에 기반한 과정 중심 쓰기 교육은 쓰기의 '결과'보다는 '과정'을 강조하는 쓰기 교육 방식을 뜻한다. 쓰기 교육에서 쓰기의 '과정'을 강조한다는 것은, 글쓰기 과정 전체에 교사가 역동적으로 개입하여 학습자가 글쓰기 중에 맞닥뜨리는 문제를 해결하는 방법을 학습하게 한다는 것이다. 아이디어를 생성하고 선정, 조직하는 과정, 그리고 텍스트를 생산하는 과정, 교정하는 과정에 필요한 구체적인 방법(전략)을 가르쳐주어야 한다고 본다(신헌재 외, 2017). 이러한 쓰기 교육 방식은 결과 중심 쓰기 교육에 대한 비판 의식을 배경으로 대두되었다.

다. 사회구성주의 관점

사회구성주의 관점은 쓰기 행위에서 '독자'를 중심에 두고 쓰기 현상을 설명하는 쓰기 이론이다. 박태호(1996)는 쓰기가 개인만의 행위가 아니며, 사회·문화적 공동체와의 상호작용이라고 보았다. 개인은 자신이 속한 사회·문화적 공동체가 언어를 사용하는 방식, 즉 담화 관습에 익숙해져야만 글을 쓸 수 있다. 인지주의는 지나치게 필자의 개인적 인지 과정에만 집착한다는 면에서 비판의 대상이 되었다. 사회구성주의는 쓰기 연구의 시야를 개인의 인지 과정에서 사회 문화적 맥락으로 넓혀서 쓰기가 사회적으로 지니는 복잡한 의미와 작용을 살펴보기 시작했다.

사회구성주의 쓰기이론에 따르면, 필자는 개별적으로 쓰기를 하는 것이 아니라, 의미를 구성하는 과정에 제약을 가하는 언어공동체의 일원으로서 쓰기를 하는 것이다. 따라서 사회구성주의 쓰기이론에서는 언어공동체를 분석의 대상으로 삼으며, 텍스트의 개념을 언어공동체의 담화관습 및 규칙의 집합으로 규정한다. 이 이론에서는 필자를 담화공동체의 사회화된 구성원으로 보고, 독자는 해석공동체의 사회화된 구성원으로 본다. 그리고 텍스트를 통한 의미구성능력은 건전한 상식의 계발을 통하여 신장되는 것으로 설명하는데, 건전한 상식의 계발은 언어사용집단으로서의 담화공동체 혹은 학문공동체에 참여함으로써 가능한 것으로 본다(최현섭 외, 2005).

사회구성주의 쓰기 이론에 근거한 쓰기 교육에서는 공동체 구성원들 간의 대화를 강조한다. 의미 구성이 사회적으로 구성된다는 것은 곧 필자의 쓰기 행위가 '공동체 구성원들 간의 대화의 과정'이라는 것을 의미하기 때문이다. 필자가 글을 쓰는 과정에서 끊임없이 담화공동체의 한 구성원으로서 독자와 대화를 잠재적인 차원이나 실제적인 차원에서 수행한다.

라. 장르 중심 이론

장르 중심 이론은 쓰기 행위에서 '텍스트'와 '맥락'[3]을 중심에 두고 쓰기 현상을 설명하는 쓰기 이론이다. 전통적으로 장르라는 명칭은 주로 문학 이론 분야에서 시, 소설, 희곡 등의 분류 방식에 사용되던 용어로, 전통적인 장르 이론가들은 정형화된 텍스트의 형식과 내용의 규칙을 찾으려 했다. 현대의 장르 이론은 수사학과 언어학 분야를 중심으로 이루어지고 있는데 전통적 장르 이론과의 차이는 장르를 언어적 결과가 아닌 인간 행위의 사회화 과정으로 보는 것이다.

장르 중심 쓰기 교육에서는 장르의 유형, 사회적 기능, 형식과 내용을 강조한다. 전통적 장르관은 폐쇄적, 고정적, 상호 배타적이었고, 주로 문학 분야에서 사용되었던 반면에, 새로운 장르관은

---

3 텍스트는 좁게 보면 '글'을 지칭하지만, 넓게 보면 '텍스트'는 쓰기에 관여하는 모든 것을 지칭한다. '맥락(context)'은 텍스트들 간의 관계를 통해 '형성된 것'이라 할 수 있다.

반복적인 사회적 상황에 대한 수사적 반응, 사회 변화의 추이에 따라 지속적으로 변화하는 역동적인 존재로 파악한다. 장르의 역동성이란 장르가 하나의 생명체처럼 진화, 발전, 퇴보하는 과정을 거친다는 인식이다. 이렇게 장르를 역동적으로 보는 관점은 기존에 장르를 거시적으로 분류하던 체계보다 일상 생활과 보다 가까운 미시적인 분류 체계를 중요시하게 하였다. 예를 들면 기존에는 교육적으로 전형적인 '설명문'만을 가르쳤다면, 이제는 직접 일상생활에서 나타나는 형태의 장르인 '설명서, 초대장, 안내문, 기사문, 요약문' 등을 가르쳐야 한다는 것이다.

장르 중심 쓰기 교육의 관건 중 하나는 그간 탈맥락적으로 가르쳤던 문법 내용을 쓰기의 과정, 맥락과 어떻게 통합하여 가르칠 수 있느냐이다. 화석화되어 암기해야 할 문법이 아니라 필자가 텍스트를 구성할 때 보다 효과적인 표현을 위한 선택과 제약 사항으로서의 문법이 되어야 한다. 따라서 쓰기 교육에서 장르는 맥락과 텍스트를 통합하는 기제로, 또한 쓰기 교육과 문법교육을 통합하는 기제로 중요한 의미를 지닌다.

3. 쓰기 교육의 목표와 내용

가. 쓰기 교육의 목표

초등학교 쓰기 교육 목표는 일상생활과 다양한 학습 상황에서 학습자가 언어를 비롯한 다양한 기호나 매체를 활용해 자신의 생각이나 느낌을 다양한 글로 표현하는 능력을 신장시키는 데 있다. 이는 국어과 교육과정, 학습자의 특성, 교육 환경의 특수성 등을 고려하여 설정한 것이다. 초등학생이 글을 쓰는 맥락을 일상생활과 학습 상황으로 구분해 조금 더 구체적으로 살펴볼 수 있다. 초등 학습 필자는 일상생활 속에서 나타나는 현상, 사건, 사물, 사람에 대한 생각을 생성하고 조직하여 의미를 구성하고 완결된 한 편의 글로 쓸 수 있어야 한다. 또한 다양한 학습 상황에서 국어 교과의 타 영역(듣기·말하기, 읽기, 문학, 문법) 내에서뿐만 아니라, 다른 교과(과학, 사회, 도덕, 수학, 예체능)의 학습에서도 글쓰기를 활용할 수 있어야 한다. 특히 글쓰기 과정에서 긍정적인 쓰기 태도를 형성하고, 개인과 공동체의 문제를 글쓰기를 통해 해결할 수 있어야 한다.

나. 쓰기 교육의 내용

(1) 내용 체계

〈표 1〉 쓰기 영역의 내용 체계

핵심 아이디어	• 쓰기는 언어를 비롯한 다양한 기호나 매체를 활용하여 인간의 생각과 감정을 글로 표현함으로써 의미를 구성하는 행위이다. • 필자는 상황 맥락 및 사회·문화적 맥락 속에서 자신의 의사소통 목적을 달성하기 위하여 다양한 유형의 글을 쓴다. • 필자는 쓰기 과정에서 부딪히는 문제를 해결하기 위하여 적절한 쓰기 전략을 사용하여 글을 쓴다. • 필자는 쓰기 경험을 통해 언어 공동체의 구성원으로 성장하고, 쓰기 윤리를 갖추어 독자와 소통함으로써 바람직한 의사소통 문화를 만들어 간다.			

범주		내용 요소			
		초등학교			중학교
		1~2학년	3~4학년	5~6학년	1~3학년
지식·이해	쓰기 맥락		• 상황 맥락	• 상황 맥락 • 사회·문화적 맥락	
	글의 유형	• 주변 소재에 대해 소개하는 글 • 겪은 일을 표현하는 글	• 절차와 결과를 보고하는 글 • 이유를 들어 의견을 제시하는 글 • 독자에게 마음을 전하는 글	• 대상의 특성이 나타나게 설명하는 글 • 적절한 근거를 들어 주장하는 글 • 체험에 대한 감상을 나타내는 글	• 복수의 자료를 활용하여 다양한 형식으로 쓴 글 • 대상에 적합한 설명 방법을 사용하여 쓴 글 • 타당한 근거를 들어 주장하는 글 • 의견 차이가 있는 사안에 대해 주장하는 글 • 자신의 정서를 표현하는 글
과정·기능	쓰기의 기초	• 글자 쓰기 • 단어 쓰기 • 문장 쓰기	• 문단 쓰기		
	계획하기		• 목적, 주제 고려하기	• 독자, 매체 고려하기	• 언어 공동체 고려하기
	내용 생성하기	• 일상을 소재로 내용 생성하기	• 목적, 주제에 따라 내용 생성하기	• 독자, 매체를 고려하여 내용 생성하기	• 복합양식 자료를 활용하여 내용 생성하기
	내용 조직하기		• 절차와 결과에 따라 내용 조직하기	• 통일성을 고려하여 내용 조직하기	• 글 유형을 고려하여 내용 조직하기
	표현하기	• 자유롭게 표현하기	• 정확하게 표현하기	• 독자를 고려하여 표현하기	• 다양하게 표현하기
	고쳐쓰기		• 문장, 문단 수준에서 고쳐쓰기	• 글 수준에서 고쳐쓰기	• 독자를 고려하여 고쳐쓰기
	공유하기	• 쓴 글을 함께 읽고 반응하기			
	점검과 조정		• 쓰기 과정과 전략에 대해 점검·조정하기		
가치·태도		• 쓰기에 대한 흥미	• 쓰기 효능감	• 쓰기에 적극적 참여 • 쓰기 윤리 준수	• 쓰기에 대한 성찰 • 윤리적 소통 문화 형성

쓰기 영역의 첫 번째 핵심 아이디어는 '지식·이해', '과정·기능', '가치·태도'를 전체적으로 통어하는 내용으로 구성하였다. 여기에서는 쓰기가 언어를 비롯한 다양한 기호나 매체를 활용하여 인간의 생각과 감정을 글로 표현함으로써 의미를 구성하는 행위임을 밝히며, 쓰기 행위의 본질적 속성에 대한 이해를 담고 있다. 두 번째 핵심 아이디어는 '지식·이해' 범주와 밀접한 관련이 있다. 두 번째 핵심 아이디어는 쓰기 영역에서 다루는 교육 내용을 관통하며 쓰기 영역 교육 내용의 조직자로서 중요한 역할을 하는 원리에 해당하는데, 필자가 쓰기 영역 교육을 통해 상황 맥락과 사회·문화적 맥락을 고려하며 다양한 유형의 글을 쓸 수 있어야 함을 제시하였다. 세 번째 핵심 아이디어 역시 '과정·기능' 범주와 관련이 있는데, 쓰기 영역에서 다루는 교육 내용을 관통하며 쓰기 영역 교육 내용의 조직자로서 중요한 역할을 하는 원리에 해당하는 내용으로 구성하였다. 이에 따라 필자가 쓰기 과정에서 부딪히는 문제를 해결하기 위해 적절한 쓰기 전략을 사용하여 글을 쓸 수 있는 능력을 갖추어야 함을 제시하였다. 네 번째 핵심 아이디어는 '가치·태도' 범주와 밀접한 관련이 있다. 이는 쓰기 영역에서 추구하는 가치와 태도, 의사소통 문화에 관한 내용으로, 필자는 쓰기 경험을 통해 언어 공동체의 구성원으로 성장하고 쓰기 윤리를 갖추어 독자와 소통함으로써 바람직한 의사소통 문화를 만들어 갈 수 있어야 함을 제시하였다.

'지식·이해' 범주에서는 사회적 구성주의 쓰기 이론 및 장르 중심 쓰기 이론을 반영하여 '쓰기 맥락'과 '글의 유형'을 하위 범주로 제시하였다. 이때 '글의 유형'은 전통적으로 쓰기 영역에서 다루었던 친교 및 정서 표현, 정보 전달, 설득의 범주를 준용하였다. '과정·기능' 범주에서는 '쓰기의 기초'를 신설하였다. 글자 쓰기, 문장 쓰기, 문단 쓰기 등과 같은 기초 문식성과 관련된 요소를 별도의 범주로 제시함으로써 기초 문식성 학습에 대한 쓰기 영역의 책무를 강화하고자 하였다. 쓰기 영역의 학습은 필자가 글을 쓸 수 있도록 교육 내용을 구성하는 데에 궁극적인 목적이 있기 때문에, '과정·기능' 범주에서는 인지주의 쓰기 이론을 반영하여 계획하기, 내용 생성하기, 내용 조직하기, 표현하기, 고쳐쓰기, 공유하기, 점검과 조정하기 과정을 하위 범주로 설정하고 각 범주에 해당하는 쓰기 전략을 내용 요소로 제시하였다. '가치·태도'는 글을 쓰는 필자의 주도성과 필자로서 성장하는 삶에 주목하였다. 또한 바람직한 의사소통 문화에 기여하는 필자가 갖추어야 할 태도에 주목하여 쓰기 윤리를 포함하여 '가치·태도' 범주를 구성하였다.

(2) 성취기준

① [초등학교 1~2학년군]

> [2국03-01] 글자와 단어를 바르게 쓴다.
>
> [2국03-02] 쓰기에 흥미를 가지며 자신의 생각이나 느낌을 문장으로 표현한다.
>
> [2국03-03] 주변 소재에 대해 소개하는 글을 쓴다.
>
> [2국03-04] 겪은 일을 표현하는 글을 자유롭게 쓰고, 쓴 글을 함께 읽고 생각이나 느낌을 나눈다.

〈성취기준 해설〉

- [2국03-02] 이 성취기준은 쓰기에 흥미를 가지고 자신의 생각이나 느낌을 문장으로 표현하는 능력을 기르기 위해 설정하였다. 쓰기에 대한 긍정적인 인식을 가지고 문장 쓰기를 수행하는 것은 필자로 성장하기 위한 출발점에 해당한다. 자신의 생각이나 느낌을 문장으로 구성하는 방법, 꾸며 주는 말을 넣어 자신의 생각이나 느낌을 표현하는 방법 등을 학습한다. 이를 통해 학습자가 자신이 쓰고 싶은 화제나 주제를 찾아 다양한 문장으로 표현하는 즐거움을 경험하도록 한다.
- [2국03-04] 이 성취기준은 자신이 겪은 일을 내용이나 형식에 제한 없이 자유롭게 표현하고, 그 과정과 결과를 독자와 공유하는 데에 필요한 능력과 태도를 기르기 위해 설정하였다. 자신이 겪은 일 중 글로 쓰고 싶은 경험 떠올리기, 경험에 대한 자신의 생각이나 느낌 떠올리기, 자유롭게 표현하기, 쓴 글을 함께 읽고 반응하기 등을 학습한다.

〈성취기준 적용 시 고려 사항〉

- 글자와 단어를 쓰는 것은 쓰기의 기초다. 처음에는 받침이 없는 간단한 글자부터 시작하여 점차 받침이 있는 복잡한 글자를 쓰고, 글자를 어느 정도 익힌 후 단어부터 문장 쓰기까지 경험하도록 한다. 쓰기의 기초에 해당하는 내용은 읽기 영역의 '읽기의 기초'와 문법 영역의 '한글의 기초와 국어 규범'과 연계하여 지도할 수 있다.
- 기초 한글 학습이 부족한 학습자를 위해서 문자 학습에 흥미를 느낄 수 있도록 신체 놀이,

연상 놀이, 질문 놀이 등 놀이 중심으로 교수·학습을 진행한다.

- 학습자가 쉽게 글감을 마련하여 쓸 수 있도록 인상 깊었던 일이나 자신이 경험한 일을 친구에게 이야기하듯이 글로 쓰도록 지도한다. 문자 언어의 관습과 규범에 익숙하지 않은 학습자들이 큰 어려움을 느끼지 않으며 글을 쓸 수 있도록 자신의 경험을 글과 그림으로 함께 표현하도록 지도하는 것도 가능하다.
- 받아쓰기는 글자를 정확하게 쓰는 데 도움이 될 수 있으나, 학습자가 부담을 갖게 되면 국어 활동에 자신감을 잃을 수도 있으므로 신중하게 활용한다.

② [초등학교 3~4학년군]

> [4국03-01] 중심 문장과 뒷받침 문장을 갖추어 문단을 쓰고, 문장과 문단을 중심으로 고쳐 쓴다.
>
> [4국03-02] 절차와 결과가 드러나게 정확한 표현으로 보고하는 글을 쓴다.
>
> [4국03-03] 대상에 대한 자신의 의견과 그렇게 생각한 이유가 드러나게 글을 쓴다.
>
> [4국03-04] 목적과 주제를 고려하여 독자에게 마음을 전하는 글을 쓴다.
>
> [4국03-05] 자신의 쓰기 과정을 점검하며 쓰기에 자신감을 갖는다.

〈성취기준 해설〉

- [4국03-01] 이 성취기준은 문단을 짜임새 있게 쓰는 능력을 길러 글을 쓰는 과정에서 이를 적용할 수 있도록 하기 위해 설정하였다. 문단의 개념, 문단의 기능과 역할, 중심 문장과 뒷받침 문장의 관계, 중심 문장과 뒷받침 문장을 쓰는 방법, 중심 문장과 뒷받침 문장을 갖추어 문단을 쓰는 방법, 문장과 문단을 중심으로 글을 고쳐 쓰는 방법 등을 학습한다.
- [4국03-02] 이 성취기준은 교과 학습의 기초가 되는 보고하는 글을 쓰는 능력을 기르기 위해 설정하였다. 보고하는 글의 개념, 보고하는 글에 들어가야 할 내용 요소, 절차와 결과가 드러나게 글의 내용을 조직하는 방법, 절차와 결과를 정확하게 표현해야 하는 이유, 정확한 표현으로 보고하는 글 쓰기 등을 학습한다.
- [4국03-03] 이 성취기준은 어떤 대상이나 사실, 문제에 대한 자신의 의견을 구체적이고 명료하게 글로 쓰는 능력을 기르기 위해 설정하였다. 의견의 개념, 의견을 제시하는 것이 필요한

이유와 상황, 주제를 고려하여 자신의 의견을 제시하는 방법, 의견에 대한 이유를 드는 방법 등을 학습한다.

〈성취기준 적용 시 고려 사항〉

- 쓰기는 특정한 상황 안에서 이루어지는 의미 구성 행위이다. 쓰기에서 상황 맥락은 텍스트의 생산·수용 과정에 직접적으로 개입하는 맥락을 의미한다. 쓰기의 상황 맥락 요인으로는 예상 독자, 글의 주제, 글의 목적, 매체 등을 들 수 있다. 다양한 쓰기 과제를 제시하여 상황 맥락 요인에 따라 쓰기 과정과 결과가 달라질 수 있음을 지도한다.

- 쓰기 활동을 위해 쓰기 과제를 설계할 때는 다양한 사회·문화적 배경의 학습자들이 소외되지 않고 쓰기 활동에 적극적으로 참여할 수 있는 상황 맥락을 설정한다. 나아가 이들 학습자들의 사회·문화적 경험을 활용하여 글을 쓸 수 있도록 함으로써 쓰기 학습 과정에서 다양성을 경험 할 수 있도록 지도한다.

- 글은 문단들로 구성되며, 하나의 문단은 중심 문장과 이 중심 문장의 내용을 구체적으로 보충하 고 뒷받침하는 뒷받침 문장으로 구성된다. 문단을 구성하는 것은 한 편의 글을 구성하는 과정에 서 필요한 능력이다. 문단 쓰기를 지도할 때에는 다양한 예시 글을 활용하여 중심 문장과 뒷받침 문장의 개념을 이해한 후 학습자가 글을 쓰는 과정에서 이를 실제로 적용할 수 있도록 지도한다.

- 학습에 필요한 기본적인 쓰기 능력과 태도를 갖출 수 있도록, 교과 학습의 토대가 되는 쓰기 활동이 이루어지도록 한다. 특히 국어과 내 타 영역의 성취기준, 타 교과의 성취기준, 범교과 학습 주제와 관련된 쓰기 활동을 계획하여 쓰기 활동이 학습자의 교과 학습에 실제적으로 기여할 수 있도록 지도한다.

- 보고하는 글 쓰기를 지도할 때는 체험 학습 보고서, 과학 실험 보고서, 조사 보고서 등의 글을 다룬다. 보고하는 목적과 주제에 맞게 보고서에 들어갈 핵심 내용을 구성하고 형식을 갖추어 간결하고 정확하게 보고하는 글을 쓰도록 지도한다.

- 자신의 의견을 밝히는 글 쓰기를 지도할 때는 학급, 학교, 이웃과 관련하여 쟁점이 되는 사안을 화제로 선정하고, 자신의 배경지식과 경험을 기초로 의견을 뒷받침하는 이유를 들어 글을 쓰도록 지도한다.

- 고쳐쓰기를 지도할 때는 학습자들이 자신의 글을 점검하는 데에 익숙하지 않을 수 있으므로,

동료 학습자를 통해 실제 독자의 반응을 접하고 이를 반영하여 자신의 글을 점검하고 수정할 수 있도록 격려한다. 고쳐쓰기는 글을 쓰는 전 과정에서 이루어져야 하지만, 초고 쓰기 이후에 집중적으로 지도하는 것도 가능하다.

• 예상 독자에 대한 인식이 형성되기 시작하는 시기이므로 학습자에게 자신의 글을 읽을 예상 독자를 생각하며 글을 쓰도록 안내하고 실제 독자와 소통하는 기회를 제공할 필요가 있다.

③ [초등학교 5~6학년군]

> [6국03-01] 알맞은 내용을 선정하여 대상의 특성이 나타나게 설명하는 글을 쓴다.
> [6국03-02] 적절한 근거를 사용하고 인용의 출처를 밝히며 주장하는 글을 쓴다.
> [6국03-03] 체험한 일에 대한 감상을 나타내는 글을 쓴다.
> [6국03-04] 독자와 매체를 고려하여 내용을 생성하고 표현하며 글을 쓴다.
> [6국03-05] 쓰기 과정을 점검·조정하며 글을 쓰고, 글 전체를 대상으로 통일성 있게 고쳐 쓴다.
> [6국03-06] 쓰기에 적극적으로 참여하며 자신의 글을 독자와 공유하는 태도를 지닌다.

〈성취기준 해설〉

• [6국03-01] 이 성취기준은 설명하는 글을 쓰는 데에 필요한 능력을 기르기 위해 설정하였다. 설명하고자 하는 대상의 특성을 드러낼 수 있는 내용을 선정하는 방법, 개념 정의, 부연 상술, 예시, 열거, 인용, 비교와 대조 등을 활용하여 독자가 대상의 특성을 이해하기 쉽게 내용을 구성하고 표현하는 방법, 설명 대상과 설명 방법의 관련성 등을 학습한다. 설명 대상은 인문, 사회, 과학, 예술, 체육 등 교과 내용에서 선정한다.

• [6국03-02] 이 성취기준은 주장하는 글을 쓰는 데에 필요한 능력과 쓰기 윤리를 준수하며 글을 쓰는 태도를 기르기 위해 설정하였다. 주장하는 글 쓰기의 중요성과 특성, 주장과 이유 및 근거의 개념과 관계, 주장하는 글에 적절한 근거가 필요한 까닭, 역사적 사실, 실험 및 조사 결과, 통계 수치, 전문가의 견해 등을 활용하여 근거 생성하기, 이유와 근거를 활용하여 주장하는 글 쓰기, 인용의 출처를 밝혀야 하는 이유와 기본적인 인용 방법 등을 학습한다.

• [6국03-04] 이 성취기준은 글을 쓰는 과정에서 쓰기 목적, 독자와 매체 등과 같은 상황 맥락을

고려하여 내용을 생성하고 표현하는 능력을 기르기 위해 설정하였다. 예상 독자의 개념 이해하기, 독자 고려의 필요성 인식하기, 온라인 대화, 인터넷 게시판 댓글, 전자 우편, 블로그, 휴대전화 문자 메시지 등 다양한 매체의 특성 이해하기, 글의 목적이나 주제에 따라 알맞은 매체와 예상 독자 선정하기, 독자와 매체의 특성을 고려하여 계획 및 내용 생성하기, 독자와 매체의 특성을 고려하여 표현하기 등을 학습한다.

- [6국03-05] 이 성취기준은 필자가 자신의 쓰기 과정을 점검·조정하고 그 결과를 바탕으로 글을 고쳐 쓰는 능력을 기르기 위해 설정하였다. 글쓰기에서 통일성의 개념과 중요성, 쓰기 과정에 대한 점검과 조정의 필요성, 쓰기 과정의 회귀적 특성, 글에 대한 독자의 반응을 생각하며 고쳐쓰기, 글의 주제와 목적, 예상 독자 등을 고려하여 글의 통일성 점검하기 등을 학습한다.

〈성취기준 적용 시 고려 사항〉

- 설명하는 글 쓰기는 학습에 필요한 쓰기 능력을 갖출 수 있도록 교과 학습과 연계하여 지도하는 것이 효율적이다. 각 교과의 관찰, 조사 등의 학습 활동과 연계하여 대상의 특성이 나타나게 설명하는 글을 쓰도록 지도한다.
- 쓰기 과정에서 자료 수집이 필요할 경우, 다양한 매체를 활용하여 표현하고자 하는 내용에 알맞은 사진이나 삽화, 도표, 동영상 등의 자료를 찾을 수 있도록 지도한다.
- 설득을 목적으로 하는 글 쓰기는 주장하는 바가 뚜렷하게 드러나고 근거가 적절해야 독자를 효과적으로 설득할 수 있음을 지도한다. 제시한 근거가 주장과 관련이 있는지, 주장을 뒷받침하는 데에 적절한지에 중점을 둔다.
- 체험을 바탕으로 감상을 나타내는 글을 쓰는 과정을 지도할 때는 학습자의 삶의 맥락에서 접하는 다양한 체험을 소재로 솔직하고 진솔하게 글을 쓰게 하되, 특별한 경험이 아닌 일상의 경험에서 의미 있는 글의 소재를 찾을 수 있도록 지도한다.
- 쓰기 과정을 지도할 때는 계획하기, 내용 생성하기, 내용 조직하기, 초고 쓰기, 고쳐쓰기와 같은 일련의 과정을 거침으로써 효율적인 글쓰기가 가능해진다는 점을 이해시키되, 이러한 일련의 쓰기 과정이 엄격하게 구별되거나 분절적인 것이 아니며 쓰기 과정에 대한 점검 및 조정을 통해 회귀할 수 있는 특성을 가졌다는 점에 유의하여 지도한다. 내용 생성하기 과정에서는 독자와 매체를 고려하여 내용 생성하기를 지도하되, 브레인스토밍, 마인드맵 등의 방법을 통해 글을 쓰기 위한 내용 생성 전략이나 기능을 익히도록 한다. 고쳐쓰기 과정에서는 띄어쓰기

와 맞춤법을 포함하여 지도하되, 본래 의도한 의미가 독자에게 전달될 수 있도록 표현되었는지, 글 전체의 통일성이 확보되었는지 등에 중점을 두어 지도한다.

- 쓰기 윤리는 필자가 글을 쓰는 과정에서 준수해야 할 윤리적 규범으로, 학습자가 글을 쓰는 과정 전반에서 이를 고려하도록 지도한다. 다른 사람의 글이나 자료를 인용하여 글을 쓸 때는 그 출처를 밝히도록 지도하는 데에 중점을 둔다.
- 진로연계교육과 관련하여 자신의 흥미나 관심사가 무엇인지 생각해 보고, 관련된 직업에 대해 다양한 매체를 활용하여 글을 쓸 수 있도록 지도한다.
- 쓰기는 사회·문화적 맥락을 고려한 사회적 행위이며, 필자는 쓰기 경험을 통해 언어 공동체의 구성원으로 성장할 수 있어야 한다. 쓰기 과정에서 필자가 고려해야 하는 사회·문화적 맥락으로는 자신이 속한 언어 공동체의 문화, 신념, 가치관 등을 들 수 있다. 자신이 속한 언어 공동체의 구성원이 공유하는 사회·문화적 맥락에 대해 이해하고 필자로서 언어 공동체에 적극적으로 참여하는 경험을 통해 독자와 효과적으로 소통하는 필자로 성장할 수 있도록 지도한다.

4. 쓰기 교육의 원리

교사가 학생의 글쓰기를 지도할 때 몇 가지 원칙을 견지할 필요가 있다. 이러한 관점에서 쓰기 교육의 원리를 살펴볼 수 있다. 첫째, 과정 중심의 글쓰기 지도가 필요하다. 교사가 학생이 완성해 놓은 글의 오류를 지적해 주거나 좋은 글을 모방하게 하는 식의 결과 중심 방법만으로는 학생들의 글쓰기 능력을 증진시키기 어렵다. 일련의 글쓰기 과정을 크게 계획하기, 내용 생성하기, 조직하기, 표현하기, 고쳐쓰기 등으로 나누어 각 과정별로 글쓰기를 지도하는 것이 필요하다. 교사가 학생에게 한 편의 글을 쓰게 할 때, 이러한 과정을 두루 거치면서 쓸 수 있도록 지도해야 한다.

둘째, 구체적인 글쓰기 방법을 가르쳐 주어야 한다. 맹목적으로 훈련을 하게 한다고 해서 학생이 글을 잘 쓰게 되는 것은 아니다. 교사가 글쓰기 수업을 하는 것은 좀 더 효과적으로 학생들의 글쓰기 능력을 증진하기 위함이다. 따라서 교사는 학생들에게 글을 쓰는 구체적인 방법을 가르쳐 주어야 한다. 즉, 글을 쓰기에 앞서 계획하는 방법, 쓰기 과제에 따라 내용을 생성하는 방법과 조직하는 방법, 초고를 쓰는 방법, 고쳐쓰는 방법 등을 구체적으로 지도해야 한다.

셋째, 범교과적인 글쓰기 지도(writing across the curriculum)를 강조해야 한다(전제응, 2017). 글쓰기 수업 시간에만 글쓰기 능력을 증진하기 위한 지도를 한다면 시간도 부족하고 효과도 크지 않을 수 있다. 다른 교과에서는 그 교과의 특성에 맞게 '부분적으로' 글쓰기 능력 증진을 위한 활동을 해야 한다. 예를 들어, 과학 시간에 개구리 한살이에 대한 글을 쓰게 할 때, 이 경우 개구리 한살이에 대한 공부를 위한 수단으로 글쓰기 활동을 하는 것이지만, 이 때도 부분적으로 과학적인 내용의 설명문 쓰기 지도를 해야 한다. 물론 글쓰기 수업 시간에도 다른 교과 학습에 필요한 글쓰기 유형을 인식하고 그 교과 학습을 촉진하기 위한 글쓰기 능력을 길러주는 데에도 관심을 가져야 한다.

넷째, 학생들의 개인차를 고려해 지도해야 한다. 학생마다 글쓰기 능력이나 글쓰기에 대한 흥미 면에서 차이가 있다. 이 점을 고려하지 않으면 수업의 효과를 기대하기 어렵고, 자칫 글쓰기에 대한 학생의 흥미를 잃게 만들 수도 있다. 예를 들어, 아이디어를 생성하는 능력을 증진하기 위한 수업을 할 때, 글의 화제를 제한할 필요는 없다. 스포츠에 관심이 있는 학생이면 스포츠를 화제로 글을 쓰는 과정에서 아이디어 생성 전략을 배우면 되고, 노래에 관심이 많은 학생이면 노래를 화제로 아이디어 생성 전략을 배우면 된다. 학생들에게 하나의 화제만을 제시하여 강요할 필요는 없다.

다섯째, 고쳐쓰기 활동을 강조해야 한다. 글쓰기는 많은 인지적 부하를 요하는 작업이다. 나이가 어리거나 글쓰기 경험이 부족한 학생일수록 글쓰기를 부담스러워하는 것은 이 때문이다. 고쳐쓰기 활동은 글쓰기에 대한 인지적 부하를 감소시키는 데 효과적이므로 이 활동을 강조함으로써 학생들의 인지적 부하를 낮출 수 있다.

여섯째, 동료 간의 협의 활동을 강조해야 한다. 글쓰기 시간에 동료는 실제 독자이며 필자이다. 학생들이 글을 쓸 때 예상 독자를 고려하지만, 초등학생은 독자를 예상하기가 쉽지 않다. 따라서 동료에게 쓰기 과정에서 나오는 결과에 대하여 협의함으로써 실제적 독자의 반응을 확인할 수 있다. 또한, 글쓰기 시간의 동료는 자신과 비슷한 상황에 놓여 있는 필자이다. 따라서 이 필자와 서로 협의함으로써 배움을 서로 주고받을 수 있다.

5. 쓰기 교육의 방법

가. 계획하기 활동 지도 방법

계획하기는 말 그대로 글을 쓰기 전에 글 쓸 준비를 하는 활동을 말한다. 글쓰기 과제를 분석하고, 글을 쓰는 목적이 무엇인지, 자신이 쓴 글의 독자는 누구인지 등을 생각하는 활동이다. 일반적으로 미숙한 필자는 곧바로 글을 쓰는 경향이 있으나 능숙한 필자는 계획을 하는 데 상대적으로 많은 시간을 가진다.

계획하기 활동이 활발하게 이루어지기 위해서는 교사가 주제, 목적, 독자, 상황이 뚜렷이 나타난 쓰기 과제를 제시해야 한다. 예를 들어, '실의에 빠진 친구를 위로하는 글을 써보자.'라고 하면, 여기에는 글을 쓰는 목적과 독자, 그리고 글을 써야 하는 상황 등이 내재한다. 이 경우 독자에 대한 분석이 필요한데, 무엇 때문에 실의에 빠졌는지, 평소 이 친구는 어떤 것을 좋아하는지 등을 분석하는 활동이 이루어질 수 있다. 쓰기 과제를 제시할 때에는 구체적인 상황이 전제된 것이 좋고, 학생들의 실제 삶과 직결된 것, 학생들의 흥미를 불러일으킬 수 있는 것을 제시했을 때, 학생들은 계획하기에 적극적으로 참여하게 되고 학생들 입장에서 계획할 '거리'가 생기게 된다.

다음은 초등학교 국어과 교과서에 제시된 쓰기 학습 활동의 한 예이다. 차시 목표는 소개하는 글을 써 보는 것이다.

> **1** 친구를 소개하는 글을 쓰려고 합니다. 자신이 소개하고
> 싶은 친구를 생각하여 봅시다.

이 활동은 계획하기 활동에 해당한다. 학생들이 쓰기 과제를 확인하고, 쓰기 대상인 '소개하고 싶은 친구'를 정한다. 이 활동에는 드러나 있지 않지만, 이 글을 쓰는 목적, 즉 소개하는 목적이 무엇인지 학생들이 알 수 있도록 지도해야 한다. 또한 이 글을 읽을 독자는 누구인지, 분량은 어느 정도로 쓸 것인지, 어떤 주제로 쓸 것인지 등에 대해서도 학생들이 글을 쓰기 전에 계획하도록 지도해야 한다.

나. 내용 생성하기 활동 지도 방법

내용 생성하기는 글을 쓰기 위해 아이디어를 떠올리고 수집하는 활동이다. 반드시 일치하는 것은 아니지만 아이디어를 많이 끌어낼 수 있는 사람이 글을 잘 쓸 가능성이 높다. 머레이(Murray, 1980)가 전체 쓰기 시간 중에 쓰기 전 활동을 하는 데 70% 이상을 보내야 한다고 주장하고 있는 것도 이와 같은 이유이다. 그런데 종래의 결과 중심의 글쓰기 지도에서는 내용 생성하기 활동을 강조하지 않았다. 결과 중심의 글쓰기 지도에서는 완성된 글 자체에 초점을 두기 때문에 생성하기에 관심을 두지 않는 것은 당연한 일이다.

내용 생성 능력을 신장시키는 방법으로 여러 가지가 있다. 첫째, 브레인스토밍이다. 브레인스토밍은 즉흥적으로 주제에 대해 자기의 머릿속에 있는 아이디어를 떠올리는 활동이다. 둘째, 열거하기(listing) 활동이다. 열거하기는 브레인스토밍과 유사하나, 주제나 범주에 따라 관련 있는 내용을 나열한다는 점이 다르다. 셋째, 이야기 나누기 활동이다. 이야기를 나누는 과정에서 자기가 미처 생각해 내지 못한 아이디어를 얻을 수 있다. 넷째, 관련 자료 읽기이다. 책이나 잡지, 신문 등을 읽는 활동을 통해 아이디어를 수집하는 활동으로 시간이 충분할 때 사용하는 방법이다. 다섯째, 명상하기이다. 가만히 앉아서 주제와 관련하여 자신이 알고 있는 것이나 경험한 것, 그리고 글에서 나타내고 싶은 것을 찾아나간다.

다음은 초등학교 국어 교과서에 제시된 쓰기 학습 활동의 한 예이다. 내용 생성하기 전략으로 생각 그물을 활용하는 것이다.

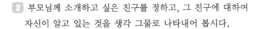

2 부모님께 소개하고 싶은 친구를 정하고, 그 친구에 대하여 자신이 알고 있는 것을 생각 그물로 나타내어 봅시다.

필자인 학생이 소개하려는 친구에 대해 알고 있는 내용을 생성하는 활동이다. 학생들이 떠올린 내용을 자유롭게 적을 수 있도록 지도한다. 만약 내용 생성에 어려움을 겪는 학생이 있다면, 교사가 학생과 이야기를 나눠봄으로써 내용 생성에 도움을 줄 수 있다. 학생이 쓴 일기나, 관련된 자료 또는 책을 찾아보도록 하는 것도 한 방법이다. 차분한 음악을 틀어주고 생각할 시간을 주는 것도 한 방법이다.

다. 조직하기 활동 지도 방법

우리 속담에 '구슬이 서 말이라도 꿰어야 보배'라는 말이 있다. 아무리 많은 아이디어를 생성했다고 하더라도 그것을 적절히 조직하지 못하면 허사이다. 학생들에게 일련의 과정을 거쳐 글을 써 보게 하면 아이디어를 많이 생성했는데도 이것을 어떻게 조직해야 할지 난감해 하는 경우를 흔히 볼 수 있다. 학생들이 쓴 글을 보면 조직적이지 못하고 개개의 사실을 이리저리 나열해 놓은 것이 많은데, 이것은 아이디어를 조직하는 능력이 부족해서 그렇다. 이런 학생들에게는 글의 주제나 목적, 독자 등을 고려하여 생성된 내용을 적절히 조직하는 것을 집중적으로 가르쳐 주어야 한다.

조직하기 활동은 아이디어들 간의 관계를 파악하는 능력을 기르는 데 초점이 있다. 학생들이 아이디어들 간의 관계를 파악하게 하는 데 무엇보다 중요한 것은 이것을 시각화해 보게 하는 것이다. 예를 들어, 다발짓기(clustering)나 생각 그물 만들기(mind mapping)와 같은 전략을 활용하면 아이디어들 간의 관계를 파악하는 데 도움이 된다. 그리고 얼개짜기(개요 작성)를 할 때의 경우처럼 아이디어를 적절히 배열할 때에도 이른바 시각화 전략(visual strategies)를 사용하면 유용하다. 과거처럼 서론, 본론, 결론 등으로 획일적이고 엄격한 틀을 제시하기보다는 자기가 쓸 글의 주제나 조직 방식 등을 생각해서 다양한 방법으로 시각화해 보게 하면 글의 전체 구조를 좀더 쉽게 이해할 수 있고, 초고를 쓸 때 실질적인 도움을 받을 수 있다.

다음은 초등학교 국어 교과서에 제시된 쓰기 학습 활동의 한 예이다.

3 부모님께 친구를 소개하는 글을 쓰기 위한 내용을 정리
하여 봅시다.

소개하고 싶은 친구는 누구인가요?	
모습과 성격은 어떠한가요?	
좋은 점은 무엇인가요?	
함께 겪은 일은 무엇인가요?	

　이 활동은 내용 조직하기 전략으로 얼개를 짜는 행태이다. 학생이 생성한 내용을 토대로 조직하는 활동은 글의 내용을 범주화한다는 측면에서 초등학생에게는 쉽지 않은 활동이다. 〈활동 3〉에는 학생 스스로 조직할 수 있도록 좌측에 정리할 내용을 묻는 핵심 질문이 제시되어 있다. 만약 학생이 혼자서도 얼개를 잘 짤 수 있다면 질문이 불필요할 수도 있다. 제시된 질문을 추가하거나 삭제하여 얼개를 짤 수도 있다. 또한, 이 활동은 내용을 조직하는 활동이므로 어떤 순서로 정리하면 좋을지 학생에게 물어보고, 그 이유를 알아보는 좋은 지도 방법이다. 순서가 달라지면 어떤 차이가 발생하는지 확인함으로써 내용 조직의 중요성을 학생들이 인식할 수 있기 때문이다.

라. 표현하기 활동 지도 방법

　표현하기는 필자가 생성, 조직된 내용을 바탕으로 초고를 쓰는 활동이다. 사람에 따라서는 초고쓰기, 변환하기, 작성하기, 기술하기란 용어를 쓰기도 한다. 종래의 표현하기 지도에서 가장 문제가 되었던 것은 초고를 쓸 때 완벽하게 쓰도록 하는 것이었다. 학생들에게 글을 쓰라고 하면 온갖 정성을 들여 또박또박 써 내려간다. 이는 이 학생이 '초고'를 쓰고 있다는 사실을 인식하지 못하고 있음을 의미한다. 초고를 쓸 때, 한 줄 한 줄 쓰는 데 집중하면 사고의 흐름을 방해받게 되고, 글의 전체적인 흐름을 제대로 파악하지 못할 가능성이 높다. 또한 학생이 처음부터 완벽하게 써야 한다는 부담을 가지게 되고, 결국 학생들은 글쓰기를 더 어렵다 생각하고

이는 글쓰기를 싫어하게 만드는 원인이 된다. 따라서 학생들이 초고는 어디까지나 초고일 뿐이라는 생각을 갖도록 하는 것이 중요하다.

표현하기 능력을 길러주기 위한 방법으로 구두 작문 또는 말로 쓰기(oral composition), 얼른 쓰기, 컴퓨터 활용하기, 의미 지도 그리기 등의 활동을 할 수 있다. 말로 쓰기는 초고를 실제로 쓰기 전에 쓸 내용을 말로 해 보게 하는 활동이다. 필자가 말로 써 보면 글쓰기에 대한 부담을 줄일 수 있다. 얼른 쓰기(speed writing)는 글씨나 맞춤법 등에 얽매이지 말고 쓰고자 하는 것을 처음부터 끝까지 쭉 내려쓰는 것을 말한다. 컴퓨터 활용하기는 글쓰기에서 의미 구성 행위를 촉진하기 위해서 워드 프로세서 같은 것을 사용하는 것이다. 의미 지도 그리기(semantic mapping) 활동은 초고를 쓰면서 글의 제목에 초점을 두어 각 문장이 주제와 관련되는지 연결해 보게 하고, 앞뒤 문장이 제대로 이어지는지를 시각적으로 연결 지어 보게 하는 활동이다. 이 활동은 초고를 쓴 후 교정 전략으로 활용할 수도 있다.

다음은 초등학교 국어 교과서에 제시된 초고 쓰기 학습 활동이다.

5 3~4를 바탕으로 하여 친구를 소개하는 글을 써 봅시다.

소개하는 글을 쓸 때에는 읽을 사람을 생각하며 써야 해요. 그리고 소개하는 내용이 잘 드러나야 해요.

이 활동은 학생이 생성한 내용과 조직한 내용을 토대로 초고를 쓰는 활동이다. 초고를 쓸 때 주의해야 할 점 즉, 소개하는 글을 쓸 때에는 읽을 사람을 생각하며 써야 하고 소개하는 내용이 잘 드러나게 써야 한다는 점을 캐릭터를 활용하여 안내하고 있다. 초고를 바로 쓰기 어려워하는 학생에게는 구두 작문을 먼저 쓰게 할 수 있다. 학생이 생성하고 조직한 내용을 바탕으로 친구를 소개하는 말을 하고 나면, 초고 쓰기에 대한 부담을 줄일 수 있다.

마. 고쳐쓰기 활동 지도 방법

고쳐쓰기는 주로 초고를 쓴 다음에 글의 내용과 형식을 수정하는 활동이다. 종래에는 고쳐쓰기의 중요성을 크게 인식하지 못했으나, 요즘은 강조되고 있다. 글을 쓰는 것은 어떤 의미에서 계속적인 고쳐쓰기의 연속이라 할 수 있다. 일반적으로 고쳐쓰기(수정하기)는 크게 다섯 가지 형태로 이루어진다. 첨가, 삭제, 대체, 이동, 재배열이 그것이다. 첨가는 내용을 덧붙이는 것이고, 삭제는 특정한 내용을 빼는 활동이다. 대체는 그 위치에서 다른 내용으로 바꾸는 경우이고, 이동은 다른 곳으로 옮기는 것이며, 재배열은 앞뒤 순서를 바꾸거나 몇 부분을 하나로 줄이거나 늘이면서 재구성하는 활동을 말한다.

학생들에게 글을 고쳐쓰라고 하면 뭔가 자기 글에 큰 문제가 있는 것처럼 생각한다. 게다가 마치 꾸중을 받고 있다고 생각한다. 고쳐쓰기를 잘못된 행위로 받아들일 것이 아니라, 글쓰기 과정의 일부로 받아들이도록 해야 한다. 그리고 학생들에게 고쳐쓰라고 하면 기껏해야 글씨나 맞춤법을 바로잡거나, 아니면 낱말 몇 개를 바꾸고 마는 경우가 많은데 이것은 바람직하지 않다. 텍스트 수준, 문단 수준, 낱말 수준의 순서로 고치는 활동을 하게 하는 것이 좋다.

고쳐쓰기 능력을 길러주기 위해서는 훑어 읽기(survey), 평가하기, 돌려 읽기, 비평집단 운영하기 등의 활동을 할 수 있다. 훑어 읽기는 초고를 처음부터 끝까지 읽어보게 한 다음 첨가할 내용이나 삭제할 내용 등을 생각해 보는 것이다. 평가하기는 쓴 글을 읽고 스스로 평가하거나, 동료와 함께 읽고 평가를 할 수 있다. 돌려 읽기는 여러 가지 방식으로 이루어질 수 있다. 단순히 옆 사람과 돌려 읽을 수도 있고, 한 소집단에서 한 명이 읽고 나머지가 독자가 되는 방식도 있다. 비평집단 운영은 학급의 비평집단에서 학생들의 글을 수시로 비평하여 그 학생에게 알려주거나 학급 전체에게 공표하는 방식이다.

다음은 초등학교 국어 교과서에 제시된 고쳐 쓰기 학습 활동이다. 이 활동은 필자인 학생이 글을 고쳐 쓰는 데 매우 유용한 정보를 제공한다.

학생들이 고쳐쓰기를 잘하기 위해서는 고쳐쓰기에 앞서 고쳐쓰기 기준을 먼저 정해야 한다. 일반적으로 고쳐쓰기의 기준은 글 전체 수준, 문단 수준, 문장 수준, 낱말 수준에서 정할 수 있다. 기준이 명확할 때, 고쳐쓰기 활동이 더 효과적이기 때문이다. 그러나 매 차시마다 모든 수준에서의 고쳐쓰기 활동을 하기는 어려우므로 차시 목표, 학생 수준이나 특성에 맞게 설정하는 것이 필요하다. 또한, 교사가 고쳐쓰기의 기준을 제시할 수도 있지만, 학생들이 정하거나 조별로 함께 정하는 것도 좋다. 〈활동 7〉에서는 점검하기의 기준인 독자를 고려하였는지, 소개할 내용이 잘 드러나 있는지, 낱말이 적절한지 등을 기준으로 정할 수 있다.

바. 점검과 조정하기 활동 지도 방법

글쓰기 과정에는 필자의 점검하기와 조정하기가 줄곧 관여한다. 글쓰기를 의미 구성의 과정으로 정의할 때, 필자는 자신의 쓰기 과정, 다시 말해 계획하기, 내용 생성하기, 내용 조직하기, 표현하기의 적절성을 글 쓰기 과정 내내 점검한다. 그리고 점검 결과에 따라 적절한 것과 적절하지 않은 것을 판단하면서 조정하기를 수행한다. 점검하기와 조정하기는 각 단계에서 개개의 쓰기 전략을 제대로 활용할 수 있게 하기 위해서도 필요하지만, 글쓰기의 전체 과정에서도 필요하다.

점검하기와 조정하기 능력을 길러주기 위해서는 자기 평가 전략, 자기 질문 전략, 자기 교수 전략 등의 방법을 사용할 수 있다. 자기 평가 전략은 어떤 아이디어가 적절한 것이지, 여기에 이것을 넣으면 되는지, 이것을 이런 식으로 표현하는 것이 적절한지 등에 대해 판단하는 행위이다. 체크리스트를 만들어 자기 평가를 하는 것도 한 방법이 된다. 자기 질문 전략은 필자가 자신에게 질문을 던지고 답하는 활동이다. 질문은 필자가 글에서 해결해야 할 부분을 명료하게 초점화시키는 데 도움을 준다. 자기 교수 전략은 필자가 자신을 가르치는 것이다. 글을 써 나가면서 '그래. 잘했어. 나는 역시 아이디어가 있어. 그런데 이건 아니야. 내가 왜 이러지'와 같은 생각을 계속해 나가면서 자신의 인지 과정을 점검하고 통제하는 것을 말한다.

다음은 초등학교 국어 교과서에 제시된 점검하기 활동의 예이다. 〈활동 4〉와 〈활동 6〉은 표현하기 전과 후에 점검하기 위해 제시된 것이지만, 글 쓰기 지도 과정에서 학생들의 조정하기 활동으로도 활용할 수 있다.

4 3에서 정리한 내용을 바탕으로 하여 소개하는 글을 쓰려고 합니다. 이때 주의할 점은 무엇인지 친구들과 이야기하여 봅시다.

학생들이 초고를 쓸 때, 〈활동 4〉와 〈활동 6〉의 내용을 자기 평가하기, 자기 질문하기, 자기 교수하기의 기준으로 활용하는 것이 가능하다. 가령, 학생이 글을 쓰면서 '지금 내가 쓰고 있는 내용이 부모님이 궁금해하실 내용이 아니다.'라고 평가를 할 수 있고, '지금 내가 쓰고 있는 내용이 부모님이 궁금해하실 내용인가?'라고 자문할 수도 있으며, '지금 내가 쓰고 있는 내용에서 특히 이 부분은 부모님께서 좋아하실 부분이므로 더 자세히 쓰면 좋겠다.'라고 스스로 가르칠 수도 있다.

6 5 에서 쓴 글을 읽고 점검표의 내용에 맞게 썼는지 확인하여 봅시다.

확인할 내용	확인 결과
읽을 사람을 생각하며 글을 썼다.	
소개할 내용이 잘 드러나게 썼다.	
낱말을 바르게 썼다.	

(매우 잘함: ◎, 잘함: ○, 보통임: △)

6. 쓰기 평가

가. 쓰기 평가의 방향

'쓰기' 영역에서는 상황 맥락과 사회·문화적 맥락을 고려하여 글을 쓰는 능력과 긍정적이고 적극적인 쓰기 태도에 중점을 두어 평가한다. 기초 수준에 있는 학습자나 느린 학습자를 대상으로 평가할 때는 맞춤법 등의 형식적인 요소를 지나치게 강조하기보다 표현하고자 하는 의도와 내용을 얼마나 충실하게 표현했느냐에 주안점을 두어 평가함으로써 쓰기에 흥미를 느낄 수 있도록 평가 도구를 구성한다. 학습자가 작성한 한 편의 글을 평가할 때는 내용, 조직, 표현 등을 종합적으로 평가하되, 경우에 따라 특정한 평가 요소에 초점을 맞추어 평가 도구를 구성할 수도 있다.

태도와 같은 정의적 측면을 평가할 때는 일회적 평가보다 누적적으로 평가하고 지속적으로 피드백을 제공하여 쓰기 태도를 함양할 수 있도록 평가 도구를 구성한다. 학습자의 쓰기 과정과 결과물을 평가할 때는 교사 평가 이외에 자기 평가, 동료 평가를 적극적으로 활용하여, 학습자가 평가가 자신의 글쓰기 과정과 그 결과를 점검하고 보완할 수 있는 정보를 제공해 주는 학습 과정의 일부임을 이해하도록 유도한다.

나. 쓰기 평가의 방법

(1) 직접 평가와 간접 평가

쓰기 능력의 평가 방법은 크게 직접 평가와 간접 평가로 나눌 수 있다. 직접 평가는 학생들이 글을 쓴 후, 그 글을 평가자가 직접 읽고 평가하는 방식이다. 간접 평가는 학생이 글을 직접 쓰는 대신 쓰기 능력을 측정할 수 있는 평가 문항들에 학생이 답하게 하는 방식이다(박영목, 2008). 간접 평가 방식은 신뢰도가 높고 효율적이지만, 쓰기의 과제를 부여하여 글을 쓰게 하여 그것을 평가하는 직접 평가 방식이 타당도가 높기 때문에 실제적인 쓰기 능력을 측정하는 데에는 직접 평가가 더욱 적절한 방식이다.

직접 평가 방식 중에서 가장 널리 사용되는 방법에는 총체적 평가, 분석적 평가가 있다. 먼저, 총체적 평가는 표집된 글들에 대한 전체적 또는 총체적 인상에 의존하는 것으로서, 이 경우에 글은 하나의 통일되고 일관성을 갖는 전체로서 인식된다. 분절적인 평가 요소로는 설명하기 어려운, 한 편의 완성된 글이 가지는 가치를 반영하여 쓰기 능력을 평가할 수 있다. 반면에, 분석적 평가는 글의 내용, 조직, 문체, 어법 등 쓰기 능력을 구성하는 뚜렷한 특성 또는 설정된 평가 요소별로 평가하는 것이다. 쓰기 답안에 단일 점수를 부여하지 않고 쓰기의 여러 측면 또는 여러 기준에 대해 각각의 평가 점수를 주게 된다. 분석적 평가는 여러 가지의 하위 요소로 나누어 평가하기 때문에 피험자의 쓰기 수행에 대한 세부적인 정보를 얻을 수 있다. 이는 교육적 처치의 근거가 될 수 있다.

간접 평가의 쓰기 문항은 선다형과 서답형 문항으로 구분할 수 있다. 선다형 문항은 4개 내지는 5개의 보기 중 하나의 답을 선택하도록 하는 문항이다. 쓰기 지식을 직접적으로 묻는 문항보다는 쓰기 수행 능력 자체를 확인할 수 있는 문항으로 구성해야 한다. 예컨대 보기에 쓰기 지식을 나열하고 잘못된 또는 올바른 지식을 찾도록 하는 문항은 바람직하지 않다.

〈표 2〉 직접 평가와 간접 평가 문항의 예(한국교육과정평가원, 2008)[4]

(2) 결과 평가와 과정 평가

평가의 대상에 따른 쓰기 평가의 유형에는 결과 평가와 과정 평가가 있다. 결과 평가는 쓰기 결과 산출되는 글을 평가하는 것이다. 총체적 평가, 분석적 평가는 모두 학생이 쓴 글을 채점 기준에 따라 평가하는 방법이기 때문에 결과 평가에 해당한다.

과정 평가는 한 편의 완성된 글 자체보다는 그 글을 완성하기까지의 과정을 평가하는 것을 말한다(이재승, 2002). 즉, 필자의 의미 구성 행위를 평가 대상으로 하는 평가를 말한다. 과정 평가의 구체적인 방법에는 프로토콜 분석법이 있다. 프로토콜 분석법은 글을 쓰는 중에 떠오르는 생각을 모두 말로 표현하게 하고 그것을 분석하는 방법이다. 프로토콜은 쓰기 수행과 동시에 생성될 수도 있고 쓰기 수행을 마친 후에 생성될 수도 있다. 다만 동시에 생성할 경우에는 프로토콜 생성에 익숙한 필자여야 한다는 점을 주의해야 한다. 또한 사후에 생성하는 경우는 학생의

---

4 https://www.kice.re.kr/boardCnts/view.do?boardID=1500209&boardSeq=2115297&lev=0&m= 030303&searchType=S&statusYN=W&page=1&s=kice

쓰기 과정을 녹화한 자료가 제공되어야 한다. 피평가자의 기억만으로 면밀한 해석이 이루어지기 어렵기 때문이다.

프로토콜을 해석할 때 교사는 평가의 초점이 되는 쓰기 장면을 선정할 필요가 있다. 초점이 되는 쓰기 장면은 구체적으로 어휘나 문장을 생성, 추가하거나 수정, 이동한 시점이 될 수 있다. 쓰기 멈춤이 일어났을 때나 텍스트의 수정이 이루어졌을 때 어떠한 사고를 했는지를 중심으로 질문을 하거나 구술하도록 한다. 쓰기가 진행되는 방식, 쓰기 멈춤의 빈도와 발생 지점, 텍스트를 생산하는 속도, 자주 사용하는 표현이나 조직 방식 등에 대해 질문을 하여 필자의 쓰기 과정을 해석할 수 있다.

1 쓰기에 대한 관점의 변화에 따라 쓰기 교육 방법이 어떻게 변화되었는지 탐구해 봅시다.

2 초등학교 타 교과의 쓰기 활동을 찾고, 국어 교과의 쓰기 활동과 연계하는 방안을 탐구해 봅시다.

제11장
문법 교육의 이해

1. 문법과 문법 교육의 본질

가. 문법의 개념과 특성

'문법'은 사용되는 상황에 따라 여러 가지로 해석된다. 여기서는 일반적으로 많이 사용하는 개념을 중심으로 세 가지 층위에서 살펴보도록 하자. 먼저 '문법'은 말의 구성 및 운용상의 규칙을 의미한다. 이때 문법은 어법과 같은 의미로 사용된다. 다음으로 학문 분야에서의 '문법'은 국어학이나 언어학에서 낱말의 내적 구조를 다루는 형태론이나 문장의 구성 원리를 다루는 통사를 함께 일컫는 말로 사용한다. 그러다 보니 우리말의 문장 구성 원리에 어긋하거나 낱말의 표기가 잘못될 경우 문법에 어긋난다는 말을 한다. 마지막으로 '문법 교육'이라고 할 때의 '문법'은 '글자, 낱말, 문장에 대한 흥미'에서부터 '바른 국어 사용'까지의 내용을 포괄하는 국어 교육의 한 분야로서의 '문법'을 의미한다.

문법 교육에서의 '문법'이 앞서 두 가지의 문법과 다른 까닭은 그것이 '교육'의 분야이기 때문이다. 즉, 언어 자체를 연구하는 학문적 차원이 아닌 교육적 차원에서 문법을 다룬다는 뜻이다. 문법 교육은 교육의 단면을 함께 갖고 있기 때문에 교육적 효과성, 당위성, 규범성 등을 함께 고려해야 한다. 문법 교육은 국어학의 연구 결과를 바탕으로 교육이 이루어지지만 2022 개정 국어과 교육과정의 문법 영역의 교육 내용처럼 국어학에서 다루는 내용보다 더 넓은 내용을 담기도 한다.

이렇다 보니 문법 교육에서 다루는 '문법'은 여러 가지 특성을 지닌다. 먼저 문법은 언어 사용자들이 자신은 인식하지 못하지만 문법을 사용하고 있다는 것이다. 말하고 듣고 읽고 쓰는 과정에서 문법은 항시 존재한다. 하지만 이러한 언어 사용이 일어나는 상황에서 문법을 의식적으로 적용하며 사용하기 보다 자연스럽게 사용한다. 문법은 자라면서 자연스럽게 습득하고 언어 사용에 활용하는 것이다. 둘째로 문법은 자신이 사용하는 언어를 객관적으로 바라보아야 이해할 수 있다. 생활 속에서 사용하고 있는 습득된 문법이 아니라 지식으로서의 문법을 이해하게 되는 것이다. 이는 자신의 언어나 다른 사람의 언어 또는 구조화된 언어를 탐구할 때 지식으로써의 문법을 갖게 된다. 셋째로 이렇게 갖게 된 문법 지식은 다시 생활 속 언어에 사용된다. 문법에 대한 지식을 익히게 되면 자신의 언어생활이 바뀔 수 있다. 학문 문법에서 다루는 모든 내용이 언어생활 속에 바로 적용되는 것은 아니지만 지식으로 익힌 문법이 생활을 바꾸게 되는 것이다.

나. 문법 교육의 중요성

앞서 살펴본 문법의 특성을 고려하면 이런 질문을 할 수 있다. 문법은 자라면서 습득된 것이니 문법을 따로 가르칠 필요가 있을까? 또는 문법을 가르친다면 왜 가르쳐야 할까? 등의 질문이다. 이는 문법 교육의 가치와 중요성에 관련된 질문으로 문법 교육을 바라보는 관점과도 연계된다.

문법의 교육적 가치를 부정하는 측면에서는 문법 교육의 무용론을 언급하기도 한다. 이러한 주장을 하는 이유는 모국어 학습자들이 이미 문법 구조를 알고 있기 때문에 문법을 다시 교육할 필요가 없고, 문법을 교육해도 국어 교육의 목표인 언어 사용 능력을 신장하는 데 효과가 없다는 것이다. 하지만 국어 사용자들이 문법을 알고 있다고 해도 국어를 정확하고 효과적으로 사용하는 것이 아니기 때문에 오류 예방 및 효과적인 국어 사용 능력을 신장을 위해서 문법 교육은 필요하다는 측면과 문법 교육이 언어 사용 능력 신장에 효과적이지 않다는 것은 문법 교육 내용 선정과 방법의 문제이기 때문이라는 측면에서 무용론을 비판할 수 있다.

그렇다면 문법 교육은 어떤 측면에서 중요할까? 첫째, 첫째, 문법 교육은 국어 사용 능력 향상을 위해서도 중요하다. 국어 사용 능력 향상은 국어과 교육과정에서 중요한 목표로 설정되어 왔다. 국어 사용의 기저에는 문법이 관여한다. 즉, 말하고, 듣고, 읽고, 쓰는 활동의 기저에는 문법이 작용해야만 한다는 것이다. 이해 활동에 해당하는 듣기, 읽기를 할 때, 내용을 파악할 수 있는 것은 청자나 독자가 가진 어휘 이해력과 문법 능력에 의해 의미를 파악한다. 표현 활동에 해당하는 말하기, 쓰기 활동에도 문법이 관여한다. 문법에 맞게 말하거나 쓰지 않으면 청자나 독자에게 자신의 의도를 잘 전달할 수 없다. 국어 사용 기능 향상에 초점을 맞추어 문법 교육을 해야 한다는 주장을 통합론, 혹은 통합적 입장이라고 한다.

둘째, 문법 교육 고유의 가치를 위해서도 문법 교육은 중요하다. 전통적으로 국어과 교육과정에서 학습 대상으로 설정하고 있는 내용의 영역은 듣기, 말하기, 읽기, 쓰기, 문법, 문학이다. 이 중에서 문법 영역에서만 다룰 수 있는 내용이 있는데 이러한 내용들을 익히기 위해서도 문법 교육은 중요하다. 이런 관점의 논의들을 독자론 혹은 독자적 입장이라고 한다. 문법 교육이 독자적으로 이루어져야 하는 근거는 국어에 대한 체계적 지식의 필요성, 국어에 대한 태도 교육의 필요성 등을 들고 있다. 국어에 대한 지식을 체계적으로 익힌다는 것은 국어 사용 기능 신장에 도움이 되든지 되지 않든지 간에 학습자들이 학습할 필요가 있다고 주장한다. 이런 부분을 담당하는 국어과의 영역이 문법 교육 영역이라는 것이다. 또, 우리말의 역사, 우리 문자에 대한 이해, 우리말과 우리글에 대한 가치 등은 국어 사용에 도움이 되든 아니든 간에 학습할 필요가 있다는 주장이다.[5]

문법의 개념과 특징 및 문법 교육의 필요성을 바탕으로 문법 교육의 중요성을 정리하면 다음과 같다. 첫째, 문법은 국어 사용의 기저에 작용하므로 더 나은 국어 사용을 위해 문법 교육이 중요하다. 둘째, 국어란 무엇인가에 대한 답을 찾는데 문법 교육이 직접적으로 관여하므로 문법 교육이 중요하다. 셋째, 국어 사용 능력 신장을 위해 문법 교육이 중요하다. 넷째, 국어에 대한 탐구와 국어에 대한 태도를 형성하기 위해 문법 교육이 중요하다.

---

5 문법 교육을 바라보는 관점을 크게 부정적 입장(무용론), 독자적 입장(독자론), 통합적 입장(통합론), 포괄적 입장(포괄론)으로 구분할 수 있다. 이중 포괄적 입장(포괄론)은 국어과라는 교과 명칭을 기능적인 요소에 한정 짓지 말고 국어 사용 능력 신장에 도움을 주는 요소와 문화 요소를 포괄하여 문법의 교육적 가치를 찾는 입장을 말한다.

2. 문법 이론

가. 음운론[6]

(1) 한글 자 · 모음자

우리말을 표기하는 문자인 '한글'은 자음자와 모음자로 이루어져 있다.

- 자음자: ㄱ, ㄲ, ㄴ, ㄷ, ㄸ, ㄹ, ㅁ, ㅂ, ㅃ, ㅅ, ㅆ, ㅇ, ㅈ, ㅉ, ㅊ, ㅋ, ㅌ, ㅍ, ㅎ[7]
- 모음자: ㅏ, ㅐ, ㅑ, ㅒ, ㅓ, ㅔ, ㅕ, ㅖ, ㅗ, ㅘ, ㅙ, ㅚ, ㅛ, ㅜ, ㅝ, ㅞ, ㅟ, ㅠ, ㅡ, ㅢ, ㅣ

모음자는 소릿값이 이름이지만, 자음자는 스스로 소리를 낼 수 없어 별도의 이름을 갖고 있다. 위에 제시된 순서대로 '기역, 쌍기역, 니은, 디귿, 쌍디귿, 리을, 미음, 비읍, 쌍비읍, 시옷, 쌍시옷, 이응, 지읒, 쌍지읒, 치읓, 키읔, 티읕, 피읖, 히읗'이 그 이름이다.

① 모음자의 소릿값

모음의 소릿값에 따라 단모음과 이중 모음으로 나눌 수 있다. 단모음은 단모음이란 혀나 입술 등의 모양을 일정하게 유지하면서 내는 소리인데, 'ㅏ, ㅐ, ㅓ, ㅔ, ㅗ, ㅚ, ㅜ, ㅟ, ㅡ, ㅣ'가 이에 속한다.[8] 이중모음이란 소리를 내는 동안 입술 모양이 바뀌거나 혀를 움직이는 소리로 단모음을 제외한 나머지 모음이 이에 해당한다.

우리말의 단모음은 다음 세 가지 요소에 의해 소릿값이 결정된다.

---

6 음운론은 우리가 사용하는 언어의 소리를 연구하는 분야이다. 실제 말을 하는 과정에서 나타나는 실체적이고 물리적인 소리를 음성이라고 하고, 심리적이고 추상적인 소리를 음운이라고 한다. (자동차 경적 소리, 새 울음 소리 등은 음향이라고 한다.) 즉, '비빔밥'을 소리 낼 때 첫 글자의 'ㅂ', 둘째 글자의 'ㅂ', 셋째 글자의 'ㅂ'의 실제 발음은 서로 다르지만 우리나라 사람들은 같은 소리로 인식하기 때문에 같은 글자로 표기하는 것이다.

7 자음자는 받침에도 사용되지만 'ㄸ, ㅃ, ㅉ'은 받침에 사용하지 않는다. 그리고 받침에만 사용되는 겹자음자(겹받침)가 있다. 받침에 사용하는 자음자를 순서대로 제시하면 다음과 같다. 'ㄱ, ㄲ, ㄳ, ㄴ, ㄵ, ㄶ, ㄷ, ㄹ, ㄺ, ㄻ, ㄼ, ㄽ, ㄾ, ㄿ, ㅀ, ㅁ, ㅂ, ㅄ, ㅅ, ㅆ, ㅇ, ㅈ, ㅊ, ㅋ, ㅌ, ㅍ, ㅎ'

8 표준 발음법에 따르면 'ㅚ, ㅟ'는 이중모음으로 발음할 수도 있다.

- 혀의 전후 위치: 전설 모음, 후설 모음
- 혀의 높낮이: 고모음, 중모음, 저모음[9]
- 입술 모양: 원순 모음, 평순 모음

다음 표는 이들 세 요소에 의해 소릿값이 결정된 우리말 단모음의 체계이다. 예를 들어 'ㅣ'는 혀의 위치가 높게 입을 작게 벌리고, 입술을 평평하게 하여, 혀의 앞쪽에서 내는 소리(고모음, 평순모음, 전설모음)이고, 'ㅓ'는 입을 크게 벌려 혀의 위치를 낮게 두고, 입술을 둥글게 오므리고 혀의 뒤쪽에서 내는 소리(저모음, 원순모음, 후설모음)이다. 우리말에서 'ㅔ'와 'ㅐ'를 잘 구분하지 못하는 경우가 많은데 이는 혀의 위치와 입술 모양이 같고 혀의 높낮이가 비슷하며 입을 벌리는 정도가 비슷하기 때문이기도 하다.

〈표 1〉 국어의 단모음 체계

전후 고저 원평	전설		후설	
	평순	원순	평순	원순
고모음	ㅣ	ㅟ	ㅡ	ㅜ
중모음	ㅔ	ㅚ		ㅗ
저모음	ㅐ		ㅏ	ㅓ

이중모음은 단모음 두 개가 결합된 것이 아니라, 모음 하나와 반모음 하나가 결합된 것이다. 예를 들어 'ㅑ'는 순간적으로 'ㅣ' 소리를 내는 모양을 취했다가 재빨리 'ㅏ' 소리를 내는 입모양으로 바꾸면서 소리를 내는데, 이때 앞의 짧은 소리가 'ㅣ'와 소릿값이 유사한 반모음이다. 이중모음 중 'ㅑ, ㅒ, ㅕ, ㅖ, ㅛ, ㅠ, ㅢ'는 'ㅣ'계 반모음인 [j]가 결합된 소리이고[10], 'ㅘ, ㅙ, ㅚ, ㅝ, ㅞ'는 'ㅗ/ㅜ'계 반모음인 [w]가 결합된 소리이다.

② 자음자의 소릿값

자음은 목청을 통과한 공기가 입 안에서 흐름이 막히거나 방해를 받아 나는 소리이다. 그래서

---

9   입을 많이 벌릴수록 혀의 위치가 낮아지기 때문에 입을 벌리는 정도를 기준으로 '폐모음, 반개모음, 개모음'으로 구분하기도 한다.

10   'ㅢ'는 앞의 다섯 모음과는 달리 반모음이 뒤쪽에 결합된다.

자음은 방해를 받는 자리가 어디인지(조음 위치), 또 어떤 방법으로 방해를 받았는지(조음 방법)에 따라 소릿값이 달라진다.

조음 위치와 조음 방법에 따라 국어 자음자의 소리값을 나타내면 다음과 같다.

〈표 2〉국어의 자음 체계

방법 \ 위치	입술소리	잇몸소리	여린입천장소리	센입천장 소리	목청소리
파열음	ㅂ, ㅃ, ㅍ	ㄷ, ㄸ, ㅌ		ㄱ, ㄲ, ㅋ	
파찰음			ㅈ, ㅉ, ㅊ		
마찰음		ㅅ, ㅆ			ㅎ
비음	ㅁ	ㄴ		ㅇ	
유음		ㄹ			

(2) 소리의 길이 [11]

국어에서 모음의 길이는 자음과 모음처럼 뜻을 구분하는 구실을 한다. 예를 들어 '나는 배를 탔다.'에서 '배'는 짧은소리이지만 '힘이 세 배나 들었다.'에서 '배'는 긴소리이다. 이외에도 국어에는 다음과 같이 길이에 따라 뜻이 달라지는 낱말의 쌍이 여럿 있다.

- 눈(眼), 눈:(雪)[12]　　밤(夜), 밤:(栗)　　배(신체), 배(선박), 배(과일), 배:(倍)
- 묻다(埋), 묻:다(問)　　굽다(曲), 굽:다(炙)　　걷다[收], 걷:다[步]

(3) 국어의 음절

말소리의 단위 중 '발음할 수 있는 최소의 소리마디'를 음절이라고 한다. 국어는 한 음절을

---

11 독립적인 소릿값은 없지만 말소리의 한 부분을 이루면서 뜻을 구분해 주는 길이, 세기, 높낮이, 억양 등의 요소를 운소라고 한다. 국어의 표준발음법에서는 이 중 길이만을 인정한다.
음운이란 음소(자음과 모음)와 운소를 합해서 이르는 말이다.

12 긴소리는 첫음절에서만 나타난다. 예를 들어 눈:[雪]이 첫눈, 함박눈 등 둘째 음절 이후에 나타날 때는 짧은소리로 발음한다.

하나의 글자로 모아서 쓰므로 '민수가 학교에 갔다.'는 [민수가 학꾜에 갇따]로 발음되고, 글자 수도 일곱이고 음절 수도 일곱이다.

국어는 반드시 모음이 하나 있어야 음절을 구성할 수 있다. 자음은 단독으로는 음절을 구성할 수 없고, 앞이나 뒤에 모음이 있어야만 한다. 따라서 국어의 음절은 크게 다음의 네 가지로 구분할 수 있다.

- 모음 하나: 아, 야, 어, ……
- 자음＋모음: 소, 초, 코, ……
- 모음＋자음: 입, 옷, 알, ……
- 자음＋모음＋자음: 공, 물, 목 ……

'자음＋모음＋자음'의 음절에서 중심이 되는 모음을 가운뎃소리(중성)라 하고, 그 앞의 자음과 뒤의 자음은 각각 첫소리(초성), 끝소리(종성)라고 한다.

나. 단어

(1) 단어 형성(낱말 확장)

'사과'는 하나의 단어이지만 다른 말과 결합하여 '풋사과', '사과밭'처럼 확장될 수 있다. 이때 '사과'처럼 하나의 형태소[13]로 이루어진 단어를 단일어라 하고, '풋사과'나 '사과밭'처럼 둘 이상의 형태소로 이루어진 단어를 복합어라고 한다.

복합어는 다시 파생어와 합성어로 구분된다. 복합어를 만들 때 실질적으로 의미의 중심이 되는 부분을 '어근'이라 하고, 그것에 붙어 의미를 한정하거나 품사를 바꾸는 형태소를 '접사'[14]라고 하는데, 파생어는 어근과 접사가 결합하여 만들어진 단어이고, 합성어는 어근과 어근이 결합

---

13 형태소는 뜻을 지닌 최소의 언어 단위로, 예를 들면 '개살구'는 '개-'와 '살구'라는 두 형태소가 결합한 단어이다.

14 접사는 단독으로는 단어가 되지 못한다. '풋-'처럼 어근의 앞에 오는 것을 접두사, '-꾼'처럼 어근의 뒤에 붙는 것을 접미사라고 한다.

하여 만들어진 단어이다. '풋사과'는 '덜 익은'이라는 뜻을 지닌 접사 '풋-'이 어근 '사과'와 결합하여 만들어진 단어이므로 파생어이고, '사과나무'는 어근과 어근이 결합한 합성어(사과 + 나무)이다.

- 접두사 + 어근: 돌배, 날고기, 풋사랑, 애호박, 새빨갛다, 엇나가다, ……
- 어근 + 접미사: 잠꾸러기, 구경꾼, 울음, 반짝거리다, 어른스럽다, 슬기롭다, ……
- 어근 + 어근: 검붉다, 돌다리, 배나무, 낯설다, 높푸르다, ……

국어는 접사가 다양하게 발달해 있어 이들을 잘 익히면 어휘를 쉽게 익힐 수 있고, 적절하게 사용하면 새말을 만들어내는 힘을 기를 수 있어 어휘력을 풍부하게 하는 데 도움이 된다.

(2) 단어의 갈래(품사)

국어의 많은 단어를 몇 가지 기준[15]에 따라 분류해 놓은 것을 품사라고 한다. 품사는 언어마다 분류 방법이 다른데, 국어는 '명사, 대명사, 수사, 조사, 동사, 형용사, 관형사, 부사, 감탄사'의 아홉 가지로 분류한다.

(3) 단어의 의미

국어에서 사용하는 많은 단어들은 의미상으로 서로 일정한 관계를 맺고 있다. 이들의 의미 관계는 유의 관계, 반의 관계, 상·하위 관계로 나눌 수 있다. 또한 하나의 단어가 하나의 뜻만을 지니는 것이 아니기 때문에 같은 단어라고 하더라도 상황에 따라 다양한 의미로 사용되는데 이 경우는 단어의 의미가 다의적으로 확장된 것이다. 단어의 의미 관계와 의미 확장을 이해하게 되면 어휘력을 높이는 데 도움이 된다.

① 유의 관계(유의어)

유의 관계는 같거나 유사한 의미를 지닌 둘 이상의 단어가 맺는 의미 관계를 말한다. 유의어는

---

15 문장 내에서의 기능, 형태의 변화 유무, 의미적 특성이 품사를 분류하는 기준이다. 초등학교 수준에서는 사전 찾기와 관련이 있는 형태 변화의 유무에 따라 체언류와 용언류를 구분하는 것이 성취기준의 주요 내용이다.

단어 간에 개념적 의미가 동일하고 문맥상 바꾸어 쓸 수 있어야 한다. 하지만 특정한 문맥에 한정하여 바꾸어 쓸 수 있어도 유의어가 된다.

유의어는 방언이나 어원(고유어, 한자어, 외래어 등)의 차이로 인해 발생한다. 또한 직업 어휘나 완곡어법 등에 따라서도 발생한다. 유의어를 판단할 때는 문맥 속에서 다른 단어로 바꾸어 보거나 반의어를 사용할 수 있다. 또한 유의성의 정도가 모호한 단어를 계열화하면 의미 차이를 파악할 수 있다.

② 반의 관계

반의 관계는 의미상으로 대립되는 단어들 사이의 관계를 말한다. 반의 관계는 정도 반의어, 상보 반의어, 방향 반의어를 세 유형으로 나눈다. 정도 반의어는 정도나 등급에 있어 대립되는 단어 쌍으로 '길다/짧다, 덥다/춥다' 등이 해당한다. 상보 반의어는 반의 관계에 있는 두 단어가 개념적 영역을 상호 배타적으로 양분하는 단어 쌍으로 '참/거짓, 죽다/살다' 등이 해당한다. 방향 반의어는 맞선 방향을 전제로 관계나 이동의 측면에서 대립을 이루는 쌍으로 '위/아래, 앞/뒤' 등이 해당한다.

반의어는 의미상으로 대립되는 쌍을 뜻하지만 '벗다'의 반의어로 '입다, 쓰다, 신다, 두르다, 끼다' 등의 단어가 제시될 수 있는 것처럼 하나의 단어가 여러 단어의 반의어로 사용될 수 있다.

③ 상·하위 관계

상하 관계는 한 단어가 다른 단어를 포함하거나 다른 단어 포함되는 의미 관계를 말한다. 예를 들어 '과일'은 '사과, 바나나, 배' 등을 포함하지만, '식물'에 포함된다. 이럴 경우 '과일'은 '사과, 바나나, 배' 등에 대해서는 상위어가 되지만, '식물'에 대해서는 하위어가 된다.

상·하위 관계에서 상위어일수록 낱말의 의미가 포괄적, 일반적이며 하위어일수록 의미가 개별적, 한정적이다. 예를 들어 '생물—동물—포유류—개—진돗개'처럼 하위 계층으로 내려갈수록 개별 개체에 가까워진다.

④ 다의적 확장

하나의 단어가 둘 이상의 관련된 의미를 지닐 때 이를 다의어라 한다. 다의어의 의미는 중심 의미(또는 기본적 의미)와 주변 의미(파생적 의미)로 이루어져 있다.

- 밥을 먹다.(음식을 먹다)
- 연탄가스를 먹다.(들이마시다)
- 나이를 먹다.(나이를 더하다)
- 핀잔을 먹다.(핀잔 따위를 당하다)
- 우승을 먹다.(차지하다)

- 담배를 먹다.(피우다)
- 한 마음을 먹다.(감정을 가지다)
- 겁을 먹다.(겁을 느끼다)
- 기름 먹은 종이(습기 등을 빨아들이다)

위의 예에서 보듯이 '먹다'은 다양한 의미를 지니고 있다. 이 중 음식을 먹는 행위를 의미하는 '밥을 먹다'의 '먹다'가 기본적이고 핵심적인 의미이고 다른 의미들은 이로부터 확장된 의미이다. 앞의 것이 중심 의미이고 그 외 확장된 의미가 주변 의미이다.

다의어와 구분되어야 할 것으로 동형어가 있다. 동형어란 소리는 같지만 의미는 다른 단어이다. '밤이 되었다.'의 '밤[夜]'과 '가을에는 밤이 맛있다.'의 '밤[栗]'은 소리는 같지만 의미는 전혀 다르다. 다의어는 의미는 여럿이지만 하나의 단어이고, 동형어는 소리는 같지만 각각의 독립적인 의미를 지닌 단어이다. 사전에 등재할 때도 다의어는 하나의 표제어 아래 중심 의미를 먼저 풀이하고 주변 의미를 열거하는 방식으로 등재되고, 동형어는 각 단어가 독립적인 표제어로 등재된다.

(4) 어휘의 체계와 양상

일정한 기준에 의하여 묶이는 단어의 집합을 어휘라고 한다. 예를 들어 가족 관계를 표현하는 단어를 모아 하나의 집합으로 만들 수도 있고, 예부터 내려온 순수한 우리말을 모아 하나의 집합으로 만들 수 있다. 개별 단어가 아니라 어휘를 살펴보게 되면 단어의 성격과 존재 양상을 쉽게 파악할 수 있다.

① 고유어, 한자어, 외래어
우리말은 고유어, 한자어, 외래어로 이루어져 있다. 이중 고유어는 순우리말(토박이말)로 예로 부터 우리가 써 오던 순수한 우리말이다. 고유어는 대개 그 의미 폭이 넓고 상황에 따라 여러 가지 다른 의미로 해석되는 다의어의 성격을 가지고 있다. 고유어는 언어 자산으로서의 가치를 가지고 있으며 우리 민족을 문화와 정신이 스며 들어 있다. 이에 반해 한자어는 한자를 기반으로 만들어진 말이다. 한자어는 중국의 한자에서 기원되었다는 점에서 외래어의 일종으로 볼 여지도 있으나 표기 차원에서 유입된 것으로 발음 체계는 전혀 다르다. 또한 따라서 한자어는 우리말로 바뀐 것이라고 봐야 할 것이다. 외래어는 원래 외국어였던 것이 국어의 언어 체계에 동화되어 사회적으로 상용화된 어휘를 뜻한다. 예를 들어 '버스, 택시, 텔레비전, 라디오, 볼펜' 등의 말은 외국에서 들어온 말이지만 국어 언어 체계에 흡수되어 국어사전에 실려 있다. 이런 어휘들도 처음에는 낯선 외국어였지만 그것을 고유어로 바꾸어 쓰려는 노력 없이 그대로 받아들여 사용하다 보니 지금은 우리말이 되어 국어사전에 실려 있다.

② 표준어와 방언

표준어는 우리나라의 공용어를 일컫는다. '표준어 규정'에는 표준어를 '교양 있는 사람들이 두루 쓰는 현대 서울말'로 규정하고 있다. 따라서 국어 교육에서 다루는 '국어'는 일반적으로 표준어를 뜻하고, 문법 교육에서 다루는 발음이나 표기법 등은 모두 표준어를 대상으로 한다.[16]

방언은 지역에 따라 다르게 발달한 언어 체계를 말한다.[17] 큰 산이나 강 등 지리적으로 단절을 초래하는 요인이 있으면 그를 경계로 말이 다르게 발달하는 경우가 많다. 제주도 방언이 가장 독특하게 발달한 것은 오랫동안 육지와는 왕래가 지극히 제한되어 있었기 때문이기도 한다.

표준어와 방언은 각기 제 나름의 가치가 있다. 표준어는 지역에 따라 달리 언어를 하나로 묶어주는 구실을 하고, 방언은 국어 어휘를 다양하고 풍성하게 해 주는 좋은 자료이며, 해당 지역의 자연 환경이나 생활상 등을 잘 보여주는 자료이기도 하다. 또한 같은 방언을 쓰는 사람끼리는 더 빨리 친밀감이나 유대감을 느끼게 된다. 그러므로 표준어와 방언을 지도할 때는 효과적인 사용에 초점을 맞추어야 할 것이다.

③ 관용 표현

관용 표현은 관용어와 속담을 포괄하는 뜻으로 사용한다.[18] 그중 관용어는 둘 이상의 단어가 결합하여 특수한 의미를 나타내게 된 표현을 뜻한다. 예를 들어 '밝다'는 날이 환해지거나 불빛 따위가 환한 경우에 주로 사용하는 단어나 '귀'나 '눈'과 결합하여 '귀가 밝다, 눈이 밝다'로 사용될

---

16 한글맞춤법 1장 1항도 '한글 맞춤법은 표준어를 소리대로 적되 어법에 맞도록 함을 원칙으로 한다.'라고 되어 있다.

17 방언은 지역 방언과 '직업, 연령, 성별' 등의 요인에 따른 사회 방언이 있는데, 초등학교 문법 교육에서는 지역 방언만을 다룬다.

18 사자성어 등을 포함하기도 하나 초등학교 문법 교육에서 다루는 범위로 한정하였다.

경우 '감각이나 지각 능력이 뛰어나다'의 의미로 사용된다. 이때 '귀', '눈'과 달리 '손', '발' 등은 결합할 수 없다. 즉, '귀가 밝다', '눈이 밝다'는 하나의 의미가 단위가 되어 특수한 의미를 나타내게 된다.

속담은 둘 이상의 단어가 결합한다는 점에서 관용어와 비슷하지만 하나의 완결된 문장형 구조를 갖는다는 점에 차이가 있다. 속담 중에는 일상생활의 지혜나 교훈을 압축하여 비유적으로 표현한 것이 많아서 이를 통해 조상들의 삶의 모습을 짐작할 수도 있다.

말을 하거나 글을 쓸 때 관용 표현을 사용하면 같은 내용이라도 재미있게 표현하고, 효과적으로 자신의 생각을 전할 수 있다. 또한 속담을 통해 우리의 언어 문화나 사고 방식을 이해할 수 있으므로 문화 교육의 차원에서 접근하는 것도 필요하다.

다. 문장

(1) 문장의 기본 구조와 문장 성분

문장은 최소의 생각 단위이다. 이는 생각이나 감정을 완결된 형태로 표현한 최소의 단위라는 뜻이다. 그러므로 의미적으로는 하나의 생각을 나타내는 단위이고, 형식적으로는 주어와 서술어를 갖추어야 하며 문장이 끝났음을 나타내는 표지가 있어야 한다.

문장을 구성하는 성분[19]은 주성분(주어, 서술어, 목적어, 보어)과 주성분을 수식하는 부속 성분(관형어, 부사어), 다른 문장 성분과는 직접 관련이 없는 독립 성분(독립어)으로 구성된다.

이러한 문장은 주어와 서술어만으로도 구성할 수 있고, 목적어를 포함하여 구성할 수도 있다. 또한 어떤 문장은 '물이 얼음이 되었다.'처럼 보어나 '나는 친구에게 연필을 주었다.'처럼 필수 부사어를 필요로 한다.[20]

---

[19] 문장 성분은 대개 어절 단위와 일치한다. 어절이란 문장을 구성하는 기본적인 문법 단위로 띄어쓰기 단위와 대체로 일치한다. '철수가 밥을 먹었다.'는 네 어절로 이루어진 문장이다.

[20] 이를 '서술어의 자릿수'라고 하는데 '푸르다'처럼 하나의 성분만 필요로 하는 것은 한 자리 서술어, '먹다'처럼 두 개의 성분을 필요로 하는 것은 두 자리 서술어라고 한다. 또한 '받다'는 '_가 _에게 _을/를 받다'의 구조를 지니므로 세 자리 서술어이다.

① 주어와 서술어

문장을 구성하는 기본 형식은 '무엇이 무엇이다, 무엇이 어찌하다, 무엇이 어떠하다.'이다. 이때 '무엇이(누가)'에 해당하는 것이 주어이고 '무엇이다, 어찌하다, 어떠하다'에 해당하는 것이 서술어이다. 주어와 서술어 모두 문장을 구성하는 중요한 성분이나 완결된 형태로 생각을 표현하기 위해서는 반드시 서술어가 있어야 한다.

서술어는 주어의 성질이나 동작 또는 상태 등을 풀이하는 문장 성분이며, 주어는 성질이나 동작 또는 상태의 주체가 되는 문장 성분이다. 다음 예에서 밑줄 친 부분이 서술어이고, 밑줄 치지 않은 부분은 주어이다.

- 철수는 <u>학생이다.</u>
- 새가 <u>지저귄다.</u>
- 하늘이 <u>푸르다.</u>

주어는 서술어와 더불어 문장의 주성분이기는 하지만 생략되는 경우도 많다. 담화 상황에서 생략해도 주어가 무엇인지 분명하게 알 수 있거나 동일한 주어가 여러 번 반복될 때 주어를 생략할 수 있다.

② 목적어와 보어

두 자리 서술어인 '먹다'는 '철수가 밥을 먹다.'처럼 주어 이외에 '~을'에 해당하는 성분을 필요로 하는데, 이 성분을 목적어라고 한다. 목적어가 사용된 문장의 구조는 '무엇이 무엇을 어찌하다'의 형태로 나타난다.

보어 역시 서술어를 필요로 하는 문장 성분이다. 학교 문법에서는 서술어 '되다'와 '아니다' 앞에 오는 '무엇이'만을 보어로 인정한다.

- 구름이 <u>비가</u> 되었다.
- 수박은 <u>과일이</u> 아니다.

(2) 문법 요소

① 문장의 종결 표현(문장을 끝내는 방식)

국어는 종결 어미에 따라 문장이 달라지기 때문에 말을 끝까지 들어보아야 전체 문장의 의미를 알 수 있다. 다음 문장처럼 문장의 종류가 어떤 것인지 알기 위해서는 마지막까지 확인을 해야 한다.

- 철수가 밥을 먹는다.(평서문) / 철수가 밥을 먹니?(의문문)
- 철수야, 밥을 먹어라.(명령문) / 철수야, 밥을 먹자.(청유문)
- 철수가 밥을 잘 먹는구나!(감탄문)

국어의 문장 종류는 서술어에 붙는 종결 어미에 따라 달라진다. 그리고 종결 어미는 문장을 끝맺는 기능을 할 뿐 아니라 청자에 대한 화자의 의향을 표현하는 기능도 한다. 평서문은 말하는 이가 하고 싶은 말을 단순하게 진술하는 문장이고, 의문문은 듣는 이에게 질문하면서 대답을 요구하는 문장이며, 명령문은 말하는 이가 듣는 이에게 어떤 일을 하라고 명령하는 문장이다. 말하는 이가 듣는 이에게 무엇인가를 함께 하자고 부탁하는 문장이고, 감탄문은 말하는 이가 자신의 느낌을 표현하는 문장으로 듣는 이와는 크게 관계가 없다.

하지만 같은 문장이라고 하더라도 상황 맥락에 따라 다양한 의도를 가진 문장으로 해석할 수 있다. 교실에서 수업을 하다가 교사가 학생에게 '춥지 않니?'라고 묻는 경우에 문장의 의미대로 의문문으로 해석할 수도 있지만 창문이 열려 있는 상황이라면 '문을 좀 닫아 줄래?'라는 청유의 의미를 담게 되는 것이다. 이처럼 문장을 사용할 때는 형식적인 특성을 갖추면서도 상황에 맞게 해석해야 할 것이다.

② 높임 표현

국어는 높임법이 발달한 언어이다. 국어의 높임법에는 주체 높임, 객체 높임, 상대 높임법이 있다. 주체 높임법과 객체 높임법은 문장의 주체나 객체를 높이는 방법이고 상대 높임법은 듣는 상대방을 높이는 방법이다.

주체 높임법은 서술어의 주체를 높이는 방법으로 주격 조사 '이/가' 대신에 '께서'를 붙여 표현하거나 선어말 어미인 '-시-'를 사용하거나 높임의 의미를 담고 있는 어휘(진지, 편찮다 등)를 사용한다.

객체 높임법은 문장의 객체, 즉 목적어나 부사어를 높이는 방법이다. '나는 동생을 데리고 병원에 갔다.'에서 '동생'을 '할머니'로 바꾸면 객체 높임을 적용하여 '나는 할머니를 모시고 학교에 갔다.'로 표현해야 한다. 부사어가 객체 높임의 대상이 되면 '나는 할머니께 노래를 불러 드렸다.'처럼 부사격 조사 '에게' 대신에 '께'를 쓴다. '모시다, 드리다, 여쭈다' 등 객체 높임에 사용되는 동사도 있다.

상대 높임법은 말을 듣는 상대방, 곧 듣는 이를 높이는 것으로 종결 어미를 통해 표현된다. 듣는 이가 친구이면 '바람이 분다.'라고 하지만, 듣는 이가 윗사람이면 '바람이 붑니다.', '바람이 부네요.' 등으로 표현한다.[21] 국어의 높임법 중 가장 발달한 것이 상대 높임법이다.

3. 문법 교육의 목표와 내용

가. 문법 교육의 목표

초등학교 문법 교육 목표는 일상생활 속에서 국어 사용 현상과 국어 문제를 탐구하면서 자신의 언어생활을 성찰하는 데 있다. 초등학교 문법 교육은 한글 자모를 익히는 것에서 시작하여 자신의 국어 생활을 점검하고 실천하는 활동까지 매우 넓은 범위에 영향을 미친다. 다양한 언어 활동을 하는 과정에서 자신이 사용하고 있는 문법에 대한 인식을 바탕으로 언어를 탐구하고, 탐구한 내용을 다시 언어생활에 적용하게 된다. 이러한 활동 속에서 정확과 효과성을 익히고 국어 생활에 대한 민감성을 기른다.

---

[21] 현재 학교 문법에서는 상대 높임법을 다음과 같이 구분한다. 요즘은 대개 비격식체를 사용한다.

		종결표현의 예
격식체	하십시오체	합니다, 하십니다, 하십니까? 등
	하오체	하오, 하시오?, 하는구려 등
	하게체	하게, 하네, 하는가?, 하는구면, 등
	해라체	한다, 하니?, 해라, 하렴 등
비격식체	해요체	해요, 해요?, 할게요 등
	해체(반말)	해, 하지, 해?, 할게 등

나. 문법 교육의 내용

(1) 내용 체계

〈표 3〉 문법 영역의 내용 체계

핵심 아이디어	• 문법은 국어의 형식과 내용을 이루는 틀로서 규칙과 원리로 구성·운영되며, 문법 탐구는 문법에 대해 사고하는 활동으로 국어에 대한 총체적 앎을 이끈다. • 국어는 체계와 구조를 갖춘 의미 생성 자원이자, 사회적으로 구성된 관습적 규약이며, 공동체의 사고와 가치를 표상하는 문화적 산물이다. • 국어 자료는 다양한 맥락에서 만들어지는 의사소통의 결과물로서, 국어 현상을 파악하고 국어 문제를 발견할 수 있는 문법 탐구의 대상이다. • 국어 사용자는 일상생활에서 국어 현상과 국어 문제를 탐구하고 성찰하면서 언어 주체로서의 정체성과 국어 의식을 형성한다.			

범주		내용 요소			
		초등학교			중학교
		1~2학년	3~4학년	5~6학년	1~3학년
지식·이해	언어의 본질과 맥락		• 의사소통과 관계 형성 수단으로서의 언어 • 참여자 간 관계 및 장면에 따른 언어	• 음성 언어 및 문자 언어의 특성과 매체 • 지역에 따른 언어와 표준어	• 국어의 음운 체계와 문자 체계 • 세대·분야·매체에 따른 언어
	언어 단위	• 글자·단어·문장	• 단어의 의미와 단어 간의 의미 관계 • 단어의 분류 • 문장의 기본 구조 • 글과 담화의 높임 표현과 지시·접속 표현	• 어휘 체계와 고유어 • 관용 표현 • 문장 성분과 호응 • 글과 담화의 시간 표현	• 단어의 형성 방법 • 품사의 종류와 특성 • 어휘의 양상과 쓰임 • 문장의 짜임과 확장 • 글과 담화의 피동·인용 표현
	한글의 기초와 국어 규범	• 한글 자모의 이름과 소리 • 단어의 발음과 표기 • 문장과 문장 부호	• 단어의 정확한 발음과 표기	• 단어와 문장의 정확한 표기와 사용	• 한글 맞춤법의 원리와 내용
과정·기능	국어의 분석과 활용	• 언어 단위 관찰하기	• 언어 단위 관찰하고 분석하기 • 국어사전 활용하여 문제 해결하기 • 글과 담화에 적절한 표현 사용하기	• 언어 표현의 특징 분석하기 • 글과 담화에 적절한 표현 사용하기	• 기준에 따라 분류하고 분석하기 • 원리 적용하여 표현 창안하기 • 글과 담화에 적절한 표현을 사용하고 효과 비교하기 • 자료를 해석하고 창의적으로 활용하기
	국어 실천의 성찰과 비판	• 소리와 표기의 차이 인식하기	• 국어 규범 인지하고 수용하기	• 국어생활 점검하고 실천하기 • 언어 표현의 효과 평가하기	• 국어 규범의 원리 탐색하기 • 언어 표현의 의도 탐색하고 대안 모색하기 • 국어 문제 발견하고 실천 양상 비판하기
가치·태도		• 한글에 대한 호기심	• 국어의 소중함 인식	• 국어생활에 대한 민감성 • 집단·사회의 언어와 나의 언어의 관계 인식	• 다양한 집단·사회의 언어에 대한 언어적 관용 • 언어로 구성되는 세계와 자아 인식

문법 영역의 '핵심 아이디어' 첫 번째 항목은 '문법 영역에서 학습자가 경험하는 활동은 무엇인가?'라는 질문을 통해 추출된 것으로, 문법 영역에서 경험하는 활동의 본질이 문법에 대해 사고하는 '문법 탐구'라는 점을 명확히 하였고, '해당 활동에서 다루어지는 '국어 자료'는 무엇인가?'라는 질문을 통해, 그러한 문법 탐구가 실제 다양한 맥락에서 생산된 의사소통 결과물인 국어 자료를 대상으로 하여 국어 현상을 파악하고 국어 문제를 발견하는 활동임을 세 번째 항목에서 구체화하였다. 그리고 '해당 활동을 통해 학습자들이 도달할 것이라 기대되는 국어에 대한 총체적 앎이란 무엇인가?'라는 질문을 통해, 이러한 문법 탐구를 통해 도달할 수 있는 국어에 대한 앎의 양상을 다면적으로 기술함으로써, 문법 탐구가 비단 국어의 체계와 구조에 대한 이해만을 목표로 하지 않는다는 점, 국어에 대한 총체적 앎으로 이어질 수 있도록 경험 내용이 다양화되어야 함을 두 번째 항목에서 명확히 하였다. 마지막으로 '해당 활동을 통해 학습자는 어떠한 주체로 성장하는가?'라는 질문을 통해, 학습자가 문법 탐구를 통해 어떠한 언어 주체로 성장할 수 있는지를 마지막 네 번째 항목에서 명확히 하였다.

다음으로 범주를 살펴보면 첫째, 지식·이해 범주의 하위 범주는 '언어의 본질과 맥락', '언어 단위', '한글의 기초와 국어 규범'이다. 먼저 '언어의 본질과 맥락' 범주는 언어의 기호성에 대한 체계적인 이해, 상황 맥락 및 사회·문화적 맥락에서 사용되는 실체로서 언어의 여러 변이형과 다양한 사용 양상에 대한 이해와 관련한 내용들이 포함된다. '언어 단위' 범주에는 단어, 어휘, 문법 요소, 문장의 의미·기능·체계·구조 등에 대한 내용들이 포함된다. '한글의 기초와 국어 규범' 범주는 입학 초기 한글 학습의 기초에 관한 내용, 국어 규범에 맞는 발음과 표기에 관한 내용이 포함된다.

둘째, 과정·기능 범주의 하위 범주는 '국어의 분석과 활용', '국어 실천의 성찰과 비판'이다. 이 두 범주는 국어 인식 활동을 분석적, 규범적, 비판적, 창의적 활동으로 구분한 기존 논의를 참고하여, 문법 영역에서 학습자에게 제공해야 할 탐구 경험을 크게 유형화한 것으로, 핵심 아이디어에서 진술한 '국어에 대한 총체적 앎'에 도달하기 위해 탐구 경험을 어떻게 체계적으로 유형화, 다양화할 것인가를 탐색한 결과이다. '국어의 분석과 활용' 범주는 국어에 대한 분석적, 창의적 활동과 관련된 교육 내용 등이, '국어 실천의 성찰과 비판' 범주는 국어에 대한 규범적, 비판적 활동과 관련한 교육 내용 등이 포함된다.

셋째, 가치·태도 범주는 학습자들이 문법 활동을 통해 체득하고 형성하기를 기대하는 '국어 의식'과 '언어 정체성'과 관련한 교육 내용들을 설정하였다. 한글에 대한 호기심, 국어의 소중함 인식, 국어 생활에 대한 민감성, 국어 문화 발전에 참여 등과 같은 국어 의식 관련 내용을 전 학년군에 걸쳐 계열화하여 포함하였다. 또한 집단의 언어와 나의 언어와의 관계 인식, 다양한 집단·사회의 언어에 대한 언어적 관용, 언어로 구성되는 세계와 자아 인식 등의 내용 요소를 초등학교 5~6학년부터 포함하였다.

(2) 성취기준

① [초등학교 1~2학년군]

> [2국04-01] 한글 자모의 이름과 소릿값을 알고 정확하게 발음하고 쓴다.
> [2국04-02] 소리와 표기가 다를 수 있음을 알고 단어를 바르게 읽고 쓴다.
> [2국04-03] 문장과 문장 부호를 알맞게 쓰고 한글에 호기심을 가진다.

〈성취기준 해설〉

• [2국04-03] 이 성취기준은 문장으로 의사소통하기 위해 필요한 기초적인 문식성을 기르고, 글자, 단어, 문장을 주의 깊게 관찰하고 탐구하는 자세를 기르기 위해 설정하였다. 자신의 생각을 문장으로 쓰는 것은 의사소통 능력의 핵심으로서, 특히 한글 학습 초기에는 음성 언어와는 다른 문자 언어의 특성을 이해하는 것이 중요하다. 문장 부호의 이름과 쓰임, 평서문·의문문·감탄문 등 다양한 종류의 문장 쓰기와 그에 따른 문장 부호 사용하기를 다루되, 문장 부호 사용의 필요성을 깨닫고 문장을 비롯하여 문장을 이루는 글자, 단어에도 호기심을 갖도록 한다.

〈성취기준 적용 시 고려 사항〉

• 읽기 영역의 '읽기의 기초', 쓰기 영역의 '쓰기의 기초' 성취기준과 연계하여 '낱자, 글자, 단어, 문장'에 대한 순차적이고 체계적인 학습을 제공함으로써 입학 초기 기초 문식성을 지원하도록 한다. 특히 단어를 다룰 때는 소리와 표기가 일치하는 단어부터 소리와 표기가 일치하지 않는 단어로 학습 범위를 점차 확장하여, 소리와 표기가 일치하지 않지만 자주 쓰이는 단어를 어법에 맞게 적고 바르게 읽을 수 있도록 지도한다. 이를 통해 한글 학습 및 맞춤법의 기초를 닦을 수 있도록 한다.

- 기초적인 한글 학습을 위해 문법을 지도할 때는 성취기준 설정 취지에 맞게 단계적이고 순차적으로 학습 요소를 설정한다. 또한 다양한 국어 자료를 바탕으로 말놀이나 신체 놀이, 수수께끼 등 흥미로운 활동을 계획하여, 학습자들의 수준이 다르더라도 소외되는 학습자 없이 문법 활동에 모두 적극적으로 참여할 수 있도록 지도한다.
- 한글에 대해 관심과 흥미를 가질 수 있도록 다양한 글이나 담화 자료뿐만 아니라 일상에서 접할 수 있는 다양한 매체 자료를 두루 활용하여, 학습자들이 국어의 표기 수단인 한글에 호기심을 가질 수 있도록 지도한다.

② [초등학교 3~4학년군]

> [4국04-01] 단어와 단어 간의 의미 관계를 파악한다.
> [4국04-02] 단어를 분류하고 국어사전을 활용하여 능동적인 국어 활동을 한다.
> [4국04-03] 기본적인 문장의 짜임을 이해하고 적절하게 사용한다.
> [4국04-04] 글과 담화에 쓰인 높임 표현과 지시·접속 표현을 이해하고 상황에 맞게 표현한다.
> [4국04-05] 언어가 의사소통과 관계 형성의 수단임을 이해하고 국어를 소중히 여기는 태도를 지닌다.

〈성취기준 해설〉

- [4국04-02] 이 성취기준은 단어에 대한 기본적인 이해를 바탕으로 국어사전에서 단어를 찾고 국어사전에 수록된 정보를 활용하여 능동적인 국어생활을 할 수 있는 능력을 기르기 위해 설정하였다. 명사, 동사, 형용사에 대한 기본적인 이해를 바탕으로 하되, 상황에 따라 다양하게 해석되는 단어의 의미를 국어사전에서 찾을 수 있도록 동형이의어와 다의어가 국어사전에 수록된 방식을 이해하고, 동사와 형용사의 기본형과 활용형을 구분할 수 있도록 한다. 또한 국어사전을 통해 단어의 표기, 발음, 품사, 의미, 용례 등 다양한 정보를 확인할 수 있음을 이해하고, 단어의 정확한 발음과 표기를 국어사전에서 찾아 어법에 맞는 국어생활을 할 수 있도록 한다.
- [4국04-04] 이 성취기준은 높임 표현과 지시·접속 표현이 상황 맥락에 맞는 언어 표현을 선택하거나 글이나 담화를 유기적으로 구성하는 데 필요한 지식임을 이해하고, 글이나 담화에

서 높임 표현과 지시·접속 표현을 적절히 사용할 수 있는 능력을 기르기 위해 설정하였다. 높임 표현의 기능과 적절한 사용 방식, 앞에 나온 말을 가리키는 지시 표현 및 문장과 문장 등을 연결하는 다양한 접속 표현의 기능과 이러한 표현들의 적절한 사용 방식을 학습한다.

〈성취기준 적용 시 고려 사항〉

• 단어의 의미, 단어 간의 의미 관계, 단어의 분류, 문장의 짜임, 높임 표현과 지시·접속 표현 등을 지도할 때는 우리 주변의 글이나 담화 자료를 다양하게 활용하고, 학습한 지식을 바탕으로 어휘력이나 문장 생성 능력을 신장할 수 있도록 연계함으로써, 문법 활동이 학습자의 실제 삶의 맥락 및 국어생활과 밀접히 관련될 수 있도록 한다. 특히, 지시·접속 표현을 지도할 때는 유기적인 언어 단위인 글이나 담화의 개념을 이해할 수 있도록 지도한다.

• 전통적인 글 자료 이외에 학습자들이 일상에서 접할 수 있는 다양한 매체 자료를 두루 활용하여 언어 자료의 실제성을 높이고, 매체 자료의 특성과 효과를 이해할 수 있도록 한다. 특히 다양한 형태와 유형의 종이 사전과 웹 사전(유의어·반의어 사전, 분류 사전 등)을 적극적으로 참조하고 활용하여 국어생활을 효과적으로 영위할 수 있도록 안내한다.

• 언어의 본질과 맥락 관련 내용 요소는 학교급이 올라감에 따라 지속적으로 심화·연계될 수 있도록 지도한다. 예를 들어, 의사소통의 수단인 언어의 기호적 속성은 이후 학년군·학교급의 음성 언어와 문자 언어의 특성과 매체, 국어의 음운 체계와 문자 체계 관련 내용 요소와 심화·연계될 수 있도록 지도한다. 또한, 높임 표현은 참여자 간의 관계나 장면에 따라 분화되는 선택항으로서, 이후 학년군·학교급의 지역에 따른 언어와 표준어, 세대·분야·매체에 따른 언어 관련 내용 요소와 심화·연계될 수 있도록 지도한다.

③ [초등학교 5~6학년군]

> [6국04-01] 음성 언어 및 문자 언어의 특성을 이해하고 다양한 매체 자료에서 표현 효과를 평가한다.
> [6국04-02] 표준어와 방언의 기능을 파악하고 언어 공동체와 국어생활과의 관계를 이해한다.
> [6국04-03] 고유어와 관용 표현의 쓰임과 가치를 이해하고 상황에 맞게 표현한다.

[6국04-04] 문장 성분을 이해하고 호응 관계가 올바른 문장을 구성한다.

[6국04-05] 글과 담화에 쓰인 시간 표현을 이해하고 상황에 맞게 표현한다.

[6국04-06] 글과 담화에 쓰인 단어 및 문장, 띄어쓰기를 민감하게 살펴 바르게 고치는 태도를 지닌다.

〈성취기준 해설〉

- [6국04-01] 이 성취기준은 생각을 표현하는 언어 양식으로서 음성 언어와 문자 언어의 특성을 이해하고, 매체 자료에서 생성된 음성 언어 및 문자 언어의 표현 효과를 평가하는 능력을 기르기 위해 설정하였다. 음성 언어 및 문자 언어의 특성을 비교하되, 복합양식적 특성을 지니는 다양한 매체 자료에 사용된 언어 양식의 표현 효과를 학습하고, 표현하고자 하는 목적이나 핵심 주제가 같더라도 언어 양식이 다르면 전달되는 내용과 표현 효과가 다를 수 있음을 분석적, 비판적 시각으로 이해하고 평가할 수 있도록 한다.

- [6국04-02] 이 성취기준은 국어 화자의 의사소통에서 표준어와 방언이 담당하는 기능이 다르다는 점을 알고, 자신이 속한 언어 공동체 특유의 한국어 변이형들로 인해 자신의 국어생활이 상황에 따라 다양하게 실현됨을 이해하도록 하기 위해 설정하였다. 방언의 형성과 존재 양상을 파악함으로써 지역적 요인에 따라 자연스럽게 한국어에 변이가 일어남을 이해하도록 하고, 이러한 다양성을 아우르는 언어 공동체 규준인 표준어의 개념과 필요성을 함께 다루도록 한다. 또한 의사소통의 공적·사적 상황에 따라, 상대방과의 거리감 조절 등 화자의 의도에 따라 표준어와 방언을 선택함으로써 다양한 의사소통 기능이 실현된다는 점을 확인할 수 있도록 한다.

- [6국04-03] 이 성취기준은 고유어와 관용 표현의 쓰임과 가치를 이해하고 국어문화에 대한 관심과 우리말을 소중히 여기는 태도를 고양하기 위해 설정하였다. 한자어, 외래어와 함께 국어 어휘의 일부를 이루는 고유어의 특성과 가치, 고유어에 다양하게 발달해 있는 관용 표현의 특성과 쓰임에 대한 이해에 중점을 두되, 상황과 표현 의도에 따라 어휘를 적절하게 사용하고 외래어의 오·남용 방지 등 국어 순화의 필요성을 자각하며 실천할 수 있도록 한다.

- [6국04-04] 이 성취기준은 문장을 구성하는 성분들 사이의 호응 관계가 올바르고 자연스러운 문장을 구성하는 데 필요한 능력을 기르기 위해 설정하였다. 문장에서 주어, 목적어, 서술어의 역할, 성분 간의 호응 관계(주어와 서술어의 호응, 목적어와 서술어의 호응)에 대해 학습하고,

이전 학년군의 높임 표현 및 동일 학년군의 시간 표현 성취기준과 연계하여 높임이나 시제의 일치를 함께 학습할 수 있다.

- [6국04-05] 이 성취기준은 효과적인 의사소통을 위해 상황 맥락에 맞게 시간 표현을 사용하는 것의 중요성을 알고 시간을 표현할 때 사용되는 언어 형식을 이해하고 활용하는 능력을 기르기 위해 설정하였다. '-았-/-었-, -는-/-ㄴ-, -겠-, -(으)ㄹ 것이-'나 시간 부사 등 글이나 담화에서 과거, 현재, 미래를 표현하는 언어 형식 및 방법을 학습하고, 다양한 상황 맥락에서 시간 표현을 사용한 후 그 적절성을 평가해 보도록 한다.

〈성취기준 적용 시 고려 사항〉

- 언어가 의사소통 및 관계 형성의 수단임을 지도할 때에는, 언어의 다양한 기능 중 지시적·정보적·친교적 기능에 중점을 두어 일상생활에서 수집한 다양한 언어 사례를 분석해 봄으로써 언어가 의사소통과 관계 형성의 주요한 도구임을 이해하고 국어를 소중히 하는 태도를 지닐 수 있도록 한다.

- 문법 지식을 학습하는 데만 머무르지 않고 학습자 스스로 자신의 국어생활을 되돌아볼 수 있도록 간단한 형태의 점검표나 관찰 기록표 등을 제공함으로써 일상의 국어생활을 개선하는 계기를 마련한다.

- 고유어와 관용 표현의 의미와 쓰임, 시간 표현의 형식이나 기능을 지도할 때는, 문장 수준에 국한되지 않도록 우리 주변의 글이나 담화 자료를 다양하게 활용하고, 학습한 지식을 바탕으로 어휘력이나 문장 생성 능력을 신장할 수 있도록 연계함으로써 문법 활동이 학습자의 실제 삶의 맥락 및 국어생활과 밀접히 관련될 수 있도록 한다.

- 지역에 따른 언어 변이로서 방언을 지도할 때는, 지역 연계 학습을 도입, 활용하여 지역 방언을 자신이 속한 언어 공동체의 언어로서 인식하고, 그러한 언어로 사고하고 소통하는 것의 의미를 자신의 삶의 맥락 및 정체성과 연계하여 이해할 수 있도록 한다. 또한 학습자들의 다양한 언어적 배경과 교실 맥락을 고려하여 특정 학습자가 소외되지 않고 적극적으로 참여할 수 있도록 학습 활동을 설계한다.

- 다양한 매체에 나타난 음성 언어 및 문자 언어의 특성과 표현 효과를 지도할 때는, 매체 영역 5~6학년의 복합양식 매체 자료 제작 관련 성취기준과 연계할 수 있으며, 직접 매체 자료를 제작해 보는 과정을 통해 그 이해가 확장, 심화될 수 있도록 학습 활동을 설계할 수 있다.

• 호응 관계가 자연스럽고 올바른 문장 사용하기, 잘못 쓰인 단어나 문장 고쳐 쓰기, 오·남용한 외래어 순화하기 등 바른 국어생활을 위한 내용을 지도할 때는, 배운 지식을 활용하여 자신의 국어생활을 되돌아볼 수 있도록 구조화된 점검표나 관찰 기록표, 성찰 일지, 자기 보고서 등 다양한 형태의 평가 도구를 제공함으로써 일상의 국어생활을 민감하게 주시하고 이 과정에서 발견되는 문제를 적극적으로 개선할 수 있도록 지도한다.

4. 문법 교육의 원리

초등학교 문법 수업에서 가장 먼저 고려해야 하는 것은 학생이다. 학습의 주체이자 대상이 되는 것도 학습자여야 한다. 즉, 문법 교육도 학습의 주체인 학습자를 중심으로 이루어져야 한다. 그리고 문법 사용의 주체 또한 학습자이다. 문법 수업의 원리는, 세 가지 주요 요소인 학습자와 문법, 문법 현상의 관계 속에서 찾을 수 있다.

첫째, 실제성의 원리이다. 현상을 인식하기 위해서는 현상이 존재해야 하고, 현상을 인식하는 주체가 필요하다. 초등학교 문법 교육에서 교육의 대상으로 삼는 것은 초등학생의 문법 사용 현상이다. 하지만 이러한 문법 현상은 학습자와 동떨어진 것이 아니라, 학습자가 발현해 놓은, 즉 문법 사용의 맥락 속에서 문법 지식을 사용한 현상을 의미한다. 따라서 문법 현상 인식 교육은 학습자의 실제적인 문법 현상을 대상으로 해야 함을 의미한다. 그러므로 문법 교육은 이를 중심으로 이루어져야 한다.

두 번째 원리는 일체성의 원리이다. 모어 학습자들에게 문법과 언어 사용은 구분되는 것이 아니라 함께 다니는 것이다. 즉, 문법과 언어 사용이 유기적이라는 것, 상호의존적인 관계라는 것, 순환성과 발전성이 있다는 것, 상호 존중하는 관계라는 점에서 일체성의 원리에 중점을 두고 문법 교수·학습이 이루어져야 한다.

세 번째 원리는 순환성의 원리이다. 학습자가 사용한 문법 현상을 인식한 다음 이를 점검하고 보완하여 다시 사용 상황에서 적용을 할 수 있어야 한다는 것이다. 인식과 사용의 과정은 일회적이 아니므로 지속적인 반복 활동을 통해 지식을 전진 순환시켜야 하다. 이러한 순환의 과정을 통해 지식은 자동화되어 나타난다. 순환성의 원리는 문법 현상에 인식의 결과가 다음 문법 사용 현상에 반영될 수 있게 하는 것을 뜻한다.

5. 문법 교육의 방법

가. 이해 중심 지도[22]

이해 중심 지도는 문법 지식과 관련지어 그 지식의 속성과 규칙 등을 이해하는 데 초점이 있다. 지식은 학생들이 문법 사용 능력 향상을 위해 배우고 익혀야 할 선언적, 명제적, 개념적 지식을 말한다. 새로운 문법 지식을 학습할 때 사용할 수 있다. 그렇다고 하더라도 단순 암기식 지식 학습이 아닌 지식을 주도적으로 분석하어 개념을 정립하고 습득된 지식에 의미를 부여하여 내면화된 지식으로 정교화 하는 형태로 학습이 이루어져야 한다.

이러한 과정에서 학습자는 문법 지식이 실생활 속에서 사용되고 있음을 인식하게 하고 학습 대상 지식이 언어 사용 상황에서 어떻게 작용하고 있음을 생각하면서 수업에 참여할 수 있게 된다. 초등학교 문법 수업이 단순히 지식의 개념을 습득하여 확장하는 것에 그치지 않고, 실천적 지식으로 내면화하고, 이를 언어 사용 상황 속에서 사용할 수 있게 하기 위해서는 지식을 학습할 때도 그러한 맥락을 염두에 두어야 한다.

이해 중심 지도는 문법을 설명하고, 문법을 명료화하며, 문법을 규정하고, 문법을 정교화하는 활동 순서로 이루어진다. 즉, 문법의 원리를 제시하고 이해하게 한 다음 해당 문법 내용을 생활 속에 적용해 보는 연역적 과정을 거치는 것이다.

문법 설명하기는 문법에 대한 지식이 부족한 학습자들에게 교사가 설명하는 활동이다. 이때의 설명은 학습 내용의 필요성과 중요성을 파악하게 하고, 어떤 절차나 방법으로 그러한 내용을 습득할 수 있는지를 구체적으로 안내하는 것을 포함한다. 이를 위해 동기 유발, 배경 지식을 활성화, 학습 문제 제시, 지식의 필요성·중요성 설명, 개념 설명 등의 활동을 한다. 문법 명료화 하기는 학습 대상 지식에 대해 학습자가 이해하기 쉽게 지식을 구체화 시켜주는 활동이다. 여기서

---

[22] 최규홍(2007, 2009)의 논의를 발췌·수정·보완하였음.

는 문법이 사용된 여러 가지 예시를 보여주거나 문법이 어떤 기능을 하는지 보여주고, 교사와 학생, 학생과 학생 간의 상호 질문과 대답을 통하여 이를 이해하는 활동들을 한다. 문법 규정하기는 문법의 내용이나 성격 등을 밝혀서 개념을 정립하는 활동이다. 문법의 종류와 기능을 아는 것은 문법의 본질적 속성과 형태적 특성을 이해하는 것이기 때문에 문법을 규정하는 데 도움을 준다. 하지만 문법을 규정하는 것은 학생이 임의로 정하는 것이 아니라 동료 학습자 및 교사와의 협의 과정을 통해 이루어질 수 있게 한다. 문법 정교화하기는 학습자가 규정한 문법의 개념이 정확한지 추가 자료를 통해 이를 확인하고 학습한 문법에 의미를 부여하는 과정을 거친 다음 점검 및 정리 활동이 이루어질 수 있게 한다.

이해 중심 지도는 새로운 문법을 상황 맥락 속에서 학습할 때 유용한 활동이다. 탈맥락적인 문법 지식을 구조와 체계 속에서 학습하는 것이 아닌 실생활 장면 속에서 학습하여 친밀감을 높일 수 있다. 언어 사용 상황 속에서 스스로 지식을 탐구하는 것이 아니라 안내된 연습 과정을 통해 자기 학습, 동료 학습 등으로 학습이 이루어지기 때문에 학습자들은 문법 지식 학습의 부담을 줄일 수 있다.

나. 탐구 중심 지도[23]

탐구 중심 지도는 구체적인 국어사용 사례나 자료의 검토를 통하여 국어 생활에 일반화할 수 있는 개념이나 규칙을 발견하는 데 초점을 두는 학습자 중심의 활동이다. 교사는 학습 과제를 제시하고 학습자가 자발적으로 주어진 맥락에서 다양한 언어 자료를 탐구하고, 그 속에서 일반화할 수 있는 개념이나 규칙을 발견하도록 권장한다. 즉, 다양한 예시 속에 규칙을 발견하는 귀납적 과정을 거치게 된다.

이러한 과정에서 학습자는 스스로 학습의 필요성을 느끼고 배우게 되므로 유의미한 학습을 할 수 있고 또한 오래 기억할 수 있다. 또, 발견 활동을 성공적으로 마쳤을 때 학습자는 지적인 쾌감을 맛보고, 새로운 문제에 도전하려는 강한 내적 동기를 형성할 수 있게 된다. 이러한 활동은 문제 확인하기, 자료 탐색하기, 지식 발견하기, 지식 적용하기의 순서로 이루어진다.

---

23 교육부(2017)의 내용을 발췌·수정하였음.

문제 확인하기는 학습 문제를 발견 또는 확인하고 관련 배경지식을 활성화하는 활동이다. 자료 탐색하기는 문제를 해결하기 위하여 둘 이상의 사례를 검토하는 단계로, 일관성 있는 지식을 추출할 수 있도록 다양한 사례 제시와 함께 교사의 적극적인 비계(scaffolding, 飛階)가 필요한 단계이다. 지식 발견하기는 둘 이상의 실제 사례로부터 공통점이나 차이점을 추출함으로써 일반화 할 수 있는 개념이나 규칙을 발견하는 활동이다. 지식 적용하기는 발견한 개념이나 규칙을 실제의 언어생활에 적용하는 활동이다.

탐구 중심 지도는 새로운 습득할 때 유용한 활동이다. 그리고 학습자의 동기가 일정 수준을 유지하면서, 학습자가 관련된 정보를 많이 가지고 있을수록 유리하다. 다시 말하면, 학습자 내적으로 교육할 준비가 되어 있지 않다거나 학습자의 경험이 부족하다면 관련 지식을 스스로 발견하는 학습은 어려울 것이다.

다. 적용 중심 지도[24]

적용 중심 지도는 여러 가지 문제 상황에서 학습한 지식을 활용하는 활동이다. 즉, 기존에 학습한 문법 지식을 여러 가지 상황에 적절한 형태로 적용하는 것을 의미한다. 학습자가 문법 이해 활동이나 문법 탐구 활동을 통해 실천적 지식을 갖고 있는 상태일 때 이러한 문법 지식을 상황 맥락에 적절하게 응용하며 조절하여 사용할 수 있도록 하는 활동이다. 그러므로 학습자는 자신의 배경지식을 활성화하고 학습된 능력을 활용함으로써 체계적인 지식과 더불어 실천적 지식을 갖게 되는 것이다.

이러한 과정에서 학습자는 스스로 자신의 지식을 되돌아보고 적용하는 방법을 배우게 되므로 유의미한 학습을 할 수 있고 내면화된 지식을 가질 수 있게 된다. 모어 화자가 가진 직관적 지식과 학습된 체계적 지식을 실생활에 효율적으로 사용하는 활동을 통해 학습자는 문법과 언어 사용이 괴리되지 않음을 알게 되고, 학습과 생활의 일체화를 가져올 수 있게 될 것이다.

적용 중심 지도는 자신의 지식을 내면화할 때 유용한 활동이다. 그리고 학습자가 스스로 자신을 분석하여 판단, 적용하는 과정을 통해 사고하는 방법을 익힐 수 있게 한다. 다만 탐구 학습과

---

24 최규홍(2009)의 논의를 수정·보완하였다.

마찬가지로 학습자가 내적으로 지식에 대한 이해도가 부족하거나 지식을 적용하는 과정에서 어려움을 겪는다면 학습에 어려움이 있을 수 있다.

6. 문법 영역의 평가

가. 문법 영역 평가의 방향

'문법' 영역에서는 문법 지식을 단순 암기하는 데 그치지 않고 국어의 구조와 문법의 작동 원리를 파악하고 이를 생활 속에 적용, 실천할 수 있도록 문법 지식의 이해와 탐구 및 적용 능력에 중점을 두어 평가한다. 태도와 같은 정의적 측면을 평가할 때는 자기 점검표나 성찰 보고서 등의 도구를 제공하여 지속적으로 누적 평가가 가능하도록 지원한다. 평가의 실제성을 확보할 수 있도록 다양한 국어 자료를 활용해 탐구 및 적용 과제를 설계하되, 과제 수행 결과뿐 아니라 국어 자료를 수집, 분석하고 언어 지식을 구성해 나가는 과정을 함께 평가할 수 있도록 평가를 설계한다.

나. 문법 영역 평가의 방법

(1) 독립적 평가

문법은 언어 사용 속에서 함께 작용을 하는 것이다. 하지만 문법은 언어에 대한 지식으로 학습하기도 한다. 문법을 평가할 때 문법 지식을 별도로 분리하여 평가할 것인가 언어사용 속에서 평가할 것인가를 기준으로 평가 방식을 나눌 수 있다.

독립적 평가는 문법 지식을 별도로 평가하는 방식으로 학습자가 해당 지식 내용을 명확하게 알고 있느냐를 확인할 수 있다는 장점이 있다. 하지만 문법 교육의 목표를 문법 지식 이해뿐만 아니라 사용까지 포함한다면 일부만 평가한다는 단점이 있다. 독립적 평가의 예는 다음과 같다.

<지필 평가 - 선다형(선택형)>

1. 다음 중 주제 높임의 방식으로 어울리지 <u>않는</u> 것은?

    ① 주어 다음에 '-께, -께서'를 사용한다.

    ② 서술어에 '-시-'를 사용한다.

    ③ 높임의 뜻을 나타내는 어휘를 사용한다.

    ④ 어미에 '-습니다'를 사용한다.

<지필 평가 - 서답형(단답형)>

2. ㉠, ㉡에 들어갈 말을 차례대로 쓰시오.

    우리말은 (㉠)와 한자어, (㉡)(으)로 이루어져 있다. 그중 (㉠)은/는 예로부터 내려오던 말로 순우리말, 토박이말 등으로 ~

(2) 통합적 평가

통합적 평가는 문법이 결국 언어 사용 상황에서 사용되기 때문에 듣고, 말하고, 읽고, 쓰는 과정에서 문법의 내용을 평가하는 방법이다. 이는 문법 지식을 알고 있는지와 정확하고 효과적으로 사용할 수 있는지를 모두 평가할 수 있다는 장점이 있으나 언어 사용의 효과성에만 초점을 맞춰 문법적 정확성을 고려하지 않을 수 있다는 단점이 있다. 통합적 평가의 예는 다음과 같다.

<지필 평가 - 서답형(서술형) / 쓰기 통합>

1. 부모님께 자신의 의견을 담은 편지를 써 보시오.

    조건 ① 자신의 의견과 그에 대한 근거가 적절해야 함.

        ② 문장성분의 호응관계가 적절해야 함.

        ③ 한글 맞춤법에 맞는 표기를 사용해야 함.

<수행 평가 - 구술 평가 / 문학–듣말 통합>

2. 이야기를 읽고 이어질 내용을 말해 봅시다.

    조건 ① 앞의 내용과 연결이 될 수 있게 말하기

        ② 꾸며 주는 말을 사용하여 이어질 내용을 구체적으로 말하기

1 초등학생들이 갖고 있을 만한 문법 오개념을 떠올리고, 오개념을 해소하는 방안을 기술하시오.

2 문법 교육과 언어 사용 교육(듣기·말하기, 읽기, 쓰기 교육) 및 문학 교육과의 통합을 어떻게 할 수 있을지 설명하시오.

제12장
문학 교육의 이해

1. 문학과 문학 교육의 본질

가. 문학의 개념과 특성

문학이 무엇일까라는 질문에 대해 대부분은 제일 먼저 문학 작품을 떠올릴 것이다. 문학 작품으로 〈흥부와 놀부〉를 떠오를 수도 있고 〈강아지똥〉 등을 떠올릴 수도 있다. 듣거나 읽은 내용을 떠올리기도 하겠지만 그 작품이 담긴 구체적인 형태인 책을 떠올리는 경우도 있을 것이다. 문학이 언어로 표현한 예술이라고 할 때, 문학은 텍스트를 중심으로 실체하는 대상으로 보는 것과 동시에 그 언어를 통한 독자가 경험한 체험, 감정 등을 함께 포괄하고 있다.

먼저 문학을 표현하는 언어를 간단히 살펴볼 필요가 있다. 인간은 언어를 활용하여 세계에 존재하는 대상을 표현하고자 한다. 그러나 기호인 언어는 실재를 대신하고자 하나 실재를 그대로 재현하지 못한다. 인간은 언어를 사용하는 한계를 극복하기 위해 다양한 방식으로 실재를 표현하고자 한다. 크게 과학적이고 분석적인 언어 사용과 문학적 언어 사용으로 나누어 살펴볼 수 있다. 과학적이고 분석적인 언어 사용은 실재에 대한 설명적 기능을 강조하기 때문에 세계에 대한 관찰과 분석한 내용을 세밀하고 논리적으로 나타내고자 한다. 이렇게 세밀하고 논리적으로 언어를 사용하면 언어를 통해 세계의 실재를 제대로 드러낼 수 있다고 믿었다. 그러나 어떤 대상을 관찰하고 분석하여 세밀하고 논리적으로 설명한다고 하더라도 그 실재를 그대로 표현할 수 있는 것은 아니다. 왜냐하면 언어는 여전히 어떤 대상을 표상하는 기호일 뿐이고 언어가 기호이기 때문에 언어는 세계의 실재를 그대로 표현하는 데에 한계를 지닐 수밖에 없다. 이에 비해 문학적 언어는 언어가 세계의 실재를 드러내는 한계를 이해하고 이를 극복하기 위해 사용하는 언어의 방식이다. 그래서 문학적 언어는 오히려 역설적 언어이다. 문학적 언어는 언어가 가진 한계를 깨고 새로운 눈으로 세계의 실재를 바라볼 수 있는 방식이다. 문학이 언어를 매개로 하여 인간의 삶을 형상화하는 예술이라고 할 때, 문학은 언어를 사용한다는 점과 인간의 삶을 새롭게 하는 예술이라는 관점이 함께 있다. 그러므로 문학은 과학적이고 분석적인 언어를 활용하여 인간의 삶이라는 실재를 구현하며 동시에 문학적 언어를 활용하여 언어의 한계를 극복하고 인간의 삶을 예술로 형상화하기 위해 노력한다(류덕제 외, 2012).

문학이 언어를 사용한다는 점은 다른 예술과 차별성을 지닌다. 가령 그림이라는 예술품이 있다고 할 때, 그림은 그 형식과 내용을 분리하기 어렵다. 즉 그림의 경우 그림이라는 형식 그 자체가 내용을 담은 예술이 될 수 있다. 그렇지만 문학은 언어를 매개로 하는 예술이기 때문에 형식과 내용의 구분이 일어난다. 쉽게 말해 문학을 표현하는 언어나 문학 작품을 담은 책이 그림과 같은 예술이라고 하기는 어렵다. 즉 언어나 책은 그림처럼 물질적 차원에서 예술적 가치를 부여하기 어렵다는 것이다. 문학의 형식인 언어나 책은 독자를 전제로 한다. 독자가 책을 펼쳐 언어를 읽고 새로운 인물과 만나며 자신의 삶을 이해하고 변화가 일어날 때, 문학은 예술적 가치를 가질 수 있다. 그러므로 문학은 고정된 대상인 언어나 책 등으로 바라볼 것이 아니라 문학 현상의 작용태로 볼 필요가 있다. 언어나 책의 외형이 아니라 책을 펼치고 이를 읽는 독자가 참여함으로써 비로소 문학은 예술의 가치를 지닐 수 있다.

나. 문학 교육의 중요성

문학은 가치 있는 체험의 형상화라고 정의할 수 있다. '가치 있는 체험을 형상화'하기 위해서 '발견의 능력과 표현 능력'이 필요하다. '가치 있는 체험'은 '일상 경험'의 영역이고, '형상화'는 '문학'의 영역이며, '발견의 능력'과 '표현 능력'은 '교육'의 영역에 속하는 것이라 할 수 있다. 문학 교육은 발견된 가치 있는 체험을 형상화하여 문학적으로 유의미하게 만들기 위해 문학적 갈래의 특성과 규칙 그리고 문학 언어의 특성에 따른 문학 작품으로 질서를 갖추어 표현할 수 있는 능력의 발달을 필요로 한다. 그리고 언어로 형상화된 문학에 독자가 공감과 해석, 비평

정신을 작용하면서 어떤 가치를 심미적으로 수용하면서 내면화하는 과정 역시 문학 교육의 영역이라 할 수 있다. 자칫 문학 교육이 문학 이론이나 개별 텍스트를 일반 학습 경험으로 배우는 것이라 생각하는 경우가 있다. 문학 교육은 문학적 이해와 표현을 실행하는 과정에서 발견한 체험에 독자가 공감하고 내면화하고 자기화하는 과정이다(국어교육 미래 열기, 2009).

문학을 가르치는 이유는 문학이 인간의 이상인 진선미(眞善美)의 세계를 언어로 표현한 예술이라는 점과 연결해 볼 수 있다. 문학 교육은 문학 자체가 담고 있는 본질인 인간의 이상을 근거로 하여 이루어진다. 교육이 인간의 성장과 관련이 있다면 문학 교육 역시 인간의 이상을 추구하는 문학을 통해 인간의 성장을 추구한다.

문학 교육은 교실뿐만 아니라 우리의 일상생활 속에서도 이루어진다. 갓난아이가 듣는 자장가도 문학이 될 수 있고, 아이들이 어울려 부르는 노래나 만드는 놀이도 문학이 될 수 있으며, 할머니가 들려주는 옛이야기도 문학이 될 수 있다. 자신이 의식하거나 의식하지 못하거나 간에 사람은 누구나 문학과 더불어 살아간다. 문학으로 둘러싸인 삶을 살면서 사람들은 자기도 모르게 문학이 추구하는 이상적인 모습을 본떠 생각하고 말하게 된다. 그리고 여기서 한 걸음 더 나아가 이전에는 없는 생각과 목소리를 지니게 된다. 이렇게 사람들은 자연스럽게 문학을 체험하고 이해하고, 문학을 할 줄 아는 능력이 생겨나고, 문학과 함께 살아가는 태도를 지니게 된다. 이처럼 문학을 알고 그것을 행하는 능력이 증진되고 향상되는 과정이 곧 문학 교육이라 할 수 있다. 물론 이러한 문학 교육은 사람에 따라 정도의 차이는 있겠지만 생활 속에서 자연발생적으로 무계획적으로 산발적으로 임의적인 것으로 이루어진다. 그렇지만 교실에서의 문학 교육은 일상에서 이루어지는 문학 교육과 달리 의도적이고 계획적이며 집약적, 강제적으로 이루어진다는 점에서 차이를 지닌다(김대행 외, 2017). 그런 의미에서 문학 교육은 언어로 형상화한 문학을 통해 인간이 오랜 세월 동안 쌓아온 삶의 지혜와 의미를 깨닫고 이를 향유하며 새롭게 창조할 수 있도록 하는 일체의 행위를 의미한다.

문학 교육의 목표는 문학 교육을 받는 주체가 삶에 대한 통찰과 이해가 깊어지며, 언어 예술의 아름다움을 체험하여, 문학을 삶 속에서 즐길 수 있는 능력이나 성향을 길러주는 것이라고 할 수 있다. 이때 문학은 고정된 대상이 아니라 작가와 작품, 그리고 독자 사이에 역동적으로 작용하는 '현상(現象)'으로 볼 필요가 있다. 문학을 현상으로 바라본다는 것은 문학을 '책'의 형태로 존재하는 물질 대상으로 보는 것이 아니다. 문학을 작가와 독자라는 문학 행위 주체들이 삶의 맥락 속에서 텍스트를 생산하고 수용하면서 삶의 경험을 소통하고 확장해나가는 '작용태로서의 문학 현상'으로 본다는 것이다. 이 관점은 특히 그간의 문학 교육이 텍스트 중심으로 문학을 대상화하고 단순히 그 대상을 학습자에게 전달하였던 것에서 벗어나도록 한다. 이는 학습자로 하여금 문학 소통 현상에 참여하여 체험하며 삶의 깊이와 폭을 넓혀 나감으로써 세계를 바라보는 관점을 넓고 깊게 하도록 한다. 이러한 관점은 문학 교육이 학습자로 하여금 문학 현상의 주체로서 능력을 길러 가도록 하는 데 초점을 둘 수 있게 한다.

2. 문학 이론

가. 문학 현상에 대한 접근

(1) 생산 이론

문학 현상은 문학은 책이나 문학 작품이라는 물리적 대상이 아니라 작가와 작품, 독자의 역동적 관계로 보는 것이다. 생산 이론은 작가가 개인이 아니라 제도 안에서 문학 작품을 생산하는 활동에 초점을 둔다. 작가의 문학 작품 창작은 개별적 속성과 집단적 속성을 가지기 때문에 문학 작품의 생산은 창조(creation)와 제작(production)의 두 가지 관점에서 바라볼 수 있다.

낭만주의적 문학관의 생산 이론은 작가의 영감(inspiration) 혹은 천재성을 표현한 것을 예술 작품으로 보는데 이를 일컬어 창조론이라 부른다. 작가 개인의 의식과 감수성을 구체화하면서 개인적인 차원에서 문학 작품을 생산한다는 것이다. 이에 비해 제작론은 문학 작품의 생산이 작가의 개별적 속성이 아니라 집단적 속성, 즉 현실을 반영하는 매개적인 존재로 작가를 바라보는 관점에서 비롯한다. 문학 작품을 생산하는 작가는 개인이지만 사회문화적 맥락 안에서 집단 의식을 반영하고 대변하는 초개인적인 주체로 보는 것이다.

생산 이론은 문학 현상에서 작가가 생산하는 문학 작품이 순수하게 작가 개인의 영감이나 상상력으로 창조한 것으로 보는 관점과 사회문화적 맥락과 제도 안에서 집단의 의식을 반영하고 대변하는 것으로 보는 관점으로 나누어 볼 수 있다. 문학 교육은 이들 양자의 통합을 지향하며 작가가 생산하는 문학 작품이 개별적 속성과 집단적 속성을 함께 논의할 필요가 있다. 왜냐하면 문학 교육은 개인이 사회가 구성하는 문학적 문화를 배울 수 있는 형식적이고 비형식적인 과정이다. 동시에 문학 교육은 개인이 다른 사람과 다른 자신만의 고유한 주관과 취향에 따라 삶을 가꿀 수 있도록 하기 때문이다.

(2) 구조 이론

구조 이론은 언어학을 토대로 문학 작품이 지닌 의미나 해석이 아니라 문학 작품의 텍스트 자체가 문학이게 하는 진술방식의 특성을 설명하는 데 초점을 둔다. 즉 문학이 문학으로 존재하도록 하는 문학성이 무엇인가를 문학 작품의 텍스트 내에 존재한다고 보고 문학의 아름다움을 텍스트에서 찾고자 한다. 그래서 러시아 형식주의자들은 일상적 언어와 시적 언어를 구분하고자 한다. 일상적 언어가 언어의 경제성을 중시하는 측면이 있는 것에 비해 시적인 언어는 '낯설게 하기'를 통해 자동화된 일상적 언어에 충격을 준다는 것이다. '낯설게 하기'는 일상적으로 사용하는 자동화되어 버린 언어를 미적 왜곡을 통해 사물이나 대상을 마주했을 때 받는 신기함이나 감동을 표현하고자 한다. 서사의 경우에 스토리를 플롯화할 때 낯설게 하기 효과를 얻을 수 있다. 즉 비슷한 스토리를 가지고 있더라도 작가가 새로운 플롯을 부여하여 그 이야기를 낯선 형태로 진술할 수 있는 것이다.

구조 이론은 개별 문학 작품이 문학 작품일 수 있게 하는 진술 방식 상의 특징을 낱낱이 해명하고자 한다. 이 관점은 문학성을 설명하기 위해서 문학 작품의 장치들을 분석적으로 해부하여 설명한다. 문학의 기법과 낯설게 하기, 전경화와 배경화, 장치로서의 예술 등의 개념 등이 그것이다. 이 이론은 주로 문학의 내용이나 주제보다는 형식이나 기법에 초점을 두어 설명하기 쉽다. 텍스트 자체에 담긴 문학의 보편적 특성으로서 기법을 분석적으로 해명하고 설명함으로써 문학성을 설명하려고 하기 때문이다. 주로 작품의 내부 구조나 언어적 표현을 분석하여 설명하는 데에 주력하는 형식주의 비평 이론, 신비평 이론 등이 대표적인 예이다.

문학 교육에서 구조 이론을 반영할 때 문학의 특성을 이해하고 문학 작품 사이의 상호텍스트성을 인지하여 문학 작품을 읽을 수 있는 능력을 길러 줄 수 있다. 그러나 자칫 학생들에게 문학의 아름다움을 작품 자체인 텍스트의 형식적 특성으로만 치우칠 우려가 있다. 문학 교육은 문학의 표현 방식의 특징을 이해할 뿐만 아니라 그 기능을 바탕으로 학생들의 삶에서 의미를 형성할 수 있도록 할 필요가 있다.

(3) 반영 이론

반영 이론은 문학 작품에 현실의 문제가 반영되어 있다는 점을 강조한다. 문학 작품이 현실을 반영한 것이라면 문학 작품을 해석하고 수용하는 과정 역시 현실을 이해하고 수용하기 위한 과정이라 할 수 있다. 반영 이론의 입장은 작품과 현실의 연결 문제에 관심의 초점을 두기 때문에 사회문화나 역사가 문학 작품 속에 어떻게 반영되어 작품화 되었는지를 중심으로 작품을 설명한다. 반영 이론은 문학이 현실을 반영한다는 것에서 나아가 현실 그 자체를 포괄할 수 있는 것으로 확장한다. 문학사회학, 역사주의 비평, 마르크스주의 비평, 리얼리즘 이론 등 학문 분야가 이 이론과 관련된다.

반영 이론은 문학의 현실성을 중시하며 문학을 통해 현실에 대한 의식과 감각을 교육할 가능성을 열어준다. 왜냐하면 문학이 반영하는 실체 혹은 현실은 이데아에 대한 모방이나 인간의 내적 구조, 사회 역사적 현실의 재현 등 다양한 측면으로 접근하기 때문이다. 문학 교육에서 반영 이론은 다양한 일상적 삶의 문제를 드러내고 이에 대해 역사성을 가지면서도 전형성을 획득한 인물을 보여줄 수 있다. 그리고 문학이 반영한 인간의 무의식 구조를 통해 개인적이고 집단적인 무의식을 체험하고 수용할 기회를 제공할 수 있다. 문학 교육은 문학을 통해 우리 사회의 현실을 바라보고 우리의 삶에서 겪는 문제를 적극적으로 이해하며 변화 가능성을 모색할 필요가 있다.

(4) 수용 이론

수용 이론은 문학 현상에서 비교적 소홀히 취급되었던 독자에 주목한다. 생산 이론은 창작의 주체인 작가의 개인적이거나 집단적 의식에 주목한다면, 구조 이론은 텍스트 자체가 지닌 문학성을 밝히는 데에 치중한다. 반영 이론은 문학 작품과 현실을 연결하여 문학 작품에 반영되는 현실에 관심을 가진다. 이에 비해 수용 이론은 독자가 문학 텍스트를 수용할 때 적극적이고 역동적인 역할을 개인적 역사적 변인을 중심으로 검토한다. 이는 문학의 형성과 작용에서 작가 못지않게 독자의 중요성을 강조한 것이다.

수용 이론은 문학의 텍스트와 작품을 분리하여 바라본다. 문학 작품의 완성에 작용하는 독자의 역할을 강조하면서, '텍스트'로부터 '작품'으로 완성되도록 하는 독자 요인을 중심으로 작품을 설명한다. 독자의 기대 지평에 따라 텍스트에 대한 해석은 달라진다. 문학 텍스트는 독자에 따라 그 해석을 달리할 뿐만 아니라, 한 사람의 독자가 텍스트와 상호작용하는 시점에 따라 그 해석은 달라진다고 본다. 텍스트에는 독자가 메워야할 '빈자리'를 이미 포함하고 있으며 그 빈자를 메워 작품으로 완성하는 것은 독자의 몫이라고 설명한다. 주로 문학을 볼 때 독자의 역할을 강조한다는 점에서 수용 미학, 독자 반응 이론 등과 관련된다.

1960년대 말, 야우스, 이저 등에 의하여 주장된 수용미학은 작가, 작품 위주의 해석태도를 지양하고 지금까지 텍스트의 내재적 의미만을 중요시해왔던 전통적 문학연구에 도전하는 새로운 이론이다. 수용미학에서는 한 예술작품의 역사적 본질은 그 생산과정을 고찰하고 그것을 기술하는 것만으로는 설명될 수 없다고 주장한다. 그들에 의하면, 오히려 문학은 작품을 생산하는 주체(작가)보다 그것을 소비하는 주체(독자)를 통해서 그 특성과 역사적 의미를 규정할 수 있게 된다는 것이다.

야우스에 의하면 수용미학적 관점의 기초는 텍스트와 작품에 대한 명확한 구별로부터 시작한다. 이저는 이를 확장하여 문학작품은 텍스트에도, 또한 텍스트의 구체화에도 일치되지 않는다. 왜냐하면, 작품은 텍스트 이상의 것으로 독자에 의하여 구체화될 때에야 비로소 생명력을 얻을 수 있는 것이기 때문이다. 또, 특정의 독자에 의해서 일어나는 텍스트의 구체화는 그 독자의 성향, 견해, 입장으로부터 완전히 벗어날 수 없다. 따라서 특정의 독자에 의한 텍스트의 구체화만으로 그 문학작품을 일치시킬 수도 없다. 결국, 텍스트와 독자가 일치하게 되는 곳이 문학작품의 현장이 된다. 즉 수용미학은 '텍스트'와 '작품'을 구분한다. 우리가 종래 사용해 온 문학작품은 '문학 텍스트'의 뜻으로 쓰이며, 이러한 문학 텍스트를 이해하고 평가한 논문이나 비평은 '수용 텍스트'라 불리며, 문학 테스트가 수용자에 의하여 수용되는 과정 및 결과가 '작품'에 해당된다고 할 수 있다. 작품이란 텍스트가 독자의 의식 속에서 재정비되어 구성된 것으로 정의될 수 있다. 또 문학 텍스트의 구체화는 독자의 독서행위를 통하여 이루어진다. 이 경우 독자의 독서행위는 하나의 경험구조로서 이해되어야 하며, 이러한 독서과정을 통해서 독자는 문학텍스트 내의 상상적인 것을 살아 있는 것으로 체험하게 된다. 텍스트와 작품을 구분함으로써 독서행위, 즉 문학의 수용과정을 독자중심의 열려진 공간으로 설명하려는 수용이론의 관점은 문학 교육의 방향 모색에 많은 시사점을 제공한다(구인환 외, 2017).

문학 교육에서는 이러한 여러 관점의 문학 이론이 다양하게 반영된 교육과정을 수립해 왔다. 문학 교육과정의 역사를 개괄적으로 살펴보아도 생산 이론과 반영 이론, 구조 이론, 수용 이론의 순으로 점차 그 영향력을 확대해나가고 있다고 볼 수 있다. 한때는 문학 교육의 교육과정에서 작품의 작가와 생산된 시대의 문제를 집중적으로 조명하기도 하였고, 또 어느 때는 작품의 구성 요소와 형식적 장치 및 기법들에 대한 이해를 초점에 두기도 하였다. 최근에 와서는 문학 교육과 정은 기존의 관점들과 더불어 학습자인 독자의 문학 체험을 매우 중요한 교육 내용으로 보고 다루도록 하고 있다. 최근의 문학 이론인 수용 이론이나 반응 중심 이론은 독자의 역할을 중요하게 여긴다. 문학 교육에서 기르고자 하며 변화시키고자 하는 학습자는 곧 문학 현상 속의 독자이다. 이는 문학 학습자의 주체적이고 적극적인 문학 체험을 강조하는 점과 맞닿아 있다. 이러한 다양한 관점들은 문학 교육에서 골고루 적절한 상황에 알맞게 활용될 수 있어야 한다.

나. 아동문학의 개념과 특성

(1) 내포독자: 어린이

초등학생들이 읽는 문학 작품을 '아동 문학'이라고 말하는데, 아동문학은 성인 작가가 어린이를 독자로 하여 감동과 교훈을 주고자 창작한 모든 문학 작품이라고 정의할 수 있다(신헌재 외, 2009). 아동문학 작품의 예상 독자 즉 내포 독자는 아동이다. 물론 실제 독자도 아동인 경우가 많지만 때로는 교사나 학부모가 실제 독자가 되는 경우도 있다. 그래서 아동 문학의 작가가 작품을 창작할 때는 아동을 겨냥해야 하지만 때로는 교사나 학부모를 의식하는 경우도 발생한다. 즉, 아동문학이란 내포독자를 어린이로 상정한 문학이다.

아동문학의 내포독자를 초등학교 학생으로 상정하더라도 그들의 인지적, 언어적, 사회적 발달 단계의 편차는 매우 크다. 저학년 어린이와 고학년 어린이 사이의 현격한 격차로 인해 텍스트의 수준과 내용도 크게 달라질 수밖에 없다(신헌재 외, 2009).

저학년 어린이들은 동물과 장난감을 의인화한 이야기를 좋아하고, 리드미컬한 문장에 몸 전체로 반응한다. 주의집중 시간이 짧아서 한 자리에서 끝나는 짧은 이야기를 좋아하며 같은 이야기를 반복해서 듣기를 즐긴다. 이 시기 어린이들은 자신만의 세계를 중심으로 모든 것을 이해하고 느끼는 자기중심적 특성을 지니고 있으며 점차, 타인의 감정을 이해하고 타인이나 동물에 대한 감정이입이 발달하기 시작한다.

중학년 어린이들은 좀 더 폭넓은 언어적 능력을 지니게 되므로, 수수께끼, 꼬리따기와 같은 말놀이에 흥미를 느끼기 시작하며, 친구나 이웃, 모험에 흥미를 느끼고, 선과 악의 특성이 분명히 드러나는 인물이 나오는 이야기를 좋아한다. 이 시기 어린이들은 작품의 전체 이야기를 요약할 줄도 알게 되고, 친구와 독서 감상을 서로 이야기하고 싶어 하며, 동료들의 반응에 영향을 받기도 한다.

고학년 어린이들은 언어 사용과 추상 개념 이해에 있어 좀더 숙련된 능력을 드러내기 시작한다. 이야기의 분석적 이해가 가능하며, 이유를 들어 비판할 줄 알게 되고, 문학 작품의 세계를 실제 삶과 비교하며 이해하기 시작한다. 지적, 정서적으로 크게 발달하는 시기이므로, 좀 더 정교한 플롯과 복잡한 문학적 장치에 흥미를 보이고, 죽음이나 노화 같은 인생론적인 주제나, 빈곤, 전쟁 같은 사회문제를 다룬 작품에도 깊은 관심을 갖게 된다.

(2) 아동문학의 특성

① 형식적 특성

어린이들은 생각하고 이해하는 바가 비교적 단순하고 호흡이 짧기 때문에 쉬운 어휘와 간결한 문장으로 이루어져 있다.

아동문학은 성인문학에 비해 작품의 줄거리와 플롯 구조가 단순하다. 어린이들은 사건 위주로 전개되는 이야기를 좋아하고, 단순 명쾌한 플롯을 선호한다.

작가가 읽어주기를 기대하는 내포독자와 현실에서 읽게 되는 실제독자가 불일치하는 경우가 있다. 어떤 아동문학 작품은 어린이의 옆이나 뒤에 있는 어른을 무의식적으로 향하기도 하는데 이를 '양가적(兩價的) 텍스트'라고 부른다.

② 내용적 특성

아동문학은 지적으로나 도덕적으로 미성숙한 어린이를 독자로 하기 때문에 교육적 의도를 지니는 경우가 많다. 모든 좋은 문학은 어떤 의미로든 교육성을 지니지 않을 수 없지만, 성인 작가의 노파심으로 교육적 의도가 노골적으로 드러나면 문학성이 떨어지게 되므로 바람직하지 않다. 아동문학은 전통적으로 권선징악이나 교훈적인 주제가 많고, 죽음이나 이혼, 전쟁, 빈곤 같은 현실의 문제를 다루지 않는 경향이 있었으나 점차 이 경계를 허물어뜨리는 작품이 산출되고 있다.

아동문학은 성인문학에 비해 비현실적인 판타지적 요소를 많이 지니고 있다. 어린이들은 발달 단계상 물활론적이고 애니미즘적인 경향을 지니고 있으며, 상상력이 풍부하므로 환상적이고, 비현실적인 이야기를 좋아한다.

다. 아동문학의 장르

(1) 시

시의 언어는 일반적인 언어 사용과 다른 용법으로 사용된다. 시어는 언어이지만, 일반 언어의 의미를 넘어서는 언어 사용, 즉 언어의 기호적·개념적 성격을 초월하는 사용이라는 점에 그 특징이 있다. 시는 언어로 이루어진 음악이며, 언어로 이루어진 그림이며, 언어로 이루어진 자연물 자체이기도 하다. 시는 언어를 사용하되 그 기호성을 초월하여 인간의 감성에 직접적으로 호소하기 위하여 삶을 구체적으로 형상화하는 언어 사용 방식을 활용한다.

여기서 언어의 기호적·개념적 성격이란 우리가 사용하는 언어의 한계이기도 하다. 이를테면 언어는 수없이 다양한 형태의 은행나무 잎을 그저 '은행나무 잎'으로 기호화 하고 개념화한다. 그러나 실제로 이 세상의 모든 은행나무 잎은 어떤 것도 똑같지 않다는 점에서 언어는 실제도 아니고 구체적인 체험도 아니다. 시적 언어는 언어의 이러한 한계를 극복하고자 하는 언어이다. 독자는 시어를 읽으면서 구체적인 사물이나 구체적인 개인적 체험을 읽어야 하기 때문이다.

이를 위해 시어는 일반 언어와 달리 운율, 이미지, 상징, 알레고리, 반어, 역설 등의 다양한 언어 사용 방법을 동원하여 공감과 놀라움, 새로움과 낯설음을 유발한다. 그리고 보는 이의 감각적 경험에 따라 다양한 의미를 지닐 수 있도록 다의성을 지닌다. 그리하여 시는 독자로 하여금 세상과 자신의 참 모습을 바라볼 수 있게 한다.

이를테면 시어가 일반적인 언어의 표면적 의미를 넘어 독자의 직접적 감각에 호소 한다는 것은 아주 간단한 예시로도 알 수 있다. 시인 박목월은 '아기의 대답'이라는 시에서 다음과 같이 표현하고 있다.

> 신규야 부르면
> 코부터 발름발름 대답하지요.
> 신규야 부르면
> 눈부터 생글생글 대답하지요.

일반적인 언어로 표현하자면, "우리 아기가 참 예쁘다."거나 "우리 아기를 부르면 온몸으로 대답한다."라는 언어이면 충분할 것이다. 하지만, 시는 독자로 하여금 아기의 모습과 시 속의 정황을 눈에 보듯이 생생하게 그리며 아기의 향취와 분위기를 느끼도록 감각에 호소한다. 독자는 시 속의 언어가 가진 사전적 의미 그 자체보다는 시어에서 촉발되는 분위기와 감각에 온몸으로 집중하며 읽어야 한다. 단순히 글자 그대로 사전적 의미를 대입하면서 시를 읽는다면 진정한 시를 읽은 것이 아니라 글자를 읽은 것일 뿐이다.

시는 대체로 일상적 언어로는 설명하기 어려운 한 순간의 정감을 생생하게 담아낸다. 그러다 보니 독자는 시를 읽으며 구체적인 삶의 한 순간을 감각적으로 그리거나 상상하며 그 정감을 체험하게 된다. 더 좋은 시일수록 독자로 하여금 시가 담고 있는 정감을 오롯이 체험할 수 있도록 형상화한다.

(2) 동화

현재 '동화'는 근대 이후 새롭게 성립된 문학 갈래 가운데 하나로 다루어진다. 비록 아동문학 발흥기에는 어린이를 위한 설화를 '동화'로 일컫기도 했지만, 현재 엄격한 의미에서 동화는 아동문학의 발달과 더불어 전문 작가가 창작한 서사 문학 작품을 말한다. 이에 따라 '동화'는 단순히 어린이를 위하여 지은 이야기로서가 아니라, 어엿한 서사 문학 갈래의 하나로서 그 위상을 지닌다.

동화는 옛날 얘기·민담·우화·신화·전설 등과 같은 설화의 종류가 아니라, 그러한 것을 재구성·개작하거나, 또는 그러한 특징을 동화라는 형태 속에 포용한 것으로, 다만 화법의 차이를 의미하는 문학 장르인 것이다. 그러므로 동화가 지향하는 것은 종래 있어온 단순한 어린이를 위한 이야기의 재구성이기보다 시 정신에 입각한 인간보편의 진실을 상징적으로 표현하려는 데에 있다(이재철, 1996: 142).

동화의 특성은 새롭게 탐구되고 있다. 과거에는 어린이 독자 중심으로 그 특성을 탐구하여 다음과 같은 특성이 거론되었다(박화목, 1993).

첫째, 동화는 독자가 성장기의 어린이라는 점에서 이상주의적인 것이어야 한다.

둘째, 자연과의 교감을 들 수 있다.

셋째, 동화는 간결하고 단순하면서도 심오성이 있다.

넷째, 동화의 내용에 담겨져 있는 뜻은 미래지향적이다.

다섯째, 소재의 향토성을 들 수 있다.

이러한 관점을 계승하면서 최근에는 동화의 본질 그 자체에 주목하여 동화를 인식 하는 추세다. 동화의 본질을 자아와 세계의 통합을 보여 주는 것(황정현·우미라, 2007) 으로 보거나, 그로부터 동화의 특성을 추출해내려는 시도(한명숙, 2010) 등이 그것이다. 동화의 특성에 대한 논의에 나타난 바와 같이 동화 작품에서 자아와 세계의 통합은 흔히 나타나는 본질이다. 그것이 자아와 세계의 비극조차도 승화시켜 주는 원동력으로서 작용한다는 점에서 동화의 특성에 부합되기 때문이다. 가령, 〈바위나리와 아기별〉(마해송), 〈강아지똥〉(권정생) 등과 같이 비극적인 자아와 세계 및 자아와 세계의 갈등을 보여 주는 작품이라 해도, 결국 독자가 이 작품에서 얻어 가게 되는 감동은 자아와 세계의 통합이 보여 주는 것이다. 작품의 결말이나 전망이 모두 화해와 통합의 세계를 보여 주며 마무리된다.

실제로 많은 동화가 대부분 화해와 통합의 세계를 보여 준다. 작품 속에서 비극적인 자아와 비극적인 세계 및 그 사이의 갈등을 보이기도 하지만, 결국 주인공의 비극과 세계의 비극 및 그 관계 속에서 생겨나는 비극은 모두 극복이나 조화, 해결이나 승화를 보여 주면서 통합으로 마무리된다. 이와 같은 동화의 본질로 인하여 동화의 비극은 비극을 넘어서는 통합을 보여 준다.

통합을 보여 준다는 점에서 동화에서 보여 주는 비극은 소설의 비극과도 다르다. 가령 〈운수 좋은 날〉(현진건)과 같은 소설의 비극이 자아와 세계의 대결을 보여 주는 데 반해, 〈강아지똥〉(권정생)의 비극은 자아와 세계의 통합을 보여 준다. 자신의 존재가 아무 짝에도 쓸모없다는 데서 생겨나는 '강아지똥'의 슬픔과 비극은 '민들레'를 만나 그의 거름이 되어 줌으로써 극복되고 승화된다. 그로써 자아와 세계의 통합을 보여 준다. 이와 같은 동화의 본질은 비극조차도 승화시켜 주는 원동력으로서 작용한다. 〈바위나리와 아기별〉에서도, 〈내 짝꿍 최영대〉(채인선)에서도 통합의 세계가 나타난다.

동화의 통합은 갈등과 대결을 넘어서는 개념이다. 동화 속에서도 자아와 세계의 갈등이나 대결이 나타나지만, 그것이 대결을 넘어서는 통합을 보여 준다. 가령 〈나쁜 어린이표〉(황선미)에서 '건우'는 자신의 뜻대로 되지 않고 자신을 수용해 주지 못하는 세계와 부단한 갈등과 대결을 벌인다. 그래서 심지어 '선생님'의 책상에서 나쁜 어린이에게 주는 스티커를 몰래 훔치기까지 한다. 그러나 이와 같은 대결은 동화답게 해결된다. 화장실에서 나오지 못할 정도로 갈등하는 '건우'의 대결이 '선생님'의 이해와 용서로 인해 화해와 조화의 세계로 승화되기 때문이다. 자아와 세계의 대결을 넘어서는 통합의 세계이며, 동화만이 보여 줄 수 있는 세계이기도 하다. 그래서 동화의 본질은 소설이 보여 주는 갈등이나 대립, 대결보다는 조화와 승화를 추구하는 통합에서 찾아진다.

동화와 소설의 본질적 차이는 개연성의 범위나 내적 본질에서 나타난다. 개연성은 작품을 읽는 독자가 그럴 듯하다고 여기는 자장을 중심으로 형성된다. 소설은 주요 독자인 어른이, 동화는 어린이가 그럴 듯하다고 여기는 데서 각각 개연성의 구축이 이루어진다. 즉 소설이 어른의 인지나 사고의 발달을 바탕으로 한 범위에서 개연성이 설정된다면, 동화는 어린이의 발달적 특성이나 물활론적 사고에 기초하여 개연성의 범위가 설정된다. 이 점에서 동화와 소설은 본질적으로 차별화된다.

이와 같은 차이는 대상을 그 자체로 수용하는 어린이의 발달적 특성에 비추어볼 때 당연하다. 따라서 어린이들은 들쥐들이 곡식과 식량을 모으는 것과 마찬가지로 햇빛과 색깔과 이야기를 모으는 들쥐 프레드릭의 존재에 대해서도 개연성을 인정한다.

이렇게 어린이가 동화를 수용할 때 형성하는 개연성의 범위는 독자적이다. 그것은 어린이의 자기중심성과 물활론적 사고에 바탕을 두며, 외부 세계와 대상을 그대로 수용하는 발달적 특성과도 관련된다. 따라서 동화에서의 의인화나 인격화는 그것이 허구여도 어린이들에게는 개연성을 형성하는 동화적 기반이 된다. 이것을 '동화적 개연성'이라 명명할 수 있을 것이다.

동화의 특성은 주요 독자가 어린이라는 데 있다. 이 특성은 동화 세계가 통합을 지향하게 하는 원동력이기도 하다. 기실 동화의 통합은 어린이들의 경험이나 인식이 어른과 다르다는 점에서 비롯된 것이기도 하다. 작품 외적 자아로서 어린이 독자는 현실 세계의 문제나 질곡에 대한 경험이 어른과 달라서 어른들의 마음이 될 수 없다. 같은 작품을 읽어도 어른과는 다른 느낌을 갖게 되고, 어른과 다른 경험을 작품에서 얻는다. 그리고 성장 과정에 있는 어린이에게 작품 내적 자아로서 주인공과 작품 세계와의 조화 및 통합이 감동과 기쁨을 준다. 작품 외적 자아로서 독자가 스스로 느끼는 작품 세계와의 통합이 현실 세계와의 통합으로 이어지는 가교 역할을 한다는 점도 의미를 지닌다.

(3) 그림책

그림책은 서사성과 허구성을 갖추고 있는 아동문학의 한 장르이다. 그렇지만 그림책은 옛이야기나 동화와는 다른 독자적인 특성을 지니고 있다.

그림책이 다른 서사 문학과 두드러지게 구별되는 것은 바로 그림 서사를 포함하고 있다는 것이다. 그림책에서는 그림이 중요하다. 다른 서사 문학이 언어를 통해 서사가 전개되는 것과 달리, 그림책에서는 그림이 서사의 전개에 중요한 역할을 한다. 그렇지만 그림만 있다고 해서 그림책이 될 수 없다. 그림책에서 글과 그림이 차지하는 비중에 따라 그림책의 범주를 하나의 스펙트럼 도식 안에 나타낸다(Nikolajeva, M. & Scott, C., 2000). 그 스펙트럼에서 한 쪽 끝에는 삽화가 그려진 책(illustrated book)들이 위치하는데 이 경우 그림은 보통 이야기에 종속되기 때문에 그림이 본질적인 의미를 전달하는 역할을 하지 못한다. 다른 한 쪽 끝에는 '그림이 이야기하는 책(picture narrative book)'이 놓이는데, 이 경우에는 그림이 전적으로 이야기를 이끌어가는 역할을 담당하게 된다. 그림책에서 그림은 삽화가 아닌 이야기가 있는 그림이다. 이들의 논의를 기반으로 하면 진정한 의미에서의 그림책은 글과 그림이 함께, 때로는 그림이 주도적으로 풍성한 의미를 전달하는 것이다.

그림책에서는 그림이 이야기의 주제, 줄거리, 인물, 장면 등의 문학적 요소를 품고 있어야 한다. 특히 글 없이 그림으로 이야기가 진행되는 글 없는 그림책은 그림만으로 서사적인 흐름을 이끌어 간다. 즉 그림이 읽는 이로 하여금 자신의 경험을 근거점 삼아 자유로운 상상력을 펼치게 하는 역할을 한다. 글 없이 그림만으로 이야기가 펼쳐지는 《파도야 놀자》(이수지 그림)는 간단한 이야기이지만 생생한 그림으로 독자의 호기심을 자극한다. 아이와 파도가 만드는 이야기의 긴장감이 책을 읽는 내내 계속되는데, 이와 같은 글 없는 그림책은 독자가 스스로 서사의 전개를 창작할 수 있도록 한다.

글 없이 그림만으로 서사를 진행하는 그림책 중에 《노란 우산》(류재수, 2007)은 글 대신 음악이 그림과 더불어 이야기를 들려준다. 글과 그림이 상호작용하면서 서사적 흐름을 이끌어나가는 그림책은 독자가 글과 그림을 왕래하면서 서사성과 예술성을 맛볼 수 있게 한다. 글과 그림이 상호작용을 하려면 《구름빵》(백희나)처럼 한 작가가 글과 그림을 다 책임지거나, 글 작가와 그림 작가가 동일인이 아니더라도 협동 작업을 하여 작품을 만들어 가야 한다. 글 작가와 그림 작가와 공동 작업을 하여 새로운 작품으로 창작된 그림책으로는 《강아지똥》(권정생 글·정승각 그림)이 있다. 이 작품은 1969년에 단편 동화로 발표되었는데, 이후 글 작가가 글을 줄여 다듬고 그림 작가의 그림이 더해져 그림책으로 출간되었다.

글 작가와 그림 작가가 함께 작품을 제작하면, 글의 서사적 구조와 그림의 미적 완성도가 높은 작품을 만들 수 있다. 공동 작업을 하지는 않았지만, 글과 그림의 상호작용이 두드러진 작품으로 《메아리》(이주홍 글·김동성 그림)가 있다. 글에 그림을 통한 재해석을 더하여 예술적 성취를 높이는 데 성공한 작품으로 이태준의 《엄마 마중》(이태준 글·김동성 그림)이 있다. 1938년에 발표한 이태준의 짧은 글에 김동성 작가의 서정적인 그림이 더해져 탄생한 작품으로 이 그림책은 글의 이야기와 그림의 결말 내용이 다르다.

옛이야기 중에도 그림책으로 거듭난 이야기가 있다. 글을 그림책에 어울리는 운율 있는 문장으로 다시 쓰고, 풍부한 해석을 더한 그림이 있는 《장끼전》(권문희)이 대표적이다. 《장끼전》은 아이들에게 익숙한 만화적 화면 분할을 도입해 단조롭지 않고 경쾌하게 이야기를 구성했다. 이 작품은 아이들의 정서와 수준을 고려하여, 남편을 잃은 비극적인 까투리의 모습보다는 현명하고 주체적으로 삶을 헤쳐 나가는 씩씩한 까투리의 모습을 해학적으로 담고 있다. 최근에는 《장끼전》처럼 만화 형식을 도입한 그림책도 차츰 늘어나고 있다.

그림은 글에 비해 더 많은 의미와 관계를 포함하고 있으며 이야기 전개에 중요한 역할을 담당하고 있다. 첫째, 그림은 인물을 소개하거나 인물의 성격을 나타낸다. 인물의 성격은 색채와 표정, 동작으로 표현된다. 둘째, 그림은 색조, 명암, 채도, 모양과 선, 매체에 따른 질감 등을 통해 분위기를 전달한다. 그림의 특정 색조는 그 색조가 지배하는 실제 사물이나 배경을 떠오르게 하고, 밝음과 어두움의 정도로 분위기를 표현한다. 가령 밝은 톤은 행복한 소재와 동일시되는 데 반해 어두운 톤은 음울한 모드를 갖게 된다. 《지각대장 존》(존 버닝햄)은 검고 어두운 색과 화려하고 밝은 색이 번갈아 나타난다. 존이 지루하고 답답한 현실 세계에 살 때는 검은 색이 주조를 이루고 현실을 벗어나 환상 세계에 있을 때는 노란색과 파란색 주황색을 사용하여 밝은 분위기를 조성한다. 채도가 높은 색깔은 맑고 단정적이며 활달한 느낌을 주는 반면에, 채도가 낮은 색깔은 우아하고 부드러운 느낌을 준다.

그림의 선은 그림의 의미를 형성하는 데 가장 기본이 되는 부분으로서 열린 선, 닫힌 선, 수평선, 수직선 그리고 선에 의한 둥근 모양, 뾰족한 모양 등 특정한 방향으로 그림책의 분위기를 형성한다. 또한 그림책에 사용되는 매체의 특성에 따라 달리 표현되는 질감 역시 그림책의 의미 전달에 영향을 미친다. 셋째, 그림의 크기로 인물의 심리나 현실과 환상의 경계를 표현한다. 넷째, 그림의 색으로 불분명하고 유동적인 현실과 환상의 경계를 표현한다. 지각대장 존》에서는 화려하게 채색된 장면과 흑백으로 처리된 장면의 대비를 통해 현실 세계와 환상 세계를 구분한다. 《숲 속으로》(앤서니 브라운)의 '숲 속'은 현실에서 환상의 세계로 넘어가는 길이다. 숲 속의 세계는 모두 어두컴컴하게 그려져 있는데 왜 아이만 색이 칼라인지 생각하게 한다. 숲 속에서 주인공을 제외한 전 화면이 흑백처리 되는데, 이것은 주인공이 겪는 환상의 세계를 나타내기 때문이다. 다섯째, 단서를 숨겨둠으로써 앞으로 일어날 사건에 대해 독자를 준비시킨다. 《괴물 들이 사는 나라》(모리스 샌닥)에서 맥스가 소동을 벌일 때 제시된 우표 딱지만한 크기의 괴물 그림, 빨랫줄 같은 긴 줄에 매달린 인형, 줄에 걸쳐진 텐트 모양의 담요와 텐트 속에 놓여있는 앉은뱅이 의자는 맥스기 환상 세계에서 경험할 괴물 소동의 복선 역할을 한다(신헌재 외, 2009).

3. 문학 교육의 목표와 내용

가. 문학 교육의 목표

문학 영역에서는 2022 교육과정 개정의 중점 사항인 학습자 주도성, 포용성, 창의성, 생태전환 교육, 시민성 교육 등의 방향을 문학 영역에 반영하는 데에 주력하였다. 이를 위해 작품을 능동적으로 즐겁게 읽고, 작품을 통해 자신을 성찰하며 타인과 다양하게 소통하는 교육과정을 지향하고자 하였다. 또한 비판적 사고와 창의성을 높일 수 있는 비평과 창작 교육의 비중을 높이고자 하였다. 아울러 작품에 관련된 여러 맥락을 고려하며 사회와 공동체의 문제에 대해 관심을 높이는 교육과정을 지향하였다.

문학 교육은 다양한 문학 경험과 활동을 통해 작품을 수용·생산하는 능력을 기르고, 인간과 세계에 대한 이해를 넓히며, 문학 활동의 적극적 주체로 살아갈 수 있는 태도를 함양하는 데에 목적이 있다. 문학 교육은 학습자가 작품을 읽고 쓰는 과정에서 문학의 중요성과 가치를 인식하고 자신을 성찰하고 타인에 공감하며, 작품의 아름다움을 수용하고 이를 삶에 반영하는 심미적 감성을 가진 인간으로 성장할 수 있도록 해야 한다.

문학을 통해 인간은 언어에 대한 인식을 확대하고 섬세한 언어 감각을 가지게 되며, 자신의 삶을 돌아보는 한편 다른 존재의 처지를 헤아리고 그 감정에 공감하게 된다. 시간과 공간의 제약을 초월하여 상상력으로 창조된 세계를 경험하며, 지금보다 더 나은 세계를 꿈꾸는 가운데 사회 현실의 문제와 공동체의 관심사를 함께 고민하기도 한다. 경험의 한계를 확장하고, 바람직한 삶에 대해 고민하며, 언어 예술의 아름다움을 누리는 일이 모두 문학을 통해 가능하다.

나. 문학 교육의 내용

(1) 내용 체계

〈표 1〉 문학 영역의 내용 체계

핵심 아이디어	• 문학은 인간의 삶을 언어로 형상화한 작품을 통해 즐거움과 깨달음을 얻고 타자와 소통하는 행위이다. • 문학 작품을 통한 소통은 작품의 갈래, 작가와 독자, 사회와 문화, 문학사의 영향 등을 고려하며 이루어진다. • 문학 수용·생산 능력은 문학의 해석, 감상, 비평, 창작 활동을 통해 향상된다. • 인간은 문학을 향유하면서 자아를 성찰하고 타자를 이해하며 공동체의 일원으로 성장한다.			
범주	**내용 요소**			
	초등학교			중학교
	1~2학년	3~4학년	5~6학년	1~3학년
지식·이해 / 갈래	• 시, 노래 • 이야기, 그림책	• 시 • 이야기 • 극	• 시 • 소설 • 극 • 수필	• 서정 • 서사 • 극 • 교술
지식·이해 / 맥락		• 독자 맥락	• 작가 맥락 • 독자 맥락	• 작가 맥락 • 독자 맥락 • 사회·문화적 맥락
과정·기능 / 작품 읽기와 이해	• 낭송하기, 말놀이 하기 • 말의 재미 느끼기	• 자신의 경험을 바탕으로 읽기 • 사실과 허구의 차이 이해하기	• 작가의 의도를 생각하며 읽기 • 갈래의 기본 특성 이해하기	• 사회·문화적 상황을 생각하며 읽기 • 연관된 작품들과의 관계 이해하기
과정·기능 / 해석과 감상	• 작품 속 인물 상상하기 • 작품 읽고 느낀 점 말하기	• 인물의 성격과 역할 파악하기 • 이야기의 흐름 생각하며 감상하기	• 인물, 사건, 배경 파악하기 • 비유적 표현에 유의하여 감상하기	• 근거를 바탕으로 작품 해석하기 • 갈등의 진행과 해결 과정 파악하기 • 보는 이, 말하는 이의 효과 파악하기 • 운율, 비유, 상징의 특성과 효과를 생각하며 감상하기
과정·기능 / 비평		• 마음에 드는 작품 소개하기	• 인상적인 부분을 중심으로 작품에 대해 의견 나누기	• 다양한 해석 비교·평가하기
과정·기능 / 창작	• 시, 노래, 이야기, 그림 등 다양한 형식으로 표현하기	• 감각적 표현 활용하여 표현하기	• 갈래 특성에 따라 표현하기	• 개성적 발상과 표현으로 형상화하기
가치·태도	• 문학에 대한 흥미	• 작품 감상의 즐거움	• 문학을 통한 자아 성찰 • 문학 소통의 즐거움	• 문학을 통한 타자 이해 • 문학을 통한 공동체 문제에의 참여 • 문학의 가치 내면화

문학 영역의 첫 번째 핵심 아이디어는 문학 영역에서 말하는 '문학'이 특정한 성격의 텍스트들을 묶어 가리키는 분류적 개념에 그치지 않고, 인간의 삶을 언어로 형상화한 문학 작품을 매개로 이루어지는 소통 행위를 아우르는 포괄적 개념임을 나타낸다. 두 번째 핵심 아이디어는 문학 작품을 매개로 이루어지는 소통에서 텍스트 변인이라 할 수 있는 문학 작품의 갈래적 특성, 콘텍스트 변인이라 할 수 있는 작가, 독자, 사회·문화, 문학사 맥락의 특성이 모두 작용한다는 점을 명확히 한다. 그리고 이 두 번째 핵심 아이디어가 문학 영역 '지식·이해' 범주의 내용 요소를 선정하고 조직하는 기본 원리로 작용한다. 세 번째 핵심 아이디어는 문학 영역 학습에서 학습자가 작품을 읽고 쓰며 경험하는 활동의 양태를 해석, 감상, 비평, 창작 활동으로 구체화하여 제시하며, 이 활동 경험의 축적을 통해 문학 영역 학습의 핵심적인 목표이기도 한 '문학 수용·생산 능력'이 향상됨을 분명히 하고 있다. 이 세 번째 핵심 아이디어가 문학 영역의 '과정·기능' 범주의 내용 요소를 선정하고 조직하는 기본 원리로 작용한다. 네 번째 핵심 아이디어는 문학을 통해 학습자가 어떤 존재로 성장하게 되는지 보이고 있다. 다양한 문학 작품을 읽고 쓰며 작품을 매개로 소통하는 가운데 인간은 자아를 성찰하고, 타자를 이해하며, 공동체의 일원으로 성장한다는 점을 명확히 하고 있다. 이 네 번째 핵심 아이디어는 문학 영역의 '가치·태도' 범주의 내용 요소를 선정하고 조직하는 기본 원리로 작용한다.

다음으로 범주를 살펴보면 첫째, 지식·이해 범주는 '갈래'와 '맥락'의 하위 범주로 내용을 체계화하였다. 우선 '갈래' 범주에서는 1~2학년에서 운문과 산문을 비교하며 접하고, 이어 3~4학년에서 극의 형태를 추가하며, 5~6학년에서 '이야기'를 '소설'과 '수필'로 분화하여 인식하게 하는 방식으로 점차 수준을 높여갈 수 있게 배치하였다. '맥락'의 경우에는 3~4학년부터 이에 대한 학습이 이루어지도록 하였으며, 독자에 따라 작품을 읽는 과정과 결과가 달라질 수 있다는 점을 인식하고, 이어 작가 맥락, 사회·문화적 맥락, 문학사적 맥락을 학년(군)에 따라 더하여 감으로써 학습자의 수준에 맞게 맥락에 대한 이해를 높여갈 수 있도록 내용 요소를 배열, 조직하였다.

둘째, 과정·기능 범주의 내용 요소는 '작품 읽기와 이해'와 '해석과 감상', '비평', '창작'의 하위 범주에 따라 내용을 선정, 조직하였다. 하위 범주 '작품 읽기와 이해'의 내용은 학년이 높아짐에 따라 갈래별 특성을 고려하고, 작품에 관련된 여러 맥락을 탐색하면서 입체적으로 작품에 접근하는 과정이 될 수 있게 하였다. '해석과 감상'의 하위 내용들은 작품 속의 구성 요소나 표현, 형상화 방법 등을 살피며 작품을 깊이 있게 이해하고, 학습자 스스로 작품을 해석하고 감상하는 능력을 가질 수 있게 하는 내용들을 아래와 같이 선정, 조직하였다. 인물, 사건,

배경, 갈등, 운율, 비유, 상징, 화자/서술자 등 작품의 구성 요소나 부분의 의미를 파악하면서 작품을 더 깊이 있고 풍부하게 읽을 수 있는 능력을 높이고, 학습자 나름의 주체적인 수용이 다양하게 이루어질 수 있게 하는 내용들로 구성되어 있다. '비평'의 하위 내용들은 학습자들의 주체적인 문학 활동 능력을 높일 수 있는 내용으로 구성되어 있다. '비평'은 수준 높은 전문가만의 전유물이 아니라 문학 작품을 읽은 누구나 할 수 있는 행위라는 관점 아래, 문학 영역의 학습을 통해 자신의 주관을 담아 작품의 좋고 나쁨에 대해 이야기하는 다양한 활동을 수행할 수 있게 하는 내용을 설정하였다. '창작' 역시 전문 작가를 위한 창작교육이 아니라 학습자들의 주체적인 문학 활동 능력을 높이는 차원에서 작품을 쓰는 경험을 축적해 갈 수 있는 내용으로 구성되어 있다.

셋째, '가치·태도' 범주는 문학 영역 학습자로서 함양해 가야 할 '문학에 대한 태도', 즉 문학에 흥미를 가지고 문학을 즐기며, 문학 영역의 학습 내용을 내면화하는 태도에 관한 내용을 기본적으로 선정한 가운데, 여기에 더하여 문학 작품을 읽고 쓰면서 자아 성찰, 타자 이해, 공동체의 문제에의 참여 등을 주체적이고 적극적으로 수행할 수 있게 하는 문학 향유자로서의 정체성에 관한 내용 즉 '문학 주체'에 관한 내용 또한 포함하고 있다.

(2) 성취기준

① [초등학교 1~2학년군]

> [2국05-01] 말놀이, 낭송 등을 통해 말의 재미와 즐거움을 느낀다.
> [2국05-02] 작품을 듣거나 읽으면서 느끼거나 생각한 점을 말한다.
> [2국05-03] 작품 속 인물의 모습, 행동, 마음을 상상하여 시, 노래, 이야기, 그림 등으로 표현한다.
> [2국05-04] 시나 노래, 이야기에 흥미를 가진다.

〈성취기준 해설〉
• [2국05-01] 이 성취기준은 흥미로운 말놀이와 분위기를 살린 낭송을 통해 언어 활동의 재미와 즐거움을 느끼며 언어적 감수성을 기르게 하기 위해 설정하였다. 일상에서 쉽게 접할 수 있는

작품은 물론 일상적 대화 등을 통해 언어의 놀이적 성격을 인지하도록 하고, 의성어와 의태어, 규칙적으로 반복되는 소리, 언어유희, 재치 있는 문답, 수수께끼, 끝말잇기 등에서 말놀이의 재미와 가치를 느끼게 한다. 또한 작품의 느낌과 분위기를 살려 낭송해 보면서 목소리 크기나 말의 속도, 어조 등을 달리함에 따라 다양한 느낌을 전달할 수 있음을 알고 문학을 즐겨 향유하도록 한다.

- [2국05-02] 이 성취기준은 학습자들이 작품에 대해 느끼거나 생각한 점을 다른 이들과 나누는 과정에서 문학에 대해 더욱 흥미를 느끼고, 주체적으로 작품을 수용하는 능력을 기르게 하기 위해 설정하였다. 학습자의 발달과 정서적 측면을 고려하여 시, 노래, 이야기 등 다양한 갈래의 작품을 제시하고, 학습자가 이들 작품을 대상으로 자신의 생각이나 느낌을 표현할 수 있도록 한다. 이 과정에서 학습자로 하여금 작품에 대한 다른 학습자들의 말을 경청하게 하고, 사람마다 작품을 다르게 받아들일 수 있다는 점을 이해하게 한다.

〈성취기준 적용 시 고려사항〉

- 학습자가 문학에 친밀감과 흥미를 느끼게 하는 데 중점을 둔다. 재미있는 발상과 표현이 담긴 작품을 활용하여 말의 재미를 느끼고, 작품을 읽은 뒤 자신의 생각이나 느낌, 작품과 관련된 경험을 다양하게 표현하는 활동을 통해 문학을 향유하는 데 필요한 기초 소양을 기르도록 한다.
- 작품에 대한 생각과 느낌을 표현하는 활동을 할 때는 학습자가 어렵지 않게 수행할 수 있는 수준에서 다른 영역 성취기준과 연계하여 통합적인 국어 능력이 신장될 수 있게 한다.
- 다문화 배경 학습자나 느린 학습자 등 특별한 지원이 필요한 경우 해당 성취기준에 대한 수준별 교과 수업, 협력 수업, 교과 수업 이외의 보충 수업, 기타 학업 지원을 통해 말놀이나 낭송, 작품에 대해 생각한 점 말하기 등의 활동이 충실히 이루어질 수 있도록 지도한다.
- 낭송이나 낭독을 지도할 때는 작품의 분위기나 느낌을 살려서 표현하는 데에 중점을 두되, 같은 작품이라도 낭송하는 사람에 따라 개성 있는 느낌과 분위기를 만들어 낼 수 있으므로 융통성을 가지고 허용적인 분위기 속에서 다양한 활동이 이루어지게 한다.
- 교과 외 시간에도 시나 노래, 이야기에 흥미를 가지고 즐겨 접하도록 독려함으로써 문학을 생활화하는 태도를 기르게 한다. 수업 시간에 작품의 일부만을 다루었거나 관련 있는 작품들을 더 읽는 것이 필요한 경우, 작품 전체 읽기, 다른 작품 함께 읽기 등을 통해 부족한 부분을 보완하도록 한다.

② [초등학교 3~4학년군]

> [4국05-01] 인물과 이야기의 흐름을 중심으로 작품을 감상한다.
> [4국05-02] 자신의 경험을 바탕으로 작품 속 세계와 현실 세계를 비교하여 작품을 감상한다.
> [4국05-03] 작품을 듣거나 읽고 마음에 드는 작품을 소개한다.
> [4국05-04] 감각적 표현에 유의하여 작품을 감상하고, 감각적 표현을 활용하여 자신의
> 생각이나 감정을 표현한다.
> [4국05-05] 재미나 감동을 느끼며 작품을 즐겨 감상하는 태도를 지닌다.

〈성취기준 해설〉

- [4국05-01] 이 성취기준은 문학 작품 속 인물의 특성과 서사의 기본 구조를 파악하며 작품을 이해하는 능력을 기르게 하기 위해 설정하였다. 이야기를 읽을 때 인물의 성격과 역할을 파악하고, 이를 고려하여 시간적 순서나 인과관계를 생각하며 이야기의 흐름을 파악하는 활동에 중점을 둔다. 나아가 작품 속 다양한 인물의 특성을 고려하면서 이어질 이야기를 상상하여 표현해 봄으로써 작품을 능동적으로 이해하고 감상하게 한다.
- [4국05-02] 이 성취기준은 작품 속의 세계가 현실 세계를 반영한 것이지만, 허구적 세계로서 현실 세계와 구별된다는 점을 인식하며 작품을 감상할 수 있게 하기 위해 설정하였다. 작품 속의 인물·정서·상황·배경·분위기·사건 등을 이해할 때 학습자 자신의 경험을 바탕으로 경험과 상상, 사실과 허구를 비교하며 생각하게 하고, 허구적으로 표현한 부분에 대한 의견을 나누며 작품을 감상하도록 한다.
- [4국05-04] 이 성취기준은 문학 표현 방식의 효과와 기능을 이해하며 작품을 감상하고, 자신의 생각이나 느낌을 다양한 방법으로 나타내어 다른 이들과 나누게 하기 위해 설정하였다. 학습자로 하여금 감각적 표현을 통해 작품 속에 형상화된 대상을 생동감 있게 체험하면서 문학의 즐거움을 느끼게 하는 데 중점을 둔다. 또한 자신의 생각과 감정을 효과적으로 전달할 수 있는 감각적 표현을 활용하여 말을 하거나 글을 써 보고 감각적 표현을 사용하였을 때와 그렇지 않을 때의 차이를 비교하게 한다.

<성취기준 적용 시 고려사항>

• 작품으로 형상화된 세계와 현실 세계를 비교하여 이해하고 감상하며, 그 결과를 다양한 방법으로 표현하는 능력을 기르는 데 중점을 둔다. 학습자가 자신의 흥미와 발달 단계에 맞는 작품을 찾아 읽고, 감상의 결과를 능동적으로 표현하면서 문학을 즐기는 태도를 기르도록 한다.

• 마음에 드는 작품을 소개하는 활동을 할 때는 국어과의 다른 영역 성취기준과 연계하여 학습자의 수준에 맞는 통합적 활동을 수행하게 할 수 있다. 작품이 마음에 든 이유, 작품에 대한 자신의 의견 등을 정확히 말하거나 쓰면서 문학을 매개로 이루어지는 소통 활동을 다양하게 경험할 수 있게 한다.

• 작품을 선정할 때는 서책 형태의 작품은 물론 오디오북, 전자책 등의 매체로 만들어진 작품들, 애니메이션, 영화, 연극 등 다양한 방식으로 구현된 작품들도 함께 고려하여 선정한다.

• 학습자의 성취 정도를 판단할 때는 교수·학습에서 다룬 지식이나 개념에 대한 이해에한정하지 않고 작품을 감상하는 과정, 감상 결과를 표현하는 방법, 마음에 드는 작품을 설득력 있게 소개하고자 노력하는 자세, 문학을 즐기는 태도의 형성 등도 고려하여 평가한다.

③ [초등학교 5~6학년군]

> [6국05-01] 작가의 의도를 생각하며 작품을 읽는다.
> [6국05-02] 비유적 표현의 효과에 유의하여 작품을 감상한다.
> [6국05-03] 소설이나 극을 읽고 인물, 사건, 배경을 파악한다.
> [6국05-04] 인상적인 부분을 중심으로 작품에 대한 의견을 나눈다.
> [6국05-05] 자신의 경험을 시, 소설, 극, 수필 등 적절한 갈래로 표현한다.
> [6국05-06] 작품을 읽고 자신의 삶과 연관 지어 성찰하는 태도를 지닌다.

<성취기준 해설>

• [6국05-01] 이 성취기준은 작품을 만든 이에 대해 호기심을 가지고 작가라는 존재를 고려하면서 작품을 수용하는 능력을 기르게 하기 위해 설정하였다. 작가가 작품을 쓰게 된 계기나 상황을 생각하고, 작가의 취지와 의도를 헤아리면서 작품을 더 깊고 넓게 이해할 수 있게 한다. 또한 작가에 대한 관심을 바탕으로 작가의 다른 작품들도 찾아 읽는 태도를 가지며

능동적인 문학 향유자로 성장할 수 있게 한다. 아울러 다양한 상상의 세계를 펼쳐 보이는 창의성을 가진 인간에게 관심을 가짐으로써 학습자도 그러한 창의성을 가진 인간으로 성장하는 계기가 될 수 있게 한다. 다만 작품의 의미는 작가의 의도에 한정되는 것이 아니며, 다양한 독자들의 해석이 더해져서 계속 생성되어 가는 것이라는 점을 함께 생각하며 문학 소통에 적극적으로 참여할 수 있게 한다.

- [6국05-03] 이 성취기준은 작품을 이루는 주요 요소를 중심으로 작품을 분석하고 이해하는 능력을 기르게 하기 위해 설정하였다. 작품 속 인물, 사건, 배경을 파악하고, 각 요소의 기능 및 요소 간 관계를 이해하도록 한다. 예를 들어 인물의 성격과 사건의 전개 과정 간의 관계, 인물의 성격이 사건 전개 과정에 끼치는 영향, 사건의 전개 과정과 배경과의 관련, 배경의 변화에 따른 사건 전개 과정의 변화 등을 파악하여 작품을 깊이 있게 감상한다. 나아가 이러한 요소의 역할이나 관계가 모든 작품에서 동일한 양상으로 나타나는 것이 아니며, 작품에 따라 특정 요소가 두드러지게 부각되기도 하고 요소 간의 관계가 독특하게 형성되기도 한다는 점을 생각하며 작품을 수용하게 한다.

- [6국05-04] 이 성취기준은 학습자가 작품에 대한 자신의 생각을 적극적으로 표현하고, 이를 타인과 나눔으로써 보다 주체적인 문학 수용 능력을 기르게 하기 위해 설정하였다. 이를 위해 인상적인 장면을 중심으로 작품에 대한 의견을 나누되, 인상적이라고 생각하는 이유나 근거를 작품과 연결 지어 설명하도록 한다. 또한 상대방의 수용 경험에도 귀를 기울여 작품에 대한 해석이 다양한 관점에서 이루어질 수 있음을 알고 문학 소통에 즐겁게 참여하도록 한다.

- [6국05-06] 이 성취기준은 작품을 읽고 성찰하는 과정을 통해 자신을 돌아보는 것은 물론 자신이 속한 공동체의 삶에 대해서도 생각하게 하기 위해 설정하였다. 학습자가 작품을 적극적으로 수용하여 작품에 담긴 가치를 내면화하는 가운데 자신의 삶의 모습을 되돌아보게 한다. 또한 공동체의 다양한 문제를 다룬 작품을 읽을 때에도 먼저 자신의 삶을 돌아보고, 함께 살아가는 삶을 위해 공동체 구성원으로서 가져야 할 바람직한 자세나 태도에 대하여 생각해 보도록 한다.

〈성취기준 적용 시 고려사항〉

- 작품에 담긴 뜻이나 의도를 깊이 생각하고, 작품을 구성하는 여러 요소들에 대한 이해를 바탕으로 작품에 대한 자신의 의견을 적극적으로 표현하는 데에 중점을 둔다. 또한 작품을 읽고

자신의 삶을 성찰하는 한편, 자신의 경험을 다양한 갈래로 표현하여 다른 독자들과 능동적으로 소통하도록 한다.

- 작품에 대한 의견을 나누는 활동을 할 때는 다른 사람의 의견을 존중하는 가운데 국어과의 다른 영역 성취기준과 연계하여 통합적인 국어 능력이 신장될 수 있도록 한다. 예를 들어 이전 학년 쓰기 영역의 '자신의 의견을 담은 글 쓰기'([4국03-03])에 대해 학습한 내용을 활용하여, 의견을 제시할 때 고려해야 할 점에 유의하면서 작품에 대한 자신의 의견을 명확하게 전달할 수 있도록 한다.

- 자신의 경험을 문학으로 표현하는 활동을 할 때, 작품으로 쓸 만한 특별한 일이나 경험이 없다고 어려움을 호소하는 학습자의 경우, 관심을 가지고 주위를 둘러보며 익숙했던 것들을 새로운 시각으로 관찰하는 등 작고 쉬운 일에서부터 경험의 폭을 넓힐 수 있게 독려한다. 또한 이러한 태도를 지속적으로 유지하며 문학 표현에 적극성을 가질 수 있게 지도한다.

- 어떤 대상이나 상태를 다른 것에 빗대어 나타내는 비유적 표현을 지도할 때는 비유를 쓰지 않았을 때와 비유를 사용했을 때의 차이와 효과를 생각해 보게 함으로써 비유의 특성을 자연스럽게 이해할 수 있게 하는 데에 중점을 둔다. 또한 문학 작품을 읽을 때는 물론이고 일상에서 언어생활을 할 때에도 비유를 통해 효과적인 언어 표현이 이루어짐을 깨달음으로써 비유의 중요성을 인식할 수 있게 지도한다.

- 학습자가 작품을 수용하고 생산하는 과정에서 자연스럽게 문학에 대한 지식을 익히고, 그 지식을 바탕으로 학습자가 더 적극적이고 수준 높은 문학 활동을 수행하는 선순환적 관계를 형성할 수 있게 지도한다.

- 지구가 처한 위기에 관련된 문제들을 찾아보고 일상에서 그러한 문제를 해결하기 위해 노력하는 생태 소양을 함양하는 한편 융합적인 사고와 역량을 기를 수 있도록 지도한다. 예를 들어 사회과의 '지구촌을 위협하는 다양한 문제들을 파악하고, 지속가능한 미래를 위한 해결 방안을 탐색'하는 성취기준([6사12-02])과 연계할 수 있는 문학 작품을 선정하여 교과 통합적 활동을 수행하도록 한다.

- 진로연계교육과 관련하여 학습자가 자신의 흥미나 관심사가 무엇인지 생각해 보고, 관심사와 연관된 작품을 찾아 읽으며 자신의 미래에 대해 지속적으로 관심을 가지고 탐색할 수 있도록 지도한다.

4. 문학 교육의 원리

교사가 문학을 지도할 때 몇 가지 원칙을 견지할 필요가 있다. 이러한 관점에서 문학 교육의 원리를 살펴볼 수 있다.

첫째, 학습자의 발달을 고려하여 문학 경험을 확장하도록 지도해야 한다. 저학년에서는 재미있는 발상과 표현이 담긴 작품을 활용하여 말의 재미를 느끼거나 작품에 묘사된 인물이나 사건을 상상하고 자신의 생각이나 느낌, 경험을 자유롭게 표현하는 활동을 통해 문학에 입문하도록 한다. 중학년에서는 작품으로 형상화된 세계를 포괄적으로 이해하며 감상하고 감상의 결과를 능동적으로 표현하면서 문학을 즐기는 태도를 기르게 한다. 고학년에서는 문학의 내용과 형식적 특성에 대한 이해를 바탕으로 하여 작품을 수용하고 다양한 갈래로 표현하며 다른 독자들과 능동적으로 소통하도록 한다.

둘째, 낭송이나 낭독을 지도할 때에는 허용적인 분위기를 조성해야 한다. 작품이 특정한 느낌과 분위기를 고유하게 가지고 있다 하더라도 이를 낭송하는 과정에서는 또 다른 느낌과 분위기를 빚어낼 수 있으므로 허용적인 분위기 속에서 다양한 활동이 이루어지게 한다.

셋째, 문학은 개연성을 띤 허구라는 점을 인식하게 한다. 흔히 허구는 거짓을 뜻하지만, 문학에서 허구는 개연성을 띤 허구, 곧 현실성이나 진실성을 띤 허구로 간주된다. 따라서 작품 속 세계와 현실 세계의 관계를 다룰 때에는 문학 작품이 허황된 세계를 근거 없이 꾸며낸 것이라는 오해가 생기지 않도록 작품 속 세계와 현실 세계의 차이를 과도하게 강조하지 않도록 한다.

넷째, 작품 이해와 소통에 대해 지도할 때는 근거 없는 해석이 아니라 타당한 해석을 하도록 안내해야 한다. 문학적 표현의 의미만이 아니라 거기에서 얻는 느낌이나 생각의 차이도 함께 다룸으로써 작품의 개방성만이 아니라 인간의 다양성을 이해하는 데 중점을 둔다. 그리고 작품 해석의 개방성과 다양성을 보장한다 하더라도, 해석에는 최소한의 합리적 타당성은 있어야 하므로 지나치게 기이한 해석은 경계하도록 한다.

5. 문학 교육의 방법

가. 작품 속의 경험을 독자의 경험으로 바꾸어 쓰기

학생들은 시의 형식이나 내용을 단서로 자신만의 시를 써보기를 원하는 욕구가 강하다. 원작의 내용을 바꾸면서도 연행 등 구조를 거의 그대로 살려 새로운 시를 쓰는 것은 아직 시의 형식이나 표현기법에 서투른 학생들도 재미있게 자신의 감동을 표현할 수 있게 한다. 이때 원작 시는 새로운 작품을 창작하는 과정에서 일종의 비계 역할을 한다.

소	집
윤석중	2학년 배지은
아무리 배가 고파도 느릿느릿 먹는 소	정말 편히 쉴 수 있는 멋진 우리 집
비가 쏟아질 때도 느릿느릿 걷는 소	비가 쏟아질 때도 편안 우리 집
기쁜 일이 있어도 한참 있다 웃는 소	기쁜 일을 나누는 화목한 우리 집
슬픈 일이 있어도 한참 있다 우는 소	슬픈 일도 나누는 좋은 우리 집

나. 인물의 마음 이해하기

① **인물의 경험과 비슷한 자신의 경험 나타내기** : 학생들이 잘 알고 있는 동화 속 인물의 경험을 읽어주고, 어떤 인물인지 알아맞히게 한다. 그리고 그 인물과 비슷한 자신의 경험을 떠올려 발표할 수 있도록 한다.

② **글쓴이의 마음 짐작하게 하기** : 인물에게 하고 싶은 말을 쪽지에 두 세문장으로 쓰기, 모둠별로

이야기하기, 글쓴이가 되어 실감나게 제재를 읽어보는 활동 등

③ **인물의 마음을 표정으로 나타내기** : 먼저, 글을 읽고 재미있는 장면이나 인상 깊은 장면을 선택한다. 그리고 짝과 함께 그 장면에 등장하는 인물의 역할을 각각 나누어 맡는다. 그리고 각자의 역할에 맞는 인물의 표정이나 몸짓, 대사를 실감 나게 해 본다.

④ **인물의 마음을 말로 표현하기** : 학생들의 경험을 담은 동시나 3인칭 시점의 이야기를 활용하기, 학습자가 경험을 떠올리며 글을 읽는 활동에 미숙하다면 글의 길이가 짧고 글쓴이의 경험이 분명하게 잘 드러나는 글을 활용한다. 교사의 구체적인 질문이 중요하다. 예를 들어 학생들이 인물에 대하여 칭찬이나 충고할 점, 만약 자신이 그 인물이라면 어떻게 행동하였을지 등을 충분히 생각해 본다.

다. 그림책 지도 방법

그림책을 감상할 때 교사는 글과 그림의 특징에 대해 학생들에게 발문함으로써 그림책에 관심을 가지고 의미를 찾을 수 있도록 한다.

① 표지 그림과 제목을 보고 내용 예측하기

책을 읽기 전에 제일 먼저 훑어보는 것이 표지이다. 그러므로 표지는 책의 전체적인 주제와 인상을 요약적으로 제시하여 독자의 눈길을 사로잡아야 한다. 제목과 표지 그림을 보고 무슨 일이 일어날 것인지 예측해보도록 한다. 그리고 그림책을 듣거나 읽으면서 자신이 예측한 내용과 글의 내용을 비교하도록 한다.

② 책의 앞면지와 뒷면지의 내용 살피기

그림책의 경우 본문이 시작되기 전, 표지를 넘기자마자 바로 이어지는 앞면지와 본문이 끝나고 난 뒤에 제시되는 뒷면지도 책의 매력을 풍부하게 하는 데 한 몫을 한다. 근래에는 이 면지도 본문의 내용을 강조하거나 주제를 암시하는 그림이나 글씨로 처리하여 책의 예술적 가치를 높이고 있다.『무지개 물고기(마르쿠스 피스터 글·그림, 1994)』의 앞면지에는 몸에 반짝이 비늘이 많은 물고기가 그려져 있으며, 뒷면지에는 자신의 잘못을 깨닫고 반짝이 비늘을 친구들에게

나눠 주고 반짝이 비늘 하나만 가진 물고기가 그려져 있다. 두 면지의 내용을 비교하여 보고 어떤 일이 일어났을지 추측해보게 한다. 그리고 다 읽은 후에는 예측한 내용이 정확한지 판단하고, 근거를 들어 그 이유를 말하도록 한다.

③ 그림의 크기와 색 살피기

그림책에서는 그림의 크기로 인물의 심리를 나타내기도 한다.『지각대장 존(존 버닝햄 글·그림, 1999)』에서 '존'은 작게, '선생님'은 크게 그려져 있다. 왜 아이는 작게 그려지고 선생님은 크게 그려져 있는지 생각해보도록 질문한다. 그림의 크기로 '존'과 '선생님' 사이의 갈등을 알 수 있다.

그림의 크기로 현실 세계와 비현실 세계를 구분할 수 있다.『괴물들이 사는 나라』에서는 주인공 맥스가 욕구가 해소되지 않은 현실 세계에서 짓궂은 장난을 할 때는 그림이 작고 여백이 넓었다가, 환상 세계로 가까이 갈수록 그림이 점점 커지고 여백은 줄어든다. 환상 세계에서 괴물들과 소동을 벌일 때는 지면 전체가 그림으로 채워진다.『숲 속으로(앤서니 브라운 글·그림, 2004)』의 '숲 속'은 현실에서 환상의 세계로 넘어가는 길이다. 숲 속의 세계는 모두 어두컴컴하게 그려져 있는데 왜 아이만 색이 칼라인지 생각하게 한다. 숲 속에서 주인공을 제외한 전 화면이 흑백처리 되는데, 이것은 주인공이 겪는 환상의 세계를 나타내기 때문이다.

그림책의 주제에 따라 알맞은 색조가 선택되기도 한다.『지각대장 존』의 책장을 넘기면 검고 어두운 색과 화려하고 밝은 색이 번갈아 나타난다. 존이 지루하고 답답한 현실 세계에 살 때는 검은 색이 주조를 이루며, 현실을 벗어나 환상 세계에 있을 때는 노란색과 파란색 주황색을 사용하여 밝은 분위기를 조성한다. 색을 보고 존의 마음이나 기분을 생각해 보도록 한다.

④ 인물의 표정과 몸짓 살피기

그림책에서 인물의 표정과 몸짓은 이야기를 이해하는 중요한 요소이다. 그림책을 읽을 때는 그림에 나타난 인물의 표정과 몸짓을 글의 내용과 관련지어 잘 살펴보아야 한다.

『돼지책(앤서니 브라운 글·그림, 2001)』의 다음 두 장면을 보고 비교해 보도록 한다. 첫 번째 그림에서 엄마의 얼굴 표정이 잘 나타나지 않는 까닭은 무엇일지, 엄마가 무슨 일을 하고 있는지 살펴본다. 그리고 두 번째 그림에서 엄마 얼굴 표정이 어떤지, 엄마는 무슨 일을 할지 살펴서 비교해 보도록 한다.

⑤ 단서나 숨은 그림 찾기

앞으로 일어날 사건에 대해 독자를 준비시키는 복선은 다음의 사건, 가능하면 이야기의 절정에 대해서까지도 힌트를 준다.『괴물들이 사는 나라』에서는 그림으로 미래에 벌어질 사건의 단서를 제시한다. 맥스가 현실 세계에서 소동을 벌일 때 우표 딱지만한 크기로 제시된 괴물 그림이나, 빨랫줄 같은 기다란 줄에 매달린 인형, 줄에 걸쳐진 텐트 모양의 담요와 텐트 속에 놓여 있는 앉은뱅이 의자는 맥스가 환상 세계에서 경험할 괴물 소동의 복선 역할을 한다.『숲 속으로』,『돼지 책』,『동강의 아이들』등은 숨은 그림이 있는 그림동화이다. 처음에는 알지 못하다가 누군가 단서를 제공하면 나머지 숨은 그림들을 찾아 의미를 파악하게 된다.

라. 독자극장: 동화 텍스트를 대본으로 바꾸어 낭독하기

문학 수업에서 가장 어려운 점은 문학 반응을 활성화시키는 것인데 낭독은 재미있고 감동적인 문학 읽기가 가능하도록 도와준다. 반응을 표면으로 드러내는 대표적인 방법 중의 하나가 텍스트를 실감 나게 읽는 것이다. 실감 나게 읽는다는 것은 문학 작품에 등장하는 인물과 배경 등의 내용을 현실감 있으며 생생하게 소리 내어 읽기로 구현하여 읽는 것이다.

독자극장을 하기 위해서는 텍스트의 극본화 정도, 텍스트에서 인물·사건·배경 요소의 비중, 텍스트의 길이, 텍스트의 전체를 다룰지 일부를 다룰지를 정하여야 한다. 동화에서 인물은 주로 직접 인용한 대화문이나 간접 인용한 대화문으로 드러난다. 이러한 인물의 대화가 자주 등장하는 극본화 정도가 큰 텍스트가 독장극장에 알맞다. 독자극장은 동화 텍스트를 대본으로 바꾸는 것이 가장 중요하다. 국어 교과서에 인물 요소가 많이 드러나 있는 제재를 활용하거나, 대화가 적은 텍스트는 각색을 많이 하여야 한다. 다음의 예시는 '호수의 주인'을 독자극장 대본으로 수정한 것이다(박효훈, 2009).

동화: 호수의 주인	독자극장: 호수의 주인
"당장 저리 가지 못해? 이 호수는 내가 먼저 차지했어." "말도 안 되는 소리! 우리 코끼리들은 할아버지 때부터 이 호수에서 목욕을 했어." 코뿔소와 코끼리가 호수를 차지하려고 아침부터 소란스럽게 싸움을 하고 있습니다. "비키지 않으면 이 긴 코를 휘두를 테야." 코끼리가 말하였습니다. "흥, 길기만 하였지 힘도 없는 그 코, 하나도 안 무섭다. 내가 이 뿔로 받으면 무서워서 도망가고 말걸."	장소: 호숫가 등장인물: 코뿔소, 코끼리, 여우, 해설자 코뿔소: (화난 목소리로) 당장 저리 가지 못해? 이 호수는 내가 먼저 차지했어. 코끼리: (자신 있게)말도 안 되는 소리! 우리 코끼리들은 할아버지 때부터 이 호수에서 목욕을 했어. 해설자: 코뿔소와 코끼리가 호수를 차지하려고 아침부터 소란스럽게 싸움을 하고 있습니다. 코끼리: (위협하듯이)비키지 않으면 이 긴 코를 휘두를 테야. 해설자: 코끼리가 말하였습니다. 코뿔소: (무시하며)흥, 길기만 하였지 힘도 없는 그 코, 하나도 안 무섭다. 내가 이 뿔로 받으면 무서워서 도망가고 말걸.

6. 문학 영역 평가

가. 문학 영역의 평가 방향

'문학' 영역의 평가는 문학 영역의 지식을 이해하고 문학 작품을 해석, 감상, 비평하며 문학 작품을 창작할 수 있는 능력에 중점을 두어 평가한다. 단편적인 개념이나 작품의 부분에 대한 이해를 확인하기보다는 상상력을 발휘하여 작품의 부분과 전체를 주체적으로 수용할 수 있는 능력의 수준을 확인하는 한편, 학습자의 문학 능력 가운데 부족한 부분을 정확히 진단할 수 있는 평가를 설계한다. 또한 작품에 대한 감상이나 비평, 작품 창작 활동을 누적적으로 기록해 나갈 수 있는 평가 방법을 개발하여 작품 수용과 생산의 결과뿐 아니라 과정을 함께 평가할 수 있게 한다. 이와 함께 교과서에 일부만 수록된 작품에 한정하지 않고 책 한 권 읽기나 작품 전체 읽기에 바탕을 둔 평가 활동을 통해 긴 호흡으로 작품을 즐겨 읽는 태도를 형성하는 데 도움이 되는 평가를 기획한다.

나. 문학 영역의 평가 방법

(1) 낭송하기 평가

낭송하기를 평가하기 위해서는 형성평가보다는 장기 프로젝트 과제를 통해 포트폴리오를 작성하도록 하는 것이 좋다. 프로젝트 학습을 위한 안내는 다음과 같이 할 수 있다.

【학습 과제】 내가 좋아하는 시를 다른 사람 앞에서 암송한다.

【학습 과정 및 평가 방법】

1. 낭독하기 좋은 시를 선택한다.
2. 각각의 시를 읽고 그 느낌을 발표한다.
3. 시에 끊어 읽기를 표시하고 가장 잘 된 것을 고른 후 이유를 쓴다.
4. 모둠원들과 함께 토의하여 가장 자연스러운 끊어 읽기를 선택한다.
5. 선택한 끊어 읽기에 따라 시를 낭송하며 손으로 박자를 치거나 몸동작을 한다.
6. 3~4편의 시를 2~4주 동안 추가로 수집하여 느낌을 적은 낭송 대본을 만든다.
7. 수집한 시들 중에서 가장 마음에 드는 시를 발표한다.
8. 시 암송을 듣고 체크리스트에 따라 동료 평가를 한다. 자신의 시 암송 활동에 대한 동료 평가지를 모아 읽고 잘한 점과 고칠 점을 파악한다.

평가를 위한 체크리스트도 낭송한 친구의 점수를 주는데 집중하기 보다는 친구의 낭송을 듣고 무엇을 느꼈는지 혹은 발표한 친구가 잘하는 점은 무엇인지 고민하도록 한다.

낭송하기 상호 평가표

*친구들의 낭송을 듣고 다음 평가표를 정리해 봅시다.

이름	시의 제목	떠오른 느낌이나 생각	느낌이 잘 드러나게 낭송했는가? (○ △ ×)	목소리와 자세가 적절하였는가? (○ △ ×)

(2) 이야기 내용 간추리기 평가

이야기 내용 간추리기에서 다시 말하기 활동을 활용할 수 있다. 학생이 읽은 원본 작품과 학생이 다시 말한 작품을 비교해 보면 학생이 작품을 어느 정도 이해하고 어떻게 감상을 하였는지를 알 수 있다. 또 작중 인물이나 작품, 작품을 읽는 행위, 독자로서 자신에 대한 태도를 엿볼 수 있기 때문에 태도 평가의 방법으로도 활용할 수 있다. 즉 다시 말하기는 문학 능력 평가와 태도 평가의 방법으로 활용할 수 있다.

다시 말하기를 활용하여 평가를 하기 전에는 다음과 같은 절차를 거치는 것이 필요하다. 다시 말하기의 과정이 학생에게 부담이 되면, 평가의 내용에 집중할 수 없기 때문이다. 다시 말하기 과정을 연습함으로써 학생들은 다시 말하기를 활용한 평가에 편안함을 느껴 평가 과정에 몰입하게 되고, 교사는 보다 정확한 정보를 얻을 수 있게 된다. 다시 말하기는 정확하게 소리를 내어 읽을 수 있는 해독(decoding)부터 의미를 이해하는 독해(comprehension)를 모두 포함한다. 다음의 단계는 해독에서 독해에 이르는 과정을 포함하고 있다. 이와 같은 단계를 거치면서, 다시 말하기를 활용한 평가에 대한 학생들의 불안감을 감소시킬 수 있다.

교사는 학생의 다시 말하기를 항목(rubric)들로 나누어 분석하여야 한다. 교사가 학생의 다시 말하기를 들으면서, 전체적으로 이야기의 내용을 간추리는 정도를 평가하기는 쉽다. 그러나 이야기 간추리기에 어려움을 겪는 학생이 어떠한 원인 때문에 어려움을 겪는지를 파악하기는 쉽지 않다. 그러므로 학생들이 이야기의 내용을 간추릴 때에 어떠한 부분을 자주 빠트리거나 어떠한 부분을 요약하는 데에 어려움을 겪는지 확인하여야 한다. 다음과 같은 루브릭을 활용하는 것이 도움이 될 수 있다.

<표 2> 다시 말하기 평가를 위한 루브릭(선주원, 2009: 423)

3	2	1
〈성격 묘사〉 • 주요 인물과 보조 인물들을 정확하게 회상한다. • 생생하고, 적절하고, 묘사적인 단어들을 사용하여 작중인물에 대해 토의한다.	〈성격 묘사〉 • 주요 인물 혹은 보조 인물들을 정확하게 회상한다. • 작중인물에 대해 제한되고 정확한 묘사만을 제공한다.	〈성격 묘사〉 • 작중 인물들을 부정확하게 확인한다. • 작중인물들에 묘사가 없거나 부정확한 묘사를 제공한다.
〈배경〉 • 공간적 배경과 시간적 배경을 회상한다.	〈배경〉 • 공간적 혹은 시간적 배경 중에서 하나만을 회상한다.	〈배경〉 • 배경에 대한 약간의 혹은 부정확한 정보를 제공한다.
〈플롯〉 • 이야기가 전개되는 정확한 순서에 따라 인물의 행동이나 플롯을 회상한다.	〈플롯〉 • 이야기가 전개되는 순서에 따라 사건들의 일부를 회상한다.	〈플롯〉 • 이야기가 전개되는 순서에 따라 사건들을 부정확하게 말하거나 순서에 맞지 않게 말한다.
〈갈등/해결〉 • 갈등과 그 해결을 둘 다 정확하게 회상한다.	〈갈등/해결〉 • 갈등이나 그 해결을 단지 하나만 말한다.	〈갈등/해결〉 • 갈등이나 그 해결을 가져오는 문제에 대한 언급이 없이 이야기의 단편적인 봄누들만 회상한다.

(3) 그림책 감상 평가

수행 평가를 활용하여 그림책 감상을 평가할 수 있다. 수행 평가는 교수·학습과 평가가 통합되어 이루어져야 한다. 여느 문학 수행평가처럼 그림동화의 수행평가도 측정보다는 부족한 부분을 피드백해 줄 수 있도록 교사가 단서를 주거나 학생들이 학습지를 할 때 개별적으로 도움을 주도록 한다. 다음은 '존의 네 번째 지각 사건 만들기(김영주 외, 2003)'를 수행 평가로 활용한 예이다.

- 평가 목표: 글과 그림을 관련지어 그림책을 읽을 수 있다.
- 그림동화: 『지각대장 존』
  ① 교사와 학생이 번갈아가며 책을 소리 내어 읽는다.
    - 학생들끼리 돌아가며 읽어도 된다.
  ② 기본적인 내용 파악 질문을 한다.
  ③ 모둠 친구들과 그림만 보며 알게 된 내용이나 생각과 느낌을 자유롭게 이야기한다.
  ④ 사건을 다시 살펴본다.

존이 학교 갈 때 벌어진 일	선생님이 벌주는 장면
• 악어를 만나 장갑을 주었다. • 사자를 만나 바지를 물어 뜯겼다. • 파도를 만나 옷이 젖었다.	- 300번 쓰기

  ⑤ 되풀이되는 문장 형식을 찾는다.

• 존은 학교에 갑니다. • 서둘러 학교에 갑니다. 허겁지겁 학교에 갑니다. • 선생님: "○○○○은 살지 않아."	- 첫 장면 - 놀이가 끝났을 때

  ⑥ 그림의 색과 분위기를 살펴본다.
    - 학교 갈 때의 그림과 색
    - 놀이를 할 때의 그림과 색
    - 교실의 그림 색과 분위기

학습지를 활용하였을 경우에는 학습 후에 평가하고, 교사와 학생들이 이야기 나누기를 했다면 활동을 하는 중에 교사가 학생들의 반응을 체크하도록 한다.

이름	그림의 의미를 정확하게 이해한다.	글에 없는 내용을 그림에서 찾는다.
김○○		
이○○		

⑦ 새로운 사건을 만든다.

앞면에는 네 번째 지각했다면 어떤 사건이 벌어졌을지 그림을 그리고 내용을 문장으로 쓴다. 뒷면에는 선생님이 어떻게 했을지 그림을 그리고 내용을 쓴다.

⑧ 만든 사건을 책 사이에 끼워 넣고 읽어 본다.

자기가 만든 네 번째 사건 종이를 세 번째 사건 다음에 넣고 앞에서부터 이어서 읽어 본다.

⑨ 친구들 앞에서 발표하고 전시한다. 발표한 내용이나 전시한 네 번째 장면을 보고 앞 사건과 인과 관계가 맞는지, 사건과 선생님의 반응이 앞의 세 사건과 비슷한 수준인지, 되풀이되는 문장 형식이 비슷한지, 그림의 색과 분위기가 어울리는지를 평가한다.

1 초등학교에서 아동문학의 중요성과 특성을 설명하시오.

2 문학 교육을 국어과의 다른 영역, 또는 다른 교과와 연계하여 지도하는 방안을 구안하시오.

3 시, 동화, 그림책 중에 하나를 선정하여 개념과 특성을 제시하고, 교육 방법을 설명하시오.

제13장
매체 교육의 이해

1. 매체와 매체 교육의 본질

가. 매체의 개념과 특성

2022 개정 국어과 교육과정에서는 '매체란 소통을 매개하는 도구, 기술, 환경으로, 책, TV, 스마트폰, 컴퓨터, 태블릿, 인터넷 등이 이에 속하며, 매체 자료에는 그림책, 만화, 뉴스, 광고, 웹툰, 애니메이션, 영화 등이 있다.'(교육부, 2022: 19)로 매체와 매체 자료를 정의하고 있다. 이를 토대로 매체의 특성을 간략하게 정리해 보면 다음과 같다.

첫째, 매체 자료의 시각성이다. 그림, 사진, 영상 등으로 제시되는 이미지나 움직임 등은 다양한 의미로 소통될 수 있고 여러 가지 상상을 유발할 수 있다(예를 들면 '눈을 맞았구나.', '기분이 나쁘구나.' 등). 또 매체의 시각적 특징은 정보 처리에 따른 학습자의 인지 부담을 줄여주고 학습자가 상황이나 의미를 빠르게 파악할 수 있도록 한다.

둘째, 매체 자료를 구성하는 기호의 복합성이다. 매체 자료는 문자, 그림, 사진, 만화, 소리, 영상 등의 기호가 둘 이상 결합된 형태로 제시된다. 이러한 기호들은 문자로만 된 텍스트에 비하여 의미를 구체적이고 실감나게 제시함으로써 학습자의 다양한 감각을 자극하고 흥미나 관심을 유발할 수 있다.

셋째, 매체 자료의 비선형성이다. 매체 자료의 생산자는 정보 간 다양한 연결 고리를 사용자에게 제공한다. 그 연결은 논문일 수도 있고, 특정 작품에 대한 비평일 수도 있고, 이미지나 영상일 수도 있다. 사용자는 생산자가 정해놓은 경로를 따르기보다는 자신의 필요에 따라 선택적으로 경로를 선택한다.

넷째, 매체 자료의 무한복제성과 변형가능성이다. 매체 자료는 활자화된 인쇄물과는 달리 복사와 변형이 자유롭다. 이러한 특성 때문에 학습자는 원 자료의 훼손이나 삭제에 대한 부담 없이 자유롭게 활용하거나 대량으로 생산·공유할 수 있다. 하지만 이러한 특성들로 인하여 저작권이나 초상권 침해, 정보나 자료의 조작이나 표절 등의 문제가 발생하기도 한다.

다섯째, 매체 의사소통의 비대면성과 익명성이다. 비대면성은 대면에서 느낄 수 있는 소통의 부담을 줄여줌으로써 보다 자유로운 의사소통이 가능하게 해 준다. 익명성은 실명 공개로 인한 부담을 덜어주어 보다 편안한 의사소통을 가능하게 해 준다. 하지만 이러한 비대면성과 익명성으로 인하여 자료의 신뢰 문제나 언어폭력 등의 문제가 발생하기도 한다.

여섯째, 매체 의사소통의 쌍방향성이다. 쌍방향성이란 디지털 매체의 상호작용적 특성을 말한다. 인터넷을 기반으로 한 매체 의사소통에서는 문자, 음성, 화상으로 각자의 생각이나 느낌을 실시간으로 주고받을 수 있다. 이러한 의사소통 방식은 책이나 영화처럼 고정적이고 확정적인 것이 아니라 참여자 간 상호작용에 의해 언제든 변화 가능한 진행형으로 존재한다. 동일한 시공간에 있지 않아도 의사소통할 수 있는 시공간이 일정하게 확보되어 있는 경우가 많아서 사용자들은 매체 환경에서 다양한 유형의 의사소통을 경험할 수 있다.

나. 매체 교육의 중요성

인공지능과 디지털 기기의 발달, 그리고 정보 통신 환경의 변화는 인간의 언어사용 공간을 확장하고 다양한 의사소통 유형을 만들어 내고 있다. 여러 가지 매체를 향유하거나 비판적으로 해석하며, 매체에서 정보를 찾고 매체 텍스트를 생산하는 등 인간의 정보 습득 및 생산 방식 자체가 달라지고 있고, 이는 궁극적으로 인간의 사고방식을 변화시킨다. 이를테면 매체 환경에서는 다양한 기호와 감각을 활용한 의미 파악과 비판적 사고가 요구되며 통합적이고 융합적인 사고를 동원한 표현 역량을 필요로 한다.

매체 교육은 이러한 변화에 대응하여 학생들의 디지털·미디어 역량을 길러주기 위한 것이다. 이러한 역량을 기르기 위해서는 매체의 일반적 특성은 물론이고 각 매체 자료의 특성과 형식을 이해하고, 매체 자료에 영향을 미치는 사회·문화적 맥락과 그 요소들의 관계나 구조를 이해할 수 있어야 한다. 또 매체에 드러난 의미를 사실적으로 이해하고 매체 텍스트에 직접 드러나지 않은 이면의 내용까지 짐작하여 비판적으로 분석하고 평가할 수 있어야 한다. 그리고 매체 텍스트를 통하여 정서적 요소나 미적 요소를 발견하고 체험할 수 있어야 하고, 매체 자료를 효과적이고 창의적으로 산출할 수 있어야 한다. 아울러 매체와 매체 자료에 관심을 갖고 매체 의사소통에 적극 참여하고, 매체 환경에서 언어 예절을 지키고 초상권이나 저작권을 존중하며, 책임감 있게 매체를 이용하는 자세를 가지는 것도 중요하다.

기존 매체의 진화와 새로운 매체의 등장으로 국어사용 환경이 변화하고 매체 문식성에 대한 사회적 요구가 높아감에 따라 2022 개정 국어과 교육과정에서도 디지털·미디어 역량을 강조하고 있다. '매체' 영역을 신설하여 초등학교 단계에서부터 체계적이고 종합적인 매체 교육을 실시하도록 하였다. 예를 들면 음성, 문자, 영상 등의 다양한 기호가 결합된 뉴스나 광고, 드라마, 영화 등을 비판적으로 이해하거나 감상하고, 디지털 기기를 활용하여 글을 쓰거나 복합양식 매체 자료를 제작하고 공유하는 것 등의 교육 내용이 제시되었다. 국어 교육에서 매체 교육은 이제 선택이 아닌 필수 교육 내용으로, 주변적인 것이 아닌 핵심적인 교육 내용으로 자리 잡고 있다.

2. 매체 이론

가. 매체 언어와 복합양식 텍스트

인간은 자기표현의 욕구와 의사소통의 욕구를 충족시키기 위하여 다양한 도구와 방법을 활용해 왔다. 처음에는 음성을 통하여 전달하다가, 차츰 문자와 같은 상징 부호를 만들었고, 이를 담아낼 수 있는 잡지나 책, 신문 등의 인쇄 매체를 발달시켰다. 20세기를 전후하여 전파 매체의 발달로 인하여 의미를 구성하는 새로운 코드(code)들이 생겨나게 되었다. 매체 환경에서 의미를 구성하는 매체 언어가 대표적이다. 매체 언어에는 문자, 음성, 그림이나 사진, 영상을 비롯하여 조명,

음향, 색채, 몸짓이나 손짓, 표정, 의상 등의 표현 양식이 모두 포함된다. 이러한 코드들의 결합은 기존의 언어와 마찬가지로 인간의 인지적, 정서적, 도덕적 반응을 불러일으키면서 문자나 음성 중심의 '단일텍스트'와는 다른 형식의 텍스트를 탄생시켰다(임천택, 2001a: 87 참고). 이러한 텍스트를 연구자들은 '복합양식 텍스트(multimodal text)라고 지칭하였다. 복합양식 텍스트란 문자, 음성, 이미지, 동영상을 포함한 다양한 매체 언어가 복합적으로 결합되어 의미를 구성하는 텍스트를 뜻한다. 문식 활동의 공간에 따른 텍스트 유형과 복합양식성 유무를 살펴보면 〈표 1〉과 같다(정현선, 2014:68).

〈표 1〉 문식 활동의 공간에 따른 텍스트 유형과 복합양식성 유무[25]

문식 활동 공간	텍스트 유형 예시	복합양식성 유무
대면	대화, 면담, 발표, 토의, 토론	○
지면	그림책, 만화 등	○
지면	문자 위주의 글이나 책	×
화면	애니메에션, 광고, 뉴스, 온라인 대화 등	○
대면, 지면	메모하며 대화하기 등	○
대면, 화면	화면으로 자료를 제시하며 발표하기 등	○
대면, 지면, 화면	화면 자료 제시와 메모하기를 동반한 발표 등	○

위 표에서 보듯이 복합양식텍스트는 대면, 지면, 화면에서 나타날 수 있다. 대면 상황에서 이루어지는 대화, 면담, 발표, 토의, 토론 등은 표정, 몸짓, 억양, 어조 등의 반언어적·비언어적 표현을 동반하기 때문에 복합양식성을 지닌다. 이 경우는 본래부터 국어교육이 다루어왔던 전통적인 의사소통 방식에 해당한다. 그러나 지면과 화면에 존재하는 복합양식텍스트는 전통적인 국어교육에서는 다루지 않았던 것이다. 그리고 대면 상황에서 메모를 하며 대화를 나누거나 화면 자료 제시와 메모하기를 동반한 발표 등은 문식 활동의 공간 자체가 복합적으로 구성되어 있어 복합양식성을 포함한다고 볼 수 있다(정현선, 2014:68).

---

25 이 부분은 정현선(2014: 68)을 토대로 작성한 것이다.

나. 매체 문식성과 복합양식 문식성 [26]

문식성(literacy)은 문해력이라고도 하며, 그 사전적 개념은 '읽고 쓸 수 있는 능력'이다. 그런 맥락에서 매체 문식성(media literacy)은 '매체를 읽고 쓸 수 있는 능력'으로 정의할 수 있다. 매체 문식성을 정의하는 방식으로 복합양식 문식성(multimodal literacy)을 정의해 보면, '복합양식 텍스트를 이해하고 표현할 수 있는 능력'이라고 할 수 있다. 많은 매체 텍스트가 복합양식으로 구성된다는 점을 고려하면 매체 문식성의 상당 부분은 복합양식 문식성이 자리하고 있음을 알 수 있다.

매체 문식성은 그 시대에 통용되는 지배적인 커뮤니케이션 양식을 해독하고 부호화할 수 있는 능력을 포함하기 때문에 그 개념은 고정적이 아니라 기술의 발달과 시대적 상황에 따라 다양하게 변한다. 최근의 매체 문식성은 단순히 미디어를 이해하고 활용할 수 있는 능력을 넘어 여러 차원의 문식성이나 능력을 포함하는 복합 개념으로 사용되기도 한다. 의사소통 기술의 발달은 매체의 범위를 확장하고 의사소통 방식을 변화시키는 것은 물론 사회 전반에 미치는 영향도 크다. 이에 따라 매체 문식성 역시 새로운 방식의 매체 활용과 의사소통 능력을 포괄하여 확장되고 있으며, 이에 필요한 새로운 지식과 능력이 요구되고 있다.

영화와 텔레비전 등 영상 매체가 등장하고 발전하면서 영상이 문자에 더하여 주요한 의사소통 방식으로 이미 자리 잡았다. 영상 매체는 시각적인 것에 크게 의존하는 것으로, 매체 문식성은 영상 문식성(visual literacy), 즉 시각적 문식성 개념을 포함한다. 언어에서 문법이 없으면 의미가 생성되지 않는 것처럼 영상 매체에도 구조와 문법이 작용한다. 영상 문식성은 그러한 문법을 익힘으로써 시각적 메시지를 정확하게 해독하고 관련 메시지를 창조하는 능력이다. 나아가 영상 문식성은 단순히 이미지나 영상의 해독과 활용 능력에 그치지 않고 다양한 정보 양식의 통합적 이해가 요구된다는 점에서, 그리고 비판적 이해를 전제한다는 점에서 다중문식성(multiliteracies) 및 비판적 문식성 개념과도 관련되어 있다. 비판적 문식성을 갖춘다는 것은 복합적으로 매개되는 다양한 정보 양식을 통해 전달되는 매체의 내용과 의미를 개인적 경험과 사회문화적 맥락에 비추어 비판적으로 판단하는 과정이다. 다시 말해 우리의 실제 삶 속에서 매체를 이해하고

---

26 이 부분은 네이버 백과사전(검색일자: 2023년 1월 30일)에 제시된 '메타 리터러시로서의 미디어 리터러시'(원저. 전경란. 2015. 『미디어 리터러시의 이해』의 내용을 토대로 재구성한 것이다.

이용하는 과정은 우리가 속한 사회의 구조와 문화적 관습, 가치에 대한 이해를 요구하는 과정이기도 하다. 그런 점에서 매체 문식성은 문화적 문식성(cultural literacy) 역시 필요로 한다.

의사소통 기술의 발달은 새로운 매체와 새로운 의사소통 방식을 낳았다. 특히 디지털 매체의 발달은 그것이 지닌 매체 속성을 기반으로 해서 획기적으로 매체 이용 환경을 재편한 것으로 평가된다. 이 과정에서 컴퓨터 문식성, 인터넷 문식성, 정보 문식성과 같은 개념이 함께 등장했다. 또 소셜 미디어와 같은 새로운 양식의 매체는 물론 스마트폰을 비롯한 매체가 나타나고 새로운 문식성이 추가됨으로써 매체 문식성의 개념은 이전보다 더 확장되었다. 소셜 미디어 문식성, ICT 문식성 등의 개념이 그것이다. 소셜 미디어 문식성의 경우 매체 해독을 넘어선 매체 활용 능력의 중요성이 좀 더 강조된다. 소셜 미디어를 통해 일상생활과 밀접한 메시지의 생산이나 자기표현이 하나의 문화 현상이 되고, 소셜 미디어가 사회 참여 및 정치 참여의 통로로서 중요한 역할을 수행하고 있음을 감안할 때, 매체 문식성으로서 소셜 미디어 문식성은 분명히 다른 지향점을 갖는 것이다. 한편 문자언어에 대한 읽기와 쓰기 능력이 문식성의 중요한 축이었고, 여기서 나아가 영상언어의 작동 방식과 구조에 대한 이해를 요구하는 것과 마찬가지로 ICT 환경 속에서 컴퓨터 언어에 대한 이해가 필요하다는 논의가 제기되었다. 전 세계적으로 소프트웨어 시대에 컴퓨팅적 사고(computational thinking)에 토대한 창의성 교육의 필요성이 대두되고, 소프트웨어 교육이 의무교육으로 제도화되기 시작했다. 그런 점에서 매체 문식성은 이제 소프트웨어 문식성도 포용하는 개념으로까지 확장되고 있다.

다. 매체에서의 장르[27]

'장르(genre)'는 프랑스어로서 독특한 특성에 의하여 구분이 가능한 결과물의 유형이나 양식을 말한다. 각각의 장르는 특정한 형식, 목적, 내용의 틀을 갖고 있고, 생산자는 그것에 맞게 표현 양식을 만들어 낸다. 우리가 텔레비전을 보고 '뉴스'와 '광고'를 구분할 수 있는 것도 이미 그 형식이나 관례적인 규칙, 또는 전형적인 내용 특성을 알고 있기 때문이다. 사용자가 해당 장르에 익숙하면 그 매체 텍스트를 보다 쉽게 이해할 수 있게 된다.

---

27 이 부분은 임천택(2001a: 91-94)을 토대로 재구성한 것이다.

최근에는 포괄적이고 엄격한 범주로서의 전통적인 장르가 해체되는 경향이 있다. 실제로 다양한 매체를 통하여 제시되는 텍스트나 프로그램들을 보면 관습적인 장르에 도전하는 새로운 방식이 많이 등장한다. 즉 매체에서 장르는 일정한 형식과 관행을 따르도록 제약을 가하기도 하지만 어떤 면에서는 끊임없이 해체를 요구받기도 한다. 따라서 매체 장르를 구분하는 것이 어쩌면 무의미한 작업일 수도 있다. 하지만 매체를 교육이라는 맥락으로 끌어들이기 위해서는 어떤 형태로든 매체를 범주화시키는 작업이 필요하다. 장르를 하나의 합의된 관습이나 절차로 본다면, 국어과 교수·학습의 주요한 내용 중의 하나가 바로 장르를 가르치고 배우는 것이기 때문이다. 대부분의 학생들은 보편적이고 일반적인 장르에 대해서는 경험적 지식을 많이 갖고 있지만 매체 환경에서 제시되는 다양한 장르를 경험할 기회는 그리 많지 않다. 뮤지컬이나 판소리가 어렵다고 한다면 그것은 텍스트 자체가 어렵다기보다는 장르적 특성을 알지 못하기 때문일 수 있다.

매체에서의 장르 구분에 대한 일반적인 합의가 없는 상황에서 구분 기준을 정하는 것은 쉽지 않다. 도구, 기술, 환경을 기준으로 나눈다면 책·잡지·신문 등을 포함하는 인쇄 매체, 라디오나 텔레비전 등을 포함하는 방송 매체, 컴퓨터·휴대폰·인터넷 등을 포함하는 디지털 매체로 나누어 볼 수 있다. 하지만 이는 지나치게 포괄적이고 각 매체 내에 존재하는 다양한 매체 텍스트의 차별화된 특성을 드러내지 못한다. 매체 자료의 형식이나 구조를 기준으로 나눈다면 뉴스, 광고, 오페라, 뮤지컬, 연극, 드라마 등으로 범주화가 가능하다. 하지만 이것도 매체 도구, 기술, 환경의 차이에서 오는 다양한 형식과 맥락의 차이를 드러내지 못한다. 가령 라디오 광고, 텔레비전 광고, 컴퓨터 광고는 부호의 활용, 의미 구성이나 소통 방식에 있어서 많은 차이를 보이는데 이를 동일한 장르로 묶는 것은 설득력이 약하다. 대안으로 매체별로 형식과 구조를 기준으로 나누는 것을 고려해 볼 수 있다. 예를 들어 인쇄 매체 장르를 책 소개, 신문 광고, 잡지 광고, 뉴스 기사, 연재만화 등으로, 방송 매체 장르를 라디오 뉴스, 라디오 광고, 텔레비전 뉴스, 텔레비전 드라마, 영화, 다큐멘터리, 교양 강좌 등으로, 그리고 디지털 매체 장르를 온라인 뉴스, 온라인 광고, 사이버 소설, 유튜브 방송, 채팅, 게임, E-메일 등으로 나누는 것이다. 물론 이를 목적이나 청중, 내용, 형식 등을 기준으로 하여 좀 더 세분화하는 방식도 있다. 텔레비전을 예로 들면 뉴스는 1분 뉴스, 종합 뉴스, 기상 정보, 스포츠 뉴스, 지역 뉴스 등으로, 광고는 홈쇼핑 광고, 공익광고, 일반 광고 등으로 나누는 것이다.

향후 매체 도구, 환경, 기술의 발달로 매체 장르의 확대와 다양성은 더욱 가속화될 것으로 예상된다. 어떤 기준으로 장르를 구분하든 이를 교육 내용으로 반영할 경우에는 매체 환경을 비롯한 다양한 맥락 요인을 함께 고려할 수 있어야 한다. 예를 들어 광고를 가르칠 경우에 광고의 형식이나 구조를 포함하여 광고 제작자의 의도나 목적, 청중의 기대, 광고의 내용이나 형식, 광고가 구현되는 매체 환경 등을 같이 지도해야 한다.

라. 매체 문식성에 대한 교육적 접근[28]

매체 문식성에 대한 교육적 접근은 관심을 두는 초점에 따라 텍스트 중심의 접근, 주체 중심의 접근, 맥락 중심의 접근으로 나누어 살펴볼 수 있다. 텍스트 중심의 접근은 기호학에, 주체 중심의 접근은 인지심리학에, 맥락 중심의 접근은 사회·문화적 관점에 기반을 두고 있다.

텍스트 중심의 접근은 매체 텍스트의 다양한 기호의 이해와 분석에 초점을 두는 것이다. 매체는 문자로 된 텍스트, 시각적 이미지나 영상으로 된 텍스트, 음성이나 음향으로 된 텍스트, 다양한 기호들의 결합으로 된 텍스트 등 그 층위가 다양하다. 특히 최근에는 다양한 기술적 효과를 이용하여 여러 가지 코드를 결합하는 방식으로 매체 텍스트를 구성함으로써 사용자에게 메시지를 전달한다. 이러한 매체 텍스트들을 문자 텍스트에 비하여 구체적이고, 동적이며, 일시적이고 은유적인 특성을 가진다. 따라서 이러한 기호를 인지하고 지각하고, 지시 의미와 그 속에 함축된 가치나 신념을 파악하고, 비판적으로 분석하는 것이 매체 교육에서는 중요하다.

주체 중심의 접근은 매체에 사용된 코드의 지각이나 분석에서 벗어나 개인의 인지나 심리적 반응 등에 초점을 두는 것이다. 매체 문식성은 인지적, 심미적, 도덕적 범주로 대표되는 인간 심리 전 영역에 영향을 미친다. 인지적 범주는 상징 부호에 대한 단순한 인식에서부터 메시지가 왜, 어떻게 특정한 방식으로 표출되는지에 대하여 이해하는 것이다. 학생들은 다양한 사회적 상호작용을 통하여 담화공동체가 공유하는 사회적 스키마를 학습한다. 학생들은 실제 세계와 매체에 드러난 세계를 이해하고 비교함으로써 관련 스키마를 구조화하고 정교화한다. 심미적 범주는 매체 내용을 인식하고 즐기는 것이다. 매체 텍스트는 능동적이고 창조적인 것이 되도록 독자의 상상을 끌어들이는 역할을 하며, 독자는 의미를 구성하기 위해서 추론을 하거나 여백을 채우는 역할을 한다. 도덕적 범주는 메시지의 기저에 있는 가치를 추론하고 내면화하는 것이다.

---

[28] 이 부분은 임천택(2001b: 64-78)을 토대로 재구성한 것이다.

예를 들면 액션 드라마는 물리적인 힘이 원하는 것을 얻을 수 있는 성취 수단이라는 것과 세상은 위험한 곳이라는 가치가 함축되어 있는데, 이러한 함축된 의미를 잘 인식하는 사람이 매체 문식성이 높다고 할 수 있다.

맥락 중심의 접근은 매체나 매체 교육의 연구들이 실증주의적 방법론에 치중함으로써 사회·문화적 관련성에 대한 관심이 소홀하다는 비판으로부터 대두되었다. 이러한 접근에서는 매체를 고립된 현상으로 이해하는 것이 아니라 정치·경제·사회·문화 등의 상호 관계 속에서 그 의미와 기능 및 역할을 이해하려고 노력한다. 특히 맥락 중심의 접근에서 중요하게 생각하는 것은 인간 사고나 행위에 대하여 특정 이데올로기가 어떻게 매체에 반영되고 구조화되는지에 대하여 밝히는 일이다. 하지만 이러한 분석 못지않게 중요한 것이 사용 주체가 매체 텍스트와의 교섭을 통하여 의미를 자율적으로 구성하는 일이다. 이 관점에서 학생들은 무조건적 모방이나 비판만을 일삼는 것이 아니라 자기주도로 의미를 해석하고 정체성을 형성해 나가는 사고의 소유자가 된다. 이러한 접근은 수업에서 교사들이 어떤 매체를 선정할 것인지에 대한 방향성을 제공하고 학생들의 비판적 사고 기능을 증진시킨다는 점에서 긍정적이다.

매체 문식성 교육에서는 어느 하나의 접근 방법을 취하기보다는 각 관점을 상호 보완적인 관계로 인식하고 풀어내는 것이 바람직하다. 매체 교육에서 사용 주체 측면만 강조하다보면 구성주의적 교육관이 합리적이고 타당한 듯이 보이지만, 그 내면을 상세히 들여다보면 항상 텍스트라는 요인과 사회·문화적 맥락이 개입되어 있음을 알게 된다. 매체 텍스트의 내용 이해와 분석 못지않게 중요한 것이 사회·문화적 맥락을 배경으로 사용 주체가 텍스트에 어떤 의미와 가치를 부여하느냐이다.

3. 매체 교육의 목표와 내용

가. 매체 교육의 목표

매체 교육의 목표는 당대 사회의 소통 방식과 소통 문화에 영향을 미치는 매제의 본질을 이해하고, 매체 자료의 주체적인 수용과 생산을 통해 정체성을 형성하고 사회적 의미 구성 과정에 참여하며, 자신과 타인의 권리를 지키기 위한 적극적인 노력을 통해 건강한 소통 공동체를 형성하는 데 있다.

매체의 본질을 이해하기 위해서는 소통을 매개하는 도구, 기술, 환경의 특성과 이를 활용한 소통 방식과 맥락에 대한 이해가 있어야 한다. 이는 매체의 일반적 특성은 물론이고 각 매체 장르별 특성과 형식을 이해하는 것, 매체 텍스트에 영향을 미치는 사회·문화적 제반 요소와 그 요소들의 관계나 구조를 이해하는 것을 말한다. 매체 자료의 주체적인 수용과 생산을 위해서는 뉴스, 광고, 영화, 온라인 게임이나 대화 등 다양한 매체 자료를 비판적으로 이해하고 창의적으로 표현하는 데 필요한 제반 역량을 갖추어야 한다. 매체 자료의 주체적인 수용은 매체에 드러난 의미를 사실적으로 이해하는 것뿐만 아니라 자료에 직접 드러나지 않은 이면의 내용까지 짐작하여 비판적으로 분석하고 평가하며, 매체 자료를 통하여 정서적 요소나 미적 요소를 발견하고 체험하는 능력이다. 매체 자료의 주체적인 생산은 매체 자료를 주어진 맥락에 맞게 효과적이고 창의적으로 산출하는 능력이다. 매체를 통하여 건강한 소통 공동체를 형성하기 위해서는 각 사용자가 매체 활용에 적극적인 관심과 책임 의식을 갖고 참여하고, 바람직한 매체 활용 태도와 습관을 형성할 수 있도록 노력해야 한다. 또 인공지능과 디지털 매체의 발달로 다양한 사회적 문제가 예상되는 상황에서 매체 소통에 대한 책임 의식과 윤리 의식이 중요하게 다루어져야 한다.

나. 매체 교육의 내용

(1) 내용 체계

〈표 2〉 매체 영역의 내용 체계

핵심 아이디어		• 매체는 소통을 매개하는 도구, 기술, 환경으로 당대 사회의 소통 방식과 소통 문화에 영향을 미친다. • 매체 이용자는 매체 자료의 주체적인 수용과 생산을 통해 정체성을 형성하고 사회적 의미 구성 과정에 관여한다. • 매체 이용자는 매체 및 매체 소통의 영향력에 대한 이해와 자신과 타인의 권리를 지키기 위한 적극적인 노력을 통해 건강한 소통 공동체를 형성한다.		
범주		내용 요소		
		초등학교		중학교
		1~2학년	3~4학년	5~6학년	1~3학년
지식·이해	매체 소통 맥락		• 상황 맥락	• 상황 맥락 • 사회·문화적 맥락	
	매체 자료 유형	• 일상의 매체 자료	• 인터넷의 학습 자료	• 뉴스 및 각종 정보 매체 자료	• 대중매체와 개인 인터넷 방송 • 광고·홍보물
과정·기능	접근과 선택	• 매체 자료 접근하기	• 인터넷 자료 탐색·선택하기	• 목적에 맞는 정보 검색하기	
	해석과 평가		• 매체 자료 의미 파악하기	• 매체 자료의 신뢰성 평가하기	• 매체의 특성과 영향력 비교하기 • 매체 자료의 재현 방식 분석하기 • 매체 자료의 공정성 평가하기
	제작과 공유	• 글과 그림으로 표현하기	• 발표 자료 만들기 • 매체 자료 활용·공유하기	• 복합양식 매체 자료 제작·공유하기	• 영상 매체 자료 제작·공유하기
	점검과 조정		• 매체 소통의 목적 점검하기	• 매체 이용 양상 점검하기	• 상호 작용적 매체 자료 점검하기
가치·태도		• 매체 소통에 대한 흥미와 관심	• 매체 소통 윤리	• 매체 소통에 대한 성찰	• 매체 소통의 권리와 책임

매체 영역의 '핵심 아이디어'는 매체 영역의 학습을 통해 학생들이 형성하기를 기대하는 이해, 관점, 태도 등을 의미한다. 매체 영역에 제시된 내용 요소는 이 핵심 아이디어의 형성을 목표로 하여 유기적으로 연결되어 있다. 첫 번째 '핵심 아이디어'에서는 매체의 개념에 대한 이해, 그리고 매체와 당대 사회의 소통 방식 및 소통 문화의 관계에 대한 이해를 강조하였다. 우선 매체를 소통을 매개하는 도구, 기술, 환경으로 정의하였다. 매체의 개념역은 매체 자료(예를 들어 영화 텍스트, 웹툰 텍스트 등)나 매체 자료의 생산자(예를 들어 언론사)로까지 확장되기도 하나, 이번 교육과정에서는 매체, 매체 자료, 매체 이용자(매체 자료의 생산자와 수용자)를 구분함으로써 각 용어가 가리키는 바를 보다 명확히 하였다. 이는 국어과의 특성상 텍스트의 특성과 텍스트 수용자·생산자에 대한 이해가 중요한 만큼 이에 해당하는 용어를 구분하여 사용함으로써 학습 상황에서 초점을 분명히 하고 혼동을 최소화하기 위한 것이다. 또한 매체의 발달과 당대 사회의 소통 방식 및 소통 문화와의 관련성에 대한 이해를 강조함으로써 앞으로도 계속해서 변화해 나갈 매체 환경과 그에 따른 소통 방식 및 소통 문화의 변화 양상을 통찰할 수 있도록 하였다. 두 번째와 세 번째 '핵심 아이디어'에서는 매체 영역 학습자의 바람직한 학습자 상을 강조하였다. 이를 위해 매체 이용자라는 용어를 사용하였는데 이때 매체 이용자는 매체 자료의 수용자와 생산자를 아우르는 개념이다. 우선 두 번째 핵심 아이디어에서는 매체 자료의 주체적인 수용과 생산이 학습자 자신의 정체성을 형성하고 사회적 의미 구성에 참여하는 행위임을 이해하는 것이 중요하다는 점을 강조하였다. 세 번째 핵심 아이디어에서는 매체 의사소통은 그 특성상 개인과 사회에 미치는 영향력이 크다는 점, 따라서 건강한 소통 공동체를 형성해 나가기 위해서는 사회 구성원 모두가 서로를 존중하고 자신과 타인의 권리를 지키기 위해 적극적으로 노력해야 한다는 점에 대한 이해를 강조한 것이다.

다음으로 범주를 살펴보면 첫째, 지식·이해 범주는 '매체 소통 맥락'과 '매체 자료 유형'으로 구분하였다. '매체 소통 맥락'은 다시 '상황 맥락'과 '사회·문화적 맥락'으로 구분되는데, '사회·문화적 맥락'은 학습자 발달 특성을 고려하고 다른 영역과 궤를 나란히 하여 초등학교 5~6학년 이후에 제시하였다. 1~2학년 단계에서는 매체 영역에 대한 학습 부담을 고려하여 매체 소통 맥락에 대한 고려를 반영하지 않았으며, 3~4학년 단계에서는 학습이라는 상황 맥락을 강조하였다. '매체 자료 유형'에는 학년(군)별로 해당 단계의 학습자들이 충분히 경험할 수 있고 학습의 필요성이 있으며 발달 단계에 적합하다고 판단되는 매체 자료의 예를 제시하였다.

둘째, 과정·기능 범주의 경우 매체 의사소통의 쌍방향성과 네트워크적인 속성을 고려하여 매체 자료의 수용, 제작, 공유 과정이 고르게 반영될 수 있도록 하였다. '접근과 선택', '해석과 평가'는 매체 자료의 수용 측면을 반영한 하위 범주이며 '제작과 공유'는 매체 자료의 제작과 공유 측면을 반영한 하위 범주이다. '점검과 조정'도 과정·기능 범주의 하나로 제시되었는데, 이는 매체의 영향력(파급 효과), 매체 의사소통의 실시간성, 쌍방향성, 비선형성 등을 고려하여 자신의 소통 행위에 대한 점검과 조정이 지속적으로 이루어져야 한다는 점을 강조하기 위한 것이다.

셋째, 가치·태도 범주에는 개인적 차원과 사회적 차원에서 바람직하고 건강한 매체 의사소통을 위해 중요하다고 판단되는 정의적 영역의 학습 요소들을 반영하였다. 전통적으로 국어과 태도 범주에서 중요하게 다루어 온 태도, 동기, 흥미, 참여 등의 요소를 매체 의사소통의 맥락에 맞도록 반영함과 동시에 매체 의사소통에서 특히 강조되는 요소로서 '매체 소통 윤리', '매체 소통에 대한 성찰'도 강조하였다.

(2) 성취기준

① [1~2학년군 성취기준]

> [2국06-01] 일상의 다양한 매체와 매체 자료에 흥미와 관심을 가진다.
> [2국06-02] 일상의 경험과 생각을 글과 그림으로 표현한다.

〈성취기준 해설〉

- [2국06-01] 이 성취기준은 매체와 관련된 일상 경험을 나눔으로써 매체와 매체 자료에 대한 흥미와 관심을 가지고 매체의 가치와 필요성을 자연스럽게 인식하도록 하기 위해 설정하였다. 이 성취기준에서는 학습자가 친숙한 매체와 매체 자료를 토대로 일상의 경험을 매체와 연결 지어 이야기하여 매체와 매체 자료의 개념과 쓰임을 이해하고 다양한 매체와 매체 자료에 흥미와 관심을 갖도록 한다.
- [2국06-02] 이 성취기준은 글과 그림으로 자신의 생각과 느낌을 표현하는 즐거움을 경험하도록 하기 위해 설정하였다. 글, 그림(또는 사진, 이모티콘 등)을 활용하여 자신, 친구, 가족, 학교, 교실 등 친숙한 주제에 대해 표현하거나 그림일기를 작성해 보는 활동을 통해 자신의 경험과 생각을 다양한 방식으로 표현해 보는 데 중점을 둔다.

매체 경험을 나눌 때는 학습자가 교육적으로 적절한 매체 자료를 선정할 수 있도록 안내를 제공할 필요가 있다. 또한 각자의 고유한 매체 이용 경험을 자유롭게 공유하도록 함으로써 학습자가 매체 및 매체 자료에 대한 흥미와 관심을 가질 수 있도록 한다.

일상의 매체 자료에 대해 흥미와 관심을 갖는 활동은 읽기 영역에서 읽기에 흥미를 가지고 즐겨 있는 태도를 함양하는 활동([2국02-05])과 연계할 수 있다. 그리고 일상의 경험을 글과 그림으로 표현해 보는 활동은 쓰기 영역에서 자신의 생각이나 느낌을 문장으로 표현해 보는 활동([2국03-02]), 문학 영역에서 작품 속 내용을 시, 노래, 이야기, 그림 등으로 표현해 보는 활동([2국05-03])과 연계할 수 있다.

② [3~4학년군 성취기준]

> [4국06-01] 인터넷에서 학습에 필요한 다양한 자료를 탐색하고 목적에 맞게 자료를 선택한다.
>
> [4국06-02] 매체를 활용하여 간단한 발표 자료를 만든다.
>
> [4국06-03] 매체 소통 윤리를 고려하여 매체 자료를 활용하고 공유한다.

〈성취기준 해설〉

- [4국06-01] 이 성취기준은 다양한 교과 학습 맥락에서 인터넷에 접속하여 다양한 자료에 효과적으로 접근하고 유용한 정보를 선택하여 목적에 맞게 활용할 때 필요한 기초 능력을 기르기 위해 설정하였다. 교사의 안내에 따라 디지털 매체를 통해 지정된 인터넷 공간에 접속하기, 다양한 자료 훑어보기, 자료의 내용 파악하기, 유용한 자료 선택하기 등을 수행하고, 이를 통해 인터넷 접속 방법, 비선형적 자료의 탐색 방법, 목적에 맞는 정보 선택 방법 등을 체계적으로 학습한다.

- [4국06-03] 이 성취기준은 매체 기반의 소통에서 지켜야 할 기본적인 윤리를 이해하고 이를 고려하며 매체 자료를 활용하거나 공유할 수 있는 능력을 기르기 위해 설정하였다. 다양한 매체 자료를 활용하거나 공유하는 과정에서 저작권과 초상권 침해, 개인 정보 유출 등의 문제가 발생할 수 있음을 이해한다. 다양한 사례를 통해 매체 이용자로서 소통 윤리를 지키려는 태도를

기르고, 매체 자료를 안전하고 올바르게 활용하고 공유할 수 있는 방법 등을 학습한다.

⟨성취기준 적용 시 고려사항⟩

- 학습자들이 이미 학교 밖에서 다양한 인터넷 활동을 경험하고 있음을 고려하여 자료 탐색과 선택, 매체 자료의 활용과 공유 등의 학습 활동 설계 시 학습자들의 실제 삶과 유기적으로 연계될 수 있도록 한다.
- 인터넷에서 학습에 필요한 다양한 자료를 탐색하고 목적에 맞게 선택하기를 지도할 때는 인터넷 공간을 지정하여 제한된 범위에서 자료 탐색이 이루어질 수 있도록 하여 상위 학년의 내용 요소인 검색하기보다는 접속하기와 자료 훑어보기 등에 초점을 두어 지도한다.
- 인터넷에서 학습에 필요한 다양한 자료를 탐색하고 목적에 맞게 선택하는 활동은 매체를 활용하여 간단한 발표 자료를 제작하는 활동과 순차적으로 연계될 수 있다. 또한 듣기·말하기 영역에서 목적과 주제에 맞게 자료를 정리하여 발표하는 활동([4국01-05])과도 연계하여 발표 자료의 준비, 제작, 발표에 이르는 일련의 과정을 지도할 수도 있다.
- 인터넷 접속 경험이 적고 자료 탐색 활동에 어려움을 겪는 학습자가 있는 경우, 보다 구체적인 안내를 통해 이들이 학습에서 소외되지 않도록 지도한다.
- 매체 소통 윤리와 관련된 활동을 지도할 때는 규범의 당위성만을 강조하기보다는 매체 소통에 참여하는 구성원으로서 지켜야 할 예절, 배려, 준법정신 등의 태도를 강조하고 바람직한 매체 소통 문화 형성에 기여하는 사회 구성원으로서의 소양을 기를 수 있도록 한다.

③ [5~6학년군 성취기준]

> [6국06-01] 정보 검색 도구를 활용하여 자신의 목적에 맞는 매체 자료를 찾는다.
> [6국06-02] 뉴스 및 각종 정보 매체 자료의 신뢰성을 평가한다.
> [6국06-03] 적합한 양식과 수용자의 반응을 고려하여 복합양식 매체 자료를 제작하고 공유한다.
> [6국06-04] 자신의 매체 이용 양상에 대해 성찰한다.

〈성취기준 해설〉

- [6국06-01] 이 성취기준은 정보 검색 도구의 특성을 이해하고 적절한 정보 검색 전략을 수립하여 자신의 목적에 맞는 매체 자료를 찾아 활용하는 능력을 향상하기 위해 설정하였다. 정보 유형별로 검색 결과를 제시하는 정보 검색 도구의 기능을 이해한다. 또한 핵심 단어 중심으로 검색이 되는 정보 검색 도구의 특징을 이해하여 자신의 목적에 적합한 검색어를 만들 수 있도록 한다. 인터넷의 특성을 고려하여 정보 검색 과정에서 지속적인 성찰과 점검을 통해 자신의 목적에 부합한 자료 검색 과정이 이루어질 수 있도록 한다.

- [6국06-02] 이 성취기준은 뉴스 및 각종 정보 매체의 매체 자료에 대해 신뢰성 측면을 중심으로 평가하는 능력을 기르기 위해 설정하였다. 뉴스 및 각종 정보 매체 자료는 개인과 공동체에 미치는 영향력이 크기 때문에 매체 자료를 수용할 때는 그것이 신뢰할 만한 것인지 평가하는 태도가 중요하다는 점을 이해하도록 한다. 매체 자료의 신뢰성은 제작자가 얼마나 해당 분야에 전문적이고 권위가 있는지, 실제 취재하거나 수집한 근거 자료를 기반으로 제작된 것인지, 근거 자료가 얼마나 정확하고 최신의 것이며 증빙 가능한 것인지 등의 측면에서 평가할 수 있다.

- [6국06-03] 이 성취기준은 매체 및 매체 자료의 양식과 수용자에게 끼칠 영향을 고려하여 복합양식 자료를 제작하는 능력을 기르기 위해 설정하였다. 의도나 주제를 드러내는 다양한 표현 양식을 이해하고 자신의 목적, 주제, 수용자 반응을 고려하여 이미지가 포함된 글, 카드 뉴스, 발표 자료, 동영상 등의 복합양식 매체 자료를 제작한 다음 이를 공유하여 그 효과성을 점검한다.

〈성취기준 적용 시 고려사항〉

- 학습자가 학교 밖에서 수행한 다양한 매체 경험을 교실이라는 공적 공간을 통해 공유함으로써 학교와 학교 밖에서의 삶이 유기적으로 연계될 수 있도록 안내한다. 학교 밖에서의 매체 경험은 매체 단원을 학습하는 학습의 자원으로서 작용할 수 있다. 따라서 학교 밖에서 여가에 초점을 두고 이루어진 활동에 대해서도 학습자 개인의 선호나 주도성의 발현이라는 측면에서 긍정적으로 바라보고 학습자 간 상호 공유하는 과정을 통해 각자의 매체 경험에 대해 점검과 성찰이 이루어질 수 있도록 안내한다.

- 정보 검색 도구를 활용하여 자신의 목적에 맞는 매체 자료를 찾는 활동은 자료를 선별하여 핵심 정보를 중심으로 내용을 구성하고 매체를 활용하여 발표하는 활동([6국01-05])과 연계

가능하다. 학습자들은 [6국06-01]에서 정보를 검색하는 일반적인 원리를 학습한 후 이를 [6국01-05]의 학습 상황에 적용해 볼 수 있다.

- 정보 검색 활동에서 초등학생에게 교육적으로 적합하지 않은 선정적인 글이나 이미지 등의 검색 결과가 포함될 수 있다. 교사는 이를 고려하여 학습자들이 안전한 인터넷 공간에서 검색 활동을 실행할 수 있게 하며, 이러한 고려에도 불구하고 부적절한 자료가 검색되었을 때는 교사에게 즉시 말할 수 있도록 사전에 안내한다.

- 복합양식 매체 자료의 제작은 쓰기 및 문법 영역의 성취기준과 연계하여 지도할 수 있다. 쓰기 영역에서는 문자를 중심으로 독자와 매체를 고려하여 글을 생산하는 과정([6국03-04])에 초점을 맞춘다면, 매체 영역에서는 문자와 더불어 그림, 사진, 이미지, 소리 등의 다양한 표현 양식을 통한 소통에 초점을 맞춘다. 각 양식의 표현 효과를 이해하고 적용하는 과정은 문법 영역에서 음성 언어 및 문자 언어의 특성을 이해하고 다양한 매체 자료에서 표현 효과를 평가하는 활동([6국04-01])과 유기적으로 연계될 수 있다.

4. 매체 교육의 원리

매체 교육의 원리는 국어과 교육의 일반적인 원리를 벗어나지는 않지만 매체 교육이기 때문에 좀 더 강조되어야 할 부분들이 있다. 여기에서는 매체 교육의 원리로 다층적 연계, 비판적 수용, 자기주도성 강조, 실제적 수행을 살펴보기로 한다.

첫째, 다층적 연계의 원리는 매체 교육이 다양한 층위에서 많은 부분들과 밀접한 관계를 맺고 있으므로 이를 고려하여 매체 교육이 이루어져야 한다는 것이다. 매체 교육의 연계는 다양한 층위에서 나타날 수 있다. 목표 측면에서 보면 디지털·미디어 역량은 기존의 문자 문식성에 더하여 미디어 문식성, 컴퓨터 문식성, 정보 문식성, 기술 문식성 등 다양한 문식성과 밀접하게 관련되어 있다. 따라서 목표 도달을 위해서는 관련 문식성의 연계 지도가 필요하다. 내용 측면에서 보면 매체 영역의 성취기준은 타 영역의 성취기준과 밀접하게 관련되어 있어 연계 지도가 필요하다. 예를 들면 매체 영역의 '매체를 활용하여 간단한 발표 자료 만들기[4-06-02]'는 듣기·말하기 영역의 '목적과 주제에 맞게 자료를 정리하여 발표하기[4국01-05]'와 연계하여 지도하면 효과적이다. 자료 측면에서 보면 매체 학습 상황에서 인쇄 자료와 디지털 자료는 상보적으로 활용될 수 있다. 디지털 자료를 인쇄 자료로 출력하여 활용할 수도 있고, 인쇄 자료를 디지털 자료로 변형하여 복합양식 매체 자료를 생성할 수도 있다. 환경 측면에서 보면 매체 교육은 디지털 매체나 온라인 환경을 주로 활용하는데, 오프라인 환경에서 산출한 결과물을 온라인 환경에서 공유하고 이를 토대로 협업을 하거나, 또는 온라인 환경에서 탐색하거나 공유한 것을 토대로 오프라인 환경에서 각자의 산출물을 생성할 수도 있다. 온라인 영상이나 자료 등을 사전에 학습하고 수업 시간에는 토론, 과제 풀이 등을 하는 플립 러닝(Flipped Learning)도 이러한 연계 학습의 대표적 사례이다.

둘째, 비판적 수용의 원리는 매체 교육에서 학습자나 교사가 매체나 매체 자료를 비판적으로 수용할 수 있어야 한다는 것이다. 매체 교육에서는 교육용으로 개발·보급되는 매체나 매체 자료도 있지만, 일상에서 흔히 접하는 매체나 매체 자료를 활용하는 경우도 많다. 이러한 자료는 교육에 최적화된 자료가 아니므로 내용 및 구조가 불완전한 자료도 있고 오류가 있는 자료도 있다. 따라서 교사는 선정한 매체나 매체 자료가 성취기준이나 학습 목표에 비추어 적절한지 짚어보고 비판적으로 수용하여 자신의 수업에 맞게 재구성할 수 있어야 한다. 매체나 매체 자료가 학습자의 수준에 비추어 적합한지도 따져보아야 한다. 학습자의 흥미와 동기 유발에 유리한 반면에 사고력이나 창의력과 같은 지적 발달을 저해할 수도 있고, 복잡한 절차나 어려운 조작을 필요로 하는 학습의 경우 의미 구성이나 의사소통에 초점을 두기보다 컴퓨터의 기계적인 조작에 시간과 노력을 낭비할 수 있다. 학습자 역시 매체 자료를 비판적으로 수용할 필요가 있다. 문면에 드러난 사실 정보 외에 이면에 감추어진 의미를 읽어내고 그 의도나 목적을 짚어낼 수 있어야 한다. 아울러 매체 자료는 불필요한 정보나 검증되지 않은 정보도 많이 포함하고 있으므로 정보의 유용성, 사실 여부, 타당성 여부도 따져보아야 한다. 매체나 매체 자료는 긍정과 부정의 양면을 갖고 있다. 매체 교육에서 비판적 수용이 강조되는 이유이다.

셋째, 자기주도성 강조의 원리는 학습 과제 설정에서부터 목표 도달에 이르기까지 학생들의 주도적인 역할을 존중해야 한다는 것이다. 매체에 대한 지나친 의존은 학생들을 수동적인 학습자로 끌어내리고, 학생들의 창의력과 사고력을 저해하며, 매체 학습에 대한 흥미를 떨어뜨릴 수 있다. 주체인 학습자의 생각과 고민이나 노력이 배어들지 않은 산출물은 학습자 본인은 물론이고 사용자의 관심 밖으로 밀려날 수밖에 없다. 학생들이 학습을 주도적으로 이끌어나가는 데 꼭 필요한 것이 교사의 적절한 비계 제공이다. 매체 환경에서는 학습 자료의 범위가 광범위하고 학습 환경이나 공간이 다양하여 학습자가 방향감 상실이나 인지적 과부하와 같은 어려움을 겪을 가능성이 크다. 또 학습자를 유해한 매체나 매체 자료로부터 보호하고, 개인 정보 유출이나 초상권 침해 등의 피해를 당하지 않도록 예방하며, 매체 소통 윤리를 준수하도록 안내하고 점검하는 것도 중요하다. 학생들을 매체에 의존하도록 '맡기는' 방식이어서는 안 된다. 이를 위해서는 교사가 학생 지도에 필요한 디지털·미디어 역량을 충분히 갖추어야 하고, 적절한 비계를 제공할 수 있어야 한다.

넷째, 실제적 수행의 원리는 매체 교육이 인쇄 매체를 통한 간접 교육으로만 이루어지는 것이 아니라 디지털 기기를 활용한 매체 자료의 실질적 수용, 생산, 공유에 초점을 두어야 한다는 것이다. 실제로 만화 애니메이션을 보고 생각이나 느낌을 나누는 것, 온라인에서 언어 예절에 어긋나는 사례를 찾아보는 것, 학급 신문이나 여행 안내장을 디지털 매체로 제작하고 공유하는 것은 이러한 실제성을 반영한 학습 활동이다. 언어 사용 능력의 신장은 언어를 사용하는 실제 환경과 접촉할 때 가장 효과적으로 이루어진다. 학생들의 일상적인 의사소통이 상당 부분 매체를 통하여 이루어지고 있고 디지털 기기와 정보통신 기술의 발달로 매체 접근성도 나아졌음을 고려하면 일상의 삶이 매체를 통하여 언제든지 교실로 들어올 수 있도록 매체 교육에서는 실제성을 최대한 지향해야 한다.

5. 매체 교육의 방법

가. 전문가 협동학습 모형 활용

'매체'가 신설된 영역이기는 하나 초등학교 수준에서의 매체 교육은 대부분 기존 국어과 교수·학습의 틀에서 크게 벗어나지 않는다. 수업 전체를 매체나 매체 자료로만 운영하는 경우도 있겠지만, 온·오프라인을 연계하여 수업의 특정 단계나 활동에서만 매체나 매체 자료를 활용하는 경우도 많다는 점에서 매체 교육의 방법으로 기존 교수·학습 모형의 활용 가능성을 모색해 볼 수 있다. 매체의 수용과 생산 과정이 다양한 지식과 기능을 요구한다는 점에서 초등학교

수준에서는 역할 분담이나 협업을 통하여 개인의 학습 부담을 줄여주는 것이 필요하다. 전문가 협동학습 모형은 이러한 요구를 잘 담아낼 수 있는 모형이다.

예를 들어 5~6학년(군)의 '적합한 양식과 수용자의 반응을 고려하여 복합양식 매체 자료를 제작하고 공유하기'를 지도한다고 가정해 보자. 정보 매체 자료를 제작할 경우 중요한 것은 정확한 자료나 정보의 수집과 그것을 뒷받침할 수 있는 근거 자료의 확보, 그리고 이를 실제로 소통 가능한 매체 자료로 제작하는 것이다. 서사 매체 자료를 제작할 경우 중요한 것은 청중의 관심이나 흥미를 끌 만한 적절한 소재를 찾고 이를 이야기로 구조화하는 것, 그리고 장면별로 스토리보드를 작성하고 이를 적절한 매체 자료로 제작하는 것이다. 초등학교 단계에서는 새로운 이야기를 창작하는 것보다는 일상의 경험을 간단한 서사 매체 자료로 제작하는 활동을 통하여 학생들이 서사 매체 자료의 생산에 부담을 갖지 않고 흥미를 갖고 보다 쉽게 접근할 수 있도록 하는 것이 중요하다. 이러한 복합양식 매체 자료를 학생들이 서로 역할을 분담하고 협업을 통해서 제작하고 공유할 수 있도록 전문가 협동 학습 모형을 적용하여 〈표 3〉과 수업을 구성할 수 있다.

〈표 3〉 전문가 협동 학습 모형에 따른 교수·학습 단계

단계	주요 활동
계획하기 (모집단)	• 학습 문제 및 소주제 확인 • 역할 분담(이미지가 포함된 글, 카드 뉴스, 발표 자료, 동영상)

탐구하기
(전문가 집단)
	• 주제 해결 방법 탐색
	  −자료 찾기
	  −자료 검토하기
	  −자료 선택하기
	• 주제 해결
	  −복합양식 텍스트 제작
	• 상호 교수 방법 탐구
	  −자료 시연 및 교수 연습

서로 가르치기 (모집단)	• 상호 교수 −자료 실행 및 교수 • 질의 및 응답

발표 및 정리하기	• 전체 발표
	  −자료 실행 및 발표
	• 문제점 확인 및 정리
	  −자료 탑재 및 공유

위 표에서 학습자가 매체나 매체 자료를 직접 탐구하거나 활용하는 것은 탐구하기, 서로 가르치기, 발표 및 정리하기 단계이다. 하지만 이들 단계에서도 온라인에서만 매체나 매체 자료를 계속 활용하는 것이 아니라 필요에 따라 오프라인에서도 면대면 상호작용 등의 다양한 활동 시간을 갖는다. 계획하기 단계에서는 매체 자료 제작의 목적을 확인하고 학습 문제를 확인한 다음, 제작할 매체 유형을 탐구하고 각자의 역할을 분담한다. 탐구하기 단계에서는 주제 해결 방법을 탐색하는 과정에서 오프라인 상호작용과 온라인에서의 매체 자료 탐구가 계속 순환적으로 이루어질 수 있다. 이 때 교사는 순회지도 등을 통하여 학습자들의 학습 상황을 점검하고 필요한 도움을 적절한 수준에서 제공한다. 학습자의 수준이 높을 경우 교사는 최소한의 안내만 제공하고 학생들이 스스로 매체나 매체 자료 탐구를 통하여 문제를 해결할 수 있도록 한다. 반대로 학습자의 수준이 낮을 경우에는 교사가 보다 적극적으로 개입하여 안내하고, 시범보이고, 질의응답 등을 통하여 필요한 비계를 제공한다. 발표 및 정리하기 단계에서는 제작한 결과물에 대하여 매체 윤리 준수 여부와 보완할 점 등을 점검한 다음, 수정·보완을 거쳐 동료들과 공유하고, 감상하고, 평가한다.

나. 온라인 독해 과정 모형 활용

온라인 독해에서 중요한 것은 비판적 수용이다. 사실 정보를 제공하는 것처럼 보이는 매체라 하더라도 자료나 정보의 신뢰성과 적절성 등을 따지는 습관이 필요하다. 제작자가 목적 달성을 위하여 자료나 정보를 누락하거나 왜곡할 수도 있고, 설령 제작자가 의도하지 않더라도 자료나 정보 수집의 허점이나 표현의 잘못으로 사실이 아니거나 적절하지 않은 것들이 제시될 수 있기 때문이다. 제시한 자료나 정보가 사실인지, 타당한지, 그것이 믿을 만한 출처에 기반을 두고 있는지 등을 따져보도록 하는 것이 비판적 수용의 핵심이다.

온라인 독해 과정 모형(LESC/Locate, Evaluate, Synthesize, Communicate)은 온라인 독해 과정에 대한 선행 연구들을 토대로 Leu et al(2004)이 제안하여 구체화한 것이다. 현재 미국의 ORCA(Online Research and Comprehension Assessment)의 중점 평가 요소로 활용되고 있다. 〈표 4〉는 LESC 온라인 읽기 단계별 ORCA 과제이다.

<표 4> LESC 온라인 읽기 단계별 ORCA 과제[29]

읽기 과정	내용
(1) 정보 탐색 (Locate)	1) 검색을 위해 적절한 키워드 사용하기 2) 검색 엔진 결과로부터 추론하기 3) 다양한 검색 엔진 결과로부터 추론하기 4) 질문의 답과 관련된 정보를 가진 두 가지의 관련된 웹사이트의 주소에 관한 자료 찾기 5) 주소 공유하기
(2) 정보 분석 및 평가 (Evaluate)	1) 웹사이트의 저작자 파악하기 2) 저작자의 정보에 대한 전문성 수준을 평가하기 3) 저작자의 관점과 목적 평가하기 4) 논리적 설명과 근거가 제시된 정보인지 파악하고 신뢰성 평가하기
(3) 정보 종합 (Synthesize)	1) 두 개의 웹사이트에서 두 개의 핵심 세부사항 확인하기 2) 두 개의 추가적인 웹사이트에서 핵심 세부사항 확인하기 3) 4개의 웹사이트에 걸쳐 정보 통찰하기 4) 정보(두 개의 관련된 세부사항)를 가지고 주장에 대한 논거 만들기
(4) 정보 소통 (Communicate)	1) 의사소통적 인터페이스(e-메일, 위키) 내에서의 관련된 정보 평가하기 2) 메시지 작성에 적절한 특징을 가지고 있는 의사소통 도구 사용하기 3) 예상독자 인식 보여주기 4) 정보에 대한 질문에 명료하게 응답하기

첫째, 정보 탐색을 위한 읽기는 특정한 문제 해결을 위해 필요한 정보를 찾기 위한 읽기 과정이다. 이 때 독자는 인터넷의 검색 엔진을 활용하여 적합한 키워드를 선정하고 효율적으로 정보를 찾고 필요로 하는 정보를 포함한 사이트 주소를 공유할 수 있어야 한다. 둘째, 평가하며 읽기는 정보 탐색 과정에서 찾은 웹사이트의 출처와 자료의 신뢰도를 점검하며 정보의 적절성을 평가하는 읽기 과정이다. 능숙한 온라인 독자는 필요한 정보를 신속히 수집하고 문제 해결에 적합한 자료를 선별해야 한다. 셋째, 종합하며 읽기는 복합적인 출처로부터 온라인 정보들을 종합하고 문제를 해결하기 위해 논거를 마련하는 읽기 과정이다. 단순히 정보를 나열하는 것이 아니라 분석하고 종합하여 과제 목적에 적합하게 유의미한 정보 단위로 재구성할 수 있어야 한다. 넷째, 의사소통하기는 정보 탐색의 결과에 따라 생성된 새로운 정보 단위를 소통하기 위한 읽기와

---

29 이 부분은 최숙기(2013: 176-178)을 토대로 작성한 것이다.

쓰기 과정이다. 온라인에서 읽기와 쓰기는 구분이 쉽지 않으며, 한 주체는 쓰기를 위해 읽기도 하고, 읽기를 위해 쓰기도 한다.

다. 웹 기반 PBL 협력적 글쓰기 모형 활용

학생들은 매체 자료의 수용자인 동시에 생산자이다. 매체 도구, 기술, 환경을 활용하여 복합양식을 포함하여 정보 무늬(QR 코드), 하이퍼텍스트 등 다양한 내용과 형식의 디지털 글쓰기 결과물을 생성하고 공유할 수 있다.

디지털 글쓰기 모형의 하나인 웹 기반 PBL 협력적 글쓰기 모형은 Flower & Hayes(1981)의 글쓰기 과정과 Route와 Britt(2011)의 MD-TRACE 모형(다문서 읽기 모형)을 이론적 기저로 삼아 구성한 것이다. 〈표 5〉는 웹 기반 PBL 협력적 글쓰기 모형의 교수·학습 단계를 제시한 것이다.

〈표 5〉 웹 기반 PBL 협력적 글쓰기 교수·학습 단계[30]

단계	교수자	학습자
1	과제 제시	웹 기반 화상 토의를 활용한 과제 분석과 자료 조사 계획
2	자료조사 결과와 아이디어 공유 방법 안내	웹 기반 문서 공유를 활용한 자료 조사 결과 공유, 웹 기반 화상 토의를 통한 추가 자료 조사 계획과 분담
3	내용 마련 방법 안내	웹 기반 화상 토의와 디지털 도구를 활용한 내용 마련
4	내용 조직 방법 안내	웹 기반 화상 토의와 디지털 도구를 활용한 내용 조직
5	초고쓰기 방법 안내	웹 기반 문서 공유를 활용한 초고쓰기
6	동료평가와 피드백 방법 안내	웹 기반 문서 공유를 활용한 동료평가와 피드백하기
7	고쳐 쓰기 방법 안내	웹 기반 문서 공유를 활용한 토의를 통한 고쳐 쓰기

---

30 이 부분은 이지영(2021: 60~69)을 토대로 작성한 것이다.

1단계는 협업을 통하여 과제를 분석하고 과제 해결 계획을 세우는 단계이다. 과제 수행 시간, 사용 가능 도구, 상호작용 방식, 최종 산출물의 형태 등을 계획하는데, 전통적인 글쓰기에 비하여 과제 분석이나 계획이 구체적이어야 한다. 2단계는 자료를 조사하고 공유하는 단계이다. 글감이나 주제에 대한 자료를 찾아 읽고 정보의 질을 제대로 평가하여 적절한 내용을 선정하는 작업은 초등학생들에게 어려울 수 있는데, 몇 명의 학습자가 협업을 통하여 함께 과제를 수행함으로써 부담을 덜어줄 수 있다. 3단계는 조사 자료를 팀원들과 화상으로 공유하고 검토함으로써 주제에 대해 학습하고 아이디어를 정선하는 단계이다. 이 단계에서의 내용 마련은 온라인 다문서 자료 조사와 읽기, 읽은 자료에 대한 요약과 아이디어의 기록 등을 토대로 이루어진다. 4단계는 화상 토의와 개요 작성이 가능한 디지털 도구를 활용하여 이전까지 정리한 내용을 논리적 흐름을 고려하여 구조화하는 단계이다. 개요는 키워드 중심으로 작성하기보다는 각 문단에 어떤 내용을 쓸 지에 대해 토의를 통해 구체적으로 구성하는 것이 바람직하다. 5단계는 초고를 작성하는 단계이다. 이 때 분업으로 할지 협업으로 할지 정해야 하는데 분업을 통하여 각자 분담 영역을 작성한 후 글 전체를 모아서 협업으로 보완하는 것이 바람직하다. 6단계는 각 모둠의 초고를 공유하고 상호 평가하여 피드백을 제공하는 단계이다. 체크리스트 등을 통한 양적 평가와 간단히 논평하는 질적 평가를 보완적으로 활용하는 것이 바람직하다. 7단계는 웹 기반 문서 공유를 활용하여 고쳐 쓰는 단계이다. 피드백을 바탕으로 고쳐 쓰기의 범위와 방향을 결정하고 최종 결과물을 완성한다.

〈표 5〉를 보면 모형의 교수·학습 단계가 일반적인 쓰기 과정과 크게 다르지 않음을 알 수 있다. 교사가 쓰기 단계별로 필요한 비계를 적절한 수준으로 제공하는 것도 동일하다. 다만 웹을 기반으로 한 토의, 공유, 피드백과 같은 상호작용과 디지털 도구를 활용한 내용 생성, 조직, 초고 쓰기, 수정이라는 점에서 전통적인 쓰기와는 차이가 있다. 예를 들어 실제 수업에서는 1단계에서 과제 분석뿐만 아니라 웹 기반의 글쓰기 경험을 나누고 그것이 어떠한 영향을 미치는가에 대하여 자유롭게 이야기를 나눔으로써 웹 기반 글쓰기의 필요성과 중요성을 인식하고 글쓰기 윤리를 준수하도록 지도하는 것도 필요하다. 마찬가지로 이 모형의 7단계 이후에도 쓰기 결과물을 웹 환경에서 공유하고 점검하고 댓글 등을 통하여 서로 격려하고 평가하는 시간을 갖는 것도 필요하다. 따라서 전통적인 글쓰기와 차이나는 부분에 대한 교사의 관심이 필요하고, 특히 이 모형에서는 상호작용 방식에 대한 교사의 비계 제공이 중요하다.

6. 매체 영역 평가

가. 매체 영역의 평가 방향

'매체' 영역에서는 상황 맥락과 사회·문화적 맥락을 고려하여 매체를 수용하고 생산하는 능력과 능동적인 태도에 중점을 두어 평가한다. 특히, 매체와 관련한 개념이나 지식의 단순 암기에 그치지 않고 실제 언어생활 맥락에서 매체를 수용하고 생산하는 능력에 중점을 두어 평가하되, 이 과정에서 '국어'의 타 영역과 긴밀하게 통합하여 평가 과제를 구성할 수 있도록 한다.

나. 매체 영역의 평가 방법

(1) 성취도 확인을 위한 평가 방법

성취도 확인을 위한 평가는 단원이나 성취기준 단위로 학습 목표 도달 정도를 알아보기 위하여 실시하는 평가이다. 이러한 평가는 주로 수행 과정에 대한 관찰, 수행 결과물에 대한 분석, 지필 평가 등의 간접 평가 방식으로 이루어진다. 단편적인 지식이나 기능 평가보다는 전체적인 매체 의사소통 활용 역량 중심으로 전체적인 수행 과정이나 결과를 평가하는 것이 바람직하다. 〈표 6〉은 3~4학년(군)의 '인터넷에 제시된 매체 자료 선택하기'와 5~6학년(군)의 '매체 자료의 신뢰성 평가하기'에 대한 목표 도달 정도를 평가하는 평가표 예시이다.

<表 6> '매체 자료 선택하기'와 '매체 자료 신뢰성 평가하기' 목표 도달 평가표

◎: 매우 잘함   ○: 잘함   △: 보통임

평가 요소	평가 항목	도달 정도		
인터넷에 제시된 매체 자료 선택하기	인터넷에서 자료를 찾아 활용하는 방법을 알고 있나요?			
	필요로 하는 정보나 알고 싶은 정보를 인터넷에서 찾을 수 있나요?			
	인터넷에서 수집한 정보를 분석하고 유용한 정보를 선택할 수 있나요?			
	잘한 점			
	더 노력할 점			
매체 자료의 신뢰성 평가하기	매체 자료의 내용이 믿을 만한 것인지 확인하는 방법을 알고 있나요?			
	매체 자료의 내용 중 확인이 필요한 내용을 찾을 수 있나요?			
	매체 자료의 내용이 믿을 만한 것인지 확인할 수 있나요?			
	잘한 점			
	더 노력할 점			

　이러한 형식은 단원 평가의 자기평가 도구로 많이 활용된다. '도달 정도'에 잘한 정도만 표시하기보다는 '잘한 점'이나 '더 노력할 점'을 기술해 보도록 함으로써 학생들은 자신의 장단점을 구체적으로 생각해 볼 수 있는 기회를 갖게 되고, 이를 토대로 더 타당하고 정교한 평가를 할 수 있다. 한편 매체 영역에서 자기평가나 동료평가를 활용할 때는 학생들의 매체 활용 수준이나 정보 격차를 고려하고, 사전에 평가자로서 평가 내용이나 방법에 대한 충분한 안내가 있어야 한다. 또 매체 영역의 성취기준 도달을 위해서는 복잡한 수행 과정을 거쳐야 하는 경우도 있으므로 보다 세밀한 평가가 필요할 때는 특정 지식이나 기능 요소를 초점으로 하여 평가한다. 예를 들어 지식·이해 범주를 초점화하여 평가할 경우에는 소통 맥락과 매체 자료 유형에 대한 지식 습득이나 이해 여부를 선다형이나 서술형과 같은 지필 평가나 구두 문답 등을 수행 평가의 보조 수단으로 활용할 수 있다. 이 경우 단편적인 지식을 묻는 것에 그치지 않도록 문항이나 질문을 구조화하는 것도 중요하다.

　한편 정의적 요소가 중심인 성취기준의 평가도 마찬가지 방법으로 실시할 수 있다. 1~2학년(군)의 '일상의 다양한 매체와 매체 자료에 흥미와 관심 갖기', 3~4학년(군)의 '매체 소통 윤리를 고려하여 매체 자료를 활용하고 공유하기', 5~6학년(군)의 '자신의 매체 이용 양상에 대해 성찰하기'는 정의적 요소 중심의 성취기준이다. 지속적이고 일관된 평가가 필요할 경우에는 평가 항목을 미리 정해 놓고 그 빈도나 유무를 체크리스트 방법으로 평가할 수 있다. 정기적이고 지속적인 관찰기술, 특정 국면에서 해당 사례가 포착될 때 기록하는 일화 기록, 장기간 자료를 누적하고 탐구하는 포트폴리오 평가 방법도 목적이나 내용에 따라 선택적으로 활용할 수 있다. 〈표 7〉은 5~6학년(군)의 '자신의 매체 이용 양상에 대하여 성찰하기'에 대한 목표 도달 정도를 평가하는 평가표 예시이다.

〈표 7〉 '자신의 매체 이용 양상에 대하여 성찰하기' 목표 도달 평가표

◎: 매우 그렇다 O: 그렇다 ●: 보통이다 △: 그렇지 않다 ▲: 매우 그렇지 않다.

평가 요소	평가 항목		도달 정도				
자신의 매체 이용 양상에 대해 성찰하기	여러 가지 매체를 즐겨 활용한다.						
	매체가 필요하지 않을 때는 사용을 자제하는 편이다.						
	일상생활에 방해가 되지 않도록 매체 활용 시간을 잘 지키는 편이다.						
	매체를 활용할 때 정확한 사실을 전달하려고 노력한다.						
	매체의 내용이 믿을 만한 것인지 확인한다.						
자신의 매체 이용 양상에 대해 성찰하기	매체를 사용할 때 고운 말, 바른 말을 사용하려고 노력한다.						
	매체 자료를 활용할 때 그것을 어디서 어떻게 수집한 것인지 정확히 밝힌다.						
	매체에서 알게 된 정보나 그것에 대한 생각이나 느낌을 다른 사람과 나눈다.						
	매체를 활용하는 목적						
	활용하는 매체 유형						

영역 내 성취기준 통합 평가는 매체 영역 내에서 지식·이해 중심의 성취기준, 과정·기능 중심의 성취기준, 가치·태도 중심의 성취기준을 통합적으로 평가하는 것이다. 이러한 평가는 2022 개정 교육과정에서도 강조하는 평가이다. 즉, 단편적인 지식의 암기나 기능의 습득에 초점을 두지 않고 실제 언어생활 맥락에서 매체를 수용하고 생산하는 능력에 중점을 둔다. 실제 수행 속에 지식·이해, 과정·기능, 가치·태도가 모두 반영되어 나타난다는 점을 전제한 평가이다. 이러한 통합 평가의 방법은 평가 목적이나 내용에 따라 자기 보고법, 결과물 분석법, 관찰법 등을 다양하게 활용할 수 있다. 이러한 평가를 통하여 학습 목표 도달 여부를 확인할 수 있고, 강점이나 개선점을 확인함으로써 교수·학습에 대한 송환 정보를 얻을 수 있다. 다만 학생들의 수준에 따라 평가 요소나 평가 기준의 수, 평가 척도의 수를 적절히 조절하는 것이 필요하다.

영역 간 성취기준 통합 평가는 국어과 타 영역의 성취기준과 매체 영역의 성취기준을 통합한 평가이다. 매체 영역은 국어과 타 영역과 밀접한 관련을 갖고 있다. 의미구성과 의사소통 환경이 매체라는 점이 다를 뿐 매체 환경에서의 의미구성과 의사소통은 여전히 국어 '문법'에 기반을 두고 있으며, '듣기·말하기', '읽기', '쓰기', '문학의 수용과 생산'으로 실현된다. 이러한 관점에서 보면 매체 영역의 평가 과제는 영역 통합적으로 구성하기 용이하다. 영역 통합 평가의 과제 구성은 2022 개정 교육과정에서도 권장하는 방식이다. 영역 통합 평가는 자기보고법, 결과물 분석, 관찰법 등의 일반적인 방법 외에도 통합 영역에 따라 녹화기록법, 비평문 쓰기, 반응일지 쓰기 등 각 영역별로 특화된 평가 방법의 적용도 가능하다.

(2) 교수·학습 개선을 위한 평가 방법

매체 교육은 여러 가지 문식성이 관련되어 있고, 학습 자료가 방대하고 다양하며, 학습 공간이나 환경이 무한대로 열려 있다는 점에서 교사나 학습자가 타당한 평가 정보를 도출하는 데 어려움이 따를 수 있다. 2022 개정 교육과정에서 강조하는 교수·학습 개선을 위한 평가가 되려면 어떤 변인에 의해 그러한 결과가 나왔는지 인과 관계를 규명할 수 있는 정보가 도출되어야 한다. 이에 부합하는 평가가 역동적 평가이다. 역동적 평가(dynamic assessment)는 정적 평가(static assessment)에 대비되는 용어로 학습의 결과보다는 과정에 초점을 맞추면서 평가자와 학습자간 역동적 상호작용을 포함하고 있다. 역동적 평가의 목적은 학생의 학습 과정과 결과를 개선할 수 있도록 지도·조언함으로써 궁극적으로는 학생들의 언어 능력을 신장시키는 데 있다. 그러므로 평가는 학습 과정과 결과에 이르기까지 지속적이고 종합적으로 이루어지며, 고정되고 모형화된 평가가 아니라 교수·학습과 통합된 자연스러운 맥락에서 평가가 이루어진다. 역동적 평가는 일률적이고 공정한 평가보다는 개별 학생들의 특성에 맞는 맞춤식 지원을 하는 융통성 있는 평가를 지향한다. 다음은 5~6학년(군)의 '매체 자료의 신뢰성 평가하기' 수업 중에 이루어지는 역동적 평가 상황을 예시한 것이다.

> 교사: 이 모둠에서 친구들에게 알리고 싶은 '겨울 빛 축제'에 대한 정보는 인터넷에서 찾은 것 같던데 정보가 믿을 만한 것인지 확인은 해 보았니?
>
> 영호: 그건 제가 찾은 건데 믿을 수 있어요. 5일 전에 올라온 따끈따끈한 정보예요. 사진도 많이 있어요. 특히 제가 부모님이랑 이 겨울 빛 축제를 자주 다녀봐서 잘 알아요.
>
> 교사: 그렇구나. 그런데 선생님이 며칠 전에 '겨울 빛 축제' 뉴스를 인터넷에서 우연히 봤는데, 올해는 축제 이름도 바뀌고 장소도 다른 곳으로 옮겼다던데, 너희들 자료는 그런 내용이 없는데 그 자료를 어떻게 믿을 수 있니?
>
> 문숙: 제가 영호랑 같이 찾았는데 5일 전에 올라온 자료가 틀림없어요.
>
> 교사: 5일 전에 올린 자료라도 작년 빛 축제에 다녀온 사람들이 올해 빛 축제를 앞두고 작년 소식이나 사진을 올릴 수도 있지. 정보가 정확한지 다시 검토해 보렴.
>
> 진수: 선생님은 의심이 많아요. 정 못 믿으시면 축제를 주최하는 곳에 연락을 해서 정보가 정확한지 확인해 드릴게요.
>
> 교사: 그거 좋은 생각이다. 그렇게 해서 이 모둠에서 찾은 자료가 믿을 만한 것인지 다시 확인해 보려무나.

역동적 평가는 매체 교육 평가에 몇 가지 시사점을 준다. 첫째, 매체 의사소통 과정이나 결과를 해석함에 있어 학습자보다는 맥락에 더 초점을 둠으로써 다양한 변인이 작용하는 매체 교육에서 인과 관계를 명확히 파악할 수 있다는 점이다. 예를 들면 어떤 요인에 의해 그러한 결과물이 도출되었는지를 확인함으로써 보다 타당하고 구체적인 송환 정보를 얻을 수 있다. 위 예시에서 학생들은 5일 전에 올린 자료를 최신 자료로 확신하여 결과적으로 잘못된 정보를 사실로 믿고 있음을 알 수 있다. 둘째, 매체 교육의 평가를 일방적인 관점으로 보는 것이 아니라 상호 작용의 관점으로 인식함으로써 복잡하거나 어려운 평가를 쉽게 접근할 수 있도록 한다는 점이다. 평가자

(그가 교사이든 학습자이든)는 자신이 가진 사전 지식과 새로운 평가 자료와의 관련성에 근거하여 평가 정보를 구성하며, 이는 사회적인 상호 작용을 통하여 다시 재구성된다. 위의 예에서 학생들은 교사와의 상호작용을 통하여 축제 주최 측에 확인을 할 것이고, 최근에 올린 자료라고 하더라도 그 내용이 최신 자료가 아닐 수도 있음을 알게 될 것이다. 그리고 이후부터 좀더 주의를 기울일 것이다. 교사는 영호가 최신 자료를 검색할 수 있고 신수가 믿을 만한 자료인지 확인하는 방법을 알고 있다는 것을 긍정적으로 평가하지만 학생들이 정보가 제시된 맥락을 정확히 이해하지 못하여 자료의 신뢰성 판단이 불완전한 수준에 있는 것으로 평가 정보를 구성할 수 있다.

셋째, 매체 관련 평가 용어나 기준을 평가 담화를 통하여 자연스럽게 드러냄으로써 학습자의 평가에 도움을 제공한다는 점이다. 특히 매체 교육에 대한 평가 담화가 익숙하지 않은 초등학교 단계에서는 내면화 수준에 이를 때까지 이러한 평가 담화가 유용하다. 위의 평가에서도 교사는 '정보', '자료', '믿다' 등의 용어를 반복적으로 사용하고 있고, 이는 추후 학습 공동체 내에서 이러한 것들이 평가 담화 속의 언어로 사용될 수 있음을 의미한다.

매체 교육에서 역동적 평가의 전제는 첫째, 상호작용이 학습자와 좀 더 나은 사람 사이에 협력적으로 이루어져야 하며, 둘째, 학습자의 매체 문식성 신장에 도움을 주는 방향으로 전개되어야 하고, 셋째, 궁극적으로는 독립적인 매체 활용자로서 스스로 문제 해결을 할 수 있도록 유도해야 한다는 것이다. 역동적 평가에서 학생들은 특정 자료를 보여주기도 하고, 그들이 직면한 문제를 해결하기 위하여 학습 과정이나 방법을 설명하기도 한다. 상호작용 중에 교사는 학생들에 대한 문제 지적보다는 유용한 정보를 도출해 내는 데 역점을 두는데, 교사의 기준으로 학생들을 판단하기보다는 학생들의 반응에 좀 더 주의를 기울임으로써 매체와 매체 자료 활용에 대한 유용한 정보를 얻을 수 있다. 역동적 평가는 상황에 따라 1:1, 1:4로 실시할 수도 있고, 대표적인 예시를 놓고 반 전체 학생들과 실시할 수도 있다. 이러한 역동적 평가는 2022 개정 교육과정에서 강조하는 과정 평가의 본보기가 될 수 있다.

1 국어 교육의 내용으로 매체와 매체 자료를 다룰 때, 타 교과와 연계 지도가 필요한 부분은 무엇이며 연계 지도를 실현할 수 방안은 무엇인가?

2 복합양식 매체 자료에서 의미구성이나 의사소통에 관여하는 요소는 어떤 것들이 있으며, 이 중에서 국어과 교육에서 중요하게 다루어야 할 요소는 무엇인가?

3 국어 교육에서 AI 활용 시 해결해야 할 윤리적 문제는 어떤 것들이 있으며, 이에 대한 국어 교육의 대응 방안은 무엇인가?

참고문헌

가은아(2017), 「쓰기 결과 평가의 절차와 실제」, 〈학습자중심교과교육연구〉 17권 8호, 학습자중심교과교육학회.

교육부(2007), 국어과 교육과정, 교육인적자원부 고시 제2007-79호 [별책 05].

교육부(2015), 국어과 교육과정, 교육부 고시 제2015-75호 [별책 5].

교육부(2022), 국어과 교육과정, 교육부 고시 제 2022-33호 [별책 5].

구인환, 박인기, 우한용, 최병우(2017), 『문학교육론』, 삼지원.

구현정(2009), 『대화의 기법』, 경진문화.

국어교육 미래 열기(2009), 『국어교육학개론』, 삼지원.

권태현(2021), 「국어과 평가의 문제점과 체계화 방안 – 수행과 지필 평가의 균형적 접근을 중심으로」, 〈어문논집〉 85호, 중앙어문학회.

김대행, 우한용, 정병헌, 윤여탁, 김종철, 김중신, 김동환, 정재찬(2008), 『문학교육원론』, 서울대학교출판부.

김명순(2013), 「국어과 교육과정의 언어관」, 〈학습자중심교과교육연구〉 13집 6호. 학습자중심교과교육학회.

김병수(2008), 「초등학교 국어수업에 대한 현상학적 분석」, 〈한국초등국어교육〉 37집, 한국초등국어교육학회.

김애화, 유현실, 김의정(2011), 「조기 문식성 검사의 개발 및 표준화 연구」, 〈언어청각장애연구〉 16, 한국언어청각임상학회.

김영임(1998), 『스피치커뮤니케이션』, 나남출판.

김영주 외 전국초등국어교과 구리남양주모임(2003), 『그림동화로 여는 국어 수업』, 나라말.

김재봉(2003), 『초등 말하기 · 듣기 교육론』, 교육과학사.

노명완, 박영목, 권경안(1988), 『국어과교육론』, 갑을출판사.

노명완, 신헌재, 박인기, 김창원, 최영환(2012), 『국어교육학개론』, 삼지원

노은희, 정혜승, 민병곤, 서영진, 최숙기 외(2022), 2022 개정 국어과 교육과정 시안(최종안) 개발 연구 (CRC 2022-14). 충북: 한국교육과정평가원.

류덕제, 박창균, 윤준채, 이수진, 진선희, 황미향, 김미향, 김상한, 정우기, 정우철, 최규홍, 하근희 (2012), 『초등 국어과 교육론』, 보고사.

류덕제, 황미향, 윤준채, 진선희, 이수진, 박창균(2017), 『초등국어교육의 이론과 실제』, 보고사.

박영목(2012), 『작문의 원리와 전략』, 강현출판사.

박영목, 한철우, 윤희원(1995), 『국어과 교수 학습 방법 탐구』. 교학사.

박재현(2023), 『화법 교육을 위한 의사소통 이론』, 삼지원.

박태호(1996), 「사회구성주의 패러다임에 따른 작문 교육 이론 연구」, 한국교원대 석사학위논문.

선주원(2009), 「서사 다시 말하기를 활용한 문학능력 평가 방안 연구」, 『청람어문교육』 40, 청람어문교육
학회

신헌재, 권혁준, 김선배 외(2009), 『초등 국어과 교수·학습 방법』, 박이정.

신헌재, 이재승, 임천택, 이경화 외(2020), 『초등국어교육학개론』, 박이정.

신헌재, 한명숙, 곽춘옥 외(2015), 『초등문학교육론』, 박이정.

양민화(2006), 「문자발달과정을 설명하는 범언어적인 이론과 문자간 철자발달의 비교연구 Review」, 〈특
수교육학연구〉 41(3), 한국특수교육학회.

유성열, 이찬희(2022), 「통합교과 교과용 도서의 교사교육 기능 탐색, 통합교육과정연구 제16권 2호.

윤혜경(1997), 「한글획득에서 '글자읽기' 단계에 대한 연구」, 〈인간발달연구〉 4(1), 한국인간발달학회.

이경남(2015), 「읽기 평가의 구성 요인에 관한 연구」, 한국교원대학교 석사학위논문.

이경남, 이경화(2016), 「읽기 기능과 전략의 순환적 작용구조를 활용한 읽기 교육의 방향 모색」, 〈청람어
문교육〉 58, 119-147.

이경남, 이승미, 이소라(2021), 「초등학교 1학년 읽기 유창성 진단 도구 개발 연구」, 〈새국어교육〉 127,
211-241.

이경화(2001), 『읽기교육의 원리와 방법』, 박이정.

이경화(2018), 「한글 문해 교육 내용」, 〈초등교과교육연구〉 28, 한국교원대학교 초등교육연구소.

이경화(2019), 「기초 문해력과 읽기 부진 지도」, 〈청람어문교육〉 71, 청람어문교육학회.

이경화(2023), 「2022개정 초등 국어 교과서 개발 방향: 1,2학년 교과서를 중심으로」, 〈학습자중심교과교
육연구〉 제23권 17호.

이경화, 이수진, 김지영, 강동훈, 최종윤(2018), 『세상을 향한 첫걸음 한글 교육 길라잡이』, 미래엔.

이경화, 최종윤(2016), 「한글 문해 능력이 학급 공동체네트워크 형성에 미치는 영향」, 〈청람어문교육〉
59, 청람어문학회.

이수진(2014), 「초등 국어과 교과서의 입문기 문자지도관 변화 연구」, 〈국어교육연구〉, 54, 251-276,
국어교육학회.

이수진(2018), 「기초적 쓰기 부진 진단과 중재 방안」, 〈청람어문교육〉 65, 청람어문교육학회.

이영수(2007), 「'읽기'와 '쓰기'의 신경생리학적 고찰」, 〈한국출판학연구〉 52, 한국출판학회, 237~271.

이재승(1997), 『국어교육의 원리와 방법』, 박이정.

이재승(2002), 『글쓰기 교육의 원리와 방법』, 교육과학사.

이정모, 강은주, 김민식, 김기택, 김정오, 박태진, 김성일, 신현정, 이광오, 김영진, 이재호, 도경수, 이영
애, 박주용, 곽호완, 박창호, 이재식(2010), 『인지심리학』, 학지사.

이정춘(1994), 『커뮤니케이션 과학』, 나남.

이주섭(2001), 「상황맥락을 반영한 말하기·듣기 교육의 내용 구성에 관한 연구」, 한국교원대 박사 논문.

이지영(2013), 「학교 현장의 매체 기반 독서 교육 내용 연구 −복합 양식성을 중심으로−」, 독서연구 30호,

pp. 91-119. 한국독서학회.

이지영(2021), 「PBL 과제를 활용한 디지털 협력적 읽기-쓰기 교수학습 모형 연구」, 〈사고와 표현〉 14(3), pp.39-76.

이창근(2007), 「초등학교 문법교육 연구」, 한국교원대학교 박사학위논문.

이창덕, 임칠성, 심영택, 원진숙(2000), 『삶과 화법』, 박이정.

이창덕, 임칠성, 심영택, 원진숙, 박재현(2017), 『(개정판) 화법교육론』, 역락.

이채연(2007), 「매체언어교육의 교수학습 방법」, 〈국어교육학연구〉 28, pp.103-142, 국어교육학회.

임천택(2001a), 「국어교육을 위한 매체와 매체 언어 탐구」, 〈새국어교육〉 61(1), pp. 79-104.

임천택(2001b), 「매체 문식성의 개념과 교육적 접근 관점」, 〈청람어문교육 〉 23, pp. 53-81.

임천택(2005), 「쓰기 지식 생성을 위한 자기 평가의 교육적 함의, 〈새국어교육연구〉 71호, 한국국어교육학회

임칠성(1997), 「화법교육의 방향 연구,"〈국어교육〉 94, 한국국어교육연구회.

임칠성, 최승권, 김정희, 심윤희(2002), 『국어선생님, 듣기수업 어떻게 하십니까?』, 역락.

전경란(2015), 『미디어리터러시의 이해』, 커뮤니케이션북스.

전병운, 김희규, 박경옥, 유장순, 정두영, 홍성두(2013), 『장애학생을 위한 국어교육의 이론과 실제』, 학지사.

전은주(1999), 『말하기 듣기 교육론』, 박이정.

전제응(2009), 「초등학교 쓰기 평가의 회귀 현상과 지향」, 〈청람어문교육〉 40호, 청람어문교육학회

전제응(2013), 「쓰기에 대한 관점과 역사 학습에서의 쓰기 활동 분석」, 〈역사교육연구〉 17호, 한국역사교육학회

전제응(2017), 「범교과 쓰기의 구조와 초등학교 범교과 쓰기 활동 분석」, 〈작문 연구〉 33권, 한국작문학회

전제응(2018), 「범교과 문식성 탐구와 2015 개정 초등 국어 교과서 학습 활동 분석」, 〈청람어문교육〉 70권, 청람어문교육학회

정현선(2014), 「복합양식 문식성 교육의 의의와 방법」, 〈우리말교육현장연구〉 8(2), pp. 61-93.

정현선, 김아미, 박유신, 전경란, 이지선, 노자연(2016), 「핵심역량 중심의 미디어 리터러시 교육 내용 체계화 연구」, 〈학습자중심교과교육연구〉 16(11), pp. 211-238, 학습자중심교과교육학회.

정혜승, 박창균, 이선영, 박치범(2016), 한국, 핀란드, 이스라엘 교과서의 질문 방식 비교 연구, 교육부·한국교과서연구재단보고서.

조용구, 이경남(2013), 「읽기 능력 측정을 위한 빈칸 메우기 검사 도구의 개발」, 〈독서연구〉 30, 465-491.

천경록 외(2013), 『초등 국어과 교육』, 교육과학사.

천경록(1999), 「읽기의 개념과 읽기 능력의 발달 단계」, 〈청람어문교육〉 21, 청람어문교육학회.

천경록(2022), (2015 개정 국어과 교육과정에 따라 새롭게 집필한) 독서 교육론. 역락.

천경록, 염창권, 선주원, 서수현(2023), 2022 교육과정에 따른 초등국어과교육의 이해. 교육과학사.

최규홍(2009), 「문법 현상 인식 중심의 초등학교 문법교육 연구」, 한국교원대학교 박사학위 논문

최미숙, 원진숙, 정혜승, 김봉순, 이경화, 전은주, 정현선, 주세형(2023), 『2022 개정 국어과 교육과정을 담은 국어교육의 이해』, 사회평론아카데미.

최숙기(2013), 「LESC 온라인 독해 과정 모형에 따른 청소년 독자의 읽기 특성 분석」, 〈독서연구〉 제30호, pp.169-224.

최종윤(2017), 「신수사학의 작문 교육적 함의」, 〈청람어문교육〉 62집.

최현섭, 최명환, 노명완, 신헌재, 박인기, 김창원, 최영환(1996), 『국어교육학개론』, 삼지원.

한국화법학회 화법용어해설위원회(2014), 『화법용어해설』, 박이정.

한명숙(2005), 「교육과정과 교과서를 극복하는 초등문학교육 방법」, 〈문학교육학〉 제18호, 133-170

홍윤정(2021), 「초등 학습자의 미디어 리터러시 인식과 국어 교과서에서의 미디어 리터러시 수용 양상 분석 연구」, 서울교육대학교 교육대학원 석사학위논문.

황정현 외(1997), 『초등 국어과 교육론』, 박이정

Afflerbach, P., Pearson, P.D. & Paris. S. G.(2008), Clarifying differences between reading skills and reading strategies. The Reading Teacher, 61, 364-373.

Alexander, P. A., & Fox, E.(2013), "A historical perspective in reading research and practice, redux". In Alvermann, D. E., Unrau, N. J., & Ruddell, R. B.(Eds.), Theoretical models and processes of reading 6th(pp.3-46), Newark, DE: International Reading Association.

Beebe, S. A.& Beebe, S.J., (1997), Public Speaking, A Viacom Company.

Beringer, V. W., Abott, R. D., Jones, J., Wolf, B.J.k, Gould, L., Anderson-Youngstrom, M., & Apel, K.(2006), Early development of language by hand: Composing, reading, listening, and speaking connections: three letter-writing modeds: and fast mapping in spelling. Developmental Neuropsychology, 29(1), pp.61-92.

Beringer, V. W., Vaughan, K., Abott, R. D., Brooks, A., Begay, K., Curtin, G., Byrd, K., & Graham, S.(2002), Teaching spelling and composition alone and together: Implications for the simple view of writing, Journal of Educational Psychology 94, pp.291-304.

Carol Cox(2002). Teaching Language Arts: A Student- and Response-centered Classroom, A Simon & Schuster Company.

Chaney, A.L.& Burk, T.L.(1998), Teaching Oral Communication in Grade K-8, MA: A Viacom Company.

Clay, M. M. (1966), Emergent reading behaviour (Doctoral dissertation, ResearchSpace@ Auckland).

Fielding, L.G.(1994), Listening Comprehension, in A.C. Purves(Eds.), Encyclopedia of

English Studies and Language Arts. National Council of Teachers of English.

Fisher, D., & Frey, N.(2008), Better learning through structured teaching. Virginia: Association for Supervision and Curriculum Development.

Forrest-Pressley,D.L., & Well, T(1984), Cognition, metacognition and reading, NY:Springer-Verlag.

Gibson, E .J. & Geschwind,F.(1972), The psychology of reading, The MIT Press.

Goodman, K. S. (1986). What's Whole in Whole Language? A Parent/Teacher Guide to Children's Learning. Heinemann Educational Books, Inc., 70 Court St., Portsmouth, NH 03801.

Grice, H. P.(1975), "Logic and conversation," in Cole&Morgan(Eds.), Syntax and Semantics3:Speech acts, NY:Academic Press.

Hoff, E.(2014), Language development (5th). 이현진, 권은영 역(2016), 『언어발달』, 박학사.

Irwin, J. W.(2007). Teaching reading comprehension process. Boston, MA :Pearson Allyn and Bacon. 천경록·이경화·서혁 옮김(2012). 「독서교육론」. 서울: 박이정.

Kim, Y. S. et al.(2014), Evaluating the dimensionality of first grade written composition, J Speech Lang Hear Res, 57(1), pp.199-211.

Kintsch, W.(1998), Comprehension: A paradigm for cognition. Boulder, Colo.: Cambridge University Press, 1998. 김지홍·문선모 역(2010), 『이해: 인지 패러다임 1~2권』, 나남.

Lagoff, R.(1973), "The logic of politeness:or, minding your P's and Q's", CLS, Vol.9.

Leech, G. N.(1983), Principles of Pragmatics, Longman.

Levinson, S.C.(1987), Pragmatics, 이익환, 권경원 역(1996). 『화용론』, 한신문화사.

Littlejohn, S.W., Theory of human communication.(5th ed), 김흥규 역(1996), 『커뮤니케이션 이론』, 나남출판.

McCroskey, James C.:Richmond, Virginia P.(1991), Quiet Children and the Classroom Teacher, Second Edition, ERIC Clearinghouse on Reading and Communication Skills, Bloomington, IN.:Speech Communication Association, Annandale.

McGee, L. M. and Richgels, D. J.(1996), Literacy's beginnings: Supporting young readers and writers (2nd), 김명순·신유림 역(2000). 『영유아의 문해발달 및 교육』, 학지사.

Mills, I.(1983), "Taoism and Communi-action", in Communication, Vol. 8.

Myers, G.E.&Myers, M.T.(1985), The Dynamics of Human Communication: A Laboratory Approach, McGraw-Hill, Inc. 임칠성 역(1995). 『대인 관계와 의사소통』, 집문당.

Owens, R. E. (2005), Language development: An introduction, 6th edition. 이승복, 이희란 역. 2007. 『언어 발달』, 시그마프레스.

Owocki, Gretchen(2003), Comprehension: Strategic Instruction for K-3 Students, 천경록, 조

용구 역(2013), 『유·초등 독서지도』, 박이정.

Pearson, P. D. & Hamm, D. N.(2005), The Assessment of Reading Comprehension: A review of Practices−Past, Present, and Future. In Paris, S. G., Stahl, S. A.(Eds.), Children's reading comprehension and assessment. Mahwah, N.J.: Lawrence Erlbaum Associates.

Perfetti, Charles A. (1985), Reading ability. New York(State): Oxford University Press.

Rasinski, T. V., & Padak, N. (2005), 3−Minute Reading Assessments: Word Recognition, Fluency & Comprehension. Grades 5−8. Education Review.

Rogers, E. M .& Kincaid, D.L.(1981), Communication Network, NY: Free Press.

Rosenblatt, L. M.(2013), The Transactional Theory of Reading and Writing. Unrau, N. J, & Ruddell, R. B.(Eds.), Theoretical models and processes of reading 6th(p.923˜956). Newark, DE: International Reading Association.

Stanovich, K. E.(1980), Toward an interactive−compensatory model of individual differences in the development of reading fluency. Reading research quarterly, 32−71.

Stephens, M. I. (1988), Pragmatics. In M. A. Nippold(Ed.), Later language development. New York:College−Hill.

Sulzby, E(1994), Children's emergent reading of favorite storybooks with postscript. In R. B. Ruddell, M. R. Ruddell & H. Singer(Eds.). Theoretical models and processes of reading. Nework, DE: International Reading Association.

Tyner, K.(1998), Literacy in a digital world−Teaching and learning in the age of information. LEA.

찾아보기